江门法院侨乡法律文化丛书
　　编委会

主　编：叶柳东
副主编：孙　超　林慕恒
编　委：吴超雄　周　岩　曹　利　区江鹏　余捷泉　冯惠祥　王　北
统　筹：刘振宇　阮江涛

江门法院侨乡法律文化丛书
叶柳东 ◎ 主编

冈州公牍·再牍（注译）

江门市中级人民法院
《江门法院侨乡法律文化丛书》编委会 编著

江西人民出版社
Jiangxi People's Publishing House
全国百佳出版社

前言

叶柳东

一

美国人类学家格尔兹曾在《文化的解释》中说，文化是一张意义之网。意义是人们寻找自己的第二身份。人们诞生、成长、生产、消费、繁衍、死亡，后代继续着同一进程，看似如此客观的世界，如果没有意义的存在，只是一片灰蒙蒙的天空，于是人们自己制造和编织着意义，价值、梦、爱恨、追求、目的、同情、怜悯、慈悲、公平、公正，诸如此类，如此主观的世界，给生命描绘着不同的色彩。客观世界的物质性是文化吗？有人将一切都归结于文化，但是，如果说文化是意义之网，意味着文化更偏重于无形的精神。或者，我们引入文明的概念，更能清晰表达文化的含义。物质增长和技术改进，我们更倾向将于其归入文明的范畴。而文化，有进步的文化和落后的文化，有高级文化和低级文化，有世界普世价值的文化和地方独特的文化，有野蛮文化和文明文化。文明中必有文化，文化未必是文明。这或许正是文化与文明的区别和联系。

我们这个时代所处在的尴尬境地，正是转型社会所具有的困境，即文化的断裂和整合。自清末起中国处在三千年来未有之大变局，内忧外患，这段历史低潮期持续百年之久。1978年改革开放至今，短短的三十多年间，中国取得了巨大的经济成就，似乎比三千年来的成就都要辉煌，这是人们的共识。然而，这种"时空压缩"的后遗症是文化建设的严重脱节，或者说文化建设跟不上经济建设和社会建设的步伐。或许，这就是法国社会学家涂尔干所说的"失范"。它是指在现代化过程中，传统文化受到致命的破坏乃至瓦解，而新型文化尚未形成，社会成员心理上失去文化指引、价值观瓦解的无序状态。文化失范不正是我们这个时代的真实写照吗？过去提倡的美德，如今却成为一种沉重的负担。助人为乐竟然要承担法律责任。过去大力提倡的学雷锋助人为乐的精神，如今转变为谈虎色变的陷阱。讲诚信、重承诺的传统美德，在逐利的浪潮下黯然失色。为了追求高额利润，毒奶粉、地沟油、污染食品、山寨电子等层出不穷。人们不禁要问，除了制度问题之外，我们的文化是否也出了问题？如果这种文化失范状态不予以正视和弥合，那么我国的现代化建设将无从谈起。正因如此，文化建设刻不容缓。

社会主义核心价值是全国范围内文化建设的标杆，但与此同时，地方文化建设同样是不可或缺的重要环节。因为唯其地方的，才是世界的；唯其独特的，才是普遍的；唯其传统的，才是现代的。

江门古城，秀毓圭峰，源探珠海。最早被卖"猪仔"到美国修铁路的是江门台山人，自此以后，五邑人足迹遍布全世界，早期多往北美，现在多去南美。将近二百年来，侨乡文化缓慢形成、衍生、发展和繁荣，逐渐成为江门一张独特的名片。从华侨的移民、行为、事件、习俗、契约、侨汇、婚姻、家庭、语言、建筑等方面出发，江门侨乡文化研究略见成效。而江门侨乡法律文化是其中重要分支。侨乡法律文化的建构，除了从上述诸方面挖掘法律资源之外，还需要深化名人和文本的研究。江门人杰地灵，古有陈白沙，近有梁启超、伍廷芳，他们的法律思想研究不可或缺。同时，江门新会留下的法律古籍文本，亟待整理。一百五十年前聂亦峰知县留下《冈州公牍》和《冈州再牍》，成为了解和研究江门侨乡法律历史不可或缺的珍贵史料。这就是本书《〈冈州公牍·再牍〉注译》的缘起。

二

清朝时期，江门新会县共有122任县官，121人。其中，聂亦峰曾两任新会县官（1860—1863，1865—1867）。

聂亦峰（1813—1872），本名聂有豫，字尔康，号亦峰，晚清著名地方官。他是湖南省衡山县人，生于清嘉庆十八年（1813）。道光二十六年（1846），考取贡士（举人）。据说，咸丰二年（1852），聂尔康夫人张氏梦中闻得有人报告科举喜讯"聂泰四十名"。张氏与聂尔康说起此梦，力劝他改名聂泰参加明年的进士考试。咸丰三年（1853），聂尔康以聂泰之名参加会试，果然以排位四十名考中殿试三甲，成为进士，接着在皇宫保和殿进行朝考，成绩优秀，以朝考二等，被钦点翰林院庶吉士。在此期间，聂尔康作为国史馆纂修参加修订"国史"工作，又以武英殿协修职务参加皇家出版物的编辑工作。翰林京官在工作几年后，可以经过考试，分任地方官员。聂亦峰参加并通过散馆考试，咸丰七年（1857）委任为广东省石城（现归属廉江市）县令；1860—1863年，任广东省新会（古称冈州，现江门市新会区）知县；1864年任南雄直隶州（现南雄市）知州；1865—1867年回任新会知县。之后，升任高州（现广东高州市）知府。同治十一年（1872），聂亦峰在任上去世，享年59岁。

聂尔康每到一地任官，必定把养廉俸银捐出，用于地方公益，如办牛痘局，设育婴堂，疏通城河，修桥筑路，积谷备荒，奖励节孝，严禁土娼，捐购义地埋葬无主棺骸，访拿讼棍，审理疑难案件。他将任上所写公牍汇集成册，称《聂亦峰先生为宰公牍》。其中有《冈州公牍》和《冈州再牍》两卷，是清朝新会司法审判现存较为完整的史料。

《聂亦峰先生为宰公牍》的先声正是《冈州公牍》。古人多服膺曹丕所说："盖文章，经国之大业，不朽之盛事。"这是古人多收集自己文章，一作以志其生，一作传世的不朽盛事。聂亦峰虽然没有点明这种潜意识，但是我们从其文中内容，亦可窥见一二。聂亦峰在《自序》中倒是说明编纂《冈州公牍》的直接起因：

> 缘新会有赵莫两姓，互争价亩一案，轇轕已百余年，辛致伤毙多命。上台于尔康履任时，饬令细心勘讯，当经禀得甚实，躬座大堂，秉公剖析，指出案中罅漏，并为揭破隐微。一时观政诸人，不禁欢声雷动。赵姓始惶骇汗服。莫姓亦感激涕零。两造输诚，似无遁饰。因未奉讯命案，不敢妄断是非。唯将田亩情形，据实详细禀复，重蒙各宪奖饰有加。维时前中丞者驻节韶阳，询取案中情弊。因即其显而易见者，摘出六十余条，缕陈电鉴。莫姓因案未讯结，不知了期。遂将摘出各条，刊成一帙，题曰冈州案谕，以为左券之操。尔康见之，此即力为斥禁。良以案犹未结，何可遽作定评？且仅刊刻

各条,又无后先诸禀,令人莫知原委。转觉有目无纲,特令传谕莫生,无许擅行刊送。乃莫生刻成此本,早经分送与人。复又觅得履勘禀详诸稿,增列简端,而拉杂繁芜,款式亦多不合。幕客谓尔康曰:"此刻已成,势难中止。曷若略为删订,以免贻识者羞。"爰为酌其去取,正其舛讹,易其名曰冈州公牍。

聂亦峰在广东任职十五年,岭南地区民情复杂,加上太平天国战争,任官处理诸多实务,实非易事。但是聂亦峰尽心尽力,结合自己高超的政治智慧、渊博的学问和丰富的从政经验,所到之处,问题都能妥善解决,不但得到百姓爱戴,连上级官员和同僚也为之折服。新会有一家莫姓,因为聂亦峰断清了他家三十多年沉冤的积案,莫家人想在最终法律文件下达以前在社会上造成已定案的舆论,私下将聂亦峰的明断事迹,写成一本《冈州案谕》,刻印并流传到社会,但聂亦峰本人完全不知道,后来看见书本,认为很多事未曾定案,就公开外传,难免引起负面影响,而且杂乱罗列,说法片面,十分震怒,准备下令禁止该书传发,当时的幕宾劝聂亦峰说,书本已经流传,难以收拾,不如修改错讹,订正刊印,以正视听,于是,聂亦峰就选取有典型意义的政事,亲自撰写《冈州公牍》。既然在新会的从政事迹和经验都写了,聂亦峰索性又把任职石城的政事,写成《廉江公牍》,任职南雄的政事,写成《梅关公牍》,合成《为宰公牍》。

聂亦峰《为宰公牍》刊印以后,很快被讨索一空。聂亦峰逝世后,其次子聂仲芳对原版进行了精心校阅,并将聂亦峰回任新会的政事记录辑成《冈州再牍》,以及将在高州知府任内的政事记录辑成《高凉公牍》,增补入《为宰公牍》。1934年,聂仲芳第三子聂云台重新编辑,翌年(1935)用铅版刊印,并且对内容进行筛选,保留"政教、伦学、经济"等重大参考价值的内容(大约原书一半),但增补旧版《为宰公牍》未录的"亦峰公办理新宁余李两姓械斗案纪略"一文。聂云台编印的这个版本名为《聂亦峰先生为宰公牍》,1943年再次翻印。

聂亦峰两任新会县官,留下的《冈州公牍·再牍》是研究江门侨乡法律文化重要的史料,因此,江门市中级人民法院《江门法院侨乡法律文化丛书》编委会特意将此两编从《聂亦峰先生为宰公牍》中挑出,整理分析,单独注释和译为白话文,独立发行。

三

清代的主要律典是《大清律例》。《大清律例》规定的审判程序有两种：一是公告，即对于严重的刑事犯罪，官府自行立案审理。二是控告，指凡民间词讼或者有冤抑之事，应赴州、县衙门控告。户婚、田土、钱债、斗殴、赌博等一类案件，属州、县自理之案，凡此类案件应向事犯地方官衙门控告，地方官衙门不受理或审判不公的，才向府道官控告。如不依此程序控告，以越诉治罪。凡越诉的人，即使其所控告的是实情，也要笞五十，同时，上级司法官还将原告发还，由越诉人在地方官衙门控告。若越级诉讼的人拦车驾申诉，其所控的不是实情的，杖一百；如果是以不实之事诬告他人者，以诬告反坐治罪。但如果州、县官不受理其控诉，或者受理而审判不公道的，则可向府、道、司、院依级申诉。如果确实有冤情的，准予向刑部、都察院等衙门呈诉。人民呈送控告状，通常向州、县衙门呈递状子，州、县官根据一定条款批词，决定受理或不受理，案情轻微的，签发传票；案情重大的签发拘票，由差役提解被告。被告如果逃匿，签发缉票缉捕。如果是命盗案件，还需要查验犯罪现场及检验尸伤，并在一定期限内将案件大概情形禀报上司衙门。犯人判案后，轻罪人犯交班房看押，重罪人犯交监狱监禁，被告或关系人如符合一定条件，则予保释。

至于案件的审理，州县官审理刑事案件，轻微的刑事案件，多给予调处和息。命盗等重大刑事案件，则必须审讯。审讯可以用刑。法令规定的刑具及用刑有笞、杖、枷、杻、钳、夹棍、拶指等。用刑时，按罪犯性别及罪行轻重，使用不同的刑具。审问小案，可用笞，不得用夹棍；审问命盗重案，可用夹棍；对于强盗及十恶谋杀、故杀等要犯，可用铁锁、杻、镣各三道，其余斗殴等人犯，用铁锁、杻、镣各一道；对于笞杖罪犯，只用铁锁；对于比笞杖罪重的案犯，可用枷号；对于女性案犯，则不用手铐、夹棍等，一般只用掌嘴、皮鞭、荆条；至于重案，则用拶指。清末司法改制之后，曾明令禁止刑讯，但未能禁绝。审讯完毕，应予判决。笞杖罪案件，由州、县自行处理，州、县官审判之后，即可结案。

在案件复审方面，徒罪以上案件，不论被告是否服州、县衙门判决，都必须解送上司衙门复审。复审时，须将人犯解送上司衙门。原则上处斩刑、绞刑的人犯解审到督抚，军流人犯解审到按察司，徒罪人犯解审到府。上司对州、县官所报案件审复之后，一般采取发审、委审、复审、会审、提审驳查（驳斥）以及改拟或改正。上司对下属所报的案件，均可驳斥。对于上司驳斥的案件，属员应详细禀复。道府驳下者，州、县官应诉之布、按两司；两司驳下者，应诉之督抚。州、县官详报的案件为上司所驳，原承审官应受处分。上司官乱驳的，亦应受处分。

新会县现存的清代案件仅见于县官聂亦峰所撰写的《冈州公牍》和《冈州再牍》，其余案件未有发现。1860—1863年，《冈州公牍》记载的案件有28宗，其中刑事案件10宗。1865—1867年，《冈州再牍》记载的案件有11宗（其中有一宗是赵莫两姓案件的最后判决，此案在《冈州公牍》已作记载并调查审理，如果把此案与《冈州公牍》的记载并为一案，实际上《冈州再牍》只记载11宗案件），其中刑事案件6宗。综合上述两个时期，现存新会清代案件39宗，刑事案件16宗。在16宗刑事案件中，其中盗窃1宗、赌博1宗、包庇2宗、贼匪4宗、请求留养1宗、抢劫（夺）4宗、诱拐婢女1宗、族人伤害1宗、因沙田纠纷而发生命案的1宗。

上述刑事案件具有两大特点：第一，聂亦峰任职时期正好是太平天国运动发生期间和刚结束不久，社会动荡，所以贼匪案件和抢劫（夺）案件较多。第二，因宗族纠纷而产生的刑事案件也较多。华南地区宗族分布较广，宗族之间的纠纷时有发生，如《查明赵莫两姓田坦一案禀》乃因赵、莫两宗族为争夺沙田而发生的命案。又或者宗族内因财产而争执不断，如《莫昌畴呈诉伊子与叔争殴各情批》就是因为叔侄争财产而致争殴。

聂亦峰在审理上述案件中具有以下特点：一、多数案件使用"批"的形式，少数才用"判"（谳语）。这说明许多案件在程序上，不是以不予受理来结案，就是通过候审等形式，最终化解了案件。二、案件的审理主要围绕"社会秩序稳定"的主题开展。因为案件涉及多方利益，聂亦峰通过均衡利益的方式，使各方达到衡平的状态，愿意接受判决，从而维护社会秩序的稳定。

华南地区临海而居，因人多地少，加上海滩淤积，人们常常通过填海造田的方式增加耕地。由填海而成的土地被称为沙田，又称沙坦、田坦。沙坦形成经历鱼游阶段、櫓迫阶段、鹤立阶段、草垺阶段和围田阶段。沙坦又可分为草坦、白坦、水坦、熟坦，各坦以围地的成熟度区分，征税有别。开发沙坦并取得所有权，有一定的手续。《广东通志》载："沿海沙坦出水后方准具报承垦,每人不得过一顷,多者分承协筑,成坦均分。仍先由图总呈报土名,绘具图册,官勘给单。每坦限三年筑成,分别独承共承,验给县照。起征之年,换给司照报案。"可见,程序是先申报承坦,后经官府丈量,纳饷升科,最后颁发司照。清代新会县最著名的刑事案件是赵、莫两姓因争沙田而导致的命案。

赵姓村庄是一个人多势众的大族,莫姓人丁较少,但因其族人有功名在身,故也有一定势力。此案肇端于赵、莫两姓争夺数百亩沙田。莫姓从康熙年间即在土名仙人湾太庙下南冲口申报沙田。赵姓颇思据为己有,道光八年(1828)赵姓指使余姓向官方申报另外一块沙田,即在土名马鞍山石牌沙的沙田,并由当时的张县令发给县照,也是当时有效的土地所有凭证。马鞍山石牌沙的沙田在仙人湾太庙下南冲口沙田之北,中间隔着莫姓祖田。1830年,余姓将其地亩转让给李姓,但作为李姓的佃户继续耕种。1834年,受赵姓的指使,余姓控告莫姓妄图占据其田亩,县令再次确认了莫姓的管业权。1836年,李姓向南海县呈明其县照丢失,请求官府补发。1840年,余姓以担心土匪意图霸占其田亩为由,请求官府派人保护其收割庄稼。同年,莫姓在县控告余姓抢割其庄稼,余姓未到案。1843年,余姓与李姓先后到县、省两级官府控告莫姓勾结匪类、抢割庄稼,最后由陈县令审断。审理结果是仙人湾太庙下南冲口沙田归莫姓管业。而李姓经过3个月,一直等不到官府具结,陈令只能按照律条做销案处理。这是本案第一次的审理情形。由于李姓没有具结,遂以审断不公为由,寻机翻控。1849年9月,邱县令重新传集两造人证,并进行了简单的勘丈工作,鉴于实际勘丈情形与两造在官方的登记(税收凭证)都不符合,判令各自按照官方的登记范围管业,随后正式补发给李姓仙人湾太庙下南冲口沙田的新县照。这是本案第二次审断情形。1850年初,也就是李姓领到官方管业文书之日,即将该系争田亩让与赵姓,并到官府进行了登记。从此,余姓、李姓置身事外。原本长期对仙人湾太庙下南冲口沙田管业的莫姓对邱令判决不服,到省城翻控;赵姓则到县控告莫姓仗势强占沙田。等到官府要求两造到知府衙门进行审断的时候,两造均不到案。莫姓为免于讼累,而且考虑到赵姓现时持有仙人湾太庙下南冲口沙田的县照,官司不一定能赢,但平白让给赵姓又心有不甘,就将系争地亩捐给了该县的义学,并到官府立案。到1857年,义学为收割庄稼,呈准县派兵丁保护。结果护卫兵丁和赵姓族人在黑夜之中发生冲突,赵姓族人5名因此而死,8名重伤。

赵姓遂到省鸣冤。省级官府对该命案相当重视，要求该县确查事实并初步审理。县令聂亦峰为彻底解决好这个命案，不让更大的纠纷发生，认为必须正本清源，查清楚田产纠葛，命案之是非亦得因此而确定。聂亦峰先行实地调查、勘验，以解决系争田亩的归属问题。他在仔细阅读相关卷宗的基础上，经过数天的实地调查。查清了关于本案系争田亩的关键事实，即李姓谎称丢失土地执照，要求官府补发，从而利用官府对地界时常变动的沙田没能确切登记的空子，将执照中所记载的土地四至偷天换日，改"北"为"南"，其有权管业的土地——马鞍山石牌沙的沙田——因此就变成了仙人湾太庙下南冲口的沙田。明白了这个关键事实，上述案件发展中的一些情节就能够更好地理解：赵姓为达到霸占莫姓管业的仙人湾太庙下南冲口沙田的目的，必须使改易极为隐秘，既要让莫姓看不出问题所在，更要官方难以觉察。因此才有本案余姓、李姓诸人的介入。余姓在1840年之前迭控，无非给官方造成并强化其有田管业的印象。1830年余姓将田坦转给李姓以及李姓捏称其印照被窃要求补照，都是为了改易"南"、"北"字样不留痕迹。当经过邱令审断之后，李姓重新领照，达到该目的之后，立即将田亩转给赵姓，从此余姓和李姓置身案外。聂亦峰掌握了这个关键事实，大出两造之意外，尤其是自觉相当隐秘的赵姓。惊诧之余，赵姓在"抵命"原则支持下的强硬态度有所软化，不敢再肆意鸣冤上控。在此情况下，聂亦峰遂向上司条分缕析地上报了案情。到1865年前后，聂亦峰重回新会县令任上，作出了"以财偿命"的判决。这是此案在州县官府所进行的第三次判决，由于两造皆能接受，故成为本案的最终判决。该案当属疑难案件，一是因为该案缠讼达30多年，历经道咸同三朝；二是该案由田土系属争议的"细故"恶化为5命8伤的重大"命案"，其间原因耐人寻味；三是其案情迷离，牵涉面广；四是该案先后经过陈、邱、聂三位县官的多次审理，案件当事人出于种种原因，多次或翻控或上控，且案情还在不断恶化之中。聂亦峰审断此案，体现出他的断案才能。

清代刑事审判与民事审判不分。审判民事案件，当时没有专门的程序制度。田宅、户婚、钱债及轻微斗殴等案件，属于县官自理的案件，县官有决断权。县官审案所下的堂谕，即是发生效力的判决，应付诸执行。若当事人不服，可诉于道、府，直至诉于省布政使司，但不得越级上诉。若越级上诉，不管当事人有无理由，均先笞50板，然后发还原级审判。处理民事案件，除行政长官用审判的形式外，尚有调处解决的习惯。调处由州、县官或地方乡、保、族长或亲友主持，一经解决，则免讯销案。多数当事人迫于官府、族长之势力，且为避免缠讼，常愿调处结案。

据《冈州公牍》的记录，1860—1863年新会的案件有28宗，其中民事案件18宗。《冈州再牍》记载，1865—1867年新会的案件有11宗，其中民事案件5宗。综合上述两个时期，现存新会清代案件39宗，民事案件23宗。其中，因家庭财产纠纷要求析产的案件最多，达7宗；其次是借款案件为4宗，婚约案件1宗，立嗣案件1宗；余下的多是侵占土地、坟地、公尝等财产侵权案件。

上述民事案件具有以下特点：第一，大部分民事案件都是家庭纠纷案件，不是家庭析产，就是家族财产纠纷，或者是婚姻、立嗣等家庭案件。第二，大部分案件多数与田地有关，如赵莫两姓因为土地而发生争端。

聂亦峰在审理上述民事案件中具有以下特点：一、多数案件使用"批"的形式，少数才用"判"（谳语）。二、聂亦峰在处理家庭纠纷时，常常命宗族自行调处结案，而不是由县官审断。这说明南方宗族在社会中形成了一支重要的力量，可以在官府的指导下形成"半自治"的群体，从而为维护社会秩序作出重要贡献。

四

尽管聂亦峰先生生活的社会环境，与二十一世纪社会不可同日而语，《冈州公牍·再牍》所记录的审判制度和原则也与现代司法有天壤之别。然而，聂亦峰先生的行迹真的过时了吗？真的不值一鉴？以中国的"体用"论而言，无论时代如何变化，"用"如何无所不用其极，"体"却如不易之"道"，指引生活、指引人生。聂亦峰先生在《自序》中说："重以性情愚直，才识迂疏，惟恐上负国恩，下孤民望，玷清芬于祖父，贻恶报于子孙。首唯廉洁自持，时以公忠自勉。凡于地方诸务，无不殚竭血诚，举所为保惠斯民，以求尽乎教养之责者，恒惴惴焉弗敢安。"这不正是为政为官的指南针吗？哪里有过时之处！

1922年4月，江门新会名人梁启超在《五十年中国进化概论》中说："近五年来，中国人渐渐地知道自己的不足了。这点觉悟，一方面是学问进步的原因，一面也算是学问进步的结果。第一期，先从器物上感觉不足，第二期，从制度上感觉不足，第三期，便是文化根本上感觉不足。"正因为文化上知不足，时至如今文化建设仍然是当下的主旋律。像《冈州公牍·再牍》这样的传统文化，是构建江门侨乡法律文化的重要本土资源。对于传统文化，我们应当批判地继承，创造性发展，古为今用。愿本书的出版成为构建江门侨乡文化的奠基石，成为我们迈出编织文化意义的第一步。

目录

前 言 / 叶柳东 ———— 1

冈州公牍 ———— 1
  剀切晓谕以杜撞骗示 ———— 1
  严禁土客相扰示 ———— 4
  严拿贼匪打单示 ———— 6
  酌行保甲团练捐输示 ———— 11
  禁止江门迎神赛会示 ———— 19
  禁止城乡各处演戏告示 ———— 22
  捐购义地埋葬无主棺骸并催速葬示 ———— 23
  再催速葬并准葬入义冢示 ———— 26
  施种洋痘示谕 ———— 29
  查明土客情形禀总局宪 ———— 31
  筹款疏浚县城河道并兴工日期通禀 ———— 35
  筹制西江股匪马队禀 ———— 37
  防堵思贤滘口通禀 ———— 40
  筹办当店饷捐饷禀捐输局 ———— 43
  沥陈石城剿匪及堵防思贤滘口禀
  （附制造火药事宜禀）———— 46
  修葺文武庙、禁止溺婴、停葬、施种洋痘、
  举报节孝通禀 ———— 54

冈州公局禀因经费无着请裁撤批	60
林景福等批	61
聂鹤群控李姓侵占坟墓批	62
饬冈州东北、东南、西南各公局秉公处复聂鹤群等与李姓控争坟山一案谕	63
黄兴利等控船主负赖酬银呈请存案批	68
周荣光批	68
李容氏控职官李令仪欺尊侮寡毁抢霸占批	69
张升禀催集讯究追批	70
林杨变控张文会赖债批	72
何嘉源禀请销案批	73
陈湘有控争陂水工头批	73
事主钟瑞祥代匪求释批	74
黄杰胜批	75
李廷官呈求免缴捐银批	76
冯应麟等代邓亚蒲求请摘释批	76
莫嗣茂控弟借去字画私押花销批	78
莫昌畴呈诉伊子与叔争殴各情批	78
梁综席呈保梁礼和并未为匪系被诬供批	79
陈梁氏独子犯案呈求留养批	80
李乾元等批	81
西南书院李赓韶等控东南公约种种妄为批	82
东南公约绅士李乾元与李赓韶等互控抽收捕费续禀批	86
谢深仁等争产批	89
黎占元求释谢廷琛禀批	90
谢琼林等联禀恳释谢廷琛批	91
黎占元再为廷琛剖诉禀批	92
谢黎氏控子谢廷琛违忤争产批	93
谢黎氏续控其媳助夫为恶禀批	95
族衿谢琼林等联名续禀理处不遵批	96

谢宝树等争产判语 —— 98
谢琼林等复控谢宋琦禀批 —— 99
邓麦氏控夫兄夺子逼醮呈请存案批 —— 100
余聪章呈请分关盖印杜卖批 —— 101
区升等禀请开复海口批 —— 102
关宅南议定文武奖赏禀批 —— 104
叶芳有诉被捏欠控累批 —— 106
陈鸿璋呈请补提人证批 —— 106
何璞田呈控陈亚炳诱拐婢女同逃批 —— 107
何余氏控侄纠抢批 —— 108
黄星海等呈保匪犯批 —— 109
查明赵莫两姓田坦一案禀 —— 110
履勘赵莫两姓田坦一案示 —— 114
赵莫两姓田坦案勘语 —— 115
勘讯赵莫两姓田坦案通禀 —— 123
呈送赵莫两姓沙坦全案清折禀 —— 133

冈州再牍 —— 176

新会回任示 —— 176
严禁假命限日报验示 —— 179
储谷备荒示 —— 180
储粮备荒通禀各宪 —— 184
劝谕盗匪示 —— 188
严禁私宰牛犬示 —— 191
严禁罚猪俗例示 —— 192
严禁女摊示 —— 194
严禁械斗示 —— 196
整饬街道示 —— 201
再定育婴章程示 —— 202
永远豁免葵扇抽厘示 —— 205
饬定葵扇章程谕 —— 206

筹款疏浚县城河道并兴工日期禀 —— 215
办理控案情形禀抚宪郭 —— 217
附录通饬札稿 —— 226
谕饬客民迁善交匪禀两院宪 —— 228
附录：谕饬漕冲客民杨梓钊等献贼自赎稿 —— 231
缕陈江门地方情形禀抚宪 —— 235
谨将江门地方一切情形列折缕呈电鉴 —— 237
禀复蒋抚宪咨询地方情形 —— 242
请委员乡征禀 —— 247
剿办洋匪情形禀 —— 249
条陈洋药情形论 —— 250
重浚城河记 —— 259
陈其俊控黄阿让等开设赌馆庇匪强抢呈批 —— 266
香山县举人刘祥徽呈保陈亚心一案批 —— 271
香山县举人刘祥徽等谳语 —— 274
邓带胜呈明行规酌取入行银两批 —— 276
李承俸呈剖曾良杰尚无实在劣迹批 —— 277
徐世裕控徐阿雨唆母欺兄霸产肥己批 —— 278
徐祖承控嗣母护弟霸产批 —— 279
赵佐清控侄媳流荡无耻、藉契霸地批 —— 280
吕谦光诱赌管押呈求宽办批 —— 281
莫昌畴控莫志谦等殴叔殴兄等情一案谳语 —— 283
邓允攸等谳语 —— 288
断结赵莫二姓案谳语 —— 290

冈州公牍

按：此系公在新会县任内之公牍。

剀切晓谕以杜撞骗示

【原文】

为明白晓谕事：

照得①本县于一切案件，概不要钱，业于前谕明誓以要之矣。唯恐尔等乡愚无知，不信本县之言，或致被人诳骗，不得不明白晓谕。为此再行示仰阖属军民人等知悉：尔等如有呈控案件，不妨径直赴官自行投讯，切勿听人愚弄，妄费分文。本县前宰石城时，无论是何疑案，无不一讯即明，众情悦服，咸惊以为神明默运，而俗人则直以活包公呼之。非别有他术也，盖公则生明，自无偏枉之矣耳。

迨至量移新会，词讼愈繁，兼之积案如山，概为清理断结；且有悬至三数十年无从质讯，而竟皆一鞫即服，两造俱甘者，良由本县讯断各案，不受贿，不徇情，不矜才，不使气，不劳威吓，不假刑求，不设成心，不存己见；不狃于偏听，不惑于游移；不为巧辩所蒙，不为群言所夺；唯知准情酌理，一秉大公。虽不敢谓民自不冤，而冤者究亦鲜矣。本县如此听断，尔等何事更要用钱？

乃有一等乡愚，唯恐所讼不胜，或向书差探听，或与讼棍商量。而行险之小人，遂从中诳骗，诡称汝若送官银钱多少，包你官司必赢，于是写立红单，觅保担认，如有幸中，即便照单取钱，更复满口夸功，格外尚须索谢。如其不胜，则曰"汝自供得不好，所以输了官司，如今不要你钱，将单送还就是"。此俗所谓撞木钟是也。

更有两边撞者，无论原告、被告，概行包审包赢。及至临讯之时，又各预伏一言，以为不胜之地。迨见谁家得胜，即向谁家要钱。愚民被其欺蒙，竟至始终不悟。胜者固深感谢，负者亦不怨咨。殊不知两造相争，总有一胜一负。讼而胜，讼自胜也。若辈何德为功？讼而负，讼自负也。若辈又何能为力？本县据案断案，即在己亦属无权，尚有何人可为窥测？尔等又何若以有用之钱财，甘为小人诓骗耶。

自后尔等如有呈控案件，即便十分无理，尽管据实直言。本县念其朴诚，定必曲为原宥。若听讼棍唆使，希图狡饰支吾，纵令口若悬河，岂复能逃洞鉴。迨经揭破至隐，自当俯首无辞。本县恶其刁顽，定必严加惩究。与其狡而无益，且受严惩，何若据实直言？犹得曲邀原宥耶。尔等识得此理，即是取胜之方。如有何人来向尔等说钱，可即立时扭禀，以凭尽法惩治，并当赏尔花红。如尔等不信县之言，自愿受人诓骗，一经本县查出，或被人告发，即照与受同罪之罪罪之，其毋悔。特示。

【注释】

①照得：查察而得。旧时下行公文和布告中常用。出自南宋曹彦约《豫章苗仓受纳榜》。

【译文】

为明白晓谕事：

本县对于办理的一切案件，全部不要钱，已经在前面告谕中明确以誓言的形式说明了。唯恐你们这些乡愚无知，不相信我的话，从而导致被人诈骗，不得不明白地告知。为了此事再次出告示，希望全县的军民人等知道：你们如果有起诉的案件，不妨直接来官府亲自递交诉状，千万不要听信他人愚弄，胡乱耗费钱银。我之前在石城当县官时，无论是什么疑案，没有一件案件不是一经审理就真相大白的，老百姓心悦诚服，都以为是神明在背后暗中运作支持，而世俗之人则直接以"活包公"来称呼我。其实我并没有什么道术，只是公正则生明，自然不会偏颇冤枉人。

等到我移任新会，案件诉讼越来越多，加上原来的积案如山，全部都需要清理和审理完结；还有悬至三数十年没有办法质询审讯的案件，而竟然全部一经审理都信服，双方当事人都甘心接受结果，主要原因是我审讯处理各宗案件时，不受贿，不徇情，不矜才，不使气，不用威吓，不凭借刑具取证，不预设偏心，不存己见；不存在偏听一方所说，不被反复不定的证据所迷惑；不被巧言善辩所蒙蔽，不被众人所说的话压倒；只根据事实依据法理，依法公正处理。虽然不敢说一个冤枉的人都没有，但是被冤枉的人极少。我这样办案，你们还为了什么事情要花钱的呢？

有这样一批愚昧无知的人，唯恐打官司不能胜诉，不是向衙门的书差打探消息，就是与讼棍商量。然而，心存不轨的小人，就从中进行诈骗，诡称你如果送县官多少钱银，包你官司必赢，于是签订合同，找个保人来保证确认，如果侥幸遇到胜诉，就此依合同收取钱银，更加多次满口夸耀自己的功劳，还另外索要赏钱。如果没有胜诉，则说"你自己作供不好，所以输了官司，如今不要你钱，依约定返还就是了"。这就是俗称的"撞木钟"。

更有两边都"撞"的人，无论原告、被告，全部都说包审包赢。等到准备开放审讯时，又各自预设一个理由，作为没有赢官司的伏笔。等到哪一方得胜，即向哪一方要钱。愚昧民众被他们欺诈蒙骗，竟然自始至终都不醒悟。胜诉一方固然深深感谢，败诉一方也没有怨言。殊不知双方当事人相争，总有一方胜一方负。打赢官司，是因为官司本来就是要胜的。他们这些人又有什么功德呢？打输官司，是因为官司本身就是要输的。他们这些人又有什么能耐改变？我根据案件事实来裁判，即使是我自己也无权更改案件的事理，还有什么人可以暗中盘算？你们又何必将有用之钱财，甘心被这批小人诓骗呢？

自此之后，你们如果有起诉的案件，即便十分无理，尽管根据实情直言。我看在当事人朴诚的份上，一定尽量原谅。如果听信讼棍的唆使，企图狡猾地掩饰真相，纵然口若悬河，又怎么能逃出洞悉的判断？等到秘密隐情被揭破，自然会低头无话可说。我厌恶这些人的刁钻顽固，一定严加追究惩罚。与其作无益的狡辩，并且要受到严惩，还不如直接说出案件真相。这样还可以得到原谅。你们识得这些道理，即是取胜的方法。如果有什么人来向你们说要送钱打官司的，可立刻将其扭送归案，由衙门依法处惩，并且赏赐花红给你们。如果你们不相信我所说的话，自愿受人诓骗，一经我查出，或被人告发，立即按照受钱人的罪名来处罚，到时后悔就来不及了。特此公告。

冈州公牍

严禁土客相扰示

【原文】

为剀切晓谕各安疆界无稍欺凌以免戕害事：

照得尔等各邑客民，与我新会地方素无嫌隙，而且往来出入，多由新会经过，亦断不肯与我为仇。迩因开、鹤之人①，与尔客民相斗，个中曲直，难以区分。但闻相斗之时，每布谣言煽惑，原欲激动我众，并力围攻。迭经本县查知，屡行严禁。唯着自行保卫，不准越境相帮。自是以来，颇称安定。乃据近来探报，多称客籍披猖②，竟敢越境焚烧，并敢妄行掳杀。

本县爱民如子，岂容他族侵凌？比即严密访查，始悉传闻失实。盖以该客民等系与鹤民追杀，并非与我为仇。内有误毁之家，自愿陪修谢咎。可见该客民等，亦多明理之人，自知畛域毗连，不欲自生仇隙。且系道途经过，岂容自绝生涯？想尔客民虽愚，亦断不肯出此。第恐我处无知之辈，误为浮说所摇；或平日本有私仇，籍图报复；或一时被人纠约，妄肆凭凌，或逞忿以直前，不顾亡身之祸；或随声而附和，致罹灭族之诛，不唯累及一乡，并且害延数世。兴言及此，能不寒心？若不剀切分明，严行禁约，则仇以日结而日甚，祸亦以日积而日深，将来贻害我民，势必漫无底止。

为此示仰邻近各邑土客人等知悉：汝等有无仇恨，本县概不得知，嗣后能否修和，本县亦不敢问。唯有我之百姓，却皆禁约严明。无论或亲或仇，以及为土为客，任凭别人杀斗，不准越境相帮。久经严饬绅耆，务令约束子弟，切勿随同滋事，致干连累诛求。如有不法匪徒，潜至邻封，帮同打仗，以及随同焚掠者，准尔各乡土客人等，不问是土是客，概照格杀勿论之例，随时拿获，尽数歼除，并将首级献来，本县定行厚赏。或即将其捆送，以凭讯究实情，立即置之重典。

盖本县谆谆禁诫，声泪俱穷，而若辈自蹈死亡，即系孽由自作。但汝各土客人等，当知本县一片苦心，务须各守本境，切勿妄行勾结，以图快意一时。若辈稍有身家，必不敢于多事。其有离乡多事者，即系无赖之徒，性命掷抛，何知利害？土胜则帮同杀客，客胜则帮同杀土，心怀叵测，反复无常。汝等勾结使来，适为自己之害，汝等又何苦而为此，又何乐而为此耶？

谚曰：引虎驱狼。汝等其熟思之。今本县既不准我民越境帮助汝等，则汝等亦不得越境侵害我民。彼此疆界分明，不可稍有逾越。现已严饬团练，闻声即赴救援。唯恐汝等不知，或致误遭杀戮，特为明切晓谕，预为约法详明。汝若各守疆陲，即是无穷之福。汝若故为侵犯，是为自启衅端。不唯团练诸乡，群相攻击，本县亦即会营驰往痛加剿除，则是汝等自取之祸。汝等又苦而为此，又何乐而为此耶？因恐你民不能洞悉，特为明白示之。其各凛遵毋贻后悔。特示。

【注释】

①开、鹤之人，指与新会相邻的开平、鹤山两县之人。

②披猖：亦作"披昌"，猖獗，猖狂之意。

【译文】

关于各安疆界不要欺凌以免戕害问题恳请大家知晓：

查察得知你们各个乡邑的客家人，与我新会地方向来没有过节，而且往来出入，多由新会经过，因此断然不肯与我为仇。近来因为开平和鹤山人，与你们客家人相斗，个中曲直，难以区分。但是听闻相斗之时，经常发布谣言煽动迷惑，原本想挑拨我新会的民众，一起合力进行围攻。经过本县查探得知，多次命令严格禁止合攻。仅仅叫人自行保卫，不准越过县界相帮。自此以来，还称得上安定。然而，据近来的探报，大部分报称客家人十分猖狂，竟然胆敢越过县境进行放火，并敢妄行掳掠杀人。

本县爱民如子，岂容他族侵凌？立即进行严密访查，才知道传闻失实。盖以该客民等系与鹤民追杀，并非与我为仇。内有误毁之家，自愿陪修谢罪。可见那些客家人，多是明理之人，自知居住的地方互相连接，不想自生仇隙。并且只是取道经过，岂容断绝自己的生活？想来他们那些客家人虽然愚昧，亦绝不至于出此下策。只是恐怕我县无知之人，听信这些谣言而动摇；有些人平日就有私仇，借此企图进行报复；有些人一时被人纠集在一起，妄想放肆地欺凌他人；有些人则为发泄怒气而前去，不顾死亡的后祸；有些人随声附和，导致全族人被杀害，不只是累及一方乡邑，还危害至几代人。说到这里，还能不寒心吗？如果不恳切说明利害关系，严行禁令，那么仇恨则每日增加而越来越凶险，祸害也日积日深，将来危害我县民众，势必像无底洞一样没有终点。

因此，邻近各乡邑的本地人和客家人均知晓这个告示：你们本来有没有仇恨，本县一概不得知，之后是否能够修睦和好，本县也不敢过问。唯有本县的老百姓，全部要严格遵守禁令。无论是亲戚还是仇人、本地人还是客家人，任凭别人杀斗，不准越过县境去相帮。已经严格通知乡绅和耆老，务必要约束好自己的子弟，切勿跟随他人滋事，以致受到牵连，从而被伤害。如有不法的匪徒，偷偷跑到邻县，帮同打仗，以及随同放火劫掠的，允许你们这些本地人和客家人，不问对方是土是客，全部按照格杀勿论的法律规定，随时抓获，全部杀死，并且将他们的首级献来衙门，本县一定给予厚赏。或者立即将他们捆送衙门，通过审讯查明实情，立即以重法处置。

　　本县谆谆告诫禁令，声泪俱穷，而你们自蹈死亡，即系自作孽。但你们这些本地人和客家人等，应当知道本县的一片苦心，务必各自守护好本境，切勿随意勾结，以图一时的快意。你们这些人稍有身家的，必不敢去多事。那些离开本地而去生事的人，即系无赖之徒，连性命都不顾，怎么知道利害？本地人取胜则一齐去杀害客家人，客家人取胜则一齐杀害本地人，心怀叵测，反复无常。你们这些人如果勾结他们过来，恰好是给自己带来大麻烦，你们又何苦这样做呢？又何乐这样做呢？

　　谚语说"引虎驱狼"。你们要好好想想这句话。现在本县既不准我新会的民众越境帮助你们，则你们亦不要越境来侵害我新会民众。彼此疆界分明，稍有逾越也不行。现在已经严饬团练，一听到风声立即前往救援。唯恐你们不知，为此导致被误杀，特为明确恳切地告知，预先详细说明约法。你们如果各守疆界，即是无穷之福。你们如果故意来侵犯，就是自己挑起争端。不仅仅是各个乡邑的团练，一起齐心攻击，本县也立即带兵前往痛加围剿，那么你们就是自取灭亡。你们又何苦这样做呢？又何乐这样做呢？因恐怕你们这些人不能明白知道，特为明白地告示。请各人严格遵守，否则到时后悔莫及。特示。

严拿贼匪打单示

【原文】
为严拿贼匪打单以除民害事：

　　照得各省自贼匪窜扰以来，常有殷实之家，被其挟制，迫令出银出谷以赡贼军。否则焚杀奸淫，惨难言状。维时该殷户等，上念祖父，下顾妻孥，无可如何，不得不为筐篚①之献，此实出于万不得已，而非其本心之愿为供奉也。迨至事定之后，又为乡里所讹，往往怀挟私仇，藉端报复，遂尔指为叛逆，牵控到官，以致妄肆株连，多被倾家丧命。此等恶习，比比皆然。而粤东自咸丰四年红匪乱后，此风尤甚。本县于所莅之区，每遇此等案件，无不访查驳斥，甚且按律坐诬，原以杜冤诬而全善类也。然有一种莠民，实系甘心从逆，如俗所谓"打单进贡"②，为贼爪牙者，是又不容不办。

查律例打单之说，他处并无明文，独于粤东特立专条，立意至深且远。然犹仅指劫盗之属，借端讹诈而言，并非竖旗攻城，谋反叛逆之比也。夫叛逆之罪，上通于天，人人得而诛之。虽妇孺亦深切齿之恨，向使同心合德，遵行保甲章程，守卫相联，闻警互救。贼虽凶悍，不无疑惧之萌，又何敢纵意横行，如入无人之境者？盖自有打单之说，而贼之胆益以壮，而我之虑亦以消，以为我既打单，贼必我宥。遂尔晏然自肆，且以能识某贼为荣。

斯即地方官责令先事团防，捐赀堵御，而彼则自以为有恃无恐，转以所说为迂。而一时愚昧者流，不知彼之所恃，恃在打单。我未打单，如何可恃？乃亦罔知利害，相率效尤，不肯出一力拔一毛以预为之备。迨至贼匪窜至，率皆亡命奔逃。无论曾否打单，谁敢与之计较？其有出赀甚厚，而与贼甚亲者，间亦安土重迁，贼亦相戒勿犯。于是悉取前此之无力打单者，大加杀掠，以示其惨毒之威，而显其保全之力。且以儆他处之不肯打单者，使之皆知打单之有益，群焉相率于打单之为，而贼乃得以肆行而无忌。殊不知此皆贼之愚我愚民，而我之愚民甘为所愚也。

如果同仇敌忾，均不打单，而以此馈贼之钱，出为御贼之计，贼知我之有备，已为众志成城，彼以人人切齿之人，而敢轻于一试，自入网罗？贼固不若是之愚也。只以打单有人，则是我已离心。贼即知我虚实，乘间抵隙，便当趁势前来。而况此自愿打单者，固已泥首膝行，甘心顶祝，愿做前驱之导。惟虞后至之诛，而谓贼匪于此，其肯屏弃勿收，而不为之勉强一行，以鉴彼输诚效媚之忱也哉。此打单之人，实为引贼入室之人。而此无力打单之无数生灵，皆此有力打单者之罗而陷之于死者也。若使无人打单，则贼不知深浅，未敢妄行。纵不敢谓贼必不来，而断不致贼之必来也。若既有人打单，则是招之使来。贼即必须来取打单之银，决无与而不取之理。且有身虽打单，而究不免为贼杀戮者，是则打单之害，其可胜言哉。

冈州公牍

今者四方多事，虤拒蠭争③，正宜激励人心，联为一气，举行保甲，实力团防。富者出资，贫者出力，无论何方有警，即当彼此相援。庶几贼匪闻风，不敢横行蹂躏，既可省格外之费，亦可免意外之虞。使果处处如斯，贼亦从何托足？无奈乡愚寡识，狃于习俗相沿，金以打单可保身家，不禁趋之若鹜。偶有一二幸免之处，遂奉之为救劫奇方，而不知贼性犬羊，喜怒无定。贼群狼狈，诡计多端，且以乌合之徒，妄肆鸱张④之志，鲸吞未遂，蚕食何常。君父且不及知，何分族类，弟兄是其称谓，那问尊卑？无论贫富在所难逃，亦实恩仇皆所不辨。每每壶箪甫纳，而刀锯旋加，肺腑相亲，而官骸顿裂，岂得谓打单之真为有益而无害也哉？若不严行禁绝，则日甚一日，几以打单为名正言顺之为。而贼匪得此内援，益滋猖獗。真所谓物必朽而后虫入焉者也，尚安望荡扫妖氛而同登康阜也耶。言念及斯，诚堪痛恨。除会同武营严密购拿外，合行出示晓谕。

为此示仰阖邑军民人等知悉：自后如有匪徒持单前来，向汝等索取银谷者，立即将其捆送到官，连单呈验，以凭彻底根究，洗穴残渠，庶几消患未萌，免致蔓延滋害。切勿畏其凶焰，屈志顺从，俾其羽翼渐成，酿为巨祸。若恐贼徒报复，不敢声张，即为密速报官，立即会营拿办，断不致累及汝等，尽可放胆为之。

且汝等如果照行保甲章程，则守卫有资，战攻有具。贼徒虽众，何敢犯我之锋？斯即召之使来，贼亦有所不肯。若能各处如此，又何贼之能容耶？刻下地方虽臻平静，尚无宵小之萌。虽恐他处匪徒，潜来勾结，不得不严为防范，醒悟愚蒙。如能查获送官，定即照章给赏，倘或执迷不悟，仍蹈前愆，则是与贼为徒，即亦与贼同罪。是避祸而适以取祸，保家而转以倾家，利害之分，迥殊天壤，唯汝等熟思而审处之，当必有曲体予心者矣。懔之。特示。

【注释】

①筐：盛物的方形竹器。筐：古代盛物用的圆形竹器。
②打单：指按照贼匪列出的清单提供钱物。
③虤：猛兽。蠭：蜂之古字。
④亦作"鸹张"。像鸱鸟张翼一样。比喻嚣张、凶暴。

【译文】
为严拿贼匪打单以除民害之事：

　　各省自从贼匪逃窜扰乱以来，经常有殷实的家庭被他们挟制，迫令出银出谷用来供养贼军，否则就被他们焚杀奸淫，惨状难以描述。当时那些殷实家庭，上念祖父，下顾妻儿子女，无可奈何，不得不交出银两和粮谷给他们。此实出于万不得已，而不是他们本心甘愿供奉的。等到事情平定之后，又被乡里的人讹诈，讹诈的人往往是怀挟私仇、借故报复，遂被指为叛逆，牵控到官府，导致任意株连，许多家庭因此家破人亡。这些恶习比比皆是。粤东自从咸丰四年红匪（太平军）作乱之后，这种风气更加严重。本县在辖区之内，每遇到这类案件，无不访查进行驳斥，并且按照法律规定的"诬告反坐"原则处理，原以为可以杜绝冤枉诬告从而保全好人。然而，有一种坏人，实在是甘心跟从逆匪，如俗话所说的"打单进贡"（按照贼匪列出的清单提供钱物），作为贼匪的爪牙。这些人又不能不查办。

　　查律例有关打单的规定，其他地方并没有明文，唯独对于粤东特别设立专条，立意至深且远。然而只是归入劫盗类型的案件，从借事端进行讹诈这方面来说的，并不是竖立旗帜围攻城池，进行谋反叛逆的犯罪。叛逆的犯罪，上通于天，人人得而诛之，虽然是妇女儿童亦有咬牙切齿的仇恨。假如大家同心同德，遵守和执行保甲章程，防守卫兵相互联系，闻警互救，贼匪虽然凶悍，也有疑惧的念头，又怎敢随意横行，如入无人之境呢？自从有了打单之说，贼匪的胆量更加强壮，而我们的防虑却随之减少，以为我既打单，贼匪必然宽宥我。之后则放心随意，并且以能够认识某贼为荣。

　　即使地方官责令预先进行团防，捐献财物进行堵防，然而，那些打单的人则自以为有恃无恐，反而以为地方官所说为迂腐。因而一时之间愚昧的人成为主流，不知道他们所依靠的是打单。我未打单，又有什么可依靠？更加不知道利害，互相效尤，不肯出一分力拔一毛钱，用来预先防备贼匪。等到贼匪逃窜而至，全部亡命奔逃。无论是否曾经打单，还有谁敢同他们计较？有一些出了大财物而与贼匪甚为亲近的人，间中可以得到保全，贼匪亦相互告知不要侵犯。于是，对之前没有财物可以打单的人，全部大加杀掠，以宣示他们惨毒之威名，从而显示他们保全的力量。并且，以此警示其他地方不肯打单的人，使他们全部知道打单的有益之处，大家从而相继做出打单的行为，而贼匪因而更加肆无忌惮了。殊不知这些做法全都是贼匪用来愚弄我愚昧的民众，而我愚昧的民众甘愿被他们愚弄。

如果大家同仇敌忾，全部不打单，而将那些交给贼匪的钱物用来防御贼匪，那么贼匪知道我方有防备，我们这边众志成城，他们那边成为人人咬牙切齿之人，再胆敢轻易一试，不是自投网罗吗？贼匪固然不是这般的愚昧。只是如果有人打单，则表示我们这边离心。贼匪即刻知道我方的虚实，乘着我方离心的间隙趁势前来。况且那些自愿打单的人则要做到磕头跪拜，甘心祝祷，甘愿做他们前驱的向导，只是更加担心随后而来的诛杀，并且，这些贼匪既然来到此地，怎肯放弃财物不收，即使勉强也要过来，试试这些打单人输诚效媚的真假。这些打单的人，实在是引贼入室的人。而那些无力打单的无数生灵，全部因这些有力打单人的错误而被杀害。假如没有人打单，那么贼匪不知深浅，不敢妄意行动。纵使不敢说贼匪必定不来，也不会导致贼匪必然到来。既然有人打单，那么就是招他们到来。贼匪必须来取打单的银两，肯定不会有不来取钱的道理。同时，有些人虽然打单，还是终究被贼匪杀害了。由此来看，打单的危害不可胜数。

现在四方多事，贼匪横行，最需要激励人心，联成一气，实行保甲，增强团防的力量。有钱的出钱，有力的出力，无论哪一个地方出现警报，应当彼此互相救援。这样一来，贼匪闻到风声，不敢横行踩蹦，既可以省下格外的费用，亦可以免除意外的危险。如果处处都做到这样的效果，贼匪还能在什么地方立足？无奈愚昧的乡民没有见识，沿袭习俗做法，以为打单可以保全身家，不禁趋之若鹜。偶然间有一二个人因此幸免于难，遂奉之为救劫的奇方，而不知贼性如犬如羊，喜怒无定。贼匪就像狼狈一样诡计多端，并且以乌合之众，像鸱鸟张翼一样嚣张凶暴，不像鲸鱼一样侵吞，就像蚕虫一样蚀食。他们不懂得尊重君父，更不分族类，他们称兄道弟，哪里知道尊卑的道理？无论贫富的人都在所难逃，实在是分不清恩仇。打单人每每交纳了财物，而刀锯立即加在他们身上，以为像肺腑一样相亲，而尸首分离即刻来临，哪里还说打单真的是有益而无害呢？如果不严格禁止，则一日严重过一日，几乎以为打单是名正言顺的行为了。而贼匪得到这些内援，日益猖狂。真所谓物先朽坏然后害虫才能进入，真希望大家扫荡妖氛，共同达至富裕安康。说到这里，真的是颇为痛恨。除了会同兵营严密捉拿之外，张贴告示。

为此，让全县的军民人等知悉：自此之后，如有匪徒拿着清单前来，向你们索取钱财和谷物的,立即将其捆送到官,连同清单交上来审查,依证据彻底追究其责任。通过彻底打击,将祸患消除在萌芽状态,以免蔓延滋害。你们切勿害怕他们凶残的气焰,屈服顺从,使他们的羽翼渐长成,酿成大祸。如果害怕贼徒报复,不敢声张,可以迅速向官府报案,由官府立即派兵缉拿,断然不会累及你们,尽可放胆去做。

你们如果按照保甲章程执行,则守卫有钱财,战攻有兵器。贼徒虽然人多,又怎敢冒犯我们的锋芒?即使有人号召他们前来,贼匪亦不肯来。若能各处如此,贼匪哪里有立足之地?目前地方虽达至平静,尚未有坏人的萌芽。但是恐怕其他地方的匪徒暗中过来勾结,不得不严加防范,以醒悟那些愚昧受蒙蔽的人。如果能够将他们查获送官,一定按照规定给予赏金,如果执迷不悟,依然实行之前的错误行为,则是与贼匪同伙,即亦与贼同罪。本来是避祸的而恰好取祸,本来是要保家的而反为亡家,利害之分,有天壤之别,请你们好好思考并且想好要如何做,必定能够体会我的心意。懔之。特示。

酌行保甲团练捐输示

【原文】

为酌定保甲团练捐输章程晓谕饬遵事:

照得古之言保甲者详矣,然未可概施之今日也。今之论者又或析保甲、团练、捐输而三之[1],以致行者卒尠[2]。不知无团练则保甲徒劳,无捐输则开练无费。三者相因,固未可偏举而偏废也。兹为酌定章程如左[3]。

保甲之法,以十家牌为最简便。其法先查门牌,填明丁口,列入烟户[4]总册。每十家为一牌,设立牌长一名,专司稽查。如九家内有为匪犯法之人,即着报知都乡党正副等送官究治。如徇隐不报,即坐牌长同罪。其牌长报知,而都乡党正副徇情受贿不为送究者,罪亦如之。如牌长不法,亦着九家之人联名攻讦。其都乡党正副等,如有不公不法者,亦准禀官更换,实究虚坐。其有从前误入匪党,自知悔悟者,准其取具该族绅耆保结,编入牌册,下注"自新"字样。三年无过,即将"自新"二字销去,一视同仁。牌内每家制钩矛一件;灯笼一个,上写户口姓名字样。十家共制更锣一面(或竹绑亦可),牌灯一面,上写第几甲、第几牌、牌长某人字样;尖角中号旗一面,上写某乡第几甲、第几牌、开练字样。

每夜于十家内挨次派出一人，点灯支更。其牌灯与旗，即移至支更之家门首，以便稽查。如有懒惰抗违者，议罚充公。每十牌为一甲，甲长即党正。设立战鼓一面，大旗一面，大灯笼一个，上写某乡第几甲团练字样。如牌内一家有警，其支更之人将锣连声乱击，牌长率众往救。各牌闻声亦皆将锣连击，甲长即刻擂练鼓齐众，各执灯笼器械飞奔往救。如有一家不到者，从众议罚。倘有乘机窃掠者，以劫盗论，送官治罪。如十牌之外，尚零二、三牌者，即附于本甲之末；其零至四、五牌以上者，即着另为一甲，以专责成。十家牌数，亦照如此办理。

其开练壮丁，即于牌内选定某人，令其学习技艺，不得任意更换，徒充虚数。并将选定之壮丁，详注年貌，列册二本，呈请盖印，一存县，一存乡，以凭点验。所有旗帜、器械等类，即于分局公项赶紧支办，列册报销。每月各都乡党正副等，议定日期，校阅一次。其有才艺出众者，即用公项酌量奖赏，以示鼓励。其不肯学习者，即行更换，无许滥竽。

如一方有警，该都乡党正副等，探明贼势若何、需勇若干，立即一面禀县，一面飞报左近数十里之各乡分局，拨勇赴援。各分局得报后，亦即一面禀县，一面如数点齐丁勇，各备器械，星夜奔救，以便当时扑灭，免致蔓延。如有迟至三日不到者，即罚该乡分局钱二百千，作为军需，仍令飞速赶来，杀贼自效。倘敢始终延缓，致误军机，即将该练长等禀官究治。其赴援之练丁等，每名日给口粮钱一百二十文，即于各本练先行垫发，作速启程，随即列册禀县，饬由公局补还。并将以后口粮，源源接济。至于有事之处，

其壮丁虽是自卫身家，亦宜酌给口粮，以免枵腹之苦。每名日给钱六十文，即由本处分局先行支发，亦即列册禀县，概由公局补还。庶不致财力两匮，一蹶不可复振。其补还之法，先于各乡设立分局，每租一石，收钱一百文。如有一户不遵，许即指名禀究。合计该乡共收钱若干文，以一半归入分局，作为制备军装，以及垫发口粮之用；以一半缴存公局，作为一切军需，以及补还垫发口粮之用。盖口粮若不垫发，则往返需时；垫发若不补还，则空虚难继。如此通融酌剂，则无论有事无事，总有存余。既不虞其竭蹶，又不患其偏枯。御侮之方，莫妙于此矣。

本县参稽古制，斟酌时宜，集众善而去其偏，联三事而合为一。如果认真办理，久远遵行，则内莠既除，外患自息，虽鼠窃之辈，亦无所容。而路

不拾遗，夜不闭户之休，可计日俟矣。使各处仿而行之，将见恬熙有象，雍睦成风，四海同登康乐之书，万世永享升平之福，又岂独一乡一邑之美利无穷也哉？

此余宰石城时所定章程也，石城带海屏山，地方辽阔，民商杂还，宵小潜滋。且由东迤西绵亘二百余里，均与广西之博白、陆川⑤紧相接壤，平日姻亲戚友，大都彼此往还，初无畛域之分，讵有猜疑之渐。自道光二十八年逆匪刘八倡乱以后，动辄窜扰石城，石城之人遂嫉之曰"西匪"，视若寇仇。嗣是以来，直同熟径，盖无岁不然矣。且有一岁之中，再至三至者。至则奸淫焚掠，惨不忍言。房舍为墟，田禾被割，家资如洗，鸡犬不留。而且夺其牛而即令运赃以归，掳其人而勒令备金以赎。

迨至官中闻报，募勇征兵，辗转经旬，势已无及。又况此围彼窜，流毒无方。蹂躏既周，群焉宵遁。言之发指，闻者鼻酸。石邑之人，亦若切齿痛心，仇难共戴。而卒不能画一策定一计以禁之使不来者，何也？一邑之中，贫富不同，良莠不一。有畏其来者，即有盼其来者，且有为之向导，为之侦报，以诱其来者，是即外匪引内匪之说也。故欲御外侮必先辑内奸，而其要则必自保甲、开练始。

本县履任之时，既已计虑及此。然查阅公局存项，仅余钱六千余百文，旋为灵山军务开销，实只存钱四千数百文。因念从前历任剿捕各案，皆有军饷可请，且准造册报销，今则一概不行，又无可挪之款。设使一旦有警，其何以为御侮之资？赶即首先倡捐，广为劝导。着并编查保甲，填写门牌。讵料此议甫行，而逆贼朱十九等，已拥贼众八千余人，突入县境，人心惶惧，亡命奔逃。公局诸绅，同深焦灼。本县到任未久，无米为炊。筹饷招兵，不容刻缓。又复亲身督阵，晓夜焦劳，眠食都抛，形神俱瘁。所赖愚诚相感，士卒同心。两月之间，剿除殆尽。正拟急修保甲，并谋团练捐输，何期逆首窜回，复与李六等聚众万余，攻扑博白县城，又被邹君轰退，仍然回窜石邑，竟以为报复之谋。当此之时，罗掘馨尽⑥，合邑人士，无计可施。本县召集诸绅，敷诚告谕，无论有何存项，概行印券借来。一面设法筹捐，以冀归还巨款；一面飞调精勇，突出围攻，捣穴擒渠，斩俘无算，追奔逐北，剿抚兼施。又复率勇裹粮，绕至广西，攻破老巢，歼除群丑。然后班师行赏，偃武息民。

盖自始事以及功成，凡八阅月。所有营中署中诸事，无论巨细，悉本亲裁，心血为枯，因劳致病，即至形余骨立，命仅丝悬。然犹力疾从戎，忘身恤众。虽幸徼天之幸，冒险成功，而此身已惫矣。向使稍宽时日，得行保甲事宜，又何至受此艰危，罹兹荼毒耶？

因于事定之顷，即为酌定章程，合捐输、保甲、团练三者，相辅而行，费不多而事易集。所有牌册纸张，以及编查官吏舆从食用一切诸费，约需五百余金，概由本县捐发，不准科派分文。先从城内举行，次及城厢各处。而凡人烟稠密，自为一村，以及向称墟市者，率皆遵照办理。正及半年之久，始得一律奉行。不数月而四境粲安⑦，宵小绝迹。虽有邻封诸匪，不敢稍有觊觎。城乡内外之人，始恍然于此举之大有裨于吾民，而不禁颂声之大作也。前此年年被贼为害，不可胜言，迄今数载又安，无复有烽镝之苦，盖以老巢已洗，外患胥除，保甲又严，内奸亦绝。明效大验，确有可凭，人亦何乐而不为耶？

今新会幅员之阔，户口之繁，港汊之纷歧，山径之丛杂，无不数倍石城。而江门以及本城，尤为海舶往来，五方杂处，且与香、顺、恩、开、新、鹤⑧等处，犬牙相错，防范难周。若不严密稽查，良莠更难区别。兹特仿照石城办法，先行保甲章程。

其所需亦数倍石城，仍由本县捐出。即从本城内外，分别四隅，派定捕厅与各委员，督率书差，传同地保，认真查造，不容稍有欺蒙。其寺观庵堂，向归方外另册，然零星散处，转觉漫无稽查，不若仍列十家牌册中，得以互相纠察。至若歇家客寓，以及试馆祠堂等类，凡有流寓往来人等，俱给循环号簿二本，着将某日住客几人、系何姓名籍贯、作何生理、从何处来、往何处去，逐日按名登记，越日缴署核查。本县复派家人，随时查写。如与号簿不合，即将该店究惩。

其余应行事宜，按照章程办理。如果有应该变通之处，再行随事酌量，总期有利无弊，有益无损，是为至要。尤在实心实力，认真举行，切勿视为具文。奉行故事⑨，是则地方之福也夫。其各凛遵毋违。特谕。

【注释】

① 析保甲、团练、捐输而三之：把保甲、团练、捐输视为三件不相干之事。

② 尠：音 xiǎn，同"鲜"，意为稀有的、罕见的。

③ 如左：古代书写是从右到左竖排，故有"如左"之说。

④《清会典·户部·尚书侍郎职掌五》："正天下之户籍，凡各省诸色人户，有司察其数而岁报于部，曰烟户。"清代陈天华《狮子吼》第三回："该村烟户共有三千多家。"

⑤博白、陆川：今广西博白、陆川两县。

⑥罗掘罄尽：罗，用网捕鸟；掘，指挖掘老鼠洞找粮食。此词谓用尽一切办法，搜括财物殚尽，比喻无法筹到款项。

⑦敉：音 mǐ，抚也。《说文》："亦未克敉公功。"郑玄注："敉，安也。"

⑧香、顺、恩、开、新、鹤：指香山（今中山、珠海）、顺德、恩平、开平、新宁（现台山）、鹤山诸县。

⑨奉行故事：按照老规矩办事。班固《汉书·魏相传》："相明《易经》有师法，好观汉故事及便宜章奏，以为古今异制，方今务在奉行故事而已。"

【译文】

关于制定保甲、团练、捐输章程晓谕并请遵守事：

古代关于保甲的规定十分详尽了，然而不能够全部施行于今日。现在主流意见将保甲、团练、捐输视为三种不相干之事，以致施行三者的做法很少。许多人不知道，没有团练则保甲就没有什么用，没有捐输则实行团练就没有经费。三者互为因果关系，不能够偏举其中之一，或者偏废其中之一。特为制定如下章程。

保甲的方法，以十家牌编组最为简便。这个方法要先查门牌，填明家庭人口，列入家庭户籍的总册。每十个家庭为一牌，设立一名牌长，专门负责稽查。如果其余九个家庭内有做匪徒犯法的人，立即向都乡党正副长报告，将他们送官追究责任。如果徇私隐瞒不报，即将牌长与罪犯一同治罪。如果牌长已经报告，而都乡党正副长徇情受贿，不将他们送官追究责任的，也与罪犯一同治罪。如果牌长犯法，亦要求其他九个家庭成员联名来告发。如果都乡党正副长等人做出不公不法的行为，其他人可以禀告官府要求更换，并且追究他们的法律责任。如果有从前误入犯罪组织而自知悔悟的人，允准他们由该族乡绅耆老取保具结，编入牌册之内，在下面注明"自新"字样。三年之内没有犯罪的，即可将"自新"二字删除，与其他人一视同仁。牌内每个家庭制作一件钩矛，一个灯笼，在上面写明户口姓名字样。十个家庭共制一面更锣（或者是竹梆)，一面牌灯，上面写明第几甲、第几牌、牌长某人字样；一面尖角中号旗，上面写明某乡第几甲、第几牌、开练字样。

每天晚上在十个家庭内按顺序派出一个人，点灯打更。将牌灯与旗移到打更家庭的门口，以便稽查。如果有懒惰违抗命令的，大家讨论后将其处罚充公。每十牌为一甲，甲长即党正。设立一面战鼓，一面大旗，一个大灯笼，上面写明某乡第几甲团练字样。如牌内一家有警报，打更的人将锣连声敲击，牌长率领大家前往救援。各牌听到锣声亦要连击更锣，甲长即刻擂响练鼓召集大众，各人执着灯笼和器械飞奔前往救援。如果有一个家庭不到，根据大家的讨论进行处罚。假如有人乘机窃掠，以劫盗罪论处，送官治罪。如果编满了十牌之外，尚余下二三个牌，可将他们附于本甲的末尾；如果余下四五个牌以上，可以将其另行编制成一甲，由他们专门负责。十家牌数有所剩余的，亦照这个办法办理。

要开练壮丁的，可在牌内选定某个人，令他学习技艺，不得任意更换、徒有形式。并且，被选定的壮丁，详细注明他们的年龄样貌，列成二本名册，呈请官府盖印，一本存放在县，一本存放在乡，做为点验的凭据。所有旗帜、器械等物品，由分局用公费抓紧支办，分别登记造册进行报销。每月各都乡党正副职等人，议定日期，校阅一次。其中有才艺出众者，即酌量用公费进行奖赏，以示鼓励。其中有不肯学习者，即行更换，不允许他们滥竽充数。

如果一处发生警报，该都乡党正副职等人，探明贼匪情势如何、需要兵勇多少，立即一面禀告官府，一面飞报附近数十里之内的各乡分局，拨派兵勇前往支援。各个分局得到消息后，也立即一面禀告官府，一面按照所需人数点齐兵勇，各人备好器械，星夜奔救，以便当时扑灭贼匪，避免贼匪蔓延的结果。如有迟至三日不到的兵勇，即罚该乡分局二百千钱，作为军需，仍然命令他们飞速赶来，杀贼将功补过。倘若胆敢始终延缓，导致贻误军机，即将该练长等人禀送官府追究责任。

至于赴援的团练兵勇，每名每日发给口粮钱一百二十文，先由各人所在的团练垫发，迅速启程，随即将垫支款登记成册禀告县府，再由公局补还。并且要求将以后的口粮，源源不断地接济。至于有事地方的壮丁，虽然出于自卫身家，亦宜酌情给予口粮，以免发生饥荒的苦情。每名每日给钱六十文，先由本地的分局支发，也立即登记成册禀告官府，一概由公局补还。这样才不致于财力两样缺乏，一蹶不可再次振兴。至于补还的方法，先在各乡设立分局，每一石田租，收取一百文钱。如有一户人家不遵守，允许将其姓名禀告官府追究。统计该乡共收到若干文钱，将一半钱归入分局，作为制备军装以及垫发口粮之用；将一半钱缴存公局，作为一切军需以及补还垫发口粮之用。如果口粮不垫发，则来来回回需要很长时间；垫发的钱粮如果不补还，则财政空虚难以继续。这样通融酌剂的方法，则无论有事无事，总有存余。既不怕钱粮枯竭断绝，亦不怕其中一方偏枯。防御贼匪的最好方法莫过于此。

本县参考古制，斟酌现在的实际情况，集中诸多好处而去除其中的缺点，将三样事情联合成为一体。如果认真办理，长远地遵照执行，则内部的缺点可以消除，外部的祸患自然平息，虽然有鼠窃之辈，也没有他们容身的地方。而路不拾遗、夜不闭户的和谐境象，则指日可待。假使各个地方仿效而落实此方法，那么未来出现恬熙的境象，乡村和睦成风、四海和平康乐将被记载在史书上，万世永享升平之福，又岂能由本地一乡一邑独享这些幸福呢？

上述内容是我在石城（廉州）任县官时所定下的章程。石城近海靠山，地方辽阔，乡民和商人交往频繁，容易产生坏人。并且，由东往西延绵二百余里的地方，均与广西的博白、陆川等地紧紧接壤，平日姻亲戚友，大家彼此往来，起初没有地域的区分，怎知猜疑会渐渐产生。自从道光二十八年逆匪刘八起来作乱之后，动辄就到石城打家劫舍，石城的人遂称他为"西匪"，视若寇仇。自此以来，刘八贼匪就将石城视同熟路，没有一年不来扰乱的。并且有时一年之中会来两三次。他们每到一处，奸淫焚掠，惨不忍言，房舍变成废墟，田禾被割，家资如洗，鸡犬不留。而且，夺取乡民的耕牛，还令其把牛作为胜利品运回去，绑架了乡民还勒索其家人交钱赎回。

等到官府听到消息后，开始募集兵勇，辗转之间已经过了几个月，势已不可及。况且贼匪在此处被围就逃窜至其他地方，流毒无方。被踩躏的地方很大，乡民都避祸迁移。说到这些事情令人发指，听到的人都感到鼻酸。石城的人也咬牙切齿，深感痛心，与贼匪的仇恨不共戴天。然而，为什么最后不能制定防止贼匪不敢来骚扰的一计一策呢？因为一邑之中，贫富不同，良莠不一。有害怕贼匪前来的人，则有盼望贼匪前来的人，甚至还有人为他们作向导，为他们侦查报信，从而诱使贼匪前来，也就是"外匪引内匪"的说法。因此，欲想防御外敌则必须先捉拿内奸，而其中的要诀则必须从保甲、开练做起。

本县履任的时候，既已考虑这些问题。然而查阅公局的存项，仅剩余六千多文钱，旋即被灵山军务开销了，实际上只有存钱四千数百文。因为从前顾及历任剿捕各案，都有军饷可以申请，才批准登记造册报销，现在开始则一概不行，又没有可以挪动的款项，假如一旦发生警报，那么哪里来御侮的款项？紧要之事首先是提倡捐款，向广大民众宣传引导。同时，命令相关人员编查保甲，填写门牌。怎料此议刚刚执行，而逆贼朱十九等已带领八千余人贼众，突然杀入县境，人心惶惧，亡命奔逃。公局各位乡绅，深深同感焦灼。本县到任未久，无米为炊，筹集钱粮进行招兵，刻不容缓。还亲身督阵，昼夜焦急劳累，连吃饭睡觉都顾不上，形神俱惫。幸好我的诚恳感动了大家，士卒同心。经过两个月的时间，将贼匪剿除殆尽。正准备赶急修保甲，并谋划团练捐输，不料贼匪朱十九又窜回，还与李六等聚众万余人，攻扑广西博白县城，又被博白县官邹君轰击败退，仍然逃窜回石城，竟然以此作为报复的计谋。当此之时，我已经用尽一切办法也无法筹到款项。全县人士，无计可施。本县召集诸位乡绅，开诚布公，要求他们无论有什么存款财物，全部以县府发行债券的方式借来。一方面设法筹集捐款，希望能够以此返还巨款；一方面飞速调集精勇，突出围攻，捣毁巢穴，捕获贼匪，斩杀和俘虏无数，迫使他们溃散，实行围剿和招抚兼施的办法，同时又率领兵勇，带上粮草，绕到广西境内，攻破贼匪的老巢，将其歼灭。然后班师行赏，停止战斗安抚乡民。

从开始执行措施到取得成功，共有八个月。战营中和官府中所有事情，无论大小，全部亲自决定，心血为枯，因劳致病，最终使自己形余骨立，生命仅像悬丝一样脆弱。纵然这样，我还是奋力从戎，忘记自己身体虚弱，安抚大家。虽然上天保佑，侥幸冒险取得成功，而我的身体羸弱至极。假使过去能够预留多此时日，能够施行保甲事宜，又何至受到这样的艰危，遭受如此的荼毒呢？

因为制定措施时间紧急，立即商量制定章程，将捐输、保甲、团练三者合为一体，相辅而行，花费不多而事情容易办成。所有牌册纸张，以及编查、官吏路费和食宿等一切费用，约需五百余文钱，一概由本县捐款划拨，不准向百姓摊派分文。先从城内举行，其次向城厢各处展开。凡是人烟稠密、自为一村以及一向称为墟市的地方，全部遵照此办法办理。等到经历半年之久，全县才得到一律奉行。不到数月，全县四境安定，坏人绝迹。虽然邻县还有贼匪，但他们不敢稍有打我们主意的念头。城乡内外的人才开始恍然大悟，这样的措施对本县乡民有极大的好处，因而不禁赞颂的声音大作。此前年年被贼匪危害，不可胜言，至今几年来安全稳定，不再有杀伐的痛苦，因为贼匪的老巢已经被清洗，外患清除，保甲措施又严，内奸亦绝迹。这样的好措施经过检验，证明十分有效，人们又何乐而不为呢？

今新会幅员之阔、户口之繁，河港交错，山路丛杂，超出石城数倍。而江门以及本县城，更加是海舶往来，五方人员杂处，且与香山（今中山、珠海）、顺德、恩平、开平、新宁（现台山）、鹤山诸县相接，犬牙相错，防范难以周全。如果不进行严密稽查，良莠更难区别。兹特仿照石城的办法，先执行保甲章程。这里所需费用也是石城的数倍之多，仍然由本县捐款支出。即刻从本城内外，再到县境四边，派定捕厅与各委员，督率书差，传同地保，认真核查造册，不容稍有欺蒙。

至于寺观庵堂，向来按方外另册登记，然而零星散处，不免让人觉得散漫难以稽查，不如仍然列入十家牌册中，得以互相纠察。至于茶楼客栈以及试馆祠堂等地方，凡有流动人员来往住宿的，俱给循环号簿二本，要求他们将某日住客几人、系何姓名籍贯、作何生意、从何处来、往何处去，逐日按姓名登记，隔日缴交官署核查。本县再派公家人，随时检查。如果与号簿不符合，即将该店追究惩罚。

其余应行的事宜，按照章程办理。如果有应该变通的地方，再行随事酌量，总的目的是希望有利无弊、有益无损，才最为重要。尤其要实心实力，认真举行，切勿视为具文。按照老规矩办事，这样才是地方之福。大家严格遵照不得违反。特谕。

禁止江门迎神赛会示

【原文】

为出示严禁事：

照得人事当尽，闾阎①之祸患须防；神道难知，醮会之繁华宜禁。江门人烟稠密，商贾纷纭，宵小最易潜藏，寇盗常扰窃发。前经谆谕团练，近复设添卡房②，方所谓谨守慎防。尚虑患生不测。况复兴场作闹，反先示以可乘。

风闻江门大王庙于十一月间进伙。刻已纠资集费，行将赛会迎神，通街俱搭葵蓬，阓埠广张灯彩。正当物燥风高之候，既为火患之堪虞，又届冬寒岁晚之时，更盗警之可虑，祸机隐伏，滋弊甚多。奈何担心翻作赏心，竟将危事目为乐事。地方至要之举，则怠玩而勿遵。朝宇不急之需，偏欢欣以从事。万金不难立集，分文未见短交，度彼之轻人而重神，谓是可消灾而获福。

不知彼神休咎之降，故惟人善恶为凭。彼生前都有功德于人，并矢清廉于己，兹岂民生勿念，徒以供奉为心。可知诣渎相将，早拂正直聪明之意，民义弗务，竟忘忧勤惕励之诚。是事神而神是违，将干神而神反怒，奚但不锡③以福，且将重降之殃。故每有演戏酬神，而反致生灾罹患，如往年省城学院前之惨祸，近岁本邑帝临堂之奇灾。前车正自非遥，后辙岂可复蹈？合亟出示禁止。

为此示谕江门六庙值事及绅民人等知悉：尔等须知神固惟德是馨，惟诚是格。故必尽乎人事，方可事彼神明。事莫要于保护地方，则团练难援。事莫急于捍卫灾患，则防御宜先。况尔之祈神，亦无非以保护为念；神之庇尔，亦不过以捍卫为心。则亦何不以签题之资，移作团练之用？何苦必以艰难之费，浪充糜丽之需？果能相恤相周，不失党邻之义；同心同力，先敦守望之情，则已协乎神心，自可邀乎神佑，何必妄作，反致招尤。例载装扮神像，迎神赛会，为首者杖枷。地方保甲不行查拿者，照不应重例责惩。显列明条，岂容干犯？速息前议，勿作无益之为。专务要图，尽所当行之事，庶几神人得以相感，而地方从此赖安。倘敢故抗不遵，定即严拿究办，决不宽贷。亟宜凛遵。勿违。特示。

【注释】

①江门：地方名，现为广东江门市，新会是其一个区。清代，江门是新会县一个繁荣的属地。

②卡房：巡逻口哨点。

③锡：赐。

【译文】

为严禁告示之事：

人事当尽，街坊之祸患必须谨防；神道难以窥知，适宜禁止频繁过分的醮会。江门人烟稠密，商贾来往频繁，坏人最易潜藏，盗贼常常骚扰偷窃。前段时间谆谆告谕团练，近来又添设巡逻哨点，才说得上是谨守慎防，还是生怕有不测的事情发生。况且这些窃贼在醮会场所闹事，反而早早宣示这是他们可乘之机。

听说江门大王庙将在十一月间入伙。当下已经纠集资费，将要举行赛会迎神，整条街道全部搭建葵蓬，全江门埠张灯结彩。正当物燥风高的时候，既是火灾最容易发生,又是到了冬寒岁晚的时候,更加忧虑盗警,暗中隐藏着祸机,滋弊甚多。奈何担心翻作赏心,竟将危事视为乐事。对于地方最为重要的措施,人们则怠玩而不遵守。对官府没有什么好处的醮会,人们偏偏喜欢去做。万金不难以集齐,分文没见到不交的。想来他们轻视人而看重神,说是可以消灾获福。不知那些神祇降下祸福,只是以人的善恶为依据。如果他们生前对人积下功德,并且自己做到清廉,岂能够不顾念民生,单单一心想着供奉?可知道谄媚亵渎相将,早就违反正直聪明的本意。不履行民义,竟然忘记忧勤惕厉的诚意。这样侍奉神反而神将违背其意,这样冒犯神的做法将要激怒神,不但不赐予幸福,还要降下大灾祸。因此每有演戏酬神,反而导致灾患发生。例如往年省城学院前发生的惨祸,近几年本县帝临堂发生的奇灾。前车之鉴并不是很遥远,岂能够重蹈覆辙?亟须县府发出告示禁止。

为此让江门六庙值事及绅民人等知悉:你们须知神固然唯德是馨、唯诚是格。故必须尽力做好人事,方可供奉那些神明。最重要的事情莫过于保护地方,但是团练却难以得到支援。最紧急的事情莫过于捍卫灾患,首先要做好防御。况且你们祈神,无非是出于保护地方念头;神明之庇护你们,亦不过以防护灾患为目的。那么,为什么不将求神签题的费用,移作团练的费用?何苦必须以艰难得到的钱财,浪费在糜丽的活动之中?如果确实做到相恤相周,不失党邻情义;同心同力,履行敦守相望的情义,那么自己与神心相协调一致,自然可以得到神明保佑,何必胡乱行动,反而导致不好的结果。根据法律规定,装扮神像,迎神赛会,为首之人要处以枷枷的刑罚。地方保甲不进行核查捉拿的,按照不遵守重例来责惩。已经有明确的法律规定,岂能够容许冒犯?速速停止前述的决议,不要做无益的行为。专门做好重要的事情,尽力做好应当要做的事情,这样一来神人得以互相感应,而地方从此得到平安。倘若胆敢故意违抗不遵守的,一定立即严拿追究办理,决不从轻处理。要立刻严格遵守,不要违反。特示。

冈州公牍

禁止城乡各处演戏告示

【原文】

为出示严禁事：

照得演戏酬神，例原有所不禁，然而聚众酿祸，事亦当为严防，况今当有事之秋，尤非前时可比。西北股匪，日图窜扰下游，东南逋逃，亦多潜归本里。正守务戒严之日，岂雍容鼓舞之时？是即查察紧严，犹恐其窥伺而窃发，何反兴场作闹，明示以间隙之可乘。况且密布葵逢，每罹火患；拥挤打架，易滋事端。事机虽属细微，流祸实难悉数。现当严查保甲，正欲使内匪无可存身，自宜肃清间阎，必先使外匪无由溷迹。岂可因此细事，妄贻不测深忧？合亟出示禁止。

为此示谕各处庙宇首事及更保人等知悉：倘有庙宇定下戏班，未开唱者，着即赶紧退回；已开唱者，亦即登时停止。三牲醴酒，皆可酬神；一炷清香，亦昭敬意。须知神道降殃降祐，原惟善恶为凭。然则尔民祈福祈年，岂在舞歌之美。讵有尊神聪明正直，亦如尔辈戏豫驰驱，恐彼在天之灵，当亦嗤尔之妄。况此间戏价甚巨，定然敛钱甚多，何必以难得易失之财，浪作无益有损之事？则亦何不留作防御之经费，或充作团练之公资，省却虚花，转为实济，公私俱有裨益，得失岂不相悬？

本县慎重地方，肃清奸宄。尔等务宜遵照，毋得故违。倘仍貌抗不遵，或敢玩视梗化，本县惟知维持大局，不能曲市小恩，定将该首事及更保戏班人等，一并严拿究惩，决不稍为姑容。谅彼小丑跳梁，原不难歼除净尽。且俟四方安定，再相与鼓吹休明。各宜凛遵毋违。特示。

【译文】

为严禁出示之事：

察演戏酬神，法律原来就没有禁止，然而聚众酿成祸害，这种事情应当严加防范，况且现在是有事之秋，尤其不能跟以前相比。西北边几股贼匪，日图窜扰下游，东南边的贼匪刚刚逃跑，亦大部分潜回本县。正是守务戒严的日子，岂是放松警惕享乐游戏的时候？即使是查察严紧，还恐怕这些贼匪窥伺而偷偷行动，更何况借着演戏场所闹事，很明显这些都是可乘之机。况且街道密布着葵蓬，容易发生火灾；人群拥挤打架，容易发生事端。虽然这些属于细微的事情，但是流祸实在难以全部掌握。现在应当由保甲进行严查，正想使内匪不能够存身，自是应当肃清乡里，使外匪不能够混迹其中。岂可因为这些细事，轻率地不关心这些令人担忧的事情？亟须县府发出告示禁止。

为此，告示各处庙宇首事及更保人等知悉：倘若有庙宇定下戏班，还未开唱的，即刻赶紧退回；已经开唱的，亦要立即停止。三牲醴酒，皆可酬神；一炷清香，亦昭敬意。须知神道降下保佑和祸害，仅仅是以善恶为凭据。那么，你们这些乡民祈福求年丰，岂在丰盛的歌舞？料想尊贵的神祇聪明正直，却被你们这样做戏愚弄，恐怕神明在天之灵，亦当讥笑你们的胡作非为。况且这里的戏价很贵，一定收取很多钱，何必将难得易失的钱财，浪费在这些有损无益的事情上？还不如将这些钱财留作防御的经费，或者充当团练的公资，节省浪费的花费，转为实在的救济，公私均有补益，得和失不是很悬殊吗？

本县重视地方安定，肃清奸诈阴险小人。你们务必遵照告示，不要故意违反。倘若仍然蔑视违抗不加遵守，或者胆敢视为儿戏顽固不化，本县只知道维持大局，不能曲意施行小恩惠，必定将组织的人、提供担保的人和戏班等人，一并严拿追究惩罚，决不稍为姑息容忍。料想彼等跳梁小丑，原本就不难歼除干净。而且，等到四方安定，再与大家歌舞升平。各人应当严格遵守，不要违反。特示。

捐购义地埋葬无主棺骸并催速葬示

【原文】

为示谕埋葬浮厝尸棺，以安游魂而厚风俗事：

照得物尽皆归于土，孝子必掩其亲。故死者总以窀穸①为安，而生者当以茔葬为急。礼经："大夫三月而葬，士逾月。"②圣贤定制，不可违也。律载"凡有丧之家，托故棺柩不葬者，杖八十"。国法森严，不可犯也。

且人子生前孝养，承欢尚可多端，而父母之殁后周旋，尽力止在一葬，又安忍恣玩以从事，不依礼法以相将哉？乃本县访闻城外西竺庵、雷霆山、林屋岗、马山头、五显坑等处，多有庄房，久停棺柩，年深日远，栋折墙崩，甚至棺木倾颓，以及尸身暴露。闻之实深骇异，曾饬亲往查。其中虽有异籍寄停，难返故土；抑有流亡绝灭，无力经营；然亦不少富厚之家，惑于风水，贵盛之族，坐于因循，忍使灵爽之在天，竟致葬身之无地，白骨抛同瓦砾，夜哭时闻，青磷依附莽榛，游魂奚托？

嗟夫！掩骼垂于月令③，除髊掌自秋官④，可见暴骨露骸，旁观且有所不忍，而乃属毛离里⑤，坐视竟可以相安，似此天理之无存，尚何地理之有验？况阴地全凭乎心地，人谋那及乎天谋。不顾祖父之怨恫，妄冀子孙之福禄。无论堪舆难信，吉壤终不与凶人；即使山川有灵，佳城亦转为绝穴。而且久远浮厝，诸多可虞。风雨飘摇，棺木既易腐朽，虫蚁剥蚀，筋骸亦必损伤。野烧则火毁堪忧，水涨则漂流足虑。贼徒挖毁，元年已足戒前车；红逆⑥焚烧，四年复重蹈故辙。觸处皆祸机所伏，理势两不相宜。何故竟积习相沿，愚昧一至于此。

本县伤兹恶俗，悯及枯骸，特已捐出廉泉，广为购买义地。除将无主棺骸，饬保查明，尽数葬入义冢外，合行出示晓谕。为此示谕阖邑绅民人等知悉：尔等如有棺柩寄停庄屋者，着即觅地安葬。如实一时不能得地，或无力骤难营葬者，亦限两月内，先将坍败庄房及棺木之朽坏者，修补完好，以免暴露。一面仍赶紧营葬，如逾两月后，仍查有坍败损坏尚未修补者，苟葬后代式微，贫寒无计，定系子孙不肖，流荡忘亲。在彼虽不念祖父之遗骸，本县却不忍子民之暴骨。不论其有无主祀，即将其并葬义坟，妥分穴以瘗埋，不使杂乱。各立碑以存记，免或混淆。庶幽明各得所安，不致为殃作厉。将民德可期归厚，咸知报本还原。本县伤俗习之日非，敢云泽及枯骨，推吾心所不忍，籍以锡而孝思。其各深谅苦衷，务宜亟加猛省，速为遵照，毋稍迟延。切切。特示。

【注释】

①窀穸：音 zhūn xī，指墓穴。洪亮吉《春秋左传诂》卷十二："古字作屯夕，后加穴，以窀穸为墓穴，是也。"

②据《礼记》所载，葬礼的葬期因死者的身份、地位的不同而有异。天子七月而葬，诸侯五月而葬，大夫三月而葬，士逾月而葬。未到葬期提前埋葬叫渴葬。

③月令：即月支。月主气候季节，为时令，所以月支又称为月令。

④《周礼》分设天、地、春、夏、秋、冬六官。秋官以大司寇为长官，掌刑狱。此处指依季节而殡葬。

⑤属毛离里：比喻子女与父母关系的密切。《诗经·小雅·小弁》："靡瞻

匪父，靡依匪母。不属于毛？不离于里？"

⑥红逆：指太平军起义。

【译文】

为埋葬浮厝尸棺，以安游魂而厚风俗事所作的示谕：

物尽皆归于尘土，孝子必须掩葬其亲。因此，死者总以墓穴作为安息之地，而生者应当以茔葬作为急事。礼经："大夫三月而葬，士逾月。"这是圣贤定下的制度，不可以违背。法律规定，"凡有丧之家，托故棺柩不葬者，杖八十"。国法森严，不可侵犯。

况且，人子生前孝养，取得父母的欢心尚且需要多种方法，而父母身故之后进行料理，只在安葬这一行为上尽力，又怎么能够草率怠慢从事，不依礼法进行呢？本县走访听闻城外西竺庵、雷霆山、林屋岗、马山头、五显坑等地方，有许多庄房长久停放棺柩，年深日远，屋梁断折，墙壁崩裂，甚至棺木倾倒毁坏、尸身暴露。听到这些事情，实在深感骇异，曾经派亲信前往探查。其中虽然有些棺柩是异籍寄停，难以返回故土；也有些是因为家人流亡绝灭，无力经营；然而亦有不少富厚的家庭，因为迷信风水，本是富贵繁盛的家族盲目固守陈规陋习，竟然使在天的亲属魂魄没有葬身之地，他们的白骨像瓦砾一样被抛弃，路人时时听到夜里哭声，茂密的灌木丛中闪着青磷，这些游魂可以寄托在什么地方呢？

嗟夫！应该适时掩埋尸骸，合适季节重新安葬骨骸。而暴露的骨骸让旁观的人都感到有所不忍，更不用说一大家族的人，竟然可以坐视不理，相安自得，像这些没有天理的做法，还谈什么风水地理的应验？况且，阴地全凭乎人的心地，人的谋算哪里比得上天的谋算。不顾祖父辈的埋怨恫吓，妄想希望子孙享受福禄。无用说风水难以令人相信，即使是吉壤最终不保佑恶人；即使山川有灵，风水好地亦转变为绝穴。而且这些不安葬的浮棺时间久远，容易发生诸多风险。风雨飘摇，棺木既容易腐朽，经过虫蚁的侵剥吞蚀，尸体的筋骸亦必然受到损伤。既担心野火将其烧毁，又担心洪水暴涨将其漂走。元年发生过贼徒挖毁棺柩的事件，足以借鉴；四年太平贼军经过此处焚烧棺柩，还想重蹈覆辙？棺柩存放的地方布满了祸机，从道理和形势两方面来看都是不适宜的。为什么还沿用这些积习，愚昧到如此地步？

本县为这些恶俗感到悲哀，为这些枯骸感到怜悯，特别捐出款项，在许多地方购买了义地。除了令地保查明无主棺骸,全部葬入义冢之外,应当张贴告示让大家知晓。为此,告示全县的绅民人等知悉:你们如果有棺柩寄停在庄屋的,赶紧寻找地方安葬。如果实在一时之间不能找到地方,或者骤然间难以营葬的,亦限于两月之内,先将坍败庄房及已经朽坏的棺木,修补完好,不要让其暴露尸骨。另一方面,仍然赶紧营葬,如超过两月后,仍查到有坍败损坏的棺柩尚未修补的,如果不是死者的后代败落,贫寒没有办法,一定系不肖子孙,流荡忘记亲恩。在你方虽然不顾念祖父辈的遗骸,本县却不忍心子民尸骨暴露。不论它们有没有主祀,即刻将其安葬在义坟,分开墓穴妥善掩埋,不使它们杂乱分不清。各个墓穴还有立碑用来存记,以免混淆。这样一来,死者与生人各得所安,不至于为鬼作恶。期望将来民德回归淳厚,均识得本原的由来。本县为习俗日渐恶化而伤心,为什么要为这些死者枯骨做好事,推究我的内心是有所不忍的,借此机会而提倡孝思。请各位深深体谅我的苦衷,务必要加紧好好反省,速速遵守告示执行,不得稍有迟延。切切。特示。

再催速葬并准葬入义冢示

【原文】
为设立义冢,收瘗停棺,劝速葬以敦风化事:

照得本邑城外西竺庵,及五显坑等处,多有庄屋浮厝尸棺,日久年湮,多垣颓而屋倒,风飘雨洒,致棺朽而柩摧,露骨暴体,伤心惨目。本县前已出示,遍谕城厢,限令速即瘗埋,并饬先为修葺。迄今日久,未见遵行。不知心何以安,殊属理所未解。如谓无力耶,则贫人敛首足形,还葬无椁,称家厚薄,固已垂训于圣人。如谓无地耶,则古者按堋族葬,并不择地。风水渺茫,久已见讥于君子。

夫生养必死葬,人道之常经;天望而地藏,古今之通义。昔人比死者之不能归于土,犹生人之不能返于家。况栋宇摧残,何异居之无屋。尸身暴露,何异体之无衣。是而能安,孰不可忍。礼经久而不葬者,不听服官,其见弃于人也。又若此,故郑延祚母殡僧舍,经鲁公论劾,终身至不齿于人①。顾昌元父骸不还,致清议所加,有司遂坐之以法②。可见停棺不葬,几至不可为人，何况明谕不遵，岂得复容于世？本县伤兹敝俗，冀挽颓风，特分廉泉，设立义冢。现已于都会乡之银沙坑，择有官山一坵，地颇广宽，土尚光润，沿址立界，分穴作坟，各立石碑，标记名姓，先将无主棺柩，并为瘞埋。亦准无力之家，同归附葬。

合再申明示谕，为此示谕阖邑绅民人等知悉：尔等如有柩寄庄房者，再行予限三月，速为觅地安葬。如实限于无力，准其赴案禀明，由官葬入义地，仍准其照常祭扫，日后力裕愿行改葬者，亦准其呈明起迁。如逾限三月，查有屋仍坍坏，并不修葺，棺仍暴露，又不禀埋，则是抛弃宗亲，岂复尚有伦理。不论有主无主，即由官葬入义山，并不准其前往祭扫，日后亦不准另迁改葬，一以惩灭伦悖理之风，一以杜移挖占争之弊。

昔贺循令武康，特严向忌回避岁月停丧不葬之禁③。韩琦镇并州，亦有捐钱市田数顷给民安葬之为④。可见风化所关，最为政治所急。本县有志愿学，非敢于追美前贤，于民无弊不除，亦籍以匡扶名教云尔。各宜警省，毋稍违延。切速特示。

【注释】

①《旧唐书·颜真卿传》："时有郑延祚者，母卒，二十九年殡僧舍坦地。真卿劾奏之。兄弟终身不齿，下耸动。"

②《日知录》载："齐高帝时，乌程令顾昌玄坐父法秀宋泰始中北征尸骸不反，而昌元宴乐嬉游，与常人无异，有司请加以清议。"

③《晋书·贺循列传》载，贺循担任武康县令，当地民俗大多喜欢厚葬，还有拘束于禁忌，回避年月，因而停办丧事不埋葬死者的，贺循对这些都严加禁止。

④韩琦是北宋政治家、名将，其镇并州时，以官钱市田数顷，给民安葬，至今为美谈。

【译文】

为设立义冢，收埋停棺，劝速葬以敦风化之事：

本县城外西竺庵及五显坑等地方，有许多停放着没有埋葬的棺材的庄房，时间久远，大部分墙垣毁坏而使房屋倒塌，风飘雨洒导致棺柩腐朽损坏，暴露尸骨，令人伤心不忍看。本县此前已经发出告示，遍贴城乡各地，限令迅速掩埋浮棺,并且发令要求先行修葺。至今已经很长时间,还没有见到大家遵行。不知那些浮棺家属何以安心,从道理上看真是令人难以理解。如果说是没有钱财,那么贫人即使没有棺材还是尽力安葬尸骨,因此不能以家庭贫富来作借口,圣人早已说过这样的话。如果说是没有地方,那么古人则将家族死者埋葬在大土堆里,并没有选择地方。风水渺茫不可信,君子很早就做出讥讽了。

人,生要养,必然死要葬,这是人道的原则;天望而地藏,这是古今通行的道义。以前的人让死者不能埋葬入土,就好比让生人不能返回家中。况且,庄屋被摧残,与没有房屋居住有什么差别。尸身暴露,与身体没有穿衣服有什么差别。那些不埋葬浮棺的人能如此安心,真是令人孰不可忍。依照礼仪,经过长久时间不埋,又不听从官府劝导,那么他们会被人们抛弃。如果不是这样,唐代郑延祚将母亲尸体安置在僧舍,经过鲁公的议论和弹劾,最后终身被人所不齿。北齐时顾昌元不将父亲战死后的尸骸运回家安葬,引发大家的讨论,官府因此治他的罪。可见停棺不葬,差不多可以说不是人了,更何况不遵守明白的告谕,岂得容许他们立身在世?本县为这些陋俗感到伤心,希冀挽回颓风,特别捐献钱财,设立义冢。现已在都会乡之银沙坑,择有一块官山,地面还算广宽,土壤还算光润,沿址立界,分穴作坟,各立石碑,标记名姓,先将无主的棺柩一起埋葬。亦准许无力的家庭在此安葬。

应当再次申明示谕,为此示谕全县绅民人等知悉:你们如有寄停棺柩在庄房的,再给你们三个月的时限,赶紧寻找土地将其安葬。如果实在无力安葬,准许他们向官府禀明,由官府葬入义地,并且准许他们照常祭祖扫墓,日后财力充裕愿意再行改葬的,亦准许他们呈明官府迁移坟墓。如果超过三个月时限,查明还有坍坏的庄屋没有修葺,还有暴露的棺柩,又不报告官府进行埋葬的,则认定他们抛弃宗亲,不讲究伦理,这些棺柩不论有主无主,即由官府葬入义山,并且不准许他们前往祭扫,日后亦不准许他们另外迁墓改葬,一方面以此来惩罚灭伦悖理的风气,一方面以此来杜绝移挖侵占争夺坟墓的弊端。

过去贺循担任武康县令,对因为陋俗而长久停办丧事不埋葬死者的做法,严加禁止。北宋韩琦镇守并州时,亦有捐钱购买数顷田地给民安葬的行动。可见,治理风化对于政治是最为紧要的。本县有心效仿前辈,并非要敢与前贤比美,而是对根除民众的弊俗,亦借此借匡扶名教罢了。各人应当警惕反省,

冈州公牍·再牍(注译)

不得稍有迟延和违反。恳切速速遵行。特示。

施种洋痘示谕

【原文】

为出示晓谕事：

照得人生莫不出痘，天行最属险危。先民乃以种相传，后世得流祸渐灭。然总不如洋痘之一法，可以保群稚于万全。同此上水下浆，痘只数颗，不用避风服药，效奏数天。惟行其道者虽多，而精其技者却少。且以穷乡僻壤，流布未周，下户贫民，延致无力。虽有奇方妙术，无由济众博施。本县情切输丹，心殷保赤。上年曾延名医招种，业经示谕城厢，旋因夏日天炎，暂行改期停止。今届春候，方当寒暖之适中，正当良时，允宜招来而开种。现已捐廉延得名手钟先生，定于二月某日，先从本城冈州公局设局开种，随后分行各乡，即于各公局书院周流施种。

除谕各公局书院绅耆知照外，合行出示晓谕。为此示谕阖邑绅民及诸色人等知悉：尔等知有小儿未出天花，情愿种痘者，即按照标示日期，带局报种。所有医资谢礼，概不用送，止须出钱百文，以酬传浆之童，其余分文不准多给。本县怜贫恤幼，无非为民父母之心。尔等离里属毛，亦当思保全儿女之计，幸毋裹足，速为襁褓而来，免患终身。如获神丹而去，从此民无夭札，咸登仁寿之天，将见户庆恬熙，永衍绵延之祚。各宜遵照毋违。特示。

另列条款于左：

一、种痘期日，先在本局标明。凡来种者，先日赴局挂号，给予号票。至期照依号数，挨次传种，不得争先推后，致滋事端。

二、来种痘者，惟无病小儿，方与施种。若验有疯症疮患，及有内病小儿，概不与种，免致传染别人。虽经挂号在先，届期查出，亦不准施种。

三、种痘先生，所有修伙盘费一切，俱已由县致送。凡来种痘者，除给传浆之童利市百文，分文不得多送。倘有下人及旁人私行多索，许种痘人指名禀究。如有富户不愿赴局，专请到家种痘者，准其另外尽情，不在此例。

四、传浆童子，原须选无病浆足者，其来种痘之儿，如有愿作痘种，凭种痘先生察看，实在可用，准其辗转相传，仍按名给钱百文，但须任凭先生选择,不得图利争竞。

五、种痘每月止有四期,交夏即止,至秋方开。且须四乡传种,不能常驻一乡。凡愿种者,务须赶早投种,免致错过。如本期号数太多,不能得种,即将后来号数,推至下期,不得执以争论。

【译文】
为出示晓谕事:
　　人生下来后没有不出痘疮的,这是最为危险的自然现象。先民乃以痘种相传,后世才得渐渐灭除流祸。然而总不如种洋痘的方法,可以有效地保护广大儿童的安全。按照这种方法,通过上个儿童的脓水作为下个儿童的痘浆,痘种只需要数颗,不用避风服药,数天内效奏。然而采取这种方法的人虽多,但是熟悉其技的人却很少。况且在穷乡僻壤,传播不广,广大贫苦大众,无力聘请医师接种痘苗。虽有奇方妙术,却没办法施行于广大民众。本县一片真情,诚心诚意保护子民。上年曾经聘请名医进行招种,已经在城乡张贴告示,随即因为夏日天气炎热,暂行改期而停止。现在到了春季,恰好天气寒暖适中,正是聘请医师来开种痘苗的适当时间。现在已经捐款聘请名医钟先生,定于二月某日,先从本县城冈州公局设局开种,随后再到各乡接种,即于各公局的书院轮流施种。

　　除了告诉各公局书院乡绅耆老知照之外,应当张贴告示让大家知晓。为此作出告示让全县绅民及诸色人等知悉:你们知道小儿未出天花,情愿种痘的,即按照上面标示的日期,带儿童来局报名接种。所有医药费用和谢礼,一概不用送,只须出钱一百文,用来酬谢传递痘浆的儿童,其他的不准多给分文。本县怜贫恤幼,无非是出于为民父母官的心意。你们作为关心子女的父母,亦当考虑保护儿女的安全,不要再犹豫,赶紧为年幼子女前来接种,以免祸患终身。就好像获得神丹一样回去,从此民众无夭折,全部得到长寿,将来就见到家庭和谐,永远繁衍绵延的福祚。各人应当遵照告示执行,不得违反。特示。

　　另外列出如下条款:
　　一、种痘期日,先在本局标明。凡来种者,先一日赴局挂号,给予号票。至期按照号数,依次传种,不得争先推后,致滋事端。
　　二、来种痘者,只是无病的小儿才给其施种。若查验患有疯症疮病,以及有内病的小儿，一概不予种，免致传染别人。虽然已经挂号在先，到时查出，亦不准施种。

三、种痘先生的一切医药费用，全部已经由本县支付。凡来种痘者，除给传浆的儿童一百文利市，分文不得多送。倘有下人及旁人私自多要钱，准许种痘的人指出其姓名向官府禀报，追究其责任。如果有的富户不愿意前来公局，专门聘请医师到家种痘的，准许他们另外尽情酬谢，不在此例。

四、传浆的童子，原须选没有病并且浆水充足者，前来种痘的儿童，如有愿意作为痘种的，先由种痘先生察看后，实在可用的，准许其辗转相传，仍旧按每人给钱一百文，但须任凭先生选择，不得图利争竞。

五、种痘每月只有四期，到了夏季即停止，到了秋季才重开。且必须到四乡传种，不能固定驻扎在一乡。凡愿意接种者，务须赶早投种，以免导致错过时间。如本期号数太多，不能得种，即将后面来人的号数，推到下期进行，不得因号数顺序发生争执。

查明土客情形禀总局宪

【原文】

敬禀者：

昨奉钧函，承询卑乡土客情形。具微轸念民依①，痌瘝在抱②。祇聆之下，感佩殊深。查卑县土客，本属日久相安，素无嫌怨。且客民男妇大小，合计不过三百之多，又散处于六、七村，均属力田安分。前因开、鹤诸邑，土客相仇，互相攻杀，寻端肇衅，布散谣言，以致卑县大泽、小泽等村无籍之徒，听其煽惑，随声附和。于去腊二十一日抢劫客民数家。所值本属无多，因未来县报禀。

卑县汤参戎③不知如何得信，亦未知会卑职，忽于次日着令城守陈朝保前往大泽等村，严行查办，遂致土著忿怒。佥谓客民倚恃武营，妄行欺压。且该处并非倡乱，枉遭武弁冤诬，因而攘臂一呼，触动众怒。即于是晚将客民所居之那表、水荫两村，放火焚烧。合计约十余家，俱已逃避来城，并无相攻相斗之事。乃汤参戎忽于二十三日，即欲带兵往剿，并强卑职皆行，拟将土著歼除，以为客人报复。

卑职以事虽属实，未据赴案报明，岂宜擅动干戈，致滋他变？况未查知虚实，何忍不教而诛》？且以事属传闻，遂尔带兵亲往，必致人心惶惑，道路惊疑，亡命奔逃，其将何以为继。更或激生他变，又将何以收科。盖法有时而穷，而威亦宜善于养。凡事慎终于始，未应冒昧妄行。不若先谕该绅，亟为查禁。一面委员前往，弹压稽查，告以倘有不遵，营县即来痛办，似觉较为得体，亦不至激出事端。经卑职谈之再三，始得勉强应允。

卑职比即飞发示谕，饬令伺候往查。各绅亦皆感激恪遵，订于次晨伺候。卑职即委捕衙前往，汤参府即委右营守备与俱。嗣以该弁起行，军容甚盛，以致人心惶惧，莫测所为。该村一二绅耆，亦遂奔逃躲匿，并无一人出见，遂尔整队言归。汤参戎意更不平，又复以言来相激，有云："前日之事，不过藐视武官，今则文官委员，亦并藐视不理，若不痛加惩治，将来何以伸威？"卑职答："以此等情形，似系畏官太过，并非敢于抗违。暂行稍息雷霆，容当详细访查，分别究办。刻下当先设法，赶紧召集流亡，俾得回家复业，并饬约束子弟，毋许再滋事端。勒令查实匪徒，送官究治。"而汤参戎之意，总谓土人藐视，必须痛剿树威，只图逞忿一时，不顾有利无害。

卑职忝膺民社，何敢冒昧相将？因饬公局各绅，照前妥为调处。只以地方辽阔，往返需时。兼之时届岁除，多系回家度岁。卑职旋又晋省，直至月杪方归。归即催促诸绅，赶紧令其复业。一面约束子弟，一面查办匪徒。正在设法筹维，适奉大宪饬札，祗悉卑职土客之事。上厪宪怀，特委吴道宪前来查办，此诚天高地厚之恩，而合邑官民同深感激者也。

卑职叩接之下，即以三事直陈，道宪洞悉各情，并饬随员访察，均如卑职所禀，仍照卑职所筹。现已传集各绅，公同立定和约，俾客民各回旧业，不准再有欺凌。倘敢稍蹈前愆，即着送官究治。其前此抢劫诸犯，多系随同开、鹤诸匪，乌合而来，即客民亦不能指认谁何，一时断难缴出，只好随后细访，再行分别严惩。即在各姓绅耆，亦不愿有此子弟，金称誓当查出，以期捆送究治，决不肯讳疾养癰，自贻合族之累。似此酌量办理，尚觉两得其平。该客民等亦皆感戴宪恩，甚为悦服，谅不至别生他变，报复相寻。盖此间客籍寥寥，势甚微弱，并非他处之比，可期仍旧相安。

唯卑县与恩、开、新、鹤等县，均属毗连，各处土客相攻，在在均堪深虑，无论何时穷蹙，即可窜越而来。现虽严饬各乡，务各认真团练，联为一气，以备不虞。无如路径太多，彼此岂能兼顾？昕宵惕厉，时刻筹维，防不胜防，堵无可堵。盖有形之土客，其患有限；他邑之土客，为患无穷也。辗转焦思，罔知所措。因承垂问，用致亲陈，尚祈训诲频颁，俾得遵循有自，则感铭高厚，靡有津涯矣⑤。谨禀。

【注释】

①轸念：轸，音 zhěn。轸念指悲痛地思念，《梁书·沉约传》："思幽人而轸念，望东皋而长想。"

②痌瘝在抱：又作"恫瘝在抱"。痌瘝（tōng guān），病痛，比喻疾苦；在抱：在胸怀中。把人民的疾苦放在心里。《尚书·康诰》："恫瘝乃身。"

③参戎：参谋军务，明、清时，指武官参将，俗称参戎。

【译文】

敬禀者：

昨天收到贵函，承蒙询问卑乡的土客情形。您真是时刻惦记着子民的生活，把子民的疾苦放在心上。我仔细聆听您的教诲，感到十分敬佩。经查明，卑县本地人和客家人原本长久以来相安无事，一向来没有嫌隙仇怨。并且客家人，包括男女、大人小孩在内，合计不过三百余人，又分散居住在六七个村，均属安分耕田之人。前段时间因为开平、鹤山诸县发生土、客相仇、互相攻杀的事情，许多人乘机寻衅滋事，散布谣言，导致本县大泽、小泽等村没有户籍的人，听信他们的煽惑，随声附和，于去年腊月二十一日抢劫几家客家人。损失本来不多，因为没有前来县府禀报。

本县的汤参戎不知如何得到消息，亦未知会卑职，忽然在第二日着令城守陈朝保前往大泽等村，严行查办，遂导致本地人十分愤怒。所有人都说客家人倚恃官府武营，妄行欺压。且该处并不是首先发生纷争的地方，感觉受冤枉，遭到武弁的诬告，因而振臂一呼，激发了众人的怒气。当天晚上，众人将客家人所居住的那表、水荫两村，放火焚烧。合计十余家人全部逃避到县城，并没有发生相攻相斗的事情。于是，汤参戎忽然于二十三日，欲带兵前往围剿，并且强要卑职一起去，准备将闹事的本地人歼除，为客家人报仇。

卑职认为事情虽然属实，但没有根据前来报案的说明，岂适宜擅自大动干戈，导致发生其他情况？况且未查明虚实，又如何忍心不经过教育就要诛害他们？并且事情本来是传闻，一下子带兵亲往，必然导致人心惶惑，路人惊疑,亡命奔逃,接着发生什么事情也不可知。更或激生他变,又将如何收拾?法律有时也无法解决一切问题,而权威也适宜在教养中树立。凡事始终都要谨慎,不应冒昧妄意行动。不若先告知该地乡绅,要求他们进行查禁。一方面委派人员前往,弹压稽查,告知他们如果不遵照,官兵即来痛加查办,觉得用这样的方法处置较为得体,亦不至激出事端。经过卑职再三与他商量,始得勉强应允。

卑职立即发出示谕,命令乡绅等候官府派人前往调查。各乡绅亦皆感激遵守,约好第二天早晨伺候。卑职即委派捕快衙吏前往,汤参戎即时委派右营守备与他们一起前往。嗣后,以该队军弁起行,军容甚盛,以致人心惶惧,不知道有什么行动。该村一两个乡绅耆老,亦随即奔逃躲匿,并没有一人出来会见,遂即整队言归。汤参戎意气更加不平,又再用言语相激,有人说:"前日之事,不过藐视武官,今则文官委派人员,亦并藐视不理,若不痛加惩治,将来如何树立威望?"卑职答:"以这等情形来看,似系太过于害怕官府,并非敢于抗违。暂时稍息怒气,容许我详细访查,分别究办。刻下当先设法,赶紧召集流亡人员,使他们回家复业,并饬令约束他们的子弟,不得再生事端。勒令查实谁是匪徒,将其送官究治。"而汤参戎之意,总是说土人藐视官府,必须痛剿树威,只图一时逞威,不顾事情是否有利还是无害。

卑职担任县官,何敢冒昧与他一起去围剿?因此饬令公局各个乡绅,按照此前说好的办法妥善处理。只是因为地方辽阔,往返需时间。加上时候接近年底,许多人回家过年。卑职立即又到省晋见,直到月底才回来。回来立即催促诸乡绅,赶紧令逃亡的村民复业。一面约束子弟,一面查办匪徒。正在设法筹划维护的时候,恰好收到大宪您的饬札,要求卑职报告土客之事。上级重视,特别委派吴道宪前来查办,这真是天高地厚的恩情,而全县官民都非常感激。卑职叩接函件之后,立即直接汇报三件事,吴道宪知道全部事情后,并饬令随员进行访察,均如卑职所禀报的一样,仍然按照卑职的筹划执行。现在已经传集各个乡绅,大家商量立定和约,让客家人各自回家从事旧业,不准再有欺凌的行为发生。倘若胆敢稍稍再行前述罪行,立即将他们送官究治。此前来抢劫的诸犯,多系随同开平、鹤山的匪徒,乌合而来,客家人亦不能指认是谁,一时断然很难将人犯交出,只好随后仔细查访,再行分别严惩。而各姓的乡绅耆老,亦不愿有这样的子弟,全部发誓要查出,再将他们捆送官府追究责任,决不肯隐瞒养患,自是连累整个家族。像这样酌情来处理，似乎觉得两边都得到公平。该地客家人亦全部感戴上级的恩情，甚为心悦诚服，谅不致再发生其他民变，互相报复。因为此地的客籍很少，势力甚弱，并不像其他地方一样，可期土客仍旧相安无事。

但是，卑县与恩平、开平、新宁、鹤山等县毗连在一起，各处土客互相械斗，各个方面都让人感到忧虑，一旦穷苦困难，即可窜越边界来到新会。现在虽然严饬各乡，命令各乡务必认真做好团练工作，联为一气，以防备意外发生，但是路径太多，彼此岂能兼顾？日夜警惕防备，时刻筹备维护，但是防不胜防，堵无可堵。因为有形的土客，其祸患有限；他县的土客则为患无穷。辗转苦虑，不知采取什么措施。因承蒙上级垂问，努力陈明情况，祈望上级多颁发训诲，使得卑职有依据来遵循，则上级的高恩厚德无穷无尽矣。谨禀。

筹款疏浚县城河道并兴工日期通禀

【原文】

敬禀者：

窃照民间河道，以济舟楫之往来，兼资水潦之宣泄，遇有淤塞浅隘，亟应疏浚深通，实为兴利除患之要图，而不容或缓者也。兹查卑县环城河道，久未疏浚，日形于浅，一遇潮退，积水不过数寸，商旅有守候之苦，田亩无灌溉之资。计东自大悦滘起，西至沿滘口止，共长二千五百余丈，均须一律疏浚，以资利济。第工程浩大，估需银二万二千余两。当此四方多事之秋，民力久形疲敝，不忍再令捐派，重累斯民。而观此淤塞情形，又属急不可缓之工，不得不设法筹办。兹由卑职首先捐廉，并又另筹别款，先行刻日开工，再与邑绅设法筹维，以资要需而成美举。

当经谕饬各绅耆，公举廉正绅士何朝昌、陈焯之、陈殿桂、谭盛祁、何倌、许德元、何定章、陈殿兰、谭盛伟、莫文海、何嘉源、张灵源、何如炯、黄祥荣、黄杰元、陈仲寿、黄肇俏、莫廷锦、莫毓桂、何应骥、莫黎炎、李炳堃等，在局董司其事。所有一切收支数目，均着各绅士经理，不假胥吏之手。

现当冬晴水涸之时，已于前月二十二日集议兴工，现已分段疏浚。卑职仍随时赴工稽查，务使工不虚糜，用归实在，认真办理，以成一劳永逸之举，断不敢因卑职业将交卸，稍存五日京兆①之见。除俟工竣禀报外，所有筹办浚河情形及兴工日期各缘由，合先通禀宪台察核。再此举系官民捐资出力，除卑职身任地方不敢仰邀奖叙外，请俟工竣查造工费细册，并开列在事出力各绅士姓名，另行禀请奖励。合并声明，除禀各宪外，肃此具禀。伏侯训示施行。

【注释】

①五日京兆：比喻任职时间不会长或即将去职，也指凡事不作长久打算。出自《汉书·张敞传》："今五日京兆耳，安能复案事？"西汉时期，平通侯杨恽居功自傲被判死刑，与杨恽有关的官员几乎都被停职。他的朋友京兆尹张敞因为受汉宣帝的信任暂时没有停职，张敞的手下絮舜听说张敞即将停职，说他是"五日京兆"而拒绝办公，张敞在下任之前严惩絮舜。

【译文】

敬禀者：

民间河道，除了有利于舟楫往来之外，还兼有帮助洪水宣泄的功能，遇到河道淤塞造成水浅隘阻，亟须疏导沟通，实在是兴利除患的重要目标，而且刻不容缓。查得本县环城的河道，很久未疏通，日渐形成浅道，一旦遇到退潮，积水不过数寸深，商旅则以守候为苦，田亩没有了灌溉的资源。从东自大悦滘起，向西至沿滘口止，共计长二千五百余丈，均需要一律疏通，从而有助于经济发展。然而，工程浩大，估计需要二万二千余两银。目前正是四方多事的时候，长久以来民力疲敝，不忍心再摊派税费，加重民众的负担。然而，看到这些淤塞的情形，又属于急不可缓的工作，不得不设法筹款办理。首先由本职牵头捐款，并另行筹集其余款项，先行立即开工，再与全县乡绅设法筹款维持，从而提供资费，完成这个美举。

当即发布告示饬令各位乡绅耆老，选举廉明清正的绅士何朝昌、陈焯之、陈殿桂、谭盛祁、何偘、许德元、何定章、陈殿兰、谭盛伟、莫文海、何嘉源、张灵源、何如炯、黄祥荣、黄杰元、陈仲寿、黄肇脩、莫廷锦、莫毓桂、何应骥、莫黎炎、李炳堃等人，由公局负责管理此事。一切收支数目，均着令各位绅士管理，不经过胥吏之手。

现在正当冬晴水涸的时候，已在上月二十二日集议开工，现在已经分段疏通。卑职仍然随时前往稽查，务使工程不虚报浪费，将钱花在实在地方，认真办理，以完成一劳永逸的工程，断不敢因卑职即将卸任交接，稍存五日京兆的草率举动。除了等待竣工禀报之外，所有筹办疏通河道情形以及兴工日期各种缘由，一并先通禀上级察查核实。再者，此举系官民捐资出力，除卑职身任地方官不敢向上邀请奖叙之外，请待竣工查造工费细册，并开列办事出力的各位绅士的姓名，另行禀报上级申请给予奖励。合并声明，除禀报各上级外，肃此具禀。伏侯训示施行。

筹制西江股匪马队禀

【原文】

敬禀者：

窃照西江股匪，恃其狠毒，妄肆鸱张，每以马队当先，遂尔肆行无忌。卑职赋性愚昧，素不知兵。然愤激于中，有不得不陈与大人之前者。尝考古者边寇之强，亦多以马，而破之法，正自不少。若梁侯景之败魏骑兵，岳武穆之破拐子马①。专戒兵勿仰视，但以短刀下斫马足。然此非有勇敢之将，练习之兵，难以取法。

至有饵使止者，则如毕再遇之以香料煮黑豆，布地面佯输；刘锜之以熟豆实竹筒，临阵而割弃是也②。又有惊使退者，则如胥臣之蒙马以皋比；朱滔之绘帛为狻猊是也③。至若顺昌之预毒水草，则又夺其所恃也。元昊之每退赭地，则又绝其所资也。至于李光弼以牝马诱思明之良马千余渡河，是反欲资敌以为用④，而策更神矣。凡此皆御马之古法，其不可一试于今乎？然今昔势殊，情形各异。法固因人而行，人不可因法而泥，是在临敌制胜者之神而明之耳。

卑职窃谓今日用兵，首重火器。火器利则一切皆可从缓。但铁炮沉重，难以抬运，则又不如专用木炮。法用大木凿空为之，外加铁箍，四人可抬。多装群子，安放要路，俟马队贼至数十步外，即行点放。此炮体重易抬，陆路最便，且一放不能再用，即被贼匪抢去，亦无害也。

又用河中圆底小艇数十只，底涂糊泥，以三、四人抬一只，纵横偃仰，挡贼来路。艇底圆滑，舱格参差，马足踏之，不蹶则仆，乘势攻杀，无不胜也。且对敌之时，又可用作挡牌，遇水则借以作桥，仰攻即竖以做梯，大河小港，随便可渡，一物可兼数用。且使马贼骤难移开，似较猪笼御马，贼可以长杆挑去者，更为得力。斯二者需费不巨，轻便易行，固古法所未载，而实为今时之利用也。刍荛之见⑤，是否可行，伏乞大人酌量采择，密饬将校相机而试行之。卑职质愧驽骀，材惭骥足，云泥分隔，何敢妄议兵机，只以目击时艰，五中如烈，未效请缨之志，敢辞越俎之嫌，冒昧上陈。自知罪戾，尚祈鉴察，俯赐宥原，不胜感切悚惶之至。卑职尔康谨禀。

督宪劳批：

据禀所陈御马之法，具见关心时事，仰候酌量采择，密饬试行可也。此缴。

【注释】

①侯景，南北朝时羯族人，曾是东魏将领，投靠西魏。梁武帝为收复中原而招纳侯景，封为河南王。公元548年，侯景举兵反叛，公元551年自封为帝，次年被梁朝兵将所杀。岳武穆，岳飞，曾大破金朝拐子马阵。

②毕再遇，宋朝人。《智囊·兵智部武案·竹筒》："毕再遇尝引敌与战，且前且却，至于数四。视日已晚，乃以香料煮黑豆布地上，复前搏战，伪败走。敌乘胜追逐，其马已饥，闻豆香就食，鞭之不前，我师反攻之，遂大胜。"

刘锜（1098～1162），字信叔，德顺（今宁夏隆德北）人，与岳飞、韩世忠齐名的抗金名将。公元1140年，金军元帅兀术撕毁和约大举南犯，率十万大军扑向顺昌。敌我悬殊。刘锜命人在河中投毒，并严禁士兵饮水。待敌军围城，坚守不出。金兵中毒者众多。等及烈日当空，又令军士轮番冲击，并将煮熟的黄豆装于竹筒中抛到阵地上。饥渴的马匹禁不住食物的香气，一边吞食撒落在地上的熟豆，一边被竹筒绊倒，阵势大乱。宋军大胜。而文中所说的"顺昌之预毒水草"，正是刘锜在顺昌之战中，将毒药喷洒在水草地上。

③胥臣是春秋时晋国人，晋楚城濮之战，胥臣蒙马以虎皮溃楚军。官拜"司空"，采邑（封地）为"臼（今山西应城）"，又称季臼，后代有的用"邑"为氏称"臼"或"季臼"。

朱滔（746～785），幽州昌平（今北京昌平西南）人。唐代宗大历七年，朱滔围深州，李惟岳以田悦援后至。惟岳将王武俊以骑三千，方阵横进，滔绘帛为狻猊像（怪兽图像），使猛士百人蒙之，鼓噪奋驰。贼马惊乱，因击破之。

④《辽史》称，"（辽）韩国王自贺兰北与元昊接战，数胜之。辽兵至者日益，夏乃请和，退十里，韩国王不从。如是退者三，凡百余里矣，每退必赭其地，

辽马无所食，因许和。夏乃迁延，以老其师，而辽之马益病，因急攻之，遂败，复攻南壁，兴宗大败。入南枢王萧孝友砦，擒其鹘突姑驸马，兴宗从数骑走，元昊纵其去。"

李光弼（708～764），唐代营州柳城（今辽宁省朝阳）人，契丹族人。李光弼于唐天宝十五年(756)初，经郭子仪推荐为河东节度副使，参与平定安史之乱，与史思明作战时，以母马引诱敌军公马来奔。

⑤刍荛（chú ráo），割草打柴的人。刍荛之见，乃认为自己的意见很浅陋的谦虚说法。《诗经·大雅·板》："先民有言，询于刍荛。"

【译文】

敬禀者：

西江有一股贼匪，依恃着狠毒，肆意妄行凶残，每次以马队当先，由此肆行无忌。卑职生性愚昧，向来不知兵法。然而心中愤激，有不得不向大人陈述的意见。考查古代边疆贼寇的强大，亦多数依靠马队，而破除马队的方法，亦有不少。譬如，梁侯景大败魏骑兵，岳武穆大破拐子马。专门训练士兵不要仰视，但是用短刀向下砍斩马足。然而，这个方法如果没有勇敢的将领，练习的士兵很难效仿。

至于有通过诱饵使马队停止的方法，则如毕再遇到兵队时，以香料煮黑豆，布满在地面佯输；刘锜用熟豆塞满竹筒，临阵时再将竹筒割开丢弃在地上。又有惊吓使马队后退的方法，则如胥臣用虎皮来蒙吓马匹；朱滔在绢帛上绘猛兽的图案。至于像刘琦在顺昌之战中预先向水草喷洒毒药，则又可以夺取他们的依恃。元昊每次后退则焚烧土地，则又可以断绝马队的资源。至于李光弼使用母马引诱史思明的千余匹良马渡河而来，则是反将敌人的资源据为己有，这种计谋更加神奇了。凡此种种都是防御马队的古法，能不能在今天使用？然而今昔形势不同，情形也各异。方法固然因人而行，人则不可拘泥于方法，只要在临敌时制胜才是神明的方法。

卑职认为，今日用兵，首要重视火器。火器有利则一切都可从缓。但铁炮沉重，难以抬运，则又不如专用木炮。方法是凿空巨大的木块来制作，外面加上铁箍，四人可以抬举。多安装这类子弹，安放在要道，等马队贼人来到数十步外，即行点放木炮。此炮的体重容易抬举，陆路最为方便，并且放一次炮就不能再用，即使被贼匪抢去，亦没有什么危害。

又用河中圆底的小艇数十只，底部涂上糨糊泥土，以三四个人抬一只，纵横偃仰地摆放，阻挡贼人的来路。因为艇底圆滑，舱格参差不齐，马足踏在上面，不折足就扑倒，官兵乘势攻杀，无不取胜的。并且对敌的时候，又可以用来作挡箭牌，遇到河水则又可用它来作桥，向上攻打即将船只竖起来做梯子，大河小港，随便可以渡过，一个物件可以兼作数用。并且，使马贼骤然难以移开，与用猪笼御马的方法相比，贼人可以用长杆挑着去除，这个方法更为得力。上述两种方法需要经费不多，轻便易行，古法固然没有记载，而确实是今时利用的好方法。不成熟的意见，是否可行，伏乞大人酌量采择，密令将校相机试行。卑职的才智如劣马，才能不像良马，天上地下的差距，怎么胆敢妄议兵机，只是看到时世艰难，内心焦急如火焚，未敢效仿自动请缨的志向，胆敢以越俎代庖的嫌疑，冒昧向上级陈述。自知罪戾，尚祈望鉴察，俯赐原谅，不胜感切，悚惶之至。卑职尔康谨禀。

劳督宪批复：

据禀所说的防御马队的方法，足见你关心时事，仰候酌量采择，密令试行即可。此缴。

防堵思贤滘口通禀

【原文】

敬禀者：

二月十九日，据卑县局绅钟应元接据省城九江同公安局绅士来信，以北江股匪，窜至三水县①界各处，虽有兵勇堵剿，惟思贤滘尤为上游要道，必须设法守住，方能截其下窜，嘱即飞达营县，迅拨师船前往堵御等情，转禀到县。卑职当查思贤滘系三水要口，据南顺之上游，为香、新之门户。果能于此处扼险防守，则下游各县，皆可无虞。若任令下窜，则河道纷歧，堵不胜堵，难以措手矣。

兹据该局绅等所禀，洵为握要之图。但卑县师船无多，必要香、顺等县各派巡船协同前往，方足以资抵御。登即飞禀钦差罗、龙二宪，迅赐饬派巡船前往堵御，并移顺德、香山两县，一体照办。现已接应顺德县吴令函复，业经禀准罗、龙二宪，派拨快蟹②八只，先赴堵御，嘱即派船迅往会剿等由。卑职亦即商同营员，遴委外委袁瑞龙、把总梁兆英，管驾本营第一号至第五号快船。由卑职筹备口粮，添雇壮勇，配足火药军装器械，业于本月二十二日促令启程，赶紧前赴思贤滘地方，会同各师船协力防御。现复选择卑县护沙勇船，添派数只，亦即启程随同堵剿，以期众志成城，有备无患。

唯是该处地面，并非卑职管辖，未奉上台札饬，又无该县咨文，仅凭该局公函，辄敢越疆而守，冒昧之罪，夫岂能逃？愿念该处情形，十分吃重，虽以大人层层部署，已为备极周详，然百密不敌一疏，千虑亦有一得。若必拘循成例，禀命而行，不唯往返需时，且恐机宜或误，用是不遑请命，促令飞速遄行。想大人一视同仁，不分畛域；兵贵神速，何惜便宜，亦必格外宥原，不以躁急见罪也。除再多设侦探，随时确探贼踪飞速禀报外，合将现在办理情形，具禀宪台察核施行。

十年二月二十三日。

督宪劳批：

查北江上自清远白庙，下至三水思贤滘，应防要隘甚多。昨已札委补用府史守前往会同尹参将妥为布置堵剿在案。据禀前由，具见关心大局，迥非浅近所能为。仰即添派护沙勇船数只，赶紧前往协同堵御，一面多设侦探，随时查探贼踪，禀报察核，并候抚院衙门批示缴。

升任总督广东巡抚劳批：

查北江上自清远白庙，下至三水思贤滘，长江三百余里，应防要隘甚多。而思贤滘为西北两江总口，殊为重要。前途既有史守卫、副将尹参将等会督各巡船堵剿，今该县移会顺德、香山两县分拨巡船、快蟹、沙船前往思贤滘驻守，更属十分周密。此等举动，皆人所不肯为。盖以畛域攸分，谁复越疆而守？斯即再三严札，亦皆籍口推延。今该令毅然为之，诚属可嘉之至。仰即妥为布置，实力严防，是为至要。仍候咨行查照，暨候督部堂衙门批示缴。

督粮分巡道李批：

据禀已悉，甚属急公之至。仰即选择护沙勇船，添派数只，赶紧前赴思贤滘地方，会同各师船协力堵御，毋使滋蔓。并探明贼踪，随时禀报。仍候两院宪暨各司道批示缴。

【注释】
①三水县：现广东佛山市三水区。
②快蟹：轻便的蟹船。

【译文】
敬禀者：

二月十九日，据阜县公局乡绅钟应元接到省城九江同公安局绅士的来信，有一股北江的贼匪，窜跑到三水县界各个地方，虽然有兵勇进行堵剿，唯有思贤滘特别是上游的要道，必须设法守住，才能拦截贼匪向下逃窜，接到嘱咐后即刻赶紧到达营县，迅速拨派师船前往堵截防御等等情况，转禀到县府。阜职立即查明思贤滘是三水的要口，据南顺的上游，为香山、新会的门户。如果能够在此处扼险防守，则下游各县，皆可没有危险。如果任由贼匪往下逃窜，则河道分支甚多，堵不胜堵，难以防备。

据该局乡绅等人的禀报，实在是重要的谋略。但是阜县的师船不多，必定需要香山、顺德等县各派巡船协同前往，才有能力抵御。立即飞禀钦差罗、龙二位大宪，迅速下令饬派巡船前往拦堵防御，并要求顺德、香山两县，一体照办。现已接应顺德县官吴令的信函回复，已经禀报罗、龙二位大宪批准，派拨八只快蟹船，先赴目的地拦堵防御，嘱咐即刻派船迅速前往会同剿匪等事由。阜职也立即与营员商量，遴选委派外委袁瑞龙、把总梁兆英，统驭本营第一号至第五号快船。由阜职筹备口粮，增雇壮丁兵勇，配足火药军装器械，已于本月二十二日促令启程，赶紧前赴思贤滘，会同各师船协力防御。现再次选择阜县护沙的勇船，添派数只，立即启程随同拦堵围剿，期望做到众志成城，有备无患。

只是该处地面，并不是阜职的管辖范围，没有奉上级的札饬，又没有该县的咨文，仅凭该公局公函，辄敢越疆进行防守，怎么能逃冒昧的罪责？只是想到该处的情形十分吃紧，虽然经过大人层层部署，已经是备极周详，然而百密不敌一疏，千虑亦有一得。如果一定拘循成例，禀命才起行，不仅是往返需要时间，且恐怕延误了时机，因此没有请命就实施这个措施，促令飞速进行。料想大人一视同仁，不分畛域；兵贵神速，何惜根据实际情况行事，亦一定会格外原谅，不以躁急来怪罪。除了再多设侦探，随时确探贼匪的踪迹飞速禀报之外，应当将现在办理的情形，详细禀报宪台察核施行。

十年二月二十三日。

劳督宪批复：

　　查得北江上自清远白庙，下至三水思贤滘，应该防守的要隘很多。昨日已经札委补用府史守前往，会同尹参将妥善布置堵剿，已经在案。据禀报前由，具见你关心大局，迥非浅近官员所能为。希望立即添派护沙勇船数只，赶紧前往协同堵御，一面多设侦探，随时查探贼踪，禀报察核，并候抚院衙门批示缴。

升任总督广东巡抚劳批复：

　　查得北江上自清远白庙，下至三水思贤滘，江河长达三百余里，应该防守的要隘很多。而思贤滘是西、北两江的总口，十分重要。前途既有史守卫、副将尹参将等会同督管各巡船进行堵剿，今该县移会顺德、香山两县分拨巡船、快蟹、沙船前往思贤滘驻守，更属十分周密。此等举动，都是其他人不肯做的。盖以畛域攸分，谁复越疆而守？这些人即使再三严札下令，亦全部借口推延。今该县令毅然做这些举动，诚属可嘉之至。仰即妥为布置，实力严防，是为至要。仍候咨行查照，暨候督部堂衙门批示缴。

督粮分巡道李批复：

　　据禀已悉，属于急公之至。仰即选择护沙勇船，添派数只，赶紧前赴思贤滘地方，会同各师船协力堵御，毋使滋蔓。并探明贼踪，随时禀报。仍候两院宪暨各司道批示缴。

筹办当店饷捐饷禀捐输局

【原文】

敬禀者：

　　窃维今日之要，端在理财，而欲理财必先生财，欲生财必先明夫财之所由生，而后有以生之，斯为有济耳。刻下生财之道美矣、备矣，无以复加矣。而卑职于无可复加之余试做一或可略加之想，谨抒管见惟大人采择焉。

伏查本省军需总局支用之数，每岁不下数百万金。前此挹注有资，犹不免于支绌；今则入项顿减，出数倍增。道济无可量之沙，洞宾有难点之石。卑职分居僚属，何敢位卑言高，只因目击时艰，实觉情难默忍，越俎之罪，夫何敢辞。刻下地方多事，高凉军务未平，而所恃以为生财之方者，不过捐输局之措一三成实银，小押店之缴数百金饷项耳。今省中捐务已为各省所分，所入固难深恃，而小押一项，尤为狡狯异常，平日到处私开，肆行重利盘剥，及欲令其缴饷，则纷纷以歇业为辞。

即如卑县从前小押一百余家，迨至令其缴饷时，则只剩二十余家，渐只十余家，今则只余数家。而外间私押，犹然到处公行，比闻官法查拿，则皆潜行隐匿。而此所押之物，又皆破碎零星，官中无可收储，且须代为听赎。若不准其收赎，小民必致滋哗。卑职辗转思维，只得出示晓谕，不准私开小押，剥取民财；如有违禁私开，只准平价来赎。此谕一出，而各乡私押，概行关闭无余。唯求前押之人，照依原本来赎；以后再有私押，即照半价不辞。今即欲其私开，亦皆不肯。此不禁之禁也。

兹若辈又思诡计，渐多改作当商，盖当商每岁缴饷数金，谁不乐于为此。卑职因思前抚宪柏曾饬通省当店皆为捐助饷银，以县分之大小，为饷数之多寡。大县每家四百两，中县三百，小县二百，各等因在案。后以格于众议，卒致不行，盖其立法未善也。夫当商之大小，何关县分？大县未必无小商，小县未必无大商。今只以县分绳之，则小县之大商，得以取巧；而大县之小商，未免吃亏。无怪乎众议难齐，终成画饼也。

卑职前在石城时，击贼半年，未敢请领军饷，用费二万余金，皆系百计筹维。即如县属当商，皆系按货计算，核其架间之货，以定等差，则按籍而稽，无可躲闪，至公至正，人易乐从。即卑职甫抵新会时，奉宪饬筹军需银六万两，卑职即于当商名下，仍然按货派捐。各商据实直陈，亦皆如数照缴。可见治人治法，原无一定章程，亦视乎行者之何如耳。今既需饷孔亟，他出亦无可筹，拟请仍照柏前宪通饬当商一札，略为变通，惟查架货若干，令其按货捐助，着即速为清缴。许以填给局单责成各县催收，无庸委员纷扰，似觉易于为力，或亦略补丝毫，而小押诸人，亦不致有偏枯之议，且可杜其趋避之巧矣。

卑职愚昧之见，未知能否有成，然既已自办于前，即亦何妨一试。唯卑职甫经捐缴，恐难接踵再行，敢祈免令重捐，以示体恤。是否有当，伏乞察夺施行。

【译文】
敬禀者：

  今日的要事是在理财方面，而想要理财必须先生财，想要生财必须先明白财是怎样生出来的道理，然后才可以生财，这就是经济。刻下生财的途径很好、很齐备，无以复加了。而卑职在无可复加之余试做一个或可稍为增加财富的想法，现将小小的意见讲出来，由大人选择采纳。

  查得本省的军需总局支用的数额，每年不下数百万金。前段时间还有资本注入，还不能免于支出短绌；现在则收入项目顿然减少，支出数额倍增。道济和尚没有可测量的沙子，吕洞宾有难以点化的石头。卑职位居于僚属，怎么胆敢位卑而言高，只因为目击时世艰难，实在觉得情难默忍，越俎的罪责，也不敢辞让。刻下地方多事，高凉的军务还没有平息，而所依靠可以生财的办法，不过是由捐输局筹集一至三成的实银，以及由小押店缴交数百两金饷项额而已。现在省中的捐务已经为各省所分，所能收入固然难以深深依恃，而小押这一项目，尤其异常狡猾，平日到处私开，放肆地进行重利盘剥，欲令它们缴交税费，则纷纷以歇业作为借口。

  如阜县从前小押店有一百余家，等到命令它们缴交税费时，则只剩下二十余家，渐渐只剩下十余家，现在则只余下数家。而外间私押店仍然到处公然开张，等到听闻官法要查拿，则全部潜沉业务进行隐匿。而这些店所押的物件，又都是破碎零星的，官中没办法收储，且必须代为听赎。若不准收赎，必然导致小民生事喧哗。卑职辗转思维，只得贴出告示晓谕，不准私开小押店，剥取民财；如有违禁私开的，只准平价来赎买。此告谕一出，而各乡的私押店，全部关闭无余。唯求前押的人，照依原本来赎；以后再有私押，即按照半价来赎不准拒绝。现在即使想私开小押店的，亦全部不肯了。这就是不禁的禁止。

  这些人又思虑诡计，渐渐大部分改作典当商，因为典当商每年只缴税费数金，谁不乐意这样做？卑职因此想到前任柏巡抚曾经饬令通告全省，典当店全部要捐助饷银，按县分的大小，确定捐饷银数的多寡。大县每家出四百两，中县三百两，小县二百两，各种因由均记录在案。后来因为众议不同意，导致不能实行，是因为这个立法未完善。典当商的大小，与县分有什么关系？

大县未必没有小商，小县未必没有大商。现今只以县分作为标准，则小县的大商，得以取巧；而大县的小商，未免吃亏。无怪乎众议难以统一，计划终成画饼，不能实行。

卑职之前在石城廉州任官时，打击贼匪半年，不敢申请领取军饷，花费二万余金，全部是想尽办法来筹集维持的。假如县属的典当商，全部是按照货物来计算，核算架间的货物，核定等差，再按籍来稽查，无可躲闪，至公至正，商人愿意服从。当卑职刚刚抵达新会时，奉上级之命饬令筹集军费六万两银，卑职立即根据典当商的名下，仍然按货物来派收税费。各个商店根据实情直陈，亦全部如数照缴。可见，治人治法，原本就没有一定的章程，而要看施行的人如何实施。现今既然紧急需要饷金，其他地方也没有办法可以筹集，拟请仍旧按照柏前宪的通饬给典当商一份函札，略为变通，以查明架间的货物有多少，命令他们按货捐助，着令迅速清缴饷金。准许以填给局单，责成各县进行催收，不需要委员纷扰，似乎令人觉得容易执行，或许也略为弥补部分饷金，而小押店等人，亦不致有偏猛的议论，并且可以杜绝他们趋避的伎俩。

卑职愚昧的意见，不知是否能够实行，然而之前已经自办过，亦不妨一试。唯卑职刚刚施行捐缴，恐怕难以接踵再执行，胆敢祈求免除重捐，以示体恤。是否恰当，伏乞察夺施行。

沥陈石城剿匪及堵防思贤滘口禀（附制造火药事宜禀）

【原文】

敬禀者：

窃卑职自顾菲微，深惭栗碌，乃至韶、阳晋谒[1]，即蒙褒赏逾恒，一时大小寅僚，无不交相称羡。昨以霓旌遄发，不叩崇垣。因将卑县兴修文、武二庙各工以及育婴种痘诸事宜，缕呈清听。皆卑职分内之事，为所当为，而大人奖饰有加，至优且渥，殷勤慰问，喜动慈颜。只听之余，罔知所措，五中踧踖，倍切悚惶。在大人轸念民依，勤求吏治，痌瘝在抱，属望维殷，故虽一善可称，片长足录，辄不禁揄扬过分，称许过情。盖欲以鼓舞之苦心，激扬之妙用，以冀振兴僚属，咸知教养斯民，是乃古大臣好善之诚，大公无我，用能诱掖后进，观感奋兴。此休休有容者所为津津乐道也。而卑职闻之则唯觉感激之忱、沦肌浃髓，形容莫罄，言说俱无。兼之孺慕之私，濒行弥挚，瞻依眷恋，结辀难名。故虽侍坐移时，渥承温霁，而寸衷耿耿未由自陈。盖卑职赋性拘迂，不求表白，事唯求实，一秉血诚，数载以来，不敢稍有疏懈。今辱殷殷下问，敢不冒罪略呈？

卑职于前署石城时，誓以清慎自持，力图报称。乃到任才及一月，即有广西贼匪朱十九等，拥众万余，突入县境。该处民贫地瘠，且值青黄不接之时，县中公局币空，仅剩铜钱数串。人心惶惑，莫识所从。卑职招集诸绅，敷诚酌订，手书印券，借饷筹兵。无米为炊，亲自督战，呼庚擐甲，晓夜忧勤，剿抚兼施。正及两月，方得殄除群丑，歼厥渠魁，而精力已疲，形神俱瘁矣。讵料此股甫灭，而贼党李六大等，复来为贼报仇。前创未苏，后艰踵至。贼锋愈烈，我势愈孤，阖邑忧危，计惟待毙。卑职典衣犒士，痛哭誓师，众志感孚，人心思奋，壶浆竞献，旂鼓争先，所向有功，屡战皆捷，追奔逐北，斩获如麻。生擒首伙诸人，余党尽皆溃散。邑人交庆，共乐再生。在事诸人，咸欣休息。盖已战逾半载，用费二万余金，财匮民劳，岂宜黩武？

唯念根株未尽，萌蘖仍滋，倘或他股再来，后患伊于胡底。只得购求向导，简选劲徒，绕道裹粮，深入贼境，鼓励士卒，攻破老巢，拿获积年巨贼三十余名，余匪歼除殆尽，其有胁从诸众，概行抚慰归农。于是始议班师，分别论功行赏。缘石邑与广西博白、陆川两县，紧相接壤，匪徒充斥，出没不常。自道光二十八年朱十四等首乱以来，无岁不遭蹂躏。经卑职剿除以后，复行保甲章程，以是数载于兹，得臻安定。今即高州告急，石城密迩贼氛，而能安堵如常，不为牵动者，未始非一劳永逸之明效也。惟是挪移各款，无计归还，只好百计筹捐，竟得四万余两。不惟前借之二万余两，尽数清偿，尚余一万六千余两，移交后任。是时督宪正在西抚任内，当经卑职禀明，重蒙奖饬优颁，并以通禀立案。仰承本管道府，不忍湮没微劳，请保同知花翎，现尚未蒙出奏。

至前岁四会②危急，距卑县似觉甚远，他邑绅耆，佥称无恐。殊不知思贤滘口，乃为最要咽喉，不于此处防维，贼可乘虚飞渡。此关一出，别无阻拦。由佛山直抵省垣，不过两炊之久，倘或剪江横过，则顺德、香山、新会等县，皆可听其所之。一苇轻杭，旦夕可至。兴言及此，心胆为摧。比欲禀报上台，实觉缓不济急，只得无知妄作，先为知会邑绅，飞觅四号拖船，分配壮丁器械，星夜驰赴思贤滘口，暂树先声。并合到处扬言，随后大兵即到。一面飞禀顺德总局，恳拨勇船协防；复为缄约香山，迅派数船相助。幸得香、顺两处，皆如所请施行，先后派拨勇船，陆续启行防堵。卑职旋即晋省，拟陈一切情形。比承督宪垂询，谓正议防该口，惟据有人传说，该口忽有数船，省中尚未派行，亦未行知别处，何得有船防堵？疑为贼匪奸谋。

卑职当即直陈，称系卑职所派，并声明迩时迫不及禀，现已具禀带呈。督宪闻之，深为嘉许，且称此等举动，即札饬亦未必行，乃能先事预筹，甚属深知大义。然卑职亦不过为一着闲棋，不必欲收实效也。讵料贼徒穷蹙，群思径窜省城，屡由该口出奔，均为该船所阻。而参将尹达章等，遂得于南津等处，一力兜围，免至有顾此失彼之虑。至今该参将等，咸以为该口一堵，得力居多。而四会诸人，迄无有能知其事者，则以祸未形也。故销患于未形，即不觉其益，而收取功于既溃，则群仰其神。疡医之医疡，亦犹是焉耳。夫以一处之堵，何足为功，而不堵乃大能为害，盖一着实关全局。百密不敌一疏，猎人之猎，渔人之渔，无二道也。

然欲据是竟以为功，则又断乎不可，盖越疆而守，仍为自卫之谋。虽省、佛无惊，亦适因所以自卫者卫之，而非专为省、佛计也。即使为省、佛计，亦臣子当尽之常，何敢琐为陈述。第以近今贼势，大都难以预防，诚如宪谕所云，有备乃能无患。然县属额兵有限，且皆分驻零星，贼徒蜂拥骤来，岂足深资捍御？即使征兵募勇，亦非仓卒能齐，迨至辗转迁延，而已无及矣。此近守不如远防之为愈也。

卑职世受国恩，家承名宦，三年芸馆，备历纂修，荷先皇特达之知③，屡拜锦章之赐。即至散馆改外，犹蒙天语旁谘，此固州县中未有之奇逢，而亦诸庶常不可多得者也。卑职何人，膺兹宠遇，天良未泯，能勿涕零，镂骨铭心，其何能报？孤忠自励，无刻或忘。当兹时事多艰，倍觉杞忧如炽。但得稍勤民事，即为上报君恩，庶几仰慰宪怀，藉以无惭祖德。

在先代世叨科第，累附簪缨，而两袖清风，一贫彻骨。今卑职谬移烦剧，亦已数年，清白家风，依然如昨。每于地方公事，不无尽力捐修，而环顾己身，仍无一亩之田，并乏半间之屋，妻孥腾托，嫂侄无依，淡泊相忘，穷通弗计。凡有血气，畴不谓迂，而卑职一意孤行，不必求谅于众。今幸遭逢仁宪，许为实力实心，此诚爇下焦桐④，独遇知音之赏。倘得长依阶下，亲沐栽培，模范所加，或当有进。乃逮骈幪者已历三年而侍函丈者无一日。⑤今大人又值荣膺简命，远督闽军，何卑职缘分之悭、福命之薄一至于此。惟有望风引领计日摅忱，以期仰荷钧陶，庶以稍纾孺慕焉耳。

敬再禀者：

窃卑职日昨晋谒崇阶，重蒙大人言及制造火药一事诚为切要之图。卑职前在都门，值恩秋舫比部⑥为监督时，亦尝略闻其说。去岁曾奉督宪通饬遵行，唯未颁发图式。后闻武营虽经奉发一本，而费无所出，断难举行。兹当军务吃紧之时，火药需用尤急。前年总局饬令卑县制造火药二万斤，去岁又饬赶造二万斤，均经移知武营陆续造解在案。第为数甚巨，辗转需时，所有制造价银均由卑职先垫，着于劝捐项下将来准其报销。但局中定价每百斤发银一十四两，而营中制造必须每百斤用银一十六两有零，合计每万斤当为赔垫二百余金，四万即垫千金，俱系卑职暗赔不准造报，而且迟延太甚难应急需。

昨闻大人示知，现已仿式改小，制造数盘，分运省城应用。不惟价廉工省，而且火药极精。卑县需造火药甚殷，合无仰恳大人俯准将运省之式颁给省中局员，觅人照制，每盘定价若干。如有何县请领即着备文并价赴局请颁，获益良多。如一时未即通行，即祈赐饬韶、阳前制各工、照前再制两盘，卑职当即备价只领，则感铭盛德靡有津涯矣。

再查营中制造火药，概系木杵石舂，每每激迸火星，几误大事。今得传此妙制，洵为美利无穷。伏祈赐饬各营严禁木杵石舂之制，务照新颁图式，普用铁碾铜轮。如恐僻处偏隅，铸造未能得法，即求大人传谕军需总局，转饬前制各工，即于省中开铸，工费酌定，明示章程。并祈查照营头大小，限以应铸几盘，自行赴局定制。至于一切价值，即着该营将备与该州县文员公同捐缴，无庸科派兵弁佐杂等官，以示体恤。如果通行办理，则为费无几，而所事易成。火药既精，军威益振，扫除群丑，旦夕可期矣。卑职愚昧之见是否有当，伏乞训示施行。

【注释】

①栗碌，忙碌。韶、阳：今广东韶关、阳山地区。

②四会：四会县，今在肇庆市境内，文中思贤滘口位此。

③特达之知：特殊知遇。唐朝刘商《送庐州贾使君拜命》诗："特达恩难报，升沉路易分。"

④《后汉书·蔡邕传》："吴人有烧桐以爨者，邕闻火烈之声，知其良木，

因请而裁为琴，果有美音，而其尾犹焦，故时人名曰'焦尾琴'焉。"

⑤帡幪，古时指帐幕，在旁的叫帡，在上的叫幪。引申为庇护之意。函丈，亦作"函杖"。《礼记·曲礼上》："若非饮食之客，则布席，席间函丈。"原谓讲学者与听讲者座席之间相距一丈。后用以指对前辈学者或老师的敬称。此句是说，我在您的手下工作已经有三年了，但是没有侍候过您一日。

⑥比部：魏晋时设，为尚书列曹之一，职掌稽核簿籍。明清时用为刑部司官的通称。

【译文】

敬禀者：

卑职自顾菲微，深惭碌碌无为，待到韶关、阳山晋见，即承蒙得到您超出平常的褒赏，一时间大大小小的同僚，无不交相称美。昨日只见祥瑞的云霞布满天际，只叩崇垣。因将卑县兴修文、武二庙各个工程以及育婴、种痘各种事宜，逐条呈报于您。这些都是卑职分内的责任、应该做的事，而大人对我褒奖有加，十分优渥，殷勤慰问，喜动慈颜。要求听取述职之余，我不知所措，内心忧虑，倍感惊惶。在大人方面，您顾念子民生计，勤求吏治，即使抱病身也在所不惜，殷勤属望。因此我虽然有一善可以被称赞，片纸足可记录，却不禁被您过分地赞扬，称许超过实情。欲以鼓舞的苦心、激扬的妙用，冀望振兴下级官员，让他们都知道教养子民，这是古代大臣好善的诚意，大公无我，尽力提挈后进，让他们备感兴奋。这是胸怀大志者所做的被津津乐道的行为。而卑职听闻之后，则唯有觉得十分感激、精神气爽，不能形容，一句话都说不出来。加上从感情上我对您的敬慕，通过多次的交往更加真切，敬佩和眷恋之情，难以清晰表达。故而，虽然在您的属下任职多时，接受您如细雨般的滋润，而我耿耿寸心还未找到机会表白。卑职生性拘迂，不求表白，实事求是，一秉血诚，数年以来，不敢稍有疏懈。今有幸劳您殷殷下问，怎敢不冒罪简单呈报？

卑职之前在石城廉州任职时，发誓要做到清慎自持，力图报答您的赞许。我刚到任才一个月，即有广西贼匪朱十九等，率领一万余人，突入县境。该处民贫地瘠，且正值青黄不接的时候，县中公局经费空虚，仅剩下数串铜钱。人心惶惑，不知所从。卑职召集诸位乡绅，真诚地商量约定，手写印券，向他们借款筹备兵勇。无米为炊，亲自督战，不分昼夜，日夜奋战，围剿、安抚兼施。经过两个月,方得消灭群贼,歼灭他们的首领,而我精力已疲,形神俱病。怎料这股贼匪刚刚消灭,而贼党李六大等,又前来为贼报仇。前面的创伤还未恢复,后面的艰辛接踵而来。贼匪的锋芒越发猛烈,我方形势越发孤立,全县忧危,打算束手待毙。卑职典卖财产筹款犒劳将士,痛哭誓师,众志感到信服,人心思奋,大家争着出力出钱,将士争先杀敌,所向有功,屡战全捷,将贼匪击败向北奔逃,斩获如麻,生擒贼匪首领等人,余党全部溃散。全县人民互相庆贺,共乐再生。参加战事的诸人,全都欢喜休息。因为作战超过半年,花费二万余金,财产匮乏民力疲劳,怎么适宜再使用武力呢?

只是想到贼匪根除未尽,仍然生乱,倘若其他部分贼匪再来,后患我穷。只得出钱赏求向导,精选勇猛的将士,带上军粮绕过山道,深入贼境,鼓励士卒,攻破老巢,拿获三十多名多年以来的巨贼,将剩余的贼匪全部歼除,其中被胁从参加贼匪的众人,一概予以抚慰后释放归家务农。这样才开始班师,分别论功行赏。因为石邑廉州与广西的博白、陆川两县紧相接壤,匪徒充斥,出没无常。自道光二十八年朱十四等首先作乱以来,没有一年不遭受蹂躏。经过卑职围剿消除以后,再实行保甲章程,任职数年间,全县得到安定。目前高州告急,石城也满布盗贼氛围,而能够做到如平常一般的安全堵防,不被贼匪所牵动,未尝不是原来一劳永逸的显著效果。只是挪移的各种款项,无计归还,只好千方百计筹募捐款,竟然得到四万余两。不仅是之前所借的二万余两,全部如数清偿,尚余下一万六千余两,移交给后任。当时督宪您正在广西任巡抚,当时经卑职禀明,大力获得您的表扬和奖励,并以通禀记录在案。又仰承本管道府,不忍心湮没我微薄的功劳,请求保举同知花翎,现尚未得到批出的奏复。

前年四会匪情危急,因那里距离卑县似觉很远,其他县邑的乡绅耆老,均称没有危险。殊不知思贤滘口,乃为最为紧要的咽喉,不在此处设防拦阻,贼匪可以乘虚飞渡。一出此关,没有其他东西可以阻拦。经由佛山直抵省城,不过是两顿饭相隔的时间,倘或横向渡江,则顺德、香山、新会等县,可全部被他们占据。一只船舶快速航行,早晚可以到达。话说到此,心胆都被吓破。刚想向上级禀报,实在觉得再迟缓不能救急,只得无知妄作,先行知会全县乡绅,赶紧觅寻四号拖船,分配壮丁和器械,星夜赶赴思贤滘口,暂时树立声威。并到处扬言,随后大兵立即到来。一面飞快禀报顺德总局,恳请派拨兵勇船只来协防；再出函与香山县官相约，迅速派遣数艘船只来相助。幸好香山、顺德两处都依所请施行，先后派拨勇船，陆续启程进行防堵。卑职旋即到省晋见上级，报告了一切情形。恰好承蒙督宪垂问，说是正在讨论提防该滘口，只是据有人传说，该滘口忽然来了数艘船只，省中尚未派船行动，亦没有通知其他地方执行，为什么有船进行防堵？怀疑是贼匪的奸谋。

卑职当即直接报告，称是卑职派出的船只，并声明因为时间紧迫来不及禀报，现在已经出具禀文来呈请。督宪听闻之后，深为嘉许，并且说这些举动，即使上级出札饬令下面县官也未必执行，而能够预先筹谋行事，属于深知大义的举动。然而卑职只不过是行了一着闲棋，不一定想到取得实效。怎料贼徒穷蹙，想直接攻打省城，多次由该滘口出奔，均被该船只阻拦。而参将尹达章等人，遂在南津等处找到贼匪，一力兜围，免去有顾此失彼的忧虑。至今该参将等人，全都认为该滘口一旦防堵，得力居多。而四会县等人，至今还不知道有这一回事，还以为祸害还未形成。因此，将祸患消灭在未形成之前，即不觉得这种方法的益处，而将功劳收获在贼匪溃败之后，则大家都觉得做法很神奇。专治溃疡的医生治疗溃疡，亦是这样的做法。但是，在一处做足防堵工作，算不上什么功劳，而不防堵则形成大害，因为一着棋实在关乎全局。百密不敌一疏，猎人的狩猎，渔人的捕鱼，没有第二种道理。

然而想据此竟敢请功，则又断然不可以，因为越过县属疆界而进行防守，仍然是为了自卫的谋划。虽然省城、佛山没有受惊，亦恰好因为自卫的人进行了防卫，并非专门为了省城、佛山的打算。即使为了防卫省城、佛山的打算，亦属于臣子应当尽职去做的事，怎么胆敢啰唆地陈述。其次，按照近来的贼匪形势，大都难以预防，诚如上宪的谕令所说，有备才能无患。然而县属的额兵有限，且都是零星地分开驻扎，贼徒蜂拥骤然而来，哪里能够有能力进行捍卫防御？即使征兵募勇，亦不是仓促能够招齐，等到辗转迁延，那真是来不及了。这更加表明近守不如远防。

卑职世受国恩，家承名宦，当了三年翰林院庶吉士，参与国史馆纂修工作，深受先帝特殊知遇之恩，多次得到锦章的赏赐。之后，我参加散馆考试改任为外官，依然承蒙朝廷不时地咨询，这肯定是州县之中未有的奇遇，也是诸多庶吉士不可多得的恩情。卑职是什么人，得到如此的宠遇？只要是天良未泯的人，能不感激涕零，镂骨铭心，考虑怎样才能回报？我以孤忠自励，时刻不忘这些恩情。现在时事多艰，倍觉自己的忧虑如火烧一样。但求稍稍勤政于民事，即为上报君恩，告慰上级的期待，也借此无愧于祖德。

我的祖辈代代有人考上科第，做到高官显宦的也很多，然而他们都是两袖清风，一贫彻骨。目前卑职在几处地方任官，亦有经年，清白家风，依然如昨。每于地方公事，不无尽力捐款修建，而环顾己身，仍然没有一亩之田，缺少半间之屋，妻儿子女屡屡托付他人，嫂侄没有依靠，淡泊相忘，穷通无计可施。凡是有血气之人，那个不说我迂腐，而卑职一意孤行，不必求众人谅解。今天有幸遇到仁慈的上宪，我的做法被赞许为实力实心，这真的好像蔡邕从火中救出焦尾琴一样，独独得到知音的赏识。倘若能够长期在您手下任职，亲受栽培，学习模范，或许更加有进步。我在您的手下工作已经三年，但是没有侍候过您一日。现在大人又得到荣升的命令，去远方督管福建军队，为什么卑职的缘分少、福命如此薄，一至于此。唯有希望领导的风气引领我的工作，通过时间取得成绩来表达我的热忱，也期望得到领导您的栽培，这样才可以稍稍纾解我的孺慕之情。

敬再禀者：

卑职昨日晋见领导，重新承蒙大人言及制造火药一事确实是重要的举措。卑职之前在京城，值恩秋舫在刑部为监督时，亦曾经略听他说过。去年曾接到督宪的通饬遵行，但没有图式。后听闻武营虽然拿到一本图式，但是没有经费，断难举行。现在军务吃紧之时，尤其急需火药。前年总局饬令卑县制造火药二万斤，去年又饬令赶造二万斤，均已经移知武营陆续进行制造。因为需要费用很多，辗转需时，所有制造价银均由卑职先行垫支，着令放在劝捐项下，准其将来报销。但公局中定价每百斤下发银一十四两，而营中制造必须每百斤用银一十六两有零，合计每万斤当为赔垫二百余金，四万即垫支千金，全是卑职暗赔不准造报，而且迟延太甚难应急需。

昨天听闻大人示知，现已仿式改小，制造数盘，分别运送省城应用。不仅价廉省工，而且火药极精。卑县需造火药甚殷，恳请大人批准将运送给省的图式颁省中局员，找人照样制造，每盘定价若干钱。如果有那个县申请领制，即着令备文和价格赴局请颁，获益良多。如一时未能即时通行，即祈请赐饬韶关、阳山以前制造火药的工人，按照前例再制造两盘，卑职当即备好价钱来领取，那么感铭您的盛德将没有穷尽。

又调查得知，营中制造火药，一概是用木杵石舂，每每激迸出火星，几误大事。今得流传这个妙制，真的是美利无穷。祈请赐饬各营严禁使用木杵石舂之制,务必按照新颁图式,普遍使用铁碾铜轮。如果担心偏僻远处地方,铸造未能得法,即求大人传谕军需总局,转饬前制各工,即在省中开铸,工费酌定,明示章程。并祈查照营头大小,以应铸几盘来限定,自行赴局定制。至于一切价值,即着该营将备与该州县文员公同捐缴,不需要科派兵弁佐杂等官,以示体恤。如果通行办理,则花费不多,而所事易成。火药既精,军威益振,扫除贼匪,旦夕可期。卑职愚昧之见是否得当,伏乞训示施行。

修葺文武庙、禁止溺婴、停葬、施种洋痘、举报节孝通禀

【原文】

敬禀者：

窃维为政之要,首在安民;立教之方,端由造士;顾欲振兴士气,必先作养人才;而欲作养人才,必先培植学校;学校立而后教化明,教化明而后士习端;士习端而后人心正;人心既正,则风俗日隆,而善知所好,恶之所儆;幼有所养,老有所终;耕读各遂其生,奸宄无自而启;奇邪诡诞之说,固不得摇,放辟邪侈之为,更无从染。而且型仁讲让,慕义向风,文教以日昌,英贤于焉辈出,上之足以为朝廷有用之彦,下之亦不失为乡里有道之儒。而科目之繁兴,才华之秀发,固皆不期其有而自有,不期其然而自然者矣。

伏查卑县新会地方,秀毓圭峰,源探珠海,汇精英于紫水,衍教泽于白沙①。俗本尚乎敦庞,人皆习于礼让,以故芹宫撷秀,多遗网底之珠;桂窟搴香,竞脱囊中之颖②。彬彬乎地称邹鲁、学接关闽也已③,乃自数十年来,捷秋闱者,每科尚不乏人,而登春榜者,历届总无一获。橘逾淮而为枳,岂真迁地弗良,桐入爨而为琴？争奈有天难问,推原其故,莫测所由。爰集邑绅,旁咨舆论,金称邑中文庙,有关阖邑文风。从前位置颇佳,所以科名犹盛。后因误于改作,以致遗害至今。即如合邑诸绅,以及从前历任,皆以所关非细,亟宜设法改修,乃言发盈廷,谁职其咎,道谋筑室,终溃于成,皆因为费不资,非数万金难为力,且以积重难返,或一二梗其谋,辗转相因,倾颓莫挽。或旁观而欢息,或掉臂以狂言,总之众论难同,究复空言何补。

卑职履任以后,问俗为先,随时轸念民依,以冀仰纾宪注。因见地称富庶,向来本是名区,只缘习误因循,遂尔难言上理。若不力求整顿,何能骤冀挽回？

特为招集邑绅，首议兴修文庙。文庙既立，而武庙又属要图，盖以关帝英灵，普天同庆，华夷妇孺，只奉惟虔。邑中帝庙最灵，神恩显著，即如咸丰四年，红逆聚匪攻城，综计数月，旦夕忧危，重赖神恩，殄除群丑，危城保护，万姓咸沾，亦因庙久顷颓，欲修无力。卑职复与武营商酌，又复首为倡捐，择吉鸠工，与文庙一时并举。红墙缭绕，绿瓦晶莹，金碧交辉，两相照耀，旁观欢羨，咸以为运会之维新。

而卑职以自尽其职分之当然，而非敢有希冀于其闻也。然于去年乡试，即使显有明征，文闱中式正、副一十九名，武闱中式二十五名，合计一县之内，文、武共中四十余名。而武榜且得解元，即系卑职所取案首，此各省所未闻，而从来所罕有者也。虽会逢其适，未必尽关风水之转移，而鼓舞斯民，亦视乎人之振作焉耳。

且兴利必先除弊，教孝不外兴仁，是又有切要之图，尤不可以不讲。会邑惑于风水，每多不葬其亲，或厝柩于庄房，或装骸于瓦罐，盈千累百，相习成风。孝子贤孙，相安若素。甚至庄房倾圮，瓦罐摧残，白骨犬啣，青磷萤闪，伤心惨目，不忍见闻。代远年湮，从何稽考。试为设想，其奚以堪。

卑职抵任之时，即行出示晓谕，限令半年迁葬，不得违禁久停；并于城北土名银砂村地方，购得山地一区，设立坑夫，置为义冢。如有力不能葬，以及逾限不葬者，均着坑夫安葬，妥为刊石立碑，仍准其子孙随时祭扫，日后改迁；更有贫不能敛者，则另有施棺之局，仍交坑夫埋葬。先后共计葬有一千三百余棺，并为设置薄赀，以为春秋二祭之费。

至若溺婴之俗，到处皆然。会邑好善者多，而此事独不留意。卑职因与邑绅商酌，特为建堂育婴，现已收得男女二百三十余名，亦为筹款置产，以乖久违，而婴孩之全活者为不少矣。

又念婴孩出痘，乃为第一关头。除堂中专请义医，随时诊视诸症外，并为捐资延请痘医，点种洋痘。如本堂婴孩点种之后，令其周历各乡，每乡设一公所，先行示期挂号，按期挨次唱名，妥为点种。该医得有脩脯，不取格外分文。唯伤随来种痘之婴，以红绳穿钱百文，付与还浆之子。小儿痘浆多者，可点二十余人。是点痘仅费百文，而还浆可得二三千文。其子既得出痘，而又可得资财，且有医生俯就而来，则亦谁不乐为者？刻下各乡点种男女，亦不下千余名，此又古人保赤诸方中所未计及者，而今乃创为之，其全活者尤为无量。

至若旌表节孝，乃王化之大原。卑县自前令林星章采访，迄今又数十余年，渐将湮没。卑职酌定条式，颁发局绅，不令花费分文，唯饬访询切实，合计举报八百一十余口。其有名宦、乡贤、忠臣、义士、孝子、悌弟有关风化者，均着认真采访，造册转详。

以上数端，皆系有司当尽之分，何敢上渎宪聪。第念创始为艰，事贵求其可久，推行尽利，泽更溥于无涯。可否仰恳宪恩，俯准卑职于育婴堂一切规条，详请立案，庶免日久废弛之患；其溺婴停葬，以及施种洋痘、旌表节孝诸事宜，敢求通饬各属仿照办理，则感沐鸿慈，靡有既极矣。是否有当？理合具禀宪台察核施行。

督宪劳批：

据禀修建文、武二庙，及禁止溺婴停葬，并施种洋痘，举报节孝等情，具见留心民事，深堪嘉尚。仰东布政司饬将育婴堂规条章程通详立案，以垂永久；其禁止溺婴停葬，及施种洋痘、举报节孝各款，并由司道饬各属体察地方情形，妥为仿照办理，仍候抚部院批示缴。

抚宪耆批：

同前由。查兴学校以敦士习，修庙宇以伸诚敬，掩埋尸骸，举报节孝，均为地方官切要之务。至于捐资收养婴孩，延医布种牛痘，其利甚薄，尤为长民者所当尽心。该县果能事事实力举行，闾阎自均受益。仰布政司饬即勉图治理，毋得始勤终怠，或托空言。并饬将育婴堂章程通详立案，以期永远遵循。并通饬各属将以上各件一体仿照办理，以遂民生而厚风俗。切切。暨候督部堂批示缴。禀抄并发。

运宪王批：

据禀均悉，极见实心爱民，惠政及人，俱非徒托空言，深堪嘉尚。夫有教化而后有人心，有人心而后有风俗。居今日而言吏治，即欲广教化，美风俗，鲜不以为迂谈，或至以为矫情，甚则议其沽名钓誉，而相斥以为伪。循吏之不数见，可为长太息者此也。禀中缕列事实，皆有关于人心风化。而戒停柩则泽及枯骨；建婴堂则普济众生；且倡捐种痘，此在粤易行之仁政；推之兴廉举孝，请旌建坊，俱有草偃风行之效，定征召父杜母之称；不第文武科中，庄然盛美，蝉联继起，为国储材也。览禀曷胜忻慰，仍侯各大宪批示缴。

【注释】

①紫水，新会的代称。据志书载，唐代高僧张遂（即一行和尚）在新会所设的茶庵寺壁上题词："外海、江门、白沙之间，有紫水黄云之瑞。五百年后，必出异人。"一行和尚离开新会五百年后的1428年，陈白沙出生，后成为理学名家。另外，会城一直流传另，会城城西的沙堤河（现已覆盖）在宋代曾经出现河水变紫色，故有"紫水"之称。

②芹宫，指学宫、学校。《诗·鲁颂·泮水》："思乐泮水，薄采其芹。"朱熹集传："泮水，泮宫之水也。诸侯之学，乡射之宫，谓之泮宫。"桂窟，一称月宫。另一俗称科举为折桂，因以"桂窟"喻科举考场。

③关、闽是指张载、朱熹，皆理学名家。

【译文】

敬禀者：

为政的要点首先在于安民；树立教化的方法主要是培育士人；因此想要振兴士气，必先培养人才；而想培养人才，必先建立学校；学校建立之后才能严明教化，教化严明之后才能端正士人习气；士人习气端正之后才能匡正人心；人心既然匡正，则风俗日渐兴隆，而且大家都知道如何行善，如何不做恶行；幼儿得到抚养，老人能够善终；耕田者、读书人各安生计，奸诈不需要举报而让人发现；奇邪诡诞的说法，固然不能动摇，放辟邪侈的行为，更加无从染污。而且提倡仁义讲究礼让，钦佩义气成风，文教日渐昌盛，英贤由此辈出，向上让朝廷有足够使用的人才，向下让乡里亦不缺少有道的儒士。而读书科目的繁兴、才华的秀发，不刻意使它们产生而自然产生，不刻意使它们成为这样而自然成为这样。

查得阜县新会这个地方，圭峰山秀毓，河源直探珠海，这个紫水出现的地方汇集精英，自陈白沙开始繁衍教化于后世。本来就具有敦厚的风俗，人人皆学习礼让，在学校学习的优秀人才有许多是遗落网底的珠玉；科场考试考中的人才都是这个地方产生的。地方彬彬乎如山东一样，理学连接张载、朱熹，数十年来，举人考试取得捷告的，每科尚不乏人，而登进士考试的，历届总无一人考取。橘子逾淮而为枳，难道真的是迁地成为不良，桐木经火焚而成为琴？怎奈有天难问，推其原故，莫测其因由。召集全县的乡绅，经过咨询和讨论，大家都说邑中的文庙，有关全县的文风。从前位置很佳，所以科名很是繁盛。后因改作失误，以致贻害至今。全县诸多乡绅，以及从前历任的县官，都认为这件事关系不小，应赶紧设法改修，因此大家发言踊跃，但没有人负责，打算修筑文庙，最终都没有成功，皆因费用不够，非数万金难以开展，并且，积重难返，或者有一二个人对计划从中作梗，辗转相因，颓势不能挽回。有的人只得旁观而叹息，有的人口出狂言，甩动胳膊走开，总之，众论很难达到一致，只说空话有什么补益。

卑职履任以后，首先问清习俗，随时顾念民依，希望能够缓解上级的关注。因见新会地称富庶，本是名区，只缘因循守误，导致难言上理。若不力求整顿，何能骤然希望挽回？为此特别召集邑绅，首议兴修文庙。文庙既立，而武庙又属重要的举措，盖以关帝的英灵，普天同庆，中外妇孺均虔诚膜拜。县中的关帝庙最灵，神恩显著，即如咸丰四年，太平军聚集匪众攻城，一共有数月之久，旦夕忧危，重赖神恩，消除群丑，保护危城，无数百姓得益。只是因为庙久颓颓，欲修无力。卑职再与武营商酌，又首先提倡捐款，择吉时动工，与文庙同时修建。红墙缭绕，绿瓦晶莹，金碧交辉，两相照耀，旁观的人都欢美无比，都认为这会给新会带来新运气。

而卑职认为已经尽了自己职内的本分而已，而不敢希冀大家都听闻这个举动。然而，去年乡试立即出现明证，文举考试考中正、副一十九名，武举考中二十五名，合计一县之内，文、武共中举人四十余名。而武榜中还有得第一名的好成绩，即是卑职所点取的案首，这是各省未听说的事情，也是从来都罕有的。虽然是适逢其时，未必都与风水之转移有关，但是，鼓舞乡民，亦可以视为振作人心的措施。

兴利必先除弊，教孝不外兴仁，这又是重要的举措，尤其不可以不讲究。新会县人迷惑于风水，很多人不埋葬死亡的亲人，有的将浮柩放在庄房，有的将骸骨装在瓦罐，盈千累百，相习成风。孝子贤孙，相安若素。后来发展到庄房倾圮，瓦罐摧残，狗咬白骨，青磷萤闪，伤心惨目，不忍见闻。年代久远，从哪里去稽查考察呢？为他们设身处地想想，情何以堪？

卑职上任之时，即行出示告谕，限令半年之内迁葬，不得违反禁令久停；并在城北的土名银砂村的地方，购得山地一区，设立挖坑工人，设置为义冢。如果有无钱不能埋葬的，以及逾限不埋葬的，均着令挖坑工人将其安葬，妥善地刊石立碑，仍准其子孙随时祭扫，日后改迁；更加有贫民不能殓葬的，则另外有免费提供棺材的公局，然后再交由挖坑工人埋葬。先后共计埋葬一千三百余棺，并为此设置薄资，作为春秋二祭的经费。

至于溺婴的风俗，到处都存在。新会县好善者居多，而对这件独独不太留意。卑职因此与县乡绅商酌，特建育婴堂，现在已经收纳男女二百三十余名，亦为育婴堂筹款置产，以纠正这些长久的错误做法，而已经存活不少被弃的婴孩。

又顾念到婴孩出痘，乃是人生第一关头。除育婴堂专请义医，随时诊视诸种症状之外，为此特别捐款延请种痘医生，点种洋痘。譬如，为本育婴堂婴孩点种之后，令他周历各乡，每乡设立一个公所，先行告示日期进行挂号，按日期按挂号唱名，妥善点种。该医生已经得到医疗费，不另外收取分文。唯饬令来种痘的婴孩，以红绳穿钱百文，支付给还浆的小孩。痘浆多的小孩，可以为二十余人点种。因而，点痘的人仅花费百文，而携带疫苗的还浆小孩则可得二三千文。这种小孩既得出痘，而又可得资财，且有医生肯俯就而来，还有谁不乐意做的呢？刻下各乡点种男女，亦不下千余名，这又是古人保民诸种方法中所未有记载的措施，而今乃由本县创设实行，存活小孩的人数更是无量。

至于旌表节孝乃是朝廷教化的重要基础。卑县自从前任令林星章进行采访后，迄今又数十余年，渐将湮没。卑职酌情制定条式，颁发给公局乡绅，不令他们花费分文，唯饬令他们切实访问，合计举荐八百一十余口。其有名宦、乡贤、忠臣、义士、孝子、悌弟有关风化的人员，均着令他们认真采访，造册转详。

以上数种举措，皆系官员应当所尽的本分，怎么胆敢上报给上级呢？只是顾念创始维难，措事贵在求其长久，推行获得利益，恩泽更加可以推广到无限？可否恳请上级恩准，准许卑职对于育婴堂一切的规条，详请立案，不至于发生时间长久后废弛的后果；关于溺婴、停葬，以及施种洋痘、旌表节孝等等事宜，大胆请求通饬各县属仿照办理，那么对您的大恩大德感激不尽。是否得当？理合具禀宪台察核施行。

劳督宪批复：

据禀修建文、武二庙，及禁止溺婴停葬，并施种洋痘、举报节孝等举措，具见你留心民事，深堪嘉尚。等省里布政司饬令将育婴堂规条章程通详立案，以垂永久；其禁止溺婴停葬，及施种洋痘、举报节孝各款，并由司道饬令各县属体察地方情形，妥为仿照办理，仍候抚部院批示缴。

耆抚宪批复：

同前由。查兴学校以敦士习，修庙宇以伸诚敬，掩埋尸骸、举报节孝，均为地方官切要之务。至于捐资收养婴孩，延医布种牛痘，其利甚薄，尤为长民者所当尽心。该县官果能事事实力举行，百姓自均受益。仰布政司饬即勉图治理，毋得始勤终怠，或托空言。并饬将育婴堂章程通详立案，以期永远遵循。并通饬各属将以上各件一体仿照办理，以遂民生而厚风俗。切切。暨候督部堂批示缴。禀抄并发。

王运宪批复：

据禀均悉，极见实心爱民，惠政及人，全部不是徒托空言，深堪嘉尚。有教化而后有人心，有人心而后有风俗。居今日而言吏治，即欲广教化，美风俗，鲜不以为迂谈，或至以为矫情，甚则议其沽名钓誉，而相斥以为伪。循吏之不数见，可为长太息者此也。禀中罗列的事实，都是有关于人心风化的措施。而戒停柩则泽及枯骨；建婴堂则普济众生；且倡捐种痘，这是在广东很容易实行的仁政；推之兴廉举孝，请旌建坊，俱有草偃风行之效，定征召父杜母之称；不第文武科中，庄然盛美，蝉联继起，为国储材也。览禀曷胜忻慰，仍候各大宪批示缴。

冈州公局禀因经费无着请裁撤批

【原文】

据禀自系实在情形。第维公局之设，原为保卫地方。今邑境虽幸肃清，而省中近来辑获长发道匪多人，讯供党羽甚伙。现奉大宪切札，饬令严密查拿。本邑夙号繁区，距省较近，当此逆匪潜窥之际，正宜加意严防，岂可因局费维艰，遽思裁撤，转置地方于不顾耶？该绅等乡评素著，人望攸归，在局宣劳，已历年所，泽流桑梓，利赖无穷，指日普庆升平，行见迭膺懋赏，保障之任，终始不渝，所愿与诸绅共勉之也。

且查各行店应缴之项，积欠甚多，该绅等仍应严切催收，妥为经理，切勿藉词推诿，争卸仔肩①。至应修城基等处工程，共需工料若干，并着核实确估，赶紧一律修治，以资捍卫而壮观瞻。即或经费不敷，本县自当设法另筹良策，俾济要需，断不使诸绅无米为炊，空劳壁画也。

【注释】

①仔肩：担负的担子、任务。《诗·周颂·敬之》："佛时仔肩。"

【译文】

据禀报确实是实在的情形。设立公局目的是为了保卫地方。如今县境虽然有幸肃清动乱，而省中近来缉获长发道匪多人，经审讯供述，其党羽很多。现在接到上级大宪的信札，要求我县严密查拿。本县向来号称繁华地方，距离省城较近，正当这些逆匪潜窥之际，正宜加意严防，怎么可以因为公局费用困难，一下子就想裁撤，转而将地方弃之不顾呢？该乡绅等人乡评一向来很好，人望攸归，在公局辛劳工作多年，恩泽遍布桑梓，使广大民众受益，普庆升平指日可待，其功劳多次受到奖赏，始终不渝地施行保障的任务，心中所愿与诸位乡绅共勉。

另外，查明各行店铺应缴交的费用，有许多拖欠未交，该乡绅等人仍应加紧催收，妥善管理，切勿借词推诿、争相推卸责任。至于应修筑城基等多处工程，共需要多少工料，请你们核实估算准备，赶紧一律修治，保证防卫而壮观瞻。即或经费不足，本县自当设法另行筹备良策，接济需要，断然不能使诸位乡绅无米为炊，白白做工作。

林景福等批

【原文】

尔叔林箕沛前因开张源隆店向林宗育揭银六百两，既于本息偿清之外并代支会项银二百两，岂有二十载尚未收还原帖之理？至向索补代支过银两，如果支过属实，向其索补，亦属情理之常。然与尔等何涉？其孀媳林何氏何致因此挟恨，迭次串人将尔等祖遗书田尝业，霸收踞耕耶？此等凶恶之举，丈夫所不敢为，而谓一煢①弱无告之孀妇，敢以列祖列宗之公产攘为己有，而撄阖族伯叔子侄之众怒，有是理乎？似此荒谬之词，竟敢于本县之前故为尝试，实属丧心病狂。县属莠民惯以欺孤嚼寡得计，本县莫不随时惩创，加意保全，岂容汝等奸徒诡词捏耸耶？本应勒保交案究惩，姑格外从宽免究，原呈掷还。嗣后如再有此混渎者，定提同该代书保人，从严责处不贷。

【注释】

①煢：音 qióng，古同"茕"，意孤单。

【译文】

你叔林箕沛此前因为开设源隆店向林宗育借银六百两，在清偿本息之外代支会项银二百两，岂有二十年尚未收还原帖的理由？至于向他索要补偿代为支付的银两，如果支付的情况属实，向其索要补偿，亦属常理。然而与你们有什么关系呢？其孀媳林何氏为何因此挟恨，屡次串通他人将你们祖辈遗留的田产公尝霸占收租、占据耕种呢？此等凶恶的行为，男子也不敢做，而说一个孤寡薄弱没有依靠的孀妇，胆敢将列祖列宗的公产据为己有，从而触动全族伯叔子侄众人的愤怒，有这样的道理吗？像你们这样荒谬的状词，竟然胆敢在本县面前故意试探，实属丧心病狂。县属之内的坏人向来以欺负孤寡得计，本县无不随时惩处，更加留心保护孤寡，岂容你们这些奸险之徒诡词捏耸呢？本应勒令你们提供保证立案追究惩处，姑且格外从宽处理，免除追究责任，原状纸掷还。之后如果再有这样混淆事实的，一定将该代书保人一并提堂，从严责罚处理。

聂鹤群控李姓侵占坟墓批

【原文】

该生等之两祖姑，节孝流芳，前代旌表，彪炳志乘，彰彰可考。其坟墓久载族谱，人所共知，自非寻常坟墓可比。李仰星堂子孙，竟敢私改墓桌字迹，恃强侵占。业经谕饬公局妥处，众皆不敢直言。迨经迭次差传，又复抗匿不到，殊属刁黠已极。原可据情通详立案，惟未经质讯勘断，不足以折服其心。候比差传被告人等，讯勘究办，再行核夺。

【译文】

该生的两位祖姑，节孝流芳，前代旌表，彪炳志乘，彰彰可考。其坟墓早就记载在族谱，人所共知，自不是一般坟墓可比。李仰星的子孙，竟胆敢私自改墓碑上的字迹，依恃强力进行侵占。业经发谕文饬令公局妥善处理，众人皆不敢直言。多次差役传唤，又多次违抗藏匿不到案，殊属刁钻藐视之极。原可据事实通详立案，只是未经质讯勘断，不足以折服其心。等候差役传唤被告人等到案，讯勘究办，再行核夺。

饬冈州东北、东南、西南各公局秉公处复聂鹤群等与李姓控争坟山一案谕

【原文】

照得守贞延嗣，诚旷代之奇闻。彰善除恶，是有司之专责。本县忝膺民牧，曲体舆情，但使有益与民，无不力求诸己。即如修文庙，建考棚，填义仓，改羁馆，下及育婴养老，种痘掩骸，推而至于瀹浚城河，编查保甲，凡可以为闾阎利者，悉皆努力图之。而于节廉忠孝诸大端，则搜采而详请旌者，为尤亟。盖万古之常经所系，即两间之正气攸存，甚不可以不讲也。

本县于前年下车时，翻阅邑志，见有宋理宗朝枢密院聂忠愍公之曾孙女五姑、七姑，守贞不嫁，抚弟成名一事，不禁心仪久之，亟欲询得其祠墓之所在，以纾景仰之忱。爰及催科，即召其乡人问之，佥称事诚非谬，然某村聂氏甚孱微，率贫而懦，又愚钝多不识字，且积逋国课数百金，官至辄鸟兽散。惟生员聂鹤群一人，年来授读江门，恐一时难聚致。比见则循循然一古貌古心之严谨读书人也。坐甫定，询其祖姑事迹，鹤群戚乎其容，呐焉于口，一若有所欲言而苦不敢言，而又不得不言者。因亟叩之，始据长跪而请曰："先祖姑其殆有灵哉，此冤可白矣。先是五姑始适所灭，甫朞而寡，归告其妹七姑曰：'今父母相继逝，弟天锡太幼稚，岂能自成立？吾与若曷守贞以字之，为聂氏留此一块肉。'妹感姊义，亦矢志弗嫁，抚孤课读，纺织置田，后天赐

官至朝奉大夫。族人义之，附享先祠，并建专祠奉祀。前典试郭公符田旌以额，曰'孝节流芳'。邑先辈萧君燧为聂氏姑祠纪事诗，有'二女同居延一线，千秋报德仰双清'之句，事实载邑志，冠诸列女传首。盖自宋迄今数百年，邑之人犹津津乐道之励世。所惜其墓为李姓所侵毁，族姓畏其凶焰，莫敢撄，以故默忍至于今。今虽承明问再三，言之股栗，而唯恐毒之弥烈也。然幸遇贤父母，且系出一姓，或可为先祖姑存数尺土，为后世展拜报德地，是亦族姓之祖若宗所咸深感激者也。"语毕，且拜且泣。因呕命之起，且语之曰："噫，恶是有哉！以若所云，断非伪饰者比，且其事详邑志，炳耀古今。虽冢墓志不备书，然志称庶本多讹，今据聂氏族谱，即属信而有征。兹族谱既称该坟葬在某山，则是其山即系该坟确据，岂容李姓侵毁，反为隐忍不言。微特贞灵啣恨九泉，汝罪亦不容擢发数矣。"着即刻期修复，当为出示饬遵。乃竟迟至于今，始据一缄禀复，内称生族祖姑之坟，经蒙示准修复，讵李姓见示，即拨人盖寮看守，置械备拒，并将祖姑墓桌"聂"山字改凿"潭溪"字样，妄认为伊八世无出庶祖妣之墓，遍投各局绅耆，称为李姓祖山，而又有情愿两姓分祭之说等语。览竟不胜骇异，在李姓不过以该山所葬，俱系李坟，岂有独出一坟姓聂之理？此则李姓后人所不能自解者也。殊不知地系官山，任人可葬，只以时代迁易，族姓稀微，而李姓遂据之以为己有耳。

况聂冢葬于宋代，李坟迟系前明，孰后孰先，不辩自白。今李姓以聂为伪，不惟数典忘祖，并欲借主定宾，所谓久假不归，恶知其非有者也。且聂姓之人，确有邑志族谱可据，李姓有何凭据，无端妄认耶？如谓风水可谋，则义姑本来绝嗣；如谓山林是利，则抔土已觉无余。聂姓固不屑阴谋，李姓又何劳强占。而且名山不乏，吉壤颇多，则亦何不可谋，而顾必于本山皆系李姓之坟，独指一穴诬为己有，以自取败露耶？

今李姓自知理屈，因以分祭为词，倘非事系女贞，即亦何妨曲允？无奈此等坟墓，又非寻常互争坟墓之案所得而比者，何则？寻常之案，不过自甘于不孝，不祖其祖，而强诬人之祖以为祖耳。此则双贞并峙，万古当新，日月维昭，冰霜共凛，山灵为之呵护，鸟兽亦且潜逃，岂容泾渭混淆，致使渑淄莫辩？顾或以他姓无出之庶妾，妄认为自己守义之祖姑，无论天地必诛，即在己先有所不肯；抑或以他姓守义之祖姑，强诬为自己无出之庶妾，无论鬼神必殛，即在己先有所难安。酌理准情，奚烦辞费，盖一良一贱，既冰炭之悬殊；为妾为姑，又天渊之迥隔。试观古往今来举凡所为污玷忠贞，欺凌古墓者，亦复谁无恶报，谁保善终？

　　天道无私，历历不爽。若不力持公论，或为稍徇私情，竟令凶狡之徒，得遂侵渔之计，窃恐贞魂烈魄，定相仇于凄风苦雨之中，奇祸飞殃，断难免于化日光之下。兴言及此，毛发俱森，凡有人心，能无动念？

　　至本县与聂鹤群者，姓氏虽同，本原各别，固不能因同姓而稍存袒护，亦不能因同姓而稍避嫌疑，唯知一秉大公，可以质诸天日。因念该绅等乡评素著，人望攸归，常存三代之遗，岂仅一乡之善？合行谕饬理处，谕到着即邀齐两姓，确切查询，告以人可欺天不可欺，天人原无二理，地可夺天不可夺，天地不外一诚。务令两姓之人，各秉天良，勿谋地利，妥为劝勉，以息争端。至于公是公非，自必难逃众论，不必因本县之言而稍存成见，亦不必因两姓之说而或有偏私，亦唯一秉大公，可以质诸天日，则是非立判。功德无涯，固不独两姓之人殁存衔结已也。传曰："神弗歆非类，民不祀非族。"惟诸绅其留意焉，兹将县志一则，并聂鹤群一禀抄发附览，着即定期酌处，声复无延。此谕。

【译文】

　　通过守贞延续后嗣，诚为旷代的奇闻。表彰善去除恶，是县官的专责。本县任职长官，体察民情，但使与民有益的事，无不力求自己实行。即如修文庙、建考棚、填义仓、改羁馆，下及育婴养老、种痘、掩浮棺，推而至于疏通城河，编查保甲，凡是可以对百姓有利的事情，全都努力落实；而对于节廉忠孝等大事，则搜查采集事情，将人员详报申请旌旗表彰，这是尤为紧急的事情。因为万古的常经所系的是，保存天地之间的正气，这是不能不讲的。

　　本县官在前年刚到任时，翻阅县志，看到有宋代理宗朝枢密院的聂忠愍公的曾孙女五姑、七姑，守贞不嫁，抚弟成名一事，不禁心仪已久，很想查询到她们所在的祠墓，以纾解景仰之情。刚好遇上催收税收，即召集她们的乡人来询问，都称事情不是虚假，然而某村聂氏甚是孱弱细微，生活贫困，又愚钝多不识字，且积累国家税收达数百金未缴交，一看到官兵到来就作鸟兽散。只有生员聂鹤群一人，近年来在江门读书，恐一时难以叫来。等到见面，发现聂鹤群循循然，是一个古貌古心的严谨的读书人。刚刚坐定，询问他祖姑的事迹，聂鹤群满面愁容，口中说话迟钝，好像有话想说却又苦不敢言，而又不得不说的样子。因为催问得紧，他始据长跪而申请说："先祖姑真的是有灵啊，这个冤情可以大白了。故事的开始是五姑刚出嫁家庭就破灭了，刚满一年她成了寡妇，她回到家中和妹妹七姑说：'现在父母相继去世，弟弟天锡太幼稚，怎能自立呢？我与你何不守贞不出嫁，共同教育他，为聂氏留下这一个后代。'妹妹被姊姊的大义感动，亦矢志不嫁，抚养孤儿课读，纺织置田，后聂天赐做官至朝奉大夫。族人认为她们存有大义，附享在先祠，并建专祠奉祀。前典试郭符田颁发表彰的横额，写着'孝节流芳'。县中先辈萧燧为聂氏姑祠写下纪事诗，有'二女同居延一线，千秋报德仰双清'之句，事实载在县志，排在《列女传》的卷首。自宋代至今已有数百年，县中人们犹津津乐道用来激励世人。可惜她们的坟墓被李姓侵毁，族姓害怕他们的凶焰，不敢不和他们论理相争，因此默忍到今天。现在虽承蒙明问再三，讲出来时还感到大腿战栗，而唯恐他们的恶毒更加强烈。然而幸好遇到贤明的父母官，且系出于同一聂姓，或者可以为先祖姑保存数尺坟墓，成为后世展拜报德的地点，也是族姓的祖宗均深为感激。"说完话，聂鹤群一边拜一边哭。因此，赶紧命令他起立，并且和他说："噫，有如此的恶人！如你所说，断非伪造掩饰的人可比的，并且她们的事迹详尽记载在县志，炳耀古今。虽然她们坟墓没有记载在书中，然而县志记载本来有很多错误，现在根据聂氏族谱，即属可信而且有根据。该族谱既然称她们坟葬在某山，那么有确实证据证明其山即系该坟，岂容李姓侵毁，反而为此隐忍不言？如果让她们的贞灵含恨九泉，你的罪责亦不容数头发一样来计算了。"立即着令他克期回去修复，当为此出批示饬令大家遵守。竟然迟至今日，才收到一封信函回复，信内说该生族祖姑的坟墓，经承蒙县官批示准许修复，怎料到李姓见到批示，立即派人在坟地盖寮屋进行看守，押汇武器准备抗拒，并将祖姑墓的石桌中"聂"山字改凿为"潭溪"字样，妄图将其作为他们八世无子的庶祖妣的坟墓，走遍各公局告诉乡绅耆老，称此是李姓的祖山，然而又有情愿两姓分祭之说等内容。我看后不胜骇异，在李姓方面，不过认为该山所葬的全部都是李姓的坟墓，怎么可能单独划出一个姓聂的坟墓的道理？从这一点看李姓后人自己就不能解释。殊不知这个地方是官山，任人安葬，只是时代迁易，族姓稀少，而李姓遂将此地占为己有。

况且，聂冢葬于宋代，李坟最迟是明代前期，谁先谁后，不用分辨自然清楚。现在李姓以聂坟是假的，不仅是数典忘祖，还想借主定宾，所谓久借不归还，怎么知道它不是有人安葬？并且，聂姓之人确有县志族谱可以证明，李姓有什么凭据，无端妄认吗？如谓说想谋得风水，则义姑本来是绝嗣；如谓想从山林获利，则抔土已经没剩下多少。聂姓固然不屑使用阴谋，李姓又何苦进行强占。而且又不乏名山，很多吉壤，为什么不可以谋用，非要将本山全部作为李姓的坟墓，独指一个坟墓诬为自己所有，从而自取败露呢？

现在李姓自知理屈，因此以分祭作借口，如果不事关女贞，允许他们这样做又有何妨？无奈此等坟墓，又不是平常互相争夺坟墓的案件可以相比的，为什么呢？平常的案件，不过是自甘做不肖子孙，不祭祀祖先，而强诬他人的祖先为自己的祖先罢了。这个坟则是双贞并峙，万古当新，日月维昭，冰霜共凛，山灵呵护，鸟兽亦且潜逃，怎么能够混淆泾渭，致使淄淄莫辨？但是以他姓无子的庶妾，妄认为自己守义的祖姑，无论天或地都必诛杀，即在自己一方，就先同意；抑或以他姓守义的祖姑，强诬为自己无子的庶妾，无论鬼或神都必报应，即在自己一方，就先难安。根据情理，不用麻烦浪费口舌，因为一良一贱，像冰与炭一样悬殊；为妾与为姑，又是天渊的相隔。试看古往今来但凡沾污忠贞的行为，欺凌古墓的人，哪个没有受到恶报，那个能保得善终？

天道无私，历历不爽。如果不力持公论，或者稍为徇情，可以使凶恶狡诈之徒，实施侵渔的计谋，私下恐怕贞魂烈魄，一定会在凄风苦雨之中相仇，奇祸飞殃，断然难以免除在光天化日下发生。说到这里，毛发都森然，凡有人心的能不动念吗？至于本县与聂鹤群，虽然同姓，但不是同一本原，固然不能因为同姓而稍为存在袒护，亦不能因为同姓而稍避嫌疑，仅仅知道秉存公义，可以与天日对质。因顾念这些乡绅等人乡评素著，人望攸归，常存三代遗风，岂仅仅是一乡的善良？理应发出书谕饬令你们进行处理，书谕到了，立即邀齐两姓，进行确切地查询，告诉他们人可欺天不可欺，天人原本没有二理，地可夺天不可夺，天地不外乎一个"诚"字。务令两姓之人，各秉天良，不要谋取地利，妥善为他们劝勉，平息纷争。至于谁是谁非，自必难以逃出众论，不必因为本县的话而稍存成见，亦不必因为两姓的说法而心存偏私，唯秉存公义，可以质诸天日，那么是非立判。功德无涯，固然不独因为两姓人员的生死而终结。传曰："神不敬佩不同类，民不祭祀不同宗。"请各位乡绅留意，兹将县志一则，和聂鹤群的一禀抄发附览，请你们定期酌处，不要延迟回复。此谕。

冈州公牍

黄兴利等控船主负赖酬银呈请存案批

【原文】

该船主既许酬银三百大元,乃于夺回掳船之后,复又食言驶逃。如果属实,诚为丧良负义,但商船出海,原应患难相恤,彼此救援,况均在雷州贸易,谊属同帮,坐视贼胜,亦非汝等之利,则帮仗击夺,亦属义所当为。古云:"见难不相扶,本非人理;施德不望报,方见高情。"汝等又何必定须酬劳,竟至藉端兴讼耶?况口许无据,吞拍无凭。船主既无姓名,质对又无干证,即使情皆真实,亦属无从追究,况系一面之词,岂能遽行听信?未便率准存案,汝等亦当解忿息争,毋得寻仇滋事也。

【译文】

该船主既然许诺给予酬银三百大元,但是在夺回被海盗掳夺船只之后,随即又食言驾驶船只逃走了。如果事情属实,那么船主确实丧失良心背负恩义,但是商船出海,原本就应该患难相恤,彼此救援,况县城都在雷州贸易,从情谊上来说属于同帮,坐视海盗取胜,也对你们没有好处,那么帮助同行抗击海盗,夺回船只,亦属于义所当为。古语说:"见难不相扶,本非人理;施德不望报,方见高情。"你们又何必一定要请求酬劳,竟然来到船主住地起诉呢?况且口头上的许诺没有证据,你们承诺也没有凭证。船主既没有姓名,经过质对又没有确实证据,即使你们所说的事情全部真实,亦属于无从追究的情况,况且系你们一面之词,怎能断然就听信呢?不能草率地给予立案存底,你们亦应当化解愤恨停止纷争,不得寻仇滋事。

周荣光批

【原文】

尔弟周亚俭于咸丰二年前往金山①,究竟有无信息银两寄归?婚姻大事,本难久搁。故例有"期约已至五年,无过不娶,及夫逃亡三年不返者,并听经官先给执照,别行改嫁"之条。尔弟出外十年不返,如果时有信回,约期归娶,自当妥为劝慰,慎其防闲;一面寄信赶弟早归完娶,免生他虑。倘若久无信归,存亡未卜,则应据实禀明请给执照,另为择嫁,免致误人终身。着即遵照禀复办理,毋得徒请存案。

【注释】

①前往金山:美国打工。清末江门四邑地区人多有被卖"猪仔"出洋务工。

【译文】

你的弟弟周亚俭在咸丰二年前往美国金山,究竟有无信息和银两寄回来?婚姻大事,本难长久搁置。因为法律有"婚约已满五年,无原因还不娶的,以及丈夫逃亡三年没有返家的,报告官府并取得批准文件后,可以另行改嫁"的规定。你弟弟出外十年没有返乡,如果时有寄信回来,约定婚期将未婚妻娶回家,自当好好地劝慰她,以免有第三者介入;另一方面,寄信催促你弟弟尽早回乡完婚,以免发生其他的问题。倘若很长时间都没有音信,生死未卜,则应该据实禀明官府,发给批准文件,另行为她择嫁,免误人终身。请按照禀复办理,毋得徒请存案。

李容氏控职官李令仪欺尊侮寡毁抢霸占批

【原文】

据控职官李令仪恃势挟嫌捏吞横噬,纠李子侄,欺侮尊亲,凌虐孤孀,行同劫盗,沿门毁抢,封据霸占等情;并据李卢氏、李潘氏、小李卢氏各以前情纷纷泣诉,情词迫切,异口同声。披阅之余,不胜骇异。案查前此李有常等侵吞尝银经族众控奉提府讯认断追具结未缴,迭奉委员催提不到,逃避李令仪云南任所,以致至今案悬莫结。该员李令仪原本被控有名,自应悔悟不遑,何敢寻仇陷害,并敢暴凌孤寡,竟同劫盗之为,岂有名列贤书?官居方面,而肯如此谬妄者耶?

据禀是否实情,殊觉难以深信,但以欺凌尊属,名义攸关,且系现任职官,岂容妄为污蔑?虚实均应彻究,以期分别坐诬。候即传集控开诸人,刻日带候质讯。该氏等亦即迅行投案,无延切切。粘单失单并附,李卢氏等各词并发。

【译文】

　　据控告所称，职官李令仪有依恃势力，涉嫌侵吞公共财产，纠集李的子侄欺侮尊亲，欺凌孤儿寡妇，行为与劫盗无异，毁抢各个门户，强行霸占等情况；并且根据李卢氏、李潘氏、小李卢氏各人以上述情况纷纷哭诉，情词迫切，异口同声。本官细看之后，感到十分骇异。根据调查，前些时候李有常等人侵吞尝银，经族人控告、官府提审后，判决他们返还侵吞的尝银，但一直没有缴还。多次派遣委员去催提，但他们均不到庭，还逃避到李令仪在云南的任所，导致该案至今悬而未结。李令仪原本是被控告的被告之一，自应悔悟不应该这样做，为何还敢寻仇陷害，并胆敢暴凌孤寡，竟然做出同劫盗一样的行为，哪里还敢名列贤达之名单？从当官这方面来说，哪里敢做如此荒谬行为的？

　　状词是否属于实情，真是难以令人深信，但如果真是欺凌尊属，名义攸关，并且系现任职官，岂容原告任意污蔑？是真是假都应该彻底查清，以期分别追究责任。等候传集相关当事人，尽快等候质讯。该氏等亦即迅行投案，不得有延误。粘单失单并附，与李卢氏等各供词一齐发送。

张升禀催集讯究追批

【原文】

　　李令仪身被控告，先既拨妇女混呈，继复冒绅耆饰诉，兹又着家人代禀，不但始终不肯出头，抑且始终不愿出名，斯亦奇矣。夫事出家人具禀，原亦常有，然皆因本人外出，或者身膺事故，不过遵例报明，并无案情应讯。至若两造互控，案关服制，原告久已投候，被告正在催传，则从无自身躲匿。而可以遣仆代诉者也，诉果可以仆代，则审亦可仆代，而审明定罪，亦将可以仆代耶？

　　在李令仪仍不过自谓尊绅，以为尊绅之威，不容稍损；即尊绅之名，不容妄书。殊不知王法无私，不分贵贱，既被控告，则尊绅之身且应到案，岂尊绅之名反可终匿耶？且原告非他，乃系尊绅之尊长也。尊绅即尊于别人，不能尊于本族之尊长。尊于尊绅者，且已均行投到，尚何有于尊绅，又何有于尊绅之名耶。况尊绅既以绅自尊，自当冠冕矜庄，昂然直出，以显其尊，何以效彼乡愚，鄙猥畏伏，以自陷于不绅不尊之列耶？

论人则彼之出控，不过数人，而此帮讼多至数十，是众寡殊矣。论势则彼之数人，无一官职，而此之数十，尽属功名，是强弱判矣。论理则彼系蔑众吞尝，得罪阖族，而为阖族所不容；此则更为众保尝，施德阖族，而为阖族所共戴，是曲直又相悬矣。彼人寡势弱，而理又曲，此人众势强，而理又直，则又何故不肯赴案耶。又况有数可稽，有簿可核，有众可质，且有阖族公论可凭，何虑何忧，而不亟出为剖白？而乃数不为算，簿不遵缴，众不赴证，而阖族又不见群起相攻，何畏何惧，而同甘受其污蔑耶？

现禀但请勒齐李集英等严审侵吞各情，而本房被控之人，则均以应考推托。其不应考者，则又隐而不提，岂吞尝应审，而侮尊霸抢者皆不应审耶？即谓专审吞尝，而无证无据，谁质谁对，又岂能仅凭一造所能从而讯究耶？尤属荒谬已极。此事本以李令仪一人为主，余人虽多应考，李令仪尽可赴讯。昨已据李容氏等携同李集英等均赴投案，应即速着汝家主李令仪亲赴备质，毋再饰延，至于未便。

【译文】

李令仪本身被控告，却先挑拨妇女混呈，继而冒绅耆之名掩饰控诉，再叫家人来代禀，不但始终不肯出头，而且始终不愿出名，这真是奇事。事情由家人出面具禀，原本也是常有之事，然而都是因为本人外出，或者身膺事故，不过遵照法律向官府报明，并无案情需要应讯。因为双方当事人互相控告，案件关系到服制内的亲属，原告久已投案等候，被告正在被催传，则不应该再自身躲匿。而可以遣仆人代诉的话，起诉如果可以仆代，那么审理亦可以仆代，而审明定罪，亦将可以由仆代吗？

就李令仪而言，仍不过自诩为尊绅，以为尊绅的威望，不容稍损；即尊绅之名，不容妄意书写。殊不知王法无私，不分贵贱，既被控告，则尊绅之身也应该到案，怎么因为尊绅的名义反而可以始终隐匿呢？且原告也不是其他人，乃是尊绅的尊长。尊绅即使比别人尊贵，不能比本族之尊长更尊贵。比尊绅更加尊贵的人，且已全部到案，尚且尊绅有什么了不起，尊绅之名又有什么了不起的呢。况且，尊绅既然以绅自尊，自当自尊自爱，昂然直出，以显示其尊，为什么像那些乡愚一样，形态猥亵害怕，将自己陷于不绅不尊的行列呢？

论人数，则他们出控的不过数人，而你方帮讼的多至数十，双方众寡悬殊。论势力，则他们数人，无一官职，而你方数十人，都是有功名的人，双方强弱明显。论道理，则他们是不顾宗族侵吞公产，得罪全族，而为全族所不容；你们则更为众亲保护公尝，施行恩德于全族，而为全族所共戴，双方曲直又是很分明。他们那边人寡势弱，而理又曲，你们这边人众势强，而理又直，则又有什么原因不肯赴案呢？况且有数可稽，有簿可核，有众可质，且有合族公论可依凭，何虑何忧，而不赶快出来剖白？即使是数不为算，簿不遵缴，众不赴证，而全族又不见群起相攻，又惧怕什么而甘心一同受其污蔑呢？

现禀但请勒齐李集英等人严审侵吞各情，而本房被控告的人，则全部以应考为推托。那些不应考的人，则又隐瞒而不提出，怎么吞尝应当审理，而侮尊霸抢的人全都不应该审理？即谓专审吞尝，而无证无据，谁质谁对，又岂能仅凭一方当事人就能审讯追究？尤其显得荒谬之极。此事本以李令仪一人为主，其他人虽然大部分应考，李令仪尽可赴案受讯。昨日已据李容氏等携同李集英等赴官府投案，应赶紧叫你家主李令仪亲自赴案备质，毋再掩饰拖延，造成不方便。

林杨变控张文会赖债批

【原文】

查律载：私放钱债，年月虽多，不过一本一利。据呈张怀宫于生前借尔本银洋钱一百五十圆，除取货抵银六十余两，又收过息银十二两余，尚欠本利共银三百八十余两，未免利浮于本。其子张文会等无力能还，遂尔计图狡赖，却亦有之。然求减尽可相商，何得饰词图赖？着再投彼族众理讨，毋庸兴讼滋累。粘抄借单发还。

【译文】

根据法律规定：私下放款借贷，年月虽长久，不能超过一本一利。据状词所说，张怀宫在生前借你本金一百五十元洋钱，除了以货物折抵六十余两银，又收过利息十二两余银，尚欠本金和利息共计三百八十余两银，未免利息多于本金。其子张文会等无力偿还，随后意图狡辩抵赖，却有这样的事实。然而，要求减低本息，尽可以商量，怎么能够饰词图赖？令再次将纠纷交由你们族众按理处置催讨，不要多次起诉导致累讼。将借单粘贴批词后面发还给当事人。

何嘉源禀请销案批

【原文】

同室操戈，非家之祸。现据该举人曲为调处，并肯捐银代偿，具见重伦睦族，尚义可嘉。何道立等既皆知过悔罪，遵处愿息，姑宽免其深究，准即将案注销。如敢再行滋事翻控，着仍捆送到案究办。处约及遵依二纸均附。

【译文】

同室操戈，是导致家族不和的祸害。现据该举人曲为调处，并肯捐银代偿，具见重视伦理和睦族群，崇尚道义可以嘉奖。何道立等人既然全部知道过错并且悔罪，遵守调处协议，愿意平息纷争，姑且宽免其责任，不予深究，准许将案件注销。如果胆敢再行滋事翻控，着令仍然将其捆送到案，追究责任。调处协议及遵依二份纸张同附在批词后面。

陈湘有控争陂水工头批

【原文】

田间陂水，系天地自然之利。耕田者首重沟洫，自能筑塞引灌。该陂岂尔一人所专，何用尔当工头，霸为己利耶？尔蒙族内父兄所推，始于何年月日，有无禀县案据。如果向有章程，各田正资陂水灌溉，岂有陆勋乐等独不肯交工谷，反赴架捏之理。陈大纬等既已无涉，杨亦侃又何以舍尔讨谷之人不控，而反控彼旁人耶？

现据陆宜华亦以陈大纬等新设私抽伊田，又以陂水远隔，灌溉不到，被陈大纬等藉抢谷石等情赴案。可见亦不仅杨亦侃一人被扰，显系把持结党，鱼肉乡愚。候开檄行沙村司确查禀覆,一面由县差拘集讯究断。

【译文】

　　田间沟渠水源,系天地自然之利。耕田者首先重视沟渠,自然能够筑塞引水灌溉。该沟渠岂是你一人专有,何用你来当工头,霸占为自己的独利呢?你承蒙族内父兄的推举,发生在什么年月日,有没有禀告县府立案给据。如果一直以来存有章程,各家农田正需要沟渠水源来灌溉,哪里有陆勋乐等人独独因为不肯缴交工谷,反而向官府捏造事实来起诉你的道理?陈大纬等人既已没有关系,杨亦侃又为什么不控告你这个讨谷之人,反而控告其他旁人呢?

　　现据陆宜华亦以陈大纬等人新设私下抽取你田间水源,又以沟渠水源远隔,灌溉不到,被陈大纬等借此抢谷石等事情向官府起诉。可见亦不仅仅杨亦侃一人被骚扰,显然系你把持结党,鱼肉乡愚。先等候开出檄文由沙村司员确查后禀复,一方面由县府派差役拘集当事人来讯问审理,追究责任。

事主钟瑞祥代匪求释批

【原文】

　　查陈翰忠一经到案,不烦刑求,即据供认伙抢尔艇不讳;供开伙党陈有存,亦经获案认供;且差役查复,衿耆禀详,均称其屡次劫抢属实。人既同声共指,自亦直认无辞,供证确凿,尚谓其非正贼,其谁信之?该犯迭经其母陈梁氏,及族老陈先施等,联名禀保,可见其善于贿弄。现禀竟以事主出名乞保,尤出情理之外。若非冒名捏递,即系贿嘱私和。

　　本县除暴安良,至详且慎,是非虚实,自有权衡,岂容尔为事主者起灭自由,妄行干与耶。特饬。结领掷还。

【译文】

　　经查陈翰忠一到案,还没有用刑求证,立即对伙同他人抢劫你的船只供认不讳;供出同伙陈有存,已经捉拿归案后认供;并且派遣衙役进行查复,村中族衿耆老详细回禀,均称他屡次劫抢的情况属实。人证既然同声共指,他自己亦直认无辞，供述证据确凿，你尚说他并非正贼，有谁能够相信？该犯屡次经其母陈梁氏以及族老陈先施等人，联名禀告取保，可见他善于行贿愚弄。现在禀告的竟然是事主出名乞求保释，尤其出乎情理之外。若不是冒名捏告事实递交申请书，即系收受贿嘱私下和解。

本县除暴安良，审案谨慎详细，是非虚实，自有权衡，岂容你作为事主者而任意地起诉和撤案，妄图干预案件。特饬。请求结案领人的申请掷还。

黄杰胜批

【原文】

尔与雷亚桂既不相识，仇从何来？既非挟仇，岂有平空扳害①之理。且雷亚桂知尔又名亚效，且知尔逃后行医。如果素不相知，渠又安能知尔如此详细，并据供称尔曾贿嘱伊不可供出尔名。尔果自问无他，且又不识其人，又何以知其将欲供扳预向行贿耶？可见尔立意狡赖，百般贿弄，务为求脱之计。讵知情词支饰，欲盖弥彰，虽具神通，其能逃本县洞鉴耶？仍候覆提研讯核究，多渎无益。

【注释】

①扳害：攀诬陷害。

【译文】

你既然与雷亚桂不相识，仇怨从哪里结来？既非挟带仇怨，岂有凭空陷害你的道理？况且雷亚桂知道你又名亚效，并且知道你脱逃之后行医。如果与你素不相识，他又怎么能够知道你如此详细的情况，并据其供称，你曾经行贿叮嘱他不要供出你的名字。你果然自问没有犯罪事实，并且又不识其人，又为什么知道他将欲供出事实而预先向他行贿呢？可见你立意狡赖，百般贿弄，做为求脱之计。怎知情词支饰，欲盖弥彰，虽具神通，还能逃出本县洞鉴吗？仍候再次提审，研讯之后核查追究，再多狡辩也无益。

李廷官呈求免缴捐银批

【原文】

该职①被人诈索数千金,结讼数十年。经本县察出虚诬,一堂讯结,并将诬控之人严行究治。惟饬该职兄弟共捐银一百两,以为育婴堂之需。乃竟鐡偍②年馀,叠次饬催,始据缴银六十两,犹复藉端请免,亦可谓绝无人心者矣。着即遵照缴清,切勿再图延宕也。特饬。

【注释】

①该职:这个当事人。此处用"职"字,表示当事人是具有一定身份的人。如果属于平民,一般用"尔"字。

②鐡偍:鐡(xiān),同"纤",吝啬。偍(tǐ),停止。

【译文】

这个当事人被人诈骗索取数千金银,结案已有数十年了。经过本县察出案情是伪造诬陷,一次开庭就审结,并将诬陷控告之人严厉追究责任。只是饬令这个人兄弟两人共捐献一百两银,作为育婴堂的使用经费。但是经过一年多时间还没有捐出,多次催促后才缴交六十两银,还多次编织理由请求免除,亦可谓完全是没有人心的人了。着令遵照缴清捐款,切勿再企图拖延。特饬。

冯应麟等代邓亚蒲求请摘释批

【原文】

昨据傅叶华禀称伊等被掳关禁,直至十一月初十日经香山官兵攻破贼薮,始得逃回赴报,则十月初旬伊等尚被贼禁,安能来村吓诈?且据赴禀时验得傅基郁身受多伤,亦不似捏劫妄报。查尔岭头邓姓,近来贼盗甚多,几于无案不据事主控开,亦无贼不于获案供开,迭经谕饬购交,亦未见有一名送到,谓无包庇,其谁信之?即邓亚辰一名,该族衿等既早知其多行不义,何以不捆送究办,期早除害?即使其逃走不能捆送,亦应呈请差拿,何仅革胙逐出,不许归宗,不图除之而反纵之,不益驱促其出外为盗耶?涓涓不壅,流为江河。今果肆扰海面,贻害地方。溯厥祸源,伊谁之咎?况该族衿等当日并未呈究存案,则所称革逐等情,亦不足信。即此一端,足见庇纵养息,尚能称攻匪保良一秉至公耶?

攻匪既属虚词,则保良亦显非真实。况邓亚蒲等既被控开,虚实集讯方明,亦不能仅凭一面之词,遽予摘释。速着邓亚蒲赴案质讯,一面仍赶紧加悬重赏,购拿邓亚辰等,务获送究。毋得藉微小花红,妄请摘除,共期脱身事外也。特饬。二结俱发还。

【译文】

昨天据傅叶华禀报声称他们被掳掠关禁,直至十一月初十日,经香山官兵攻破贼巢,才得以逃回赴官府报案,则十月上旬他们尚被贼匪监禁,怎么能够来村恐吓勒索?并且据赴禀时验得傅基郁身体多处受伤,亦不似捏造受劫掠妄意禀报。查得你们岭头邓姓,近来贼盗很多,几乎没有案件不是根据事主的控告进行立案,亦没有哪个贼匪不在抓获归案后供认,多次谕令悬赏缉拿,亦未见有一名贼匪送到官府,说是没有包庇,谁能够相信?假使只有即邓亚辰一名,该族衿等既然早知他多行不义,为什么不将他捆送官府究办,希望早日除害?即使他逃走不能捆送,亦应向官府呈请派遣官差去捉拿,为什么只是将他革出宗族,不许他归宗,不想清除他反而放纵他,不是更加驱促他出外为盗吗?漏水不进行堵塞,可以流为江河。现在果然肆意骚扰海面,贻害地方。追溯这些祸源,应该追究谁的责任?况且该族衿等当日并未向官府报告立案,则所称革逐等情况,亦不足令人相信。即此一端,足见包庇放纵姑息,尚能称攻打贼匪保护良民一秉至公吗?

攻打贼匪既属虚词,则保护良民亦显然并非真实。况且邓亚蒲等人既被控告立案,案情的虚实需要集齐当事人审讯才可以查明,亦不能仅凭一面之词,立即给予保释。赶紧着令邓亚蒲前来应诉接受质讯,一面仍然赶紧加悬重赏,购拿邓亚辰等人,务使捉获送官追究。不得凭借微小的花红,妄图请求摘除控告,共期脱身于事外。特饬。两份申请书全部发还。

莫嗣茂控弟借去字画私押花销批

【原文】

莫嗣协既系尔之堂弟，所借仅系字画，尽可徐向讨还；即使已被当押，而字画押钱，能有几何？尔为兄者，亦当念在手足，自行赎还。朋友尚可通财，况在兄弟；车裘尚可共敝，况在字画。何乃罔念亲情，遽行控官究治？钱物重而伦谊轻，抑何其天性若是之薄耶？毁既无伤，辱亦无据，所称赌花不肖，亦无确实凭证。即或有之，亦可投知族长诫责，无遽兴讼。词掷还。

【译文】

莫嗣协既然是你的堂弟，所借的仅仅是字画，尽可以慢慢向他讨还。即使字画已经被当押，而字画押钱，能值多少钱？你作为兄长的，亦当念在手足，自行赎还。朋友尚且可以通财，况且还是兄弟；车辆和贵重衣服尚且可以共同使用，况且还只是字画。你为什么不念亲情，急着向官府起诉追究堂弟的责任？看重钱物而轻视伦谊，是不是你的天性就是薄情呢？诋毁并没有造成伤害，受辱也是没有证据，你所说的堂弟当押字画用于赌资实属不肖，亦没有确实凭证。即使所说属实，亦可直接请求族长进行诫责，不要急忙提起诉讼。状词掷还给你。

莫昌畴呈诉伊子与叔争殴各情批

【原文】

事因尔子朝盛兜吞祖尝而起，为之父者，总当教以义方，严行诫责，以正叔侄名分，复全兄弟恩情，方为正理。即使叔有不公，亦当妥为劝处，总不当纵子行凶、以侄殴叔也。即参府①移复，亦称叔侄尊卑攸分，何得有口角之嫌？因饬左营稍为惩责。可见名义所存，不容稍有干犯。乃尔不念原鸰之急难②，徒效老牛之舐犊，遂使兄弟寻斧、叔侄操戈，是朝盛之子不子，实由尔之父不父也。现竟骨肉而成仇，以例得容隐之亲属，反相攻讦，发其隐私，天理奚存？人伦大变，断斯狱者，亦窃愧教化之未孚矣。均候饬令缴照查验，一面勒集确讯究断。尔即携子投质，毋徒饰延。抄附。

【注释】

①参府：来到官府。参，进见。

②《诗·小雅·常棣》："脊令在原，兄弟急难。"孔颖达疏："脊令者，当居于水，今乃在于高原之上，失其常处，以喻人当居平安之世，今在于急难之中，亦失常处也……以喻兄弟既在急难而相救。"脊令，即鹡鸰，水鸟名。后以"原鸰"喻兄弟友爱，急难相助。

【译文】

纠纷因你的儿子朝盛兜吞祖尝而发生，你是他的父亲，应当教导他懂得道义，严行诚责，以正叔侄的名分，保全兄弟的恩情，才是正理。即使叔叔有不公的地方，亦应当妥善地劝处，不应当放纵儿子行凶、侄子殴打叔叔。即使来到官府所作的供述，亦称叔侄尊卑有分别，何得发生口角之嫌？因此饬令左营兵稍稍做出一些惩罚。可见名义所存，不容稍有冒犯。都是你不念兄弟困难，却徒效老牛舐犊之情，遂使兄弟寻斧、叔侄操戈，表面是朝盛作为儿子的不像儿子的样，实质上是你作为父亲的不像父亲的样。现在竟然导致骨肉相仇，根据法律规定亲属应该实行容隐制度，你们却反而相互攻讦，揭发隐私，哪里还有天理？人伦大变，我审断本案，亦暗中惭愧没有取得教化的成效。全部当事人均等候本县饬令缴照查验，一面勒令当事人全部到庭确讯究断。你即刻带犯子来投案，不得以不实案情来拖延。将本批附文书抄送当事人。

梁综席呈保梁礼和并未为匪系被诬供批

【原文】

梁礼和已被梁亚灵供系劫谷正贼，后虽听唆翻供，称系癫狂混认。然查其供吐一切情节，井井有条，而且在押多时，亦未见其有疯癫形状。况疯癫之态，并不自知其为疯癫，即有谓其疯癫者，彼且不服，间亦有时自知其为疯癫者，亦必讳饰不遑，安有自肯认为疯癫之理？其为事后翻异，尚复何疑？且查其水手谭新有，现据其族袊谭嵘等联证系著名洋匪，即梁亚灵先亦供为同伙，益见前供非谬。至邹经邦供开情节，似觉可疑，应即确切访查，分别辨理。本县慎刑恤狱，除害安良，凡事一秉大公，以期无枉无纵。案经备移香山及谕饬公约切实查复，应候复到核办，毋许频渎。

【译文】

梁礼和已经被梁亚灵供出是抢劫粮谷的正贼，后来虽然偏听教唆翻供，称自己是癫狂状态下混认。然而查实他所供吐的一切情节，井井有条，而且在押多时，亦未见他有疯癫形状。况且疯癫之态，并不能自知是疯癫。即使有被称为疯癫的人，他并不认为自己是疯癫。间亦有时自知自己是疯癫者，亦必然忌讳掩饰不让其他人知道，哪里有人自肯承认是疯癫的道理？梁亚灵是事后翻供，还有什么可以怀疑的呢？并且，现据他的族衿谭嵘等人共同证明，查明他的水手谭新有系著名洋匪，梁亚灵先前也供认为同伙，更加证明他之前的供认没有错误。至于邹经邦供述的情节，似觉可疑，应该立即确切访查，分别辨认处理。本县慎刑恤狱，除害安良，凡事秉公办理，希望做到无枉无纵。案经备移香山县府，以及发文饬令公约进行切实调查回复，应等候回复到来且核查处理，不准许频繁地胡乱申请。

陈梁氏独子犯案呈求留养批

【原文】

强盗例无留养①之文，氏男即系单传，亦难妄冀宽宥。本县虽具不忍之心，然止施于良民，不能施于强盗。忍于强盗，正所以不忍于良民也。倘纵氏男，势必贻害良民。保良民又焉能顾得该氏耶？所请万无准理，保领仍掷还。

【注释】

①对亲老丁单的死犯、流放犯，有留下养亲的宽缓条例，称留养。清代袁枚《随园随笔·原始》："留养始于北魏太和十二年诏：罪人父母年老更无成人，又无期亲者，仰案后列，奏以待报。"

【译文】

　　对强盗而言，法律上没有可以留养的条文，该男犯即使是单传，亦难妄想得到宽宥。本县虽然具有不忍之心，然而留养只是实施于良民，不能实施于强盗。对强盗忍心，正是因为不忍心良民受到伤害。倘若放纵该男犯留养，势必危害良民。为了保护良民又怎能顾得上该男犯呢？所请万无准许的道理，保释领回的申请仍然掷还。

李乾元等批

【原文】

　　绅士设局以自护桑梓，立法虽不可不严，行法究不当专擅。李贤安等如果违例私割，不遵抽派，自应据情禀县拘究。即使将其扣留，亦应解县讯办，何得擅留擅放，致滋众人藉口。但该约设已有年，自必向有定章，何以往年相安，今年忽然滋事？究竟龙泉乡是否向不遵抽，抑系往年遵抽，而今年独敢抗违？该乡应抽银两若干，均着另呈详晰禀复核夺，并着坐舱之陈真龙赴案质讯，并照前批遵依办理，毋得遽请註销。余批吴兆光等词内。

【译文】

　　绅士设立公局是用来自护家乡，制定法律虽然不可以不严，但是执行法律不应当专擅。李贤安等人如果违反法律私自收割，不缴交派定的税收，自应根据实情禀告县府来拘押追究。即使将他们扣留，亦应当将他们押解县府来审讯办理，为何能够擅自扣留、擅自释放，导致众人产生借口？但是该公约已经设立多年，向来定有定章，为什么以往几年能够相安无事，今年忽然发生事端？究竟龙泉乡是否向来不按规定缴纳税收，还是往年按规定缴纳税收，而独独今年胆敢抗违不缴纳？该乡应该抽提多少银两，均着令另外呈文详细叙述清楚，然后禀复由官府核夺，并着令坐舱之陈真龙来官府赴案接受质讯，并按照前批遵依办理，不得遽然申请注销。其余批文在吴兆光等判词内。

西南书院李赓韶等控东南公约种种妄为批

【原文】

据禀东南公约聚众殃民，私抽肥己，倚财倚势，无法无天，并敢抢夺横行，诛求无已；楼船旗帜，炮械戈矛，锁链朗当，囹圄罗列，非刑拷掠，任意羁囚，势夺官兵，行同盗寇；居奇勒赎，靡不伤心，押毙抛尸，莫之敢指。即如日来迭次掳抢龙泉乡内禾船，并将佃人李贤安、刘学儒等幽囚酷打，冤惨弥天，迹其两次所为，已觉不胜发指。论人则共掳去佃户五十二名之众，计赎则共劫去租谷三百余石之多。初次已诈赎价一十四金，两回共夺禾船一十八只。种种罪恶，有若山崇；汹汹群言，直如潮涌。亟求严究，痛惩凶横。披阅之余，不禁惶骇，且骇且叹，且叹且忧，忧不能胜，积而成怒，怒无可解，变而自惭。夫至于惭，而此心已不堪自问矣；抑至于惭，而此心转不能无疑矣。何则？乡约之设，自古维昭；公局之称，于今为烈。滋之公约，其殆举乡约之制，公局之名，而一以贯之者耳。第凡事当顾名而思义，吾人当覈实以循名。名曰"公"则不容稍杂以"私"，名曰"约"则不敢偶邻于肆。此故愚夫愚妇所皆共识共知者也。何况三乡之内，万窎（zhào）之繁，诗礼相传，簪缨勿替，富冠通县，贵胜他乡，并非化外之顽民，亦是此间之望族，又何至衣冠盗跖，自干名教之防，桑梓仇雠，好作乡邻之斗，竟有如该绅等所言之至于如此其惨且酷者耶？天下岂有富贵之乡，科名之士，夙擅急公之誉，转为济恶之谋，不畏天诛，不知国法，不妨后患，不恤人言，而竟肯于为此、忍于为此、敢于为此、甘于为此者耶？此本县之所为不能无疑者也。

然细阅词内情节，又非尽属子虚，不唯使人不能疑，而并使人以不能不信。观其指陈一切，固皆侃侃而谈，而其论说诸端，又皆凿凿有据。且以东南二字，辨析尤明，竟至无可置喙。盖该处地居东北，界划昭然，东则不能兼乎西，南亦不能统于北，此固其大较然也。况既有东北一局，又有西南一局，彼此对峙，各不相蒙，东北之不能牵涉西南，亦犹西南之不能牵涉东北。今若于东北之外，更号东南，不将于西南之外，复称西北耶？况该约亦不过东北方之一隅耳。东北两字，尚不得专，何有于南？该绅等谓其东南之名，两无所据，诚为不谬。

且本县于派收京米时，原止设立本城东北西南三大总局，以专责成，并无所谓东南之说也。且抽厘之沙田，现经停止，而抽厘之公局，亦饬撤除。

西南既已照裁，东北何仍旧观。只以该约绅等于谕饬停止以后，忽据禀称外海、潮连、荷塘三乡，向归该约办理，所有派抽田亩，收缴俱有向章。若令归入东南，可以不劳而理。且三乡人士，亦皆愿缴入东南，而不愿缴归东北。良田彼此相习，可期迅速有成，请将三乡应缴银两，仍归东南公约催收，无庸归入东北。而该约亦只专收三乡银两，不能带管别乡。维时东北局绅，亦称不愿兼管三乡，呈请另谕三乡自行分办各等语。

本县只求有裨公事，比经批饬准行。然亦断不料事变之乘，竟有如今日该绅等所言之至于如此之惨且酷者也。今虽所言如此，而本县究觉不能无疑，盖以其事迹已昭，所说自非全假，而形容太甚，所禀亦未免过情。试思三乡之中，不乏读书明理之士，纵使愚顽无识，或敢恃众横行，而一二稍知大体者流，应必力为禁阻，岂肯倡为匪类，抢掠凶横，私设官刑，掳禁拷打，以性命为儿戏，视王章如弁髦，自取败亡？至于此极，大约总因捕费之说，苛派太多。凡属乡愚，久滋怨讟，而隶在西南者，又复抗缴不遵，以至彼此忿争，辄即捉至该约，以冀恩威并用，或可悔悟曲从。乡曲无知，以为掳捉私刑，俨若土司行径，所以群情不服，众论哗然。今则刘学储等既已自行呈控到官，已饬查传讯在案，是非曲直，庭讯自明。该绅等可以毋庸代诉不平，致滋转折。唯所称各守各业一语，自是此案真诠。盖该约只辖三乡，岂能总司一县？且其六月初旬所禀，亦云只管三乡，此外皆难兼顾。则是该约之设，只求专管三乡。今即以东北方之相近者，勉强添益别乡，伊亦不愿兼顾，又安有肯越俎代庖，管及西南之田之理？且护沙之说，各乡皆有巡船，该三乡沃壤颇多，尤应事同一律。今若概为裁撤，未免守御无资，唯既只管三乡，自不应仍袭东南字样。应如该绅所请，饬将东南公约，改称三乡公约；其从前颁给该约戳记图章等件，着即缴销换发。即本城西南沙田厘局，有无应缴之件，亦即查照缴销，以昭划一。现当度支竭蹶之时，该绅等务宜激发天良，和衷共济，切勿各存意见，彼此相倾，是为至要。

再昨复奉各大宪两次委员前来，守催县中未完之京米，勒限一月解清，如延即行参究。该绅等着即知会各局，赶于初十日以内，凑足一万两正，刻期汇缴和胜银号，以凭批解。其余之一万六千两，并着设法严催，限于月内扫数缴清，毋稍违延，致干详究。此系上关天庾，赏罚严明，非若寻常本省捐输，尚可稍为宽假。唯恐乡民狃于积习，以为可缓些时，及至骤尔严追，势必株连不少。本县职司民牧，何忍不教而诛？虽经论谕饬再三，犹恐未能遍晓，特于该绅批末剀切言之，庶几彼此传催，争先缴纳，不致误罹法网，以无负本县为国为民之一片苦心也夫。

【译文】

据禀报，东南公局，聚众殃民，私抽肥己，倚财倚势，无法无天，并敢抢夺横行，诛求不停；楼船旗帜，炮械戈矛，锁链朗当，监狱罗列，非法拷掠，任意羁囚，气势夺过官兵，行为等同盗寇；居奇勒索赎金，乡民无不伤心，扣押毙命抛尸，无人胆敢指证。例如，近日来多次掳抢龙泉乡内的禾船，并将佃人李贤安、刘学儒等幽囚酷打，冤惨满天，根据这两次的所作所为，已觉得令人发指。从人数方面来说，一共掳去佃户五十二名之多，计算赎金则共劫去租谷三百余石之多。第一次已经诈赎价值一十四金，两回抢夺禾船共计一十八只。种种罪恶，堆积如山；汹汹群言，直如潮涌。紧急请求严究，痛惩横行凶手。披阅之余，我不禁惶骇，且骇且叹，且叹且忧，忧不能胜，积而成怒，怒无可解，变而自惭。为什么自惭，因为此心已经不堪自问了；为什么至于惭，此心转而不能无疑问了。为什么？乡约的设立，自古都说得明明白白；公局的称呼，就如今而言更加广泛。依照公约制定执行乡约的制度，即取名公局，向来如此。但是无论什么事情都应当看到其名而思其本质，我们应当根据实质来沿袭名称。名称"公"则不容许稍夹杂以"私"，名称"约"则不敢在邻里间肆意妄为。这些即使是愚笨的村夫民妇都知道的常识。何况三乡之内，人口繁多，诗礼相传，富贵人家联延不断，富在全县第一，贵胜他乡，并不是化外顽民，都是此间的望族，又何至于斯文人变成盗贼，冒犯名教，导致同乡仇恨，好与乡邻作斗，竟然真的有如该乡绅等人所说的如此惨酷的人吗？天下怎么有富贵之乡、科名之士，日夜追求公益名誉，转而去做济恶阴谋，不畏天诛，不知国法，不妨后患，不恤人言，而竟然肯于为此、忍于为此、敢于为此、甘于为此的行为呢？这是本县所以不能不怀疑的。

然细阅呈词所述情节，又不是全部属于捏造，不能使人不怀疑，并且使人不能不相信。观其指陈一切，固然皆空泛而谈，而其论说各个方面，又皆凿凿有据。且以东南二字，辨析尤明，竟至无可置喙。该处地方位于东北，界线明显，东则不能兼乎西，南亦不能统辖于北，此固其面积大所以如此。况既有东北一局，又有西南一局，彼此对峙，各不相蒙，东北之不能牵涉西南，亦如西南之不能牵涉东北。现在如果在东北之外，更号东南，不是将在西南之外，复称为西北吗？况该公约亦不过处于东北方的一个小地方。东北两字，尚不得专用，为什么有"南"字？该处乡绅等人自称东南的名字，两方面都没有依据，这是不错的。

  本县在委派收取京粮时，原本只设立本城、东北、西南三大总局，专门负责，并没有所谓东南的说法。且抽取厘金的沙田，现在已经停止，而抽取厘金的公局，亦饬令撤除。西南既然已经按照规定裁撤，东北为什么还按照老办法？只是该公约乡绅等人在命令停止以后，忽然禀报称，外海、潮连、荷塘三乡，向来归该公约管理，所有派抽田亩，收缴都有成规。若令它们归入东南，可以不劳而得到管理。并且三乡人士，亦皆愿意缴入东南，而不愿意缴归东北。这些地方的良田彼此相沿，可期迅速有收成，请将三乡应缴纳的银两，仍归东南公约催收，不需要归入东北公约。而该公约亦只专门负责收取三乡的银两，不能顺带管理别乡。当时东北局绅，亦声称不愿意兼管三乡，呈请另外谕令三乡自行分办等报告。

  本县只求对公事有好处，因此发文批准按此执行。然而，不料事情变化很快，竟然有如今日该乡绅等人所言的如此惨酷的境地。现在虽然他们所说的如此，而本县终究觉得不能不怀疑，因为根据这些明确的事迹，他们所说自然并非全假，但是形容太过，所禀报的事情亦未免过分矫情。试想在三乡之中，不乏读书明理的人士，纵使那些无知的愚顽，或者胆敢恃众横行，而一二稍知大体的人，自应大力进行禁阻，怎么肯帮助这些匪类抢掠凶横，私设官刑，掳禁拷打，以性命为儿戏，藐视王法，自取败亡呢？至于从控告一方而言，大约总因捕费的说法，苛刻派收太多。凡属愚昧乡民，长久积累埋怨，而被西南管理的人，又不遵守乡约不缴纳税收，导致双方发生忿争，动辄就将抗缴之人捉至该公约，冀望恩威并用，使他们悔悟后顺从。乡民无知，以为公约将他们掳捉并动用私刑，俨然像土司的行径，所以群情不服，众人议论纷纷。如今，刘学储等人既已自行呈控到官，已饬令调查传讯在案，是非曲直，开庭审讯后自明。该乡绅等人可以不要出于不平进行代诉，产生转折。唯所说的各守各业一语，自是本案的真实意思表示。该乡约只管辖三乡，怎么能总管一县？且它在六月初旬禀报，亦说只管辖三乡，此外的地方皆难以兼顾。那么设立该乡约，只求专门管辖三乡。今即与东北方相近的地方，勉强添附在别乡管辖，它亦不愿兼顾，又怎么肯越俎代庖，管及西南之田的道理？至于护沙的说法，各乡都有巡逻船，该三乡很多肥沃土壤，尤其应该一律行事。现在如果一概予以裁撤，未免没有资费进行守御，然而只是管辖三乡，自不应该仍旧沿袭东南的字样。应如该乡绅的申请，饬令将东南公约，改名为三乡公约；从前颁给该公约的戳记图章等物件，着令即刻缴销换发。即使是本城、西南、沙田厘局，有没有应缴销的物件，亦照此即查缴销，以说明划一行事。现在正是开支费用紧缺的时候，该乡绅等人务宜激发天良，和衷共济，切勿各存意见，彼此相互倾轧，这是最为重要的事情。

另外，昨日接到各大宪两次委派人员前来，监督催促本县还没有收完的京粮，勒令在一个月的期限内完成，如果延期立即进行参本追究。该乡绅等人立即知会各个公局，赶在本月初十日以内，凑足一万两银，赶在期限内缴交到和胜银号，作为批解的凭证。其余的一万六千两银，并着令设法加紧催收，限于一个月内如数缴清，不得稍为违反和拖延，导致被追究责任。此事关系到朝廷，赏罚严明，不像本省的寻常捐输，尚可以稍为宽免期限。唯恐乡民因袭积习，以为可以宽缓时间，等到骤然间严格追究，势必株连不少人。本县作为管理者，怎么忍心不教而诛呢？虽经再三的议论告示，犹恐不能让大家知晓，特在该乡绅的批文的末尾恳切告知，让大家彼此传催，争先缴纳，不致触犯法网，这样才不负本县为国为民的一片苦心。

东南公约绅士李乾元与李赓韶等互控抽收捕费续禀批

【原文】

该绅等设约以护沙，置船以捕盗，意本甚美，法亦云良。当此贼匪之横行，谁则甘以粮齐盗，则此巡防之是赖，又奚吝集费于绅？此即百世遵行，亦当众心协服，何以陈任初试甫一年而即停。即后帖任踵行，亦累月而尠效，理殊莫解，事果奚为？乃昨阅李赓韶等之联呈，尤深骇该约绅等之已甚。言固未足以尽信，事岂悉出于无因。

夫抢夺肆横，贼盗之行；掳捉勒赎，强暴之尤。所贵绅矜，原赖保良而攻匪，何期乡约，乃反假公以济私，卫民而更以害民，御暴而转以为暴，乡民恣其鱼肉，王法等诸弁髦①。世事难知，原有此桀骜不驯之辈，典刑具在，亦何敢肆横无忌如斯！本县乍闻之而甚惊，继思之而甚惑。盖据彼所禀者，皆西南之绅耆也，或登贤书，或列庠序，既皆读书明理，讵无公道之存？又非挟怨怀仇，岂尽私心是用，何至嘘成蜃市，居然聚若蚊雷，曾有诗礼彬彬，而敢于诬妄若此者乎？则固似乎可信，然据此所诉者又即皆东南之绅耆也，或世书香，或称华胄，素著急公好义，应凛名教之防，况皆席厚履丰，岂竟人言不恤，何至蝇营狗苟，甚于狐假虎威，曾有衣冠楚楚而敢于污劣如此者乎？则又似乎可疑，大抵传述多讹，每至变本加厉。在尔等固非无率意径行之处，在伊等亦难免过情溢实之词。要知近海可虞，故多乡约船之防护。远乡难恃，故又推捕费之徒抽，所以龙泉每敢抗违，遂至该约屡思惩创，扣其谷以补费，非敢抢也，而形似乎抢矣；拘其人以示惩，非敢掳也，而迹近于掳矣。且拘其人则留候所不免，而图圄之说以来；拘其人则责问有必加，而私刑之说以起。言者既就事论事，听者复人云亦云，毁有由来，禀何足怪？

然该约亦难辞其咎，各绅曾未之细思，约务虽分理于该绅，民事仍应禀诸本县。龙泉如应缴而不缴，究罚亦行其所当行，但当禀断于官，不应擅捉于己。况事当量为区别，费亦难概以抽收。远乡多藉口于自有沙船，不能得力于该约之巡缉。如果沙船自己出费，何堪该约再行派银？须知农力几何，岂能捕费重出。如必藉看守所到，遂谓当科派以资，则江门亦赖屏藩，并当按铺照派，邑城咸资捍卫，又何不计户均抽耶？

度势揆时，准情酌理，欲商弥争之策，以垂经久之方，莫如各看各田、自耕自守。固不能因别乡之挠阻，而轻废三乡之良规；亦不得藉三乡之巡防，而混抽别乡之资费。循名核实，应去其东南之称，因地制宜，即改为三乡之号。图章戳记，应速缴销；旗帜灯笼，并为改换。

李赓韶等公禀，业已缕晰详批。刘学儒等控情，仍着明白禀复。本县大公无我，一意保民，同此指臂是资，何分左右而偏袒？唯推腹心相待，止求协济以和衷。该绅等亦当共谅予怀，毋执己见，务持大局，保桑梓以卫闾阎，勿拘微嫌，分朋党而树门户。各宜遵照，尚其勉旃。

【译文】

该乡绅等人设立公约用来护沙，购置船只用来捕盗，目的原本很好，从法律上讲也很好。当前社会贼匪横行，有谁甘心钱粮被盗贼抢夺，那么要依靠巡防，又何必吝惜向这些乡绅缴交费用？如果百世依此遵行，那么众人心悦诚服，为何陈任刚试行一年就立即停止？即后县府派帖委任的人员相继任职，长时间收效甚微。依理说令人很难理解，为什么会发生这种结果？昨日阅读李赓韶等人的联名呈报，尤其为该公约乡绅等人的行为深深感到骇异。呈报所言固然不足以全部相信，但是事情难道全出于无因吗？

抢夺肆意横行，是贼盗的行为；掳捉勒索赎金，是强暴的作为。人们对绅衿的尊重，原本是依赖他们保良而攻匪，不料这些乡约反而假公济私，卫民变成了害民，御暴转变成施暴，恣意鱼肉乡民，不遵守王法。世事难知，原来真的有这样桀骜不驯的人，典刑具在，为何胆敢像这样肆意横行无忌？本县起初听到后很是惊讶，继而思之又十分迷惑。照票报申请的人员来看，他们都是西南的乡绅耆老，或是有名望的人，或是读书人，既然都是读书明理的人，怎能没有公道存在？又不是挟怀怨仇，怎么能尽意施行私心？为何竟至于嚣成蜃市，居然聚若蚊雷，曾有诗礼彬彬，有谁胆敢如此诬告？然则，这些禀报似乎可信，但是据禀报所诉的人又都是东南的乡绅耆老，或是书香世家，或是富贵人家，向来以急公好义著称，严格遵守名教，况且都是家底殷实的人，难道他们真的不顾人言，做出如此蝇营狗苟，甚至于狐假虎威的行为？曾是衣冠楚楚有名望的人，胆敢做出如此污劣的行径？然则，这些禀报又似乎可疑，大抵都是以讹传讹，导致变本加厉，添油加醋。对你们来说，固然不是任意做出这些禀报，对他们来说，却是与实情不符的言辞。要知道近海多危险，故而多设立乡约的船只进行防护。远处的乡约既难以依靠，又白白地缴交了捕费，所以龙泉这个地方每每胆敢抗违，遂导致该乡约屡次想对它进行惩戒，扣押它的粮谷用来补交捕费，并非是胆敢去抢夺，但是形式上很像抢夺。拘押它的人员以示惩戒，并非胆敢掳掠，但是形迹近似于掳掠。并且，拘押其人则不免将其留候，这就是监狱说法的由来。拘押其人则必然加以责问，这就是动用私刑说法的由来。讲话的人既是就事论事，听话的人又人云亦云，诋毁因此产生，如此禀报又何足怪呢。

然而，该乡约亦难辞其咎，各乡绅未曾仔细考虑，约务虽然由该乡绅等人掌管，民众事务仍应当向本县禀告。龙泉如果应缴捕费而不缴交，对它没有履行义务予以处罚，但应当禀报官府来处断，不应擅自捉人。况且，应该区分不同情况，捕费也很难一概抽收。远方的乡多以自有沙船为借口，不能得到该乡约巡缉的保护。如果沙船是自己出费，为何需要该乡约再行收取银两？须知农力已经出了不少钱，又怎能再为捕费重复支出。如果必须依靠看守去守护，遂谓应当科派费用，则江门亦需要屏藩，并应当按铺分摊，邑城全部出资来捍卫，又为什么不以户口计算，却按每人平均抽取呢？

审时度势，准情酌理，欲达成消除纷争之策，实行长久经营的方法，不如各自守护各自的田地，自耕自守。固然不能因其他乡的阻挠，而轻易废除三乡的良规；亦不得借三乡的巡防，而混抽其他乡的资费。循名核实，应除去"东南"名称，因地制宜，改为"三乡"的称号。图章戳记等物件，应速缴销；旗帜灯笼，全部更改。

李赓韶等公禀，业已缕晰详细批示。刘学儒等控告情况，仍着令明白禀复。本县大公无私，一意保民，大家都是同一只手臂，如何分左右偏袒？唯有推心致腹地对待，齐心协力，和衷共济。该乡绅等人亦当共同体谅我的心怀，毋执己见，务持大局，保卫家乡，不要发生内部矛盾，分党派而树门户。各宜遵照，希望大家努力执行。

谢深仁等争产批

【原文】

查阅所开田基亦属无多产业，多一人分不加富，少一人分不加贫，何竟灭绝天伦，共相夺兹地亩？彼不知愧，我亦为羞。人生立地顶天，既已读书明理，自当超前轶后，以图创业成名，岂徒恃区区之遗赀，遂自甘碌碌以没世耶？况所争甚细，未必安饱终身，乃挟恨何深，竟至参商一室，本根罔庇；煎更急于燃萁，枝叶相缠，图竟难于滋蔓；手足自断，犹想家肥，面目奚存？冀凭官处，本县愧乏苏琼之治，早怀延寿之惭①，未能化导斯民，实耻剖断是狱。故尔不辞苦口，言之备极谆谆，何期欲得甘心，听者终为藐藐。既劝谕之不可，自执法以相从。候即悬示审期，分别彻讯究断。粘单附。

【注释】

①《北史·传八十六》载："（苏琼）除南清和太守。郡多盗贼，及琼至，奸盗止息……有百姓乙普明，兄弟争田，积年不断，各相援据，乃至百人。琼召普明兄弟，对众人谕之曰：'天下难得者兄弟，易求者田地，假令得田地，失兄弟，心何？'因而下泪。诸证人莫不洒泣。普明兄弟叩头乞外更思。分异十年，遂还同住。"

《汉书》载："民有昆弟相与讼田自言，延寿大伤之，曰：'幸得备位，为郡表率，不能宣明教化，至今民有骨肉争讼，既伤风化，重使贤长吏、啬夫、三老、孝弟受其耻，咎在冯翊，当先退。'是日……闭阁思过。……于是讼者宗族传相责让，此两昆弟深自悔……愿以田相移，终死不敢复争。"

【译文】

查阅所开挖的田基本来是不多的产业，多一人分不会增加财富，少一人分不会增加贫困，为什么竟然灭绝天伦，共相争夺这块地亩？你们不觉得惭愧，我亦为你们感到羞耻。人生顶天立地，既已读书明理，自当超前轶后，以图创业成名，岂徒依靠区区的遗产，遂自甘碌碌地过日子呢？况且所争的甚是细小，未必安饱终身，由此产生深深的仇恨，竟然导致一家兄弟如参商一样同处一室，做不到互相支持；兄弟相斗，如豆萁相煎，如枝叶相缠，导致家庭不能发展壮大。手足自相断绝，还想家庭肥润，还有何面目生存？你们希望由本官处理，本县自问没有苏琼断案的能力，但早就怀有像韩延寿断案一样的愧疚之心。我不能教化这些子民，实在为审理这个案件而感到羞耻。因此，本县不怕多次苦口相劝，谆谆的话语，只是希望你们甘心接受，但是你们都听不进去。既然劝谕不可行，自然采取法律措施。等候官府确定开庭日期，分别彻底讯问究断。将文书粘附在批词后面。

黎占元求释谢廷琛禀批

【原文】

骨肉自残，原人伦之大变。天下无不是之父母，世间最难得者弟兄。谢廷琛服习①诗书，列名庠序，岂尚不闻古人让产推田之义？得田而失兄弟，已属不可为人，况得田而失母心，尚成其为子乎。本案谢宋琦即使不弟而能得母心，即当顺母以让弟，岂可陷弟以伤母？乃谢廷琛不但不为弟忍，并敢显与母抗，致母已控其忤逆，犹不悔惧服罪，竟敢互讼公庭，与母为对。古称父子讼狱，原为亘古未有之事，不料母子竟狱，如今之灭性绝伦至于此极也。昔汉韩延寿行县至高陵，见有兄弟讼田者，辄引咎自责，闭阁思过。本县于此，愧恧实有甚焉。若不严为惩办，以正伦常，将何以彰名教而挽薄俗？该监生谊关至戚，虽不忍其母子伤残，拟为调停息事，但未据其母自行呈请，岂遽能轻予宽宥？据称尔姊已听劝无词，可见母心终属怜子，岂为子者尤不思所以痛自改悔，回感母心乎。但尔前与谢康衢等联禀，称系别人冒递，现禀是否系冒递，有无袒饰，自应亲赴讯明，方见真实。既据尔妻黎吕氏禀明病足不能赴案，即着尔妻代赴训明，听候示夺，毋延。保状发还。

【译文】

骨肉自残，原本就是人伦的大变故。天下没有不是的父母，世间最难得的是弟兄。谢廷琛熟习诗书，进入学校读书，怎么可能没有听说过古人兄弟让产推田的道义？取得田产而失掉兄弟，已经属于不可为人的情况，况且取得田而失掉母亲的欢心，还能够说得上是儿子吗？本案中谢宋琦即使不像弟弟的样子反而能够得到母亲的欢心，也应当礼让弟弟而顺从母亲，怎么能够陷害弟弟，伤害母亲的感情？但是，谢廷琛不但不忍让弟弟，还胆敢明显地对抗母亲，导致母亲控告他忤递之后，还不悔改服罪，竟然胆敢在公堂互相诉讼，与母亲作对。古称父子将狱，原为远古以来都未有过的事，不料母子竟然打官司，如今这样的灭性绝伦已经达到了极点。过去汉代的韩延寿在高陵县任职，见至兄弟因争田产诉讼，就引咎自责，闭阁思过。本县在此，实在感到十分惭愧。如果不严厉惩处办理，以正伦常，将来如何才能彰显名教，从而挽救日渐败坏的习俗呢？你与该监生有亲戚情谊，虽然不忍心他们母子伤残，拟为调停息事，但是没有收到其母亲自行呈请，怎能一下子就轻易给予宽宥？据称，你姐姐已经听从劝告，没有起诉之意了，可见母心终归是怜爱儿子的，那么作为儿子的为什么还不想痛自改悔，回报感动母心呢？但你此前与谢康衢等人联名禀告，又说是别人冒递，现在禀告是否又系冒递，有没有偏袒掩饰，自应亲自赴官府讯明，方能证实是否真实。既据你妻子黎吕氏禀明，你因足疾不能赴案，即着令你妻子代赴官府训明，听候示夺。不得拖延。保状发还。

谢琼林等联禀恳释谢廷琛批

【原文】

谢廷琛触忤其母，大节已亏。虽家庭有难处之情，岂骨肉无善全之道？

使廷深而乡愚也犹可，廷深而读诗书入庠序，自以为士林中人也，固不得辞其罪矣。明知兄弟相争，俱有不是，不当宽弟而责兄。然弟而有母以主之，又岂能是其子而非其母乎？昨据黎占元迭次具禀已饬妥为理处，该生等即偕同秉公调停，务先释其母子之嫌，再为呈请核断，毋得一味渎呈，遽请保释。余批谢黎氏禀内。保结姑存。

【译文】

谢廷琛触忤其母亲，大节方面已欠亏道理。虽然家庭有难以处理的情况，怎能有不保全骨肉的道理？假使谢廷深是一个愚昧乡民还可以说得过去，但谢廷深在学校饱读诗书，自以为是士林中人了，固然不得免除其罪责。明知兄弟相争，双方都有不对，不应当宽免弟弟而责怪兄长。然而弟弟有母亲为其作主，又怎么能够认为其子是对的，而认为其母是错的呢？昨日，据黎占元多次具名禀告，已饬令他妥善做好调处工作，该生等人即偕同黎占元秉公调停，务必先冰释他们母子的嫌隙，再为呈请核断，不得一味渎呈，遽然申请保释。其余的批文附在谢黎氏的禀词内。保结申请书姑存在此。

黎占元再为廷琛剖诉禀批

【原文】

妇人偏爱少子，亦属常情。然古人每于骨肉难处之间，愈见其性情相感之妙。谢廷琛尝读诗书，乃全不理会耶？要知母可不慈，子不可以不孝；弟纵不恭，兄不可以不友。况弟又为母所爱，尤当爱弟以顺母乎。且同一亲生之子，胡为而彼独见爱，胡为而此独见憎？必其平日有以致之矣。以此论之，尚得为廷深宽耶。然处人骨肉，务求其和。生既以舅从中劝处，伊母如肯回心，本县岂必执法。着速邀同谢姓族衿秉公理处，各具遵依呈复，再行传集核断可也。

【译文】

妇人偏爱少子，亦属于人之常情。然而，古人每每在骨肉难以处理的过程，愈见其性情相感的妙处。谢廷琛读过诗书，真的全不理会亲情吗？要知母亲可以不慈，儿子不可以不孝；弟弟纵然不恭，兄不可以不友爱。况且弟弟又被母亲溺爱，尤当友爱弟弟来顺从母亲。并且同样是亲生的儿子，为什么那个儿子偏偏得到母亲的欢心，而这个儿子却被母亲讨厌？必定是他们平日行为导致的结果。以此论之，尚可以宽恕谢廷深。然而处理家庭案件，务求做到让他们和睦。谢廷琛既然有舅舅从中劝处，他的母亲如果肯回心转意，本县又怎能必须执法？着令黎占元赶紧邀同谢姓族衿，秉公处理，各个遵依呈复执行，再行传唤当事人一齐来核断即可。

谢黎氏控子谢廷琛违忤争产批

【原文】

本案官为明示，绅为调停，该氏仍复执意不回，必欲置子于法。查核禀词颇有文理，语气不似妇人，微特手笔出自阿琦，显见主意亦由阿琦也。夫咬指扭发，反常逆伦，父何不首于生前，母乃忽发于身后？明为分财争产，故而唆母陷兄。如果弟是而兄非，应皆非兄而是弟。何以内亲外戚，族长房衿，俱为乃兄乞恩，反谓其弟抗处？即为众人偏袒，岂无一人秉公耶？手足本为天亲，骨肉自有至性。既系读书明理之辈，当闻推财让产之风。母即使弃绝乎兄，弟尚当解慰于母，周旋补救，以回母心，涕泣陈词，为分兄过。况母怒因己而起，兄罪因己而罹，兄已困于囹圄，弟何安于饮食？即不若卫寿之窃节竟死①，亦当效孔融之争坐代辜②，乃不思让果于同胞，更反为陷阱而下石，频纵其母以出控，殆必死其兄而后安耶。况其兄自从奉押以后，未敢妄诉一言。安见怙恶仍前，竟至不畏三尺③？身羁缧绁④，何能出而踞耕？媳仰藁砧⑤，爰敢重为强割？前经谕令理处，业已稍息控争。兹因衿耆禀复，过于持平，复唆老母具控，藉以压制。一则曰出继，再则曰出继，无非以其兄已继伯嗣，不应再分父产耳。绅处既不知迁就，官断自别有权衡。静候再行勒集确讯，分别处断，毋许多渎。

【注释】

①卫寿之窃节竟死，乃指战国时期卫晋让卫急子出使齐国，欲中途掩杀，卫寿为救兄长，灌醉了他，代他前行，身死。

②孔融之争坐代辜,乃指东汉末期,"党锢之祸"迭起,宦官把持朝政,大肆搜捕、诛杀正直之士。张俭因得罪宦官侯览遭到通缉。孔融的哥哥孔褒是张俭的好友,于是张俭便去投奔他,不巧孔褒不在家。孔融当时只有十六岁,张俭因孔融年纪太小,没有把实情告诉他。孔融见张俭形色慌张,于是便把张俭留下。后来事情败露,张俭逃走,孔融、孔褒却被逮捕下狱。孔融说人是他留下的,他该负责;孔褒说"彼来求我,非弟之过",坚持要由他负责;孔母说她是家长,她该负责,闹得"一门争死"。郡县官吏拿不定主意,只好如实上报朝廷。最后皇帝定了孔褒的罪,下令杀死了他。孔融因此名声大噪。

③三尺:"举头三尺有神明",代指神明。另外,纸发明以前,法律条文刻在三尺竹简上,故而"三尺",又指代法律。

④缧绁:音 lei xie,原指绑缚犯人的绳索,这里借指监狱。

⑤藁砧:音 gǎo zhēn,是农村常用的铡草工具。藁指稻草,砧指垫在下面的砧板,后因以"藁砧"为妇女称丈夫的隐语。

【译文】

本案官方已明示,族绅已调停,谢黎氏仍然执意不回头,一定要依法处理儿子。查核状词颇有文理,语气不像妇人,看来手笔出自阿琦,明显可见主意亦由阿琦所出。像这样对母亲咬指扭发的违反伦常的行为,父亲为什么不在生前禀报官府,母亲却在丈夫死后突然起诉?分明是为了分财争产,故而教唆母亲陷害兄长。如果弟弟是对的而兄长是错的,大家应该指责兄长而赞同弟弟。为什么内亲外戚、族长房袷,全部为此兄长乞恩,反谓其弟才是违背亲情?即使是众人偏袒,难道就没有一个人秉公直言吗?手足本为天亲,骨肉自有至性。既系读书明理之辈,当听说过兄弟推财让产的古风。母亲即使弃绝兄长,弟弟应当宽慰母亲,周旋补救,以挽回母心,涕泣陈词,分担兄长的过错。况且,母亲的怒气是因己而起,兄长的罪责是因己而承担,兄长已被关押在监狱,为什么弟弟还安心饮食?即使不像卫寿为了救兄长而代其死,也应当仿效汉代孔融为了救兄长而急着顶罪替死,竟然不思分点果实给同胞,反而给兄长设计陷阱并且落井下石,频繁怂恿其母亲出来控告兄长,难道真的要杀死兄长之后才安心吗?况且,其兄长自从被关押以后,不再胆敢乱诉一言。怎能知道作恶的后果仍然向前走,竟至于不害怕神明?谢廷琛已经身羁监狱,怎么可能出来霸占田地?妻子依靠丈夫决定,怎么胆敢重新为其强行分割？此前经过本县发出谕令处理，已经稍为平息控争。衿耆现在禀复，因为处理方案过于持平，谢宋琦再次教唆老母具名控告，借以压制。一则说出继，再则说出继，无非以其兄长已过继给伯父做子嗣，不应该再分父亲财产罢了。乡绅的调处既然不懂得迁就，本官自然经过权衡作出裁判。静候再行勒集当事人确讯，分别处断，不准多说空话。

谢黎氏续控其媳助夫为恶禀批

【原文】

氏长子廷琛触忤父母，不能尽孝道以圆亲心，而犹恃倔强以相争执，固属罪不逭（huàn）。但廷琛果真忤逆不道，宗族亦当不容，亲属咸为唾弃，何以族衿谢宝树等，迭次联禀，俱左廷而右宋琦；即氏弟黎占元，亦不尽祖姊而责甥。可见琛固弗友厥弟，琦亦弗恭厥兄。琦顾巧而得母心，琛特拙而取母恶耳。但在氏皆属亲儿，同为己出，虽偶有所爱憎，何终视为仇怨？虎豹尚不食儿，安有人而欲死其子者？

昨据黎占元禀称，氏已听劝无词，方以为舐犊之诚，终难自掩，何以现禀忽又变而加厉。廷琛已奉革押，断无不知悔惧。即氏媳见夫罹罪，求解不遑，何敢再行助恶，益重夫罪？况一妇人亦安能勾串别姓，踞田霸耕耶？乃该氏若深恐子罪之轻，而并欲媳之出丑者。母子天性，何忍如是？恐不尽出该氏之意。昨于黎占元两次禀内，委屈详明，剀切批示，在本县尚不忍尔等骨肉之相残，何尔等必以贼害为快？须知宋琦等现虽有氏之可恃，而族衿之同持公论者，尚不乏人。氏奈何不为琦等计，少留将来地步耶？既据黎占元出为理处，该氏亦当平心细思，图全骨肉之恩，勿任伦常之变，同归和好，保守门庭，岂不美哉！无自误也。氏三子宋琦，既为捏弄褫革，准即备移开平县，查核吊销，一面仍候勒集讯明，分别断结。

【译文】

谢黎氏长子谢廷琛忤逆父母，不能尽孝道以宽慰母亲的心情，还以倔强的态度与母亲争执，固然属于罪不可恕。但是谢廷琛果真是忤逆不孝，宗族亦当不会容纳他，亲戚都会唾弃他，为什么族衿谢宝树等人，多次联名禀告官府，全部都认为谢廷琛是对的，而谢宋琦是错的；即使是谢黎氏弟弟黎占元，亦不尽然偏袒其姊而责怪外甥。可见谢廷琛固然没有友爱弟弟，谢宋琦也没有恭让兄长。谢宋琦因乖巧而得到母亲欢心，谢廷琛特别笨拙而被母亲讨厌罢了。但是两人都是谢黎氏亲生儿子，同为己出，虽偶尔有所爱憎，为什么一直视为仇怨呢？虎豹尚且不食子，又有什么人欲置其子于死地呢？

　　昨日据黎占元禀称，谢黎氏已听劝告不告状了，刚以为舐犊的诚意，终难自行掩饰为什么现在禀词忽又变本加厉。谢廷琛已依法革除功名并被关押，断然不可能不知道悔惧。谢黎氏的媳妇见丈夫被追究罪责？还来不及求解，为何胆敢再做出助恶的行为，加重丈夫的罪责？况且一个妇人亦怎么可能勾结串通别姓，侵占田地强行耕种呢？原来是谢黎氏恐怕儿子的罪责过轻，并且想让儿媳出丑。母子的天性，怎么能够这样呢？恐怕不尽是出自谢黎氏的本意。昨日两次叫黎占元来官府查问，委屈详明，剀切批示，本县尚不忍心你们骨肉相残，为何你们以加害谢廷琛为快呢？须知谢宋琦等现在虽然有谢黎氏可以依恃，但族衿当中持守公道的，还有许多人。谢黎氏为什么不为谢宋琦等人谋划，为将来留有余地呢？既然黎占元愿意出来斡旋调处，谢黎氏亦应当平心细思，保全骨肉的恩情，不要让伦常发生巨变。让两兄弟同归和好，保护家庭，岂不美哉！不要自误啊。谢黎氏第三子谢宋琦，既然做出捏造事实搬弄是非的行为，将他的功名褫革，准许他立即移居开平县，查核吊销证书，一面仍然等候传唤当事人一齐审讯，查清事实，分别断结。

族衿谢琼林等联名续禀理处不遵批

【原文】

　　同胞兄弟，岂宜细较锱铢？况族戚调停，即使稍有不均，亦当顺从退让，何况据禀甚为公允，处分亦极周详。其母且已首肯，诸子亦各心平，何独宋琦一人，犹复抗违不服，岂必将各田基尽归伊一人而后已耶。本县于此案煞费婆心，不辞苦口，谕尔衿耆之理处，俾其骨肉之完全，故先将延琛收祠，以平其母之怒；旋将宋琦开复，藉解其弟之謇；无非消释其猜嫌，以期激发其天性。即不望化争以为让，亦庶几解忿而息争。岂期别有肺肠，仍是自残手足？

由此观之，琛固难兄，琦亦难弟矣。但兄因弟而忤母，母心现已渐回。乃弟藉母以陷兄，人言竟可弗恤？兄尚畏官而已降心于弟，弟不顺母而仍欲甘心于兄，母心回而彼心不回，兄意解而彼意不解，众绅调处而弗遵，县批详明而弗喻，则弟之暴戾，固更甚于乃兄矣。无怪内而伯叔，外而舅氏，向皆责弟而原兄，并不念母以恕弟。

本县初既不肯以子而屈母，继又肯以弟而贼兄乎？彼既不遵绅处，自应仍候官断。候即催传集案分别彻讯究断，该生等亦仍偕赴备质。毋延。

【译文】

同胞兄弟，怎么能够锱铢必较呢？况且宗族内的亲戚进行了调停，即使稍有不均，亦当顺从退让，何况根据禀报，调处很公允，处分亦非常周详。其母亲业已首肯，诸子亦各自心平，为何单单谢宋琦一人，仍然抗违不服，难道真的是要所有田基全部归他一人所有吗？本县对于此案苦口婆心，谕令你们这些衿耆进行处理，使其家庭骨肉完好和睦。因此，先将谢廷琛收押，以平息其母的怒气；旋即将谢宋琦的功名恢复，借此化解其弟的仇恨；这样做无非是想消释兄弟的猜忌嫌隙，以期激发他们的天性。即使不希望他们以忍让来解决，亦可稍稍化解他们的怒怼从而平息纷争。怎么料到别有肺肠，仍是自残手足？

由此看来，谢廷琛固然是难兄，谢宋琦亦是难弟了。但是兄长因弟弟而忤逆母亲，母心现在已渐渐挽回。而弟弟借母亲来陷害兄长，人言竟然可以不考虑？兄长尚且畏官而已经降心于弟弟，弟弟不顺从母亲而仍欲不甘心于兄长，母心回复而彼心不回复，兄意化解而彼意不化解，不遵守众位乡绅所作的调处，又不理喻本县所作详明的批文，那么弟弟的暴戾就更甚于他的兄长。无怪乎在内的伯叔、在外的舅氏，都全部指责弟弟而原谅兄长，并不看在母亲面上从而宽恕弟弟。

本县起初既不肯以儿子而委屈母亲，继而怎肯以弟弟而追责兄长呢？他既然不遵守乡绅的调处，自应等候本官的裁判。候即催促传唤当事人一齐到案，分别彻讯究断，该生等人亦仍一齐赴官府备质，不得拖延。

冈州公牍

谢宝树等争产判语

【原文】

本案衅因争产,架以忤亲。逞太叔完聚之谋①,琦固不弟。违卜式让财之义②,琛亦不兄。然弟更陵母而陷兄,情尤凶于寻斧③;而母亦控兄以徇弟,冤几等于覆盆。幸而公道在人,存乡评于月旦。婆心有我,期德化以风行;教诫多端,聊抒夫洒泪息争④之意;劝谕备至,以启彼推田让产之忱。兹既投案输诚,俱愿归家处息,姑宽既往,全其手足之恩,予以自新,务尽孝友之道。产则配匀乎肥瘠,田与基派作三停,人则无论乎存亡,母与子各分一股。以谢锦昌继新谟之后,琛不得干;以谢胜予嗣承休为儿;琦亦无预。咸称公允,各愿遵依。从此式好⑤无犹,务宜同心以周急难,尤当劬劳⑥是念,莫听长舌以生厉阶⑦。如再不协不和,或致相煎相怨,定当加等严究,决不再为从宽。此判。

【注释】

①《左传·郑伯克段于鄢》:"太叔完聚,缮甲兵,具卒乘,将袭郑。"指弟弟因为母亲的宠爱而想加害兄长。

②卜式,西汉时期著名的贤士,以牧羊为业。父母去世后,卜式把家中的财产都让给了弟弟,自己只要了一百多头羊。后来弟弟因经营不善而破产,卜式于是把自己的财产分了一半给弟弟。

③语出《孔子家语·观周》:"毫末不札,将寻斧柯。"王肃注:"札,拔也;寻,用者也。"

④《幼学琼林》云:"推田相让,知延寿之化行;洒泪息争,感苏琼之言厚。"又《北史》载,苏琼任清河太守,遇见兄弟俩为争田打官司的事,苏琼教育他们说:"天下可求者田地,难得者兄弟。"兄弟俩感动而至于泪下,息讼和好。

⑤《诗·小雅·斯干》:"兄及弟矣,式相好矣。"又《儒林外史》:"兄弟相助,真耽式好之情;朋友交推,又见同声之义。"即骨肉和好。

⑦语出《诗·大雅·桑柔》:"谁生厉阶,至今为梗。"指祸端。

【译文】

本案是因为争家产而起纠纷,又因忤逆尊亲而被起诉。实施像太叔完聚侵袭郑伯一样的计谋,谢宋琦固然不像弟弟的样子。而违背卜式将财产让给弟弟的道义,谢廷琛也不像兄长的样子。然而弟弟更依仗着母亲来陷害兄长,这样凶恶的情感比斧砍更凶狠。母亲为了徇私弟弟而控告兄长,造成的冤情几乎与倾覆盆子的后果相同。幸而公道自在人心,乡里公众的评论帮助查清事实。我苦口婆心,希望道德教化可以风行;多方面进行教诫,只是为了发挥苏琼断案让兄弟和好的意义;对他们劝谕备至,以启发他们推田让产的感情。现在当事人都投案讲出自己的诚意,都愿意归家解决纷争,姑且宽恕过往的不对,保全他们兄弟的亲情,给予自新,使他们行使孝友之道。财产按肥瘠均匀分配,田与基分作三部分,无论是在世或过世的儿子,母与子各分一股。将谢锦昌过继给谢新谟为后,谢廷琛不得干预;将谢胜予过嗣给谢承休为儿子,谢宋琦亦不要干预。大家都认为公允,希望各人都遵照执行。从此骨肉和好没有纷争,大家要同心以周济紧急的困难,尤其要体念父母抚养儿女的劳累,不要听信风言风语再发生祸患。如果再不相互支持和好,导致兄弟相互争斗相互报怨,一定要严厉追究,决不再从宽处理。此判。

谢琼林等复控谢宋琦禀批

【原文】

本案前经从宽断结,公允平分。原孽子难处之情,宽其既往,逭傲弟不恭之罪,予以自新,家几覆而仍完。顶已革而开复,不惮苦口,冀或同心。在谢宋琦宜如何激发天良,深自怨艾,悔煮曹家之豆,重荣田氏之荆①,乃仍怙恶不悛,复敢霸占如故,妄肆蚕食,务遂狼贪。如果实情,大属藐法,本应拘究,重惩抗违。但既曲全于先,且再宽容于后。姑着该生等照前判断,重为调停,倘仍恃顽不遵,即为禀请严究。至柑果究应何人摘卖,亦着公同妥处,毋得遽请押摘,徒滋扰累也。

【注释】

① "曹家之豆",指曹丕欲罪曹植,曹植作七步诗,谓兄弟相残如豆萁相煎。"田氏之荆",出自《幼学琼林》"田氏分财,忽瘁庭前之荆树"。指隋朝的田真、田广、田庆兄弟分家时,连堂前一株紫荆树也要分成三份。紫荆树便突然枯

死了，于是他们感到人不如木，十分羞愧，于是决定不再分家，紫荆树又繁茂起来。

【译文】

本案此前已经从宽判决结案，将财产公允平分。原来孽子难处之情，宽恕他们并既往不咎，免除谢廷琛傲弟、谢宋琦不恭之罪，给予他们自新，家庭几乎倾覆而使之仍然完好。顶戴已经革除之后又重新恢复了，我如此苦口相劝，只是希望他们兄弟同心。在谢宋琦方面，应该思考如何激发天良，深自悔改，后悔与兄弟相争，重新培养兄弟感情，如果仍然像以前一样作恶不改，再次胆敢像以前一样霸占田地，肆意蚕食，如狼一样贪婪。如果情况属实，实在是藐视法律，本应拘押来官府，对他的抗违行为从重惩处。但是既然先前对他已经曲全，这次就再宽容他一次。因此着令该生等人照前面的判决，重新为他们调停，倘若仍然顽固不遵守，再向官府禀请严厉追究责任。至于柑果究竟被何人摘卖，亦叫宗族共同妥善处理，不要动不动就要求关押，白白滋生扰累而已。

邓麦氏控夫兄夺子逼醮呈请存案批

【原文】

该氏如果矢志守节，则夫兄邓发合等夺子育养，诚属非理。乃既咎夫兄之逼氏改嫁，而又称欲图携男改适，则是该氏本欲改嫁，非关夫兄之逼。夫兄之欲夺氏子，亦显因氏欲携男改嫁，恐绝氏夫后嗣。乃该氏反欲携男改嫁，希存氏夫后嗣，不知氏既携男改嫁，则亦随为他姓之男，岂能复存邓姓之祀耶？为氏之后夫者看男长成，自必视为亲生之子，又安肯复归邓姓之宗耶？是夫兄之欲夺氏子，明明不忍绝弟之嗣也。况以伯养侄，名正言顺，何谓之夺？据呈闪烁支离，情甚荒谬，显有架饰别故，不得混请存案。

【译文】

邓麦氏如果矢志守节，则她丈夫之兄邓发合等人抢夺她的儿子来养育，就没有道理。你既要追究丈夫兄长强逼她改嫁的责任，又称想携带儿子改嫁，那么实际是该氏本来想改嫁,与夫兄的强逼没有关系。夫兄想抢夺她的儿子,显然是因为她想携带儿子改嫁,恐怕断绝了她丈夫的后嗣。因此,该氏说想携带儿子改嫁,是希望保存丈夫的后嗣,但不知她既然携带儿子改嫁,则儿子亦随为他姓的继子,怎么能够复存邓姓的嗣祀呢?当她的后夫抚养儿子长大,自必视其为亲生儿子,又怎么肯儿子复归邓姓的宗族?夫兄想抢她的儿子,明明是不忍心断绝弟弟的后嗣。况且,以伯养侄,名正言顺,怎能称得上抢夺?根据闪烁支离的状词,案情甚为荒谬,显然有以其他原因捏造和掩饰事实的成分,不得让此状词混淆立案。

余聪章呈请分关盖印杜卖批

【原文】

查禀官析产,原为事之常经。而盖印分关①,本难率行照准,第念该氏余聪章辛勤积累,只期垂裕后昆,乃其子余沛中赌荡花销,竟敢败亡前业,既已送官究治,亟应尽法严惩。何期舐犊之私,复求宽宥,又鉴亡羊之失,预切防维,以亦家法之穷,而为人伦之变者矣。若不允其所请,无以遏于未萌。况闻其家长余彦昭,品著端方,心存忠厚,兹特联名叩请,自应曲予准行。所呈四本分单着即从权印发,倘有一人擅卖,许会联众禀拘,将予受以同科。私买甚于私卖,务人赃之并获,重罚加以重刑。若仍掩耳自欺,应叹噬脐无及②。至余沛中之不孝于父,余聪章呈送到官,虽未予以严惩,并未准其销案,如再不知悔悟,立行勒限拘拿,惟知峻法相绳,不许私情再渎。本县爱民如子,嫉恶如仇。况兹枭獍之徒③,讵止鹰鹯之逐④?王章具在,难容鈇钺稽诛⑤;家训堪思,勿使蘱耡⑥肇衅。谅予苦口,庶成里鄙之庥,俾汝甘心,亦是家庭之福。特为训谕,其各凛遵。抄粘各件分别附存即发。

【注释】

①分关:指分家析产的文书。
②噬脐不及,即自咬腹脐够不着,比喻后悔不及,留下无法弥补的遗憾。
③枭为恶鸟,生而食母;獍为恶兽,生而食父。枭獍之徒比喻忘恩负义之徒或狠毒的人。

④语出《左传·文公十八年》:"见无礼于其君者,诛之,如鹰鹯之逐鸟雀也。"比喻凶残的人。

⑤鈇钺,星宿名,主斩刈。稽诛,稽延被讨伐、被诛戮的期限。后泛指刑戮。

⑥耰耡:音 yōu chú,亦作耰锄,农具名。比喻家庭成员。

【译文】

查阅典籍可知,禀告官府进行家产分割,原来就是事情通常的处理方式。而在分家析产的文书上盖印,本来难以准许这种申请,转而考虑到该氏余聪章辛勤积累,只希望给后辈带来富裕的生活,然而他的儿子余沛中嫖赌花销,竟然胆敢败掉之前积下的财产,已经将其送官究治,应当赶紧依法严惩。想不到余聪章舐犊之私,又请求宽宥。又鉴于亡羊之失,预先做好防备措施,然而家法无法做到,就会导致人伦大变。如果不允许他的申请,就不能将变卖家产扼杀于萌芽之中。况且听闻其族长余彦昭,品行端正,心存忠厚,特请他联名向官府叩请,自应尽准允执行。所呈请的四本分家析产清单,着令立即从权印发,倘若有一个人擅自变卖,准许联合众人禀告官府拘押,将给予法律处理。私买甚于私卖,务必做到人赃并获,重罚之外还要处以重刑。如果仍然掩耳自欺,到时后悔莫及。至于余沛中不孝顺父亲,余聪章将他呈送到官,虽然还未给予严惩,但还未准许他销案,如再不知悔悟,立即勒令在限期内拘拿,那时只知道使用严法来处理,不许再次徇私卖人情。本县爱民如子,疾恶如仇。况且那些忘恩负义之徒,怎能停止凶残的行为呢?王法具在,难容这些凶残之徒,要对他们实施重罚。应该多多考虑家训,不要使家庭成员发生纠纷。料想我的苦口婆心,希望成为家庭的庇佑,使你得以安心,亦是家庭的福气。特作此训谕,各个认真遵守。抄粘各件分别附存即发。

区升等禀请开复海口批

【原文】

查龙舟滘海口,各村绅耆,原为防盗,禀请集资堵塞。前据外海乡附贡生①陈朝晖等,呈请改换木闸,以资宣泄。当经批饬会同各乡绅耆暨冈州公局绅士妥议呈复。总期弭盗便农,两有裨益。

兹据冈州公局众绅士等呈称，该滘内锁礼乐②诸堡，迤西而南十五乡，环护邑城。每届西潦，例由斯滘箭驶，城乡悬釜，惴惴其鱼。且咸丰四年有逆首陈协槐等率党由该滘闯入，攻扑城池，大为城乡之害。禀请示禁，通请立案等情。又据礼乐乡绅士周树棠等及附城西南各绅士何如炟等，呈称该滘素为盗贼出没之区，前经呈请捐赀堵塞，得臻安谧。礼乐各乡西潦，亦资捍卫。且外海等乡堤围已固，尽可无虞西潦，至竹洲头河已消八九，其入龙舟滘者，十仅一二；此滘一开，三四乡受益有限，下游十五乡受害无穷，恳请示禁各等情前来。是改建木闸，已属难行。

该地保等混请开复该滘，谓可设立拖船看守。岂知巨浸下灌，害及十五乡人民田庐，亦可由拖船守御耶？何况此等公事，各乡绅自能妥议熟商。该地保系何许人，乃敢妄行禀渎，殊属冒昧已极。特饬不准。

【注释】

①附贡生：若要取得全省乡试的资格，首先要参加府县之试，参试者称"儒童"或"童生"，合格录取者称为"生员"、"庠生"（即俗称秀才）。在生员中再选拔一批人，升读国子监的称监生，其他的称贡生。贡生又分为拔贡、恩贡、副贡、岁贡、优贡。这五贡为正途资格出身。另有一种通过纳捐取得的贡生称例贡、增贡、附贡、廪贡。

②礼乐：地名，现在广东江门境内。

【译文】

查明龙舟滘海口，各村乡绅耆老为了防盗目的向官府禀请集资将其堵塞。此前据外海乡的附贡生陈朝晖等人呈请改换木闸，方便排洪。这些提议应当要通过批饬，齐集各乡绅耆暨冈州公局绅士，妥善决议后再呈复。总的期望是防盗和便农，两方面都有裨益。

根据冈州公局众位绅士的呈请称，该滘内环锁着礼乐诸堡，从西向南延伸至十五乡，环护县城。每遇到从西边来的洪水，原来都从这个滘口汹涌奔出，城乡遭受损失，大家惴惴不安。咸丰四年，有逆贼首领陈协槐等率贼党由该滘口闯入，攻打城池，成为城乡的大害。禀报请求示禁，通请立案等等情况。又据礼乐乡绅士周树棠等人，以及附城西南各绅士何如炟等人呈称，该滘口一直是盗贼出没的区域，此前经过呈请捐款堵塞，得到安全。礼乐各乡的西潦，也可借此得到捍卫。且外海等乡堤围已经筑牢，尽可不怕西潦侵袭，到了竹洲头河段，已抵消八九，进入龙舟滘的洪水，十仅一二。这个滘口一开，三四乡受益有限，下游十五乡则受害无穷，恳请示禁。因此，改建木闸，已属难以可行。

该地保等混请重开该滘口，说可以设立拖船看守。怎知巨洪下灌，危害到十五乡人民的田地房屋，亦可以由拖船守卫吗？何况这等公事，各乡绅自能妥善决议商定。该地保是什么人，胆敢妄行禀渎，殊属冒昧已极。特饬令不予批准。

关宅南议定文武奖赏禀批

【原文】

文武本属殊途，奖赏原难一体。亦经明白批饬，以示轻重当分。旋因旧有成规，事当从众，是以复又谕饬局绅公议，免致有乖阖邑定章。前批文武之不无轩轾，昭定理也。后批奖赏之不应低昂，从众论也。然而理之所在，众莫能违，理足以服乎众，众不能越乎理。则与其违理以徇众，诚不若率众以循理。

据禀文多寒士，武多素封①，亦属至情。则拟文给一两，武给一圆，尚为近理。况名为奖赏，意存激劝。立学考课，朝廷止见奖文。教子义方，父兄岂先劝武？明知不容偏废，文教究所当先，虽谓各有所长，武备似可稍缓。且人生争向莫定，彼此易地皆然。文士儿孙，尽多从而习武。武官子弟，岂少转而学文？或一家而殊途，兄文弟武；或数子而分业，此武彼文。奖文虽觉稍多，多固不定在己；励武虽形略少，少亦不尽在人。

事本大公，何须争执？赀亦有限，奚足较量？总以能得奖赏为荣，岂以少得奖赏为辱？但当各图上进，何在细较锱铢？据称于激励之中，稍示等差，酌乎其中，一归于是，纯属理之至正，而为情之大同者矣。着即照此定议，永远遵行。须知彼此俱系绅者，事当存乎大局，务使文武永归和好，切毋狃于偏私。前缴规部交还，着即改刊存照。

【注释】

①素封：无官爵封邑而富比封君的人。《史记·货殖列传》："今有无秩禄之奉，爵邑之入，而乐与之比者，命曰'素封'。"

【译文】

　　文、武学本属于殊途，奖赏原本难以并为一体。亦经过明白的批饬，以表示应当区分轻重。旋即因为旧有成规，事情应当由众人决定，因此又谕饬局绅进行公议，以免有违反全县的规定。前面批复文武不分高低，是从定理来揭明。后面批复奖赏不应分大小，是由众人决定。然而，理之所在，众人也不能违反，道理足以服众，众人不能超越道理。那么，与其违反道理以徇众人，还不如率众人来遵循道理。

　　据禀报，文士大多是寒士，武士大多是有钱人，本属实情。则拟定文士奖给一两，武士奖给一圆，还是颇有道理的。况且名义上是奖赏，实际意思是为了激励劝导。建立学校、推行考试，只见到朝廷奖励文士。教导子女学习道义，哪里有父兄先劝他们学武的？明知两者不容偏废，文教究竟还是要放在第一位的。虽然两者各有所长，武备似乎可以稍为延缓。且人生没有确定方向选择，彼此改变位置都是可能的。文士的儿孙，许多都转向学习武备。武官的子弟，转向学习文艺的哪里又少呢？或者一个家庭中就有不同的选择，兄长习文弟弟习武；或者几个儿子分别从事不同职业，这个习武那个习文。奖励文士虽然让人觉得稍多，但是多的奖励也不一定归自己所有；奖励武士虽然表面上略少，但是少的奖励也不尽在别人身上。

　　本着大公原则来定事，何须争执？经费亦有限，为什么要斤斤计较？总以能得奖赏为荣，哪里能以少得奖赏为辱？但当各自希图上进，何必在少少钱财上计较？据称在激励当中，稍为显示一些等差，是参酌折中方案，才这样制定出来，从道理上纯属至正，而且符合客观情况。着即照这个定议，永远遵行。须知大家都是绅耆，事情关系大局，务使文武永归和好，切勿因偏私造成矛盾。之前的规定要交还，着即印行修订决议并存照。

叶芳有诉被捏欠控累批

【原文】

仆人虽有豢养之恩,当效犬马之报。然因其稍积微赀,辄行恃主欺压,勒索诈噬,亦属有忝名分,同干法纪。况陈训典又系主人疏远亲属,乃因索借不遂,混行捏欠控累。如果属实,尤为诈扰。候即檄行牛肚湾司驻唤录复,一面差提确讯核究。粘抄附。

【译文】

仆人尽管只是蒙受豢养之恩,但应当像犬马一样予以回报。然而,因为仆人稍为积累一些财产,就仗着主人威势进行欺压,勒索诈骗,侵吞财物,也是属于违反名分的行为,同样违反了法纪。况且陈训典又系主人疏远的亲属,因为他索借不遂,便趁机捏造欠款进行控告,累及他人。如果属实,那就属于诈扰的行为。现在发文要求牛肚湾司做好调查,等候回复,另一方面,派差人传唤当事人问讯,查清事实。粘抄附。

陈鸿璋呈请补提人证批

【原文】

家各有长,父在子尤不得自专,此一定不易之理也。该职等具控林立桢等强占仓地一案,旋据林立桢之父林有孚即林道慧,赴案诉控。林立桢听父出头,不敢自行专主,正是其晓事明理之处。是以饬传其父,而将其子摘除,并非该子漏列也。其父到案果能遵依,其子亦断无不遵之理,故不肯无端拖累,致使举家人等,失业废时。至该职陈鸿章年已六旬,林有孚年仅五十有八,尚少该职二岁。如谓耄老,则该职较伊更长,不知自视以为何如?总之案情虽变幻百端,听断可片言而折,毋庸任意罗织,波及多人。候仍照前票饬传,讯勘断结。

【译文】

每个家庭都有家长,父亲在世则儿子尤其不得自作主张,这是确定不变的道理。该职等具名控告林立桢等人强占仓地一案，又据林立桢的父亲林有孚，即林道慧，向官府赴案诉控。林立桢听从父亲由其出头，不敢自作主张，正是他明白事理的地方。因此，本县饬令传唤他的父亲，并且将其儿子的名字从当事人中摘除，并不是漏列他的儿子。其父亲到案后，果能遵依法律和裁判，其子亦断然没有不遵守的道理，故而，官府不肯无端拖累他人，致使他们全家人员没有时间从事工作。至于该职陈鸿章已经六十岁，林有孚年仅五十八岁，尚少该职二岁。如果说疲惫老迈，则该职较他更年长，不知他怎样看待自己的行为？总之，案情虽然变化多端，可以经过片言只语的审理即可裁判，不要任意罗织，波及多人。等候仍然照前票饬令传唤，通过审讯后裁断。

何璞田呈控陈亚炳诱拐婢女同逃批

【原文】

案查本邑诱奸、诱拐之风，最为可恨。本县迭经访闻，正在严密查拿，痛加惩办。陈亚炳如果诱奸尔婢，事经发觉，复敢将婢拐匿灭迹，其父陈基就并不将子责惩，反为袒庇故纵，尤出理法之外。但尔以十七岁之婢，任听常久出外，各处行走，绝不稍为防闲，亦属不合。此亦本处风气使然，常见街市之中，率多婢女，粉白黛绿，结对联群，嬉笑横行，狎玩无忌。旁人视之为异物，家主习以为泛常。即冶容以诲淫，又何怪其相谑以诱逃耶？应即严行示禁，并一面饬差立拘拐匪陈亚炳到案研讯实情，从严究办，以正风俗而警奸邪也。

【译文】

案查本县诱奸、诱拐之风，最为可恨。本县多次访查听闻，正在严密查获，痛加惩办。陈亚炳如果诱奸你的婢女，事情被发觉之后，又胆敢将婢女拐匿隐藏踪迹，他的父亲陈基就并不将儿子责惩，反而包庇袒护并且故意放纵儿子，尤其出乎情理和法律之外。但你经常听任十七岁的婢女出外很长时间，各处行走，绝不稍为防范，亦是不对的行为。这也是本处风气使然，常见街市之中，有许多婢女，粉白黛绿，结对联群，嬉笑横行，毫不顾忌地狎玩。

旁人将她们看作是异物，家里主人反倒习以为常。如此妖冶的打扮自然引起诲淫，又何怪他人相戏谑而引诱她们出逃呢？应当立即严行示禁，并一面命令衙差立刻拘押拐匪陈亚炳到案，研讯实情，从严究办，以正风俗而警奸示邪。

何余氏控侄纠抢批

【原文】

亲属无抢夺之文，例载甚明。原以同宗的属，断无如盗贼肆横、平空纠抢者也。何亚贵系氏夫胞侄，即与氏子为嫡堂兄弟，一本至亲，即使偶有纷争，尽可投知伯叔理处，何以动辄控官？并且瞒隐真情，捏匪架抢，全不顾亲亲之义。即使从准，将彼穷治，办以抢匪，正以刑章，属在本家，岂得为光彩而称荣耀耶？止争小利，忍灭大伦，天性之薄，风俗之偷，何一至于此耶？其中定有别情。

前已批饬该氏夫兄何嘉源理处查复，静候复到再行核办，毋得恃妇刁渎投到。保状附。

【译文】

亲属之间没有抢夺的条文，法律规定甚是明确。原本属于同宗亲属，断然不会有如盗贼肆横、平空纠抢的行为。何亚贵系何余氏丈夫的胞侄，即与她儿子是嫡堂兄弟，一本至亲，即使偶尔发生纷争，尽可以向伯叔投诉告知，请求他们处理，为什么动辄就向官府控告？并且瞒隐真情，捏告是匪徒抢劫，全然不顾爱护亲人的道义。即使官府允准立案，将他穷治，以抢匪案由办理，正以刑法，都是本家亲属，这样怎能算得上光彩而称荣耀的呢？只是为小利发生争执，忍心灭绝大伦，天性之薄，风俗之败坏，为何达到这样地步呢？其中肯定有别情。

此前已批文饬令该氏丈夫兄长何嘉源理处并查明回复，静候回复到官府之后，再行核办，不得依恃妇人的刁蛮恶意起诉。保状附案。

冈州公牍·再牍（注译）

黄星海等呈保匪犯批

【原文】

前颁宪示，原指良民之被逼胁者而言，并非谓甘心从逆者，亦可一律宽宥也。查黄远昌原供于七月初十日投入旗内，曰"投入"，则非贼所逼胁可知矣。又持双刀随同攻城二次，则该犯之效力于贼也与尤奋，且奉派赴江门催领晌银，则贼之信任于该犯也亦倍亲。如果贼已支解其弟，复尤又逼勒其身，彼又安肯如此倾心于贼？贼又安肯如此信心与彼耶？况被逼为贼，因贼被获，冤屈实深，自应将被逼情形，一一供明，何以当日到案，并无一字供及，事隔数载，反由尔等代述耶？显系受贿滥保。且查该生黄星海于上年十一月联同举人伊莘等禀讦该犯有名，何以现又首为禀保，尤见荒诞之至，殊属为恶。本应提抱究惩，姑宽批斥。禀结俱郑还。

【译文】

此前颁布上级的告示，原指被逼迫威胁的良民，并不是甘心参加逆匪的，亦可以一律宽宥。查明黄远昌原来的供述，于七月初十日投入逆匪旗内，说"投入"，那么可知不是被贼所逼胁的。他又手持双刀随同逆匪攻城二次，则该犯效力逆匪尤其卖力，并且奉派前往江门催领晌银，那么贼匪对该犯也是非常得信任。如果贼匪已经支解了他的弟弟，转过头来又逼勒他，他又怎肯如此倾心于贼呢？贼匪又怎肯如此信任他呢？况且如果是被逼为贼，当贼被破获后，冤屈实在很深，自应将被逼情形，一一供明，为什么到案当日，并没有一个字供述到，事隔数年，反由你们代他陈述呢？显然系受贿滥用保释。且查该生黄星海在上年十一月联同举人伊莘等人禀告该犯时有名，为什么现在又为首来禀请取保，尤其显得荒诞至极，殊属为恶。本应提抱追究惩罚，姑且宽饶只作批斥。禀结全部郑还。

查明赵莫两姓田坦一案禀

【原文】

敬禀者：

咸丰九年十月十三日，奉宪台批，据卑县民妇赵李氏等词，令抱告工人赵福赴辕呈称，氏等夫族赵重光祖契买余发成等石牌沙田二顷九十余亩，被莫芝云等谋占不遂，诡欲将该田串结义学，业奉藩宪批示，何以将有契照税坦归入义学等因。不料斐绅钟应元等，遽藉义学出头，扛讼播弄；前县主给谕芝等，藉谕纠弁何兆彪等，分驾巡船、拖船抢割，炮毙业主氏男赵瑄平等五命，并伤多人，报县验明，获凶莫步云等到案，认凶不讳。叠奉各宪批府提讯究办，奈芝等财神有灵，抗提不到，五命莫伸。该处石牌沙田氏等业主，按契照旧工耕无异，现属晚造禾熟，芝等忽复串同义学斐绅陈焯之等，从请新任聂县主饬差押割。不察藩宪、督宪指驳批示，仍欲将氏等工耕契产已熟田禾，假以押割为名，诡谋济私为实，不思芝等无照争占，奉府提讯，情虐畏匿。既串义学斐绅抢割毙命于前，兹复通同一气播弄押割，嗟嗟氏等。契产粮命攸关，县主不察，偏抑奚堪？祸伊胡底，情迫抄批，叩乞宪天，迅饬秉公查办，以免复酿衅端，沾恩切赴等情。

奉批：此案先据赵祖勋等控奉督宪以两造互争沙田，官未断结，莫芝云等何得请县给谕，先割田禾？批司饬府提究。案已酿成多命，犯证尚未解审。该绅陈焯之等，何以遽请押割，仰新会县迅即确查禀复察核。一面赶紧拘传犯证，刻日解府讯办，毋任再滋事端。抄粘并发等因，印发到县。

奉此遵查：本案前奉行提，迭经卑前县分别催营，比拘各犯证解审。因指控之莫亚年等，屡缉未获，以致未能解质。卑职履任，接准移交，复经照案比差拘传，随据绅士陈焯之等，以豪族踞抢等情，联请移饬押割前来。卑职因查此案，前据监生莫廷蕙等，于道光年间，以该族祖遗尝田，屡被赵学魁等影占霸耕，迭经前令勘断分明，仍被赵姓占据，并将莫姓尝田，概行塞绝水窦，不得安耕，情愿将田捐归义学，以资膏火。经前县陈令核准，捐题在案，而赵姓人等，恃其族大人众，仍复抢割不休，并谓此田系属赵姓祖尝，因莫姓谋占不遂，擅将该田赂送义学等语，以是有酿成五命之案。

是此田究系何姓产业，既未分明，而捐归义学之时，究竟曾否断结，自应彻底查讯，方足以除讼蔓，而断祸根。若不正本清源，惟讯目前命案，不但是非莫白，究坐难分。而且此田一日不明，即此祸一日不息。每值田禾将熟，便看抢割频仍，仇杀相寻，终无了局。窃恐五命之毙，特其先声，而踵毙之命，殊难逆数也。

今既酿成五命，迭奉催提，自应拘集犯证，彻底讯明，详解宪辕听候断结。至移饬押割一节，该绅等亦以案经酿成五命，深鉴前车，不得不为此请。卑职旋以此田租谷，业已抢割多年，何必此时始行押割？如果此田应归赵姓，则赵姓自应收租，何可妄为押割？如果此田应归义学，则赵姓历年抢割之谷，均当断令缴清，又何必今年之租，始行押割，转置前此诸谷于不问耶？总之此案根底未清，以致繆轕至此。

今若仅究命案，已为舍本治标；而租谷又系标中之标，更可毋庸分虑。盖此案之起，由于田产未清。田产一清，则租谷自明；而命案之谁是谁非，亦可不言而解。此卑职所以旋谕各绅，不必移饬押割也。今该氏等竟敢诬称娄绅陈焯之等，从请新任饬差押割，偏抑奚堪等语，不识饬差何人？押割何谷？偏抑何事？卑职甫经接任，若辈即欲肆诬，以为钳制县官、藉尸恣控之计。至所称娄绅陈焯之等，贿串封冤一节，尤为节外生枝。该绅等或任部曹，或官府道，平时极知检束，未尝出入公庭，干预公事，只以事关义学，合邑联具公呈，不过首列衔名，缕陈颠末，有无冤枉，庭讯自明。该绅何敢封冤，又何容该绅封冤耶？

窃闻此间恶习，大都好勇忘生，动辄纠约多人，互相攻杀。一有伤毙，便做尸亲，兼之讼棍从唆，一任纵情狂噬，株连罗织，起灭自由，并将指控正凶随意屡为删改。官中一经传讯，乡间即便讲钱，若辈藉此为生，全待开花讹诈。甚至讼经数代，两造经已无人，而案外之人，尤复彼此捏名鸣冤催讯，但得签差一出，又可择噬多人。惟知迭控不休，却皆匿不赴审，盖一审即须结案，无从再肆诬讹，此粤中所以有"图告不图审"之说也。卑职履任未久，所有此案底细，未能洞悉隐微，而大概情形，却已详加密访，其所以酿成五命之处，必须根究本源。应请委派干员，守提两造祖田垦单、印契、粮串，以及历任勘断捐归义学各卷宗，并传集统众持械之生员赵沅英等一干人证，解赴宪辕，逐即研讯，则不惟命案可结、全案可结，而后患亦可永除矣。卑职愚昧之见，是否有当，伏候宪裁。兹奉前因合先查明禀复。

【译文】

敬禀者：

咸丰九年十月十三日，上级批文，据卑县民妇赵李氏等状词，叫工人赵福代替她呈送到官府称她的夫族赵重光的祖契载明购买余发成等石牌沙田二顷九十余亩，被莫芝云等人谋占不遂，通过诡计想将该田串通拨给义学（学校）。上级藩宪已经作出批示，为什么会将有契照税的田坦归入义学等因由。不料贪婪的乡绅钟应元等人，遽然借着义学出头，扛讼播弄；前县官发给莫芝云等人谕令，他们借着谕令纠集兵弁何兆彪等人，分别驾驭巡船、拖船到田坦抢割稻谷，用火炮击毙业主的儿子赵琯平等五条人命，并且伤害多人，报县验明，捉获凶犯莫步云等人到案，承认是凶犯。再次接奉上级各宪的批示，要求府台提讯追究办理，无奈莫芝云等人财神有灵，抗拒提案不到，五条人命不能申冤。该处石牌沙田的赵李氏等业主，根据地契照旧请工耕种没有异常，现在属于晚种的禾熟，莫芝云等人忽然再次串同义学的贪婪乡绅陈焯之等人，向新任的聂县令申请饬差进行押割。该县令不理会藩宪、督宪的驳斥批示，仍然想将赵李氏等工耕契产的已熟田禾，假借着押割的名义，实质上是诡计谋取私下利益，没有考虑莫芝云等人没有证照进行争占，接到官府的命令提讯，害怕事情暴露而隐匿。既串通义学的婪绅进行抢割打死人命在前，又复与县官通同一气播弄押割，嗟嗟赵李氏等人。地契攸关粮食和人命，县令不查，是怎么样地偏袒？祸害如此严重，情迫之下请求批示，叩乞上级，迅速饬令官员秉公查办，以免再发生争端，沾恩切赴等情况。

批复：此案先是据赵祖勋等人控告，督宪双方当事人互相争夺沙田，官官没有断结，莫芝云等人为什么能够向县府请求发出谕令，先割田禾，批示主管饬令府台提审追究。这个案件已酿成多条人命，犯人证人还未解审。乡绅陈焯之等人，为什么遽然申请官府进行押割，望新会县令迅速确实查证后禀复上级察核。一面赶紧拘传犯人证人，克日解送府台讯办，不得再任由事端发生。抄粘并发，印发到县。

奉命遵守查实：本案之前已经奉命执行提讯，经过卑县的前任县令多次分别催促营兵，通知拘传各个犯人证人前来审理。因指控的莫亚年等人，屡经缉捕还未捉获，以致未能解犯质证。卑职上任之后，接准移交案件，再次照案命令差役进行拘传，随后，绅士陈焯之等人，以豪族占据抢夺等情况，联名申请移饬押割前来县府。卑职因此查明此案，之前据监生莫廷蕙等人，在道光年间，以该族祖宗遗下的公尝田地，多次被赵学魁等人强占霸耕，迭经前任县令作出明确的勘断，仍然被赵姓强行占据，并且将莫姓的尝田，一概堵塞水源，不能安耕，情愿将田地捐给义学，作为学校的费用。经过前任陈县令的核准，已经将捐地备案，而赵姓等人，仗着其族大人多，仍然不断地进行抢割，并且说这块田是属于赵姓的祖产，因为莫姓谋占不遂，擅自将该田赂送给义学等话，因此才造成五条人命的案件。

那么这块田地究竟是何姓的产业，既然未分明，而捐给义学的时候，究竟是否审断结案，自应彻底查清楚，才可以清除诉讼枝蔓，从而断绝祸根。若不正本清源，只是审讯目前的命案，不但分不清是非，难以分清罪责。而且，这块田的产权一日不明，那么这些祸害一日不停止。每次到了田禾将熟的时候，便看到抢割频频发生，互相仇杀，始终没有结局。恐怕五条人命之死，只是先声，接踵而来因此而丧命的，只怕难以计数。

如今既然已经酿成五条人命，上级多次催促提案，自是应当拘集犯人证人，彻底审讯查明，详细解送上级听候审断结案。至于移饬押割一节，该绅等人亦认为案件已经酿成五条人命，深鉴前车，不得以才做出这个申请。卑职旋即认为这块田地的租谷，已经抢割多年，何必在这个时候才行押割？如果这块田地应归赵姓所有，则赵姓自应收租，为什么可以胡乱申请押割？如果这块田地应归义学所有，那么赵姓历年来抢割的稻谷，应当全部断令缴清，又何必为了今年的田租，才进行申请押割，对之前的稻谷就不追究了吗？总之，此案的根底未清，以致纠葛到达如此地步。

现今如果仅仅是追究命案，已经是舍本治标；而租谷又是标中之标，更加可以不用分心考虑。这个案件的缘起，是由于田产未清。田产一清，则租谷自明；而命案的谁是谁非，亦可以不言而解。因此，卑职所以立即告谕各位乡绅，不必申请官府移兵饬令押割。现在该氏等人竟敢诬称贪婪的乡绅陈焯之等人，向新任县令申请饬差押割，是怎么样的偏袒等语，不知饬差了何人？押割了何谷？偏袒了何事？卑职刚刚接任，他们这些人即想放肆地诬蔑，作为钳制县官、借尸恣控的计谋。至所称婪绅陈焯之等人，贿赂串同封锁冤情一节，尤其是节外生枝。该绅等有的任部曹，有的是官府道，平时极知检束，不曾出入公庭、干预公事，只是以事情有关义学，全县联名具书公呈，不过是首列衔名，逐一陈述本末，有无冤枉，经过开庭审讯自然明白。该乡绅何敢封锁冤情，又怎么容许该乡绅封锁冤情呢？

我听闻此间的恶习，大多数人是喜好狠勇不惜性命，动辄就纠集多人，互相攻杀。一旦遇到有死亡的，便认作尸亲，加上讼棍从中唆使，一任纵情狂咬，株连他人罗织罪名，案件起灭自由，并将他人指控的正凶随意多次删改。一经官府传讯，乡间便开始谈钱，他们这些人借此为生，全待开案花费进行讹诈。甚至诉讼经过数代，双方当事人已经无人，而案外的人，还在彼此捏名鸣冤催讯，但得官府签差一出，又可择咬多人。只知迭次不断地控告，却全部隐匿不赴官府审理，因为一旦审理必须要结案，他们就无从再行放肆地诬讹，这就是粤中所以有"图告不图审"的说法。卑职履任不久，所有此案的底细，还不能洞悉隐微，而大概情形却已经详加密访，酿成五条人命方面必须根究本源。应请委派干员，提取双方当事人的祖田垦单、印契、粮串，以及历任县令勘断、捐归义学各个卷宗，并传集带领众人持械的生员赵沅英等一干人证，押解到上级官衙，逐一研讯，则不仅命案可结、全案可结，而后患亦可以永远消除。卑职愚昧的意见，是否有当，伏候上级审裁。前面各种因由，应当先行查明禀复。

履勘赵莫两姓田坦一案示

【原文】

为出示晓谕事：

照得本县世成名宦，勉绍清芬，廉洁自持，防闲①尤密。凡于一切案件，概不要钱。业于下车之初，已再四明白晓谕矣。唯恐乡愚无识，或为奸狯所朦，用特为尔等明晰言之。盖自抵任以至于今，无论何项案件，如有得受一文钱者，天诛地灭，断子绝孙。此本县所自信，而亦阖邑之人所堪共信者也。今日履勘尔等两姓田亩，所有本县一切费用，概系由署发给，即杯水亦不以之相扰。如有何人，敢向尔等妄称送官茶食果品，以及折送干礼需索随封②者，即着尔等立时扭禀以凭尽法惩治。懔之。特示。

【注释】

① 防闲：防，堤也，用于制水；闲，圈栏也，用于制兽。引申为防备和禁阻。
② 清代孔尚任《桃花扇·阻奸》："你老说的有理，事成之后，随封都要

双分的。"王季思等注:"随封,即封包、赏钱。"

【译文】

为出示晓谕事:

本县数世均出现名官,清芬不断,廉洁自持,防备和禁阻尤其严密。凡是一切案件,一概不要钱。已经在上任之初,已经再三说得明明白白了。唯恐你们乡民愚昧无知,或者被奸猾所蒙骗,因此特别给你们清楚明白地说明。从抵任以来直至如今,无论哪一类案件,如果有收受过一文钱的,天诛地灭,断子绝孙。这是本县所以自信,也是全县人民应该共信的告示。今日进行勘验你们两姓的田亩,所有本县的一切费用,一概由官署发给,即使是杯水一样的费用也不打扰当事人。如果有什么人,胆敢向你们妄称送给官员茶食果品,以及折送干礼需索封包的,即着令你们立即将他们扭送官衙、禀告官府,用法律来惩治他们。懔之。特示。

赵莫两姓田坦①案勘语

【原文】

勘得赵祖勋与莫廷蕙等控争一案,其初不过区区一田土细故耳,而何以构讼数十年,历官八九任?田更数主,忽赵忽李忽余;界出两歧,或冲或河或海,遂尔蔓延奕叶,株累如林;抢劫成风,诪张蔽日,戈矛并出,炮械横飞,以至五命告凶,八伤成废;诸婺②抢地,两造呼天,诉遍上台,委提下县,且欲以阖邑之巨衿大族、端士正人、山长局绅、文员武弁推而至于举贡、生监之属,悉罗而致之幽囚缧绁之中。呜呼噫嘻!讼至此而极矣。果孰使之然哉?

盖凡事求其闲,得其闲而窾窍③胥开。积案必览其全,综其全而机缄毕露。纵使心猿万变,岂能逃我鉴衡。须知首鼠两端,只自呈他矛盾。是在摒除障蔽,毫无意气之存,用能洞烛隐微,有若肺肝之见也。向使本之不正,而唯末是持;源之不清,而唯流是塞,是何异以纸包火,而欲其不燃?以刀划流,而谓其已断也哉?

此案屡经勘结,亦皆煞费经营,然不能摘其伏而发其奸,遂无以服其心而钳其口。无论邱任之翻新强断,不无丘壑在胸;胡任之照旧复详,未免葫芦依样;即如陈任两次断为莫姓之田,可云子莫之执中,不啻君陈之施政④矣。然莫莫是刈,未能净绝根株;斯陈陈相因,必至另生枝节。无怪乎勘犹未勘,断犹未断,结犹未结,详犹未详,且讼且争,随销随控,变生莫测,害及无辜,仇真不共戴天,冤亦万难填海也。若不通盘计算,彻底搜求,则此田一日不清,即此讼一日不止;此案一日不结,即此祸一日不消。窃恐愈变愈奇,弥久弥烈,相攻相杀,无了无休。五命八伤,特其先导,千秋万世,讵有穷期?言念及斯,能不背为之芒而胆为之栗也哉。

今综尺余卷牍,逐为分析参观,觉数十年是是非非,顿尔了如指掌;二三辈之虚虚实实,居然朗若列眉。虽不敢谓如镜之明,又何敢辞如斧之断?即兹所勘,可得而言焉。顾履勘必先详形势,形势不著,则畛域不分。言者虽自谓了然,而阅者终仍属茫然也。今赵姓所争莫姓之田,即赵姓所买余姓之产;而余姓所占莫姓之产,又即余姓所诡称典与李姓之田也。辗转支离,变幻百出,案牍山积,人证多亡,微特问官将此一部二十一史不知从何说起。即令两造对质,亦不能指其何者为是,何者为非。今欲抉隐阐微,穷原竟委,思所以除讼蔓而断祸根,不亦难乎?而无难也。

大凡狱贵初情,非后起所能夺。案有原稿,虽猾吏不得抽。卷查道光八年,余玉成等于报承沙坦时,禀称在马鞍山石牌沙下。今按马鞍山为该处极北之地,山下有数石森立,因名"石牌"。其下有田数十顷,皆已成熟,向系何、陈、李、谢诸姓之产,环筑一围,此外并无生坦可承,无所庸其报垦也。围之下有何玉、冯张合、莫若智三姓之田,冯田居中,何东莫西,井然不紊。而此三田之中,复隔一河,河宽八九丈,名曰"大沙",舟楫常通,迥非沟洫之比。居是地者,皆名之曰"大沙冲",固不得以"石牌沙"名之矣。河以南仍为冯、何、莫三姓之田,略无隙地。又其南始为莫廷泽等祖尝之田,是为仙人湾太庙下南冲口等土名,即余姓所占莫姓之坦,而赵姓所称买自余姓之坦,数十年控争不决之处也。细维余玉成报坦之时,明称坐落马鞍山下土名"石牌沙尾",是明明在何、冯、莫三姓之田之北矣。其始念殆欲于石牌沙尾,一施其影射霸占之计矣。嗣以该处并无隙地,遂不得不为变计之萌,因见莫廷泽等祖尝之田,适在其南,欲行移占,而苦于原承之照,四至分明,莫能变易。于是弃置多年,绝不提及。迟至道光二十年以后,渐次抢割莫氏祖尝之田之禾,并抢及田邻何玉等姓界内之谷,以致各姓连年控告,屡次差拘,而余姓并不一诉。突于道光二十三年九月十八日，余玉成忽尔具呈，谓伊此田，系于道光八年报垦承充，领有照据，旋于道光十年，将照典与三水县职员李燮元手得银一千二百两正。讵李燮元于道光十六年，被贼将照窃去，曾在南海县报过有案。不料此田于道光十四年，即被莫廷泽霸占耕获，累伊颗粒无收。今因李燮元前来索取十余年积欠本利各谷，只得禀乞追究等语。而三水县之李燮元者，亦即于是日挺身具呈，力控莫姓霸占多年，已为追缴。以后控词，幻化几不自知，只求百计弥缝，不顾千般败露，以致从前各任，竟苦于无可如何。凡此皆惯行霸占人田之赵姓人等之所为也。其所谓余玉成、余发成、余上就、余璇即余璇溥、李燮元等，皆不过用人出名，借以为傀儡之具耳。

迨至道光三十年，邱任不察，将田断归余姓，复为详请补给垦照。而余姓与李姓者，亦即功成身退。因于领照之日，将田卖与赵姓。赵姓即于是日，立刻投税过耕，以为柄据。盖至是而莫姓之田，始真为赵姓之业矣。殊不知一北一南，中隔数十余顷，虽沧桑可易，而部位难移，是非有挟山超海之能，其断难移丘换段易北为南也明矣。此莫姓之所以万难强服，而断不肯具结者也。自是以来，又复屡经勘讯，而赵姓有照有契，有卷有判，铁案不磨，尚复谁能翻异？莫姓于此，明知势难与较，无如心实不甘，遂以此田于陈任复讯时，自愿捐归紫水义学，以资膏火，以断葛藤。是莫姓之于此田，久已置之不问矣。乃赵姓于陈任批准之后，匿不赴案，以为并未具结，仍然抢割频仍。而该义学首事，咸以田已充公，必须禀官押割，日后互相争夺，多寡不拘，亦唯捷足者先得耳，而断不料有去年炮毙五命之事之重且大也。

今欲根究莫姓，则莫姓田已捐出，早已不复与闻。若欲归罪武营，则武营系奉县移前往押割，初亦不知谁非谁是，惟见黑夜多人抢割，喊杀连天，彼以炮来，此即以炮往耳。其势然，亦其职然也。若是则移营之前县，不得谓为无过矣。然县官本有押割之责，又据义学首事所禀，且以培植人材之事，并皆知为赵姓之非，而谓县中其能坐视不理乎？此又前县所不肯任咎者也。审是则五命之抵，当以责之义学首事为得当矣。然首事固总司出纳者也，自捐此田以来，无岁不抢割，即无岁不押割，亦即无岁不禀请押割，今亦不过照旧一禀耳，岂即知有此五命之事耶？是又难以加之首事以抵死之罪也。然则五命究将谁抵耶？岂五命竟可不抵耶？夫天下岂有人命而不抵者哉？岂有五命之多而可不抵者哉？虽然，亦视其死为何如死，与其致死之由为何如由耳。如其田而为赵姓之田也者，则莫姓不得捐，陈任不得准，义学不得受，首事不得禀请押割，前县不得擅移武营，而武营不得擅自开炮。无论其伤毙五命也，即使不伤一人，不毙一命，辗转究坐，罪有攸归，其能有一人之得侥邀幸免耶。如其田而为莫姓之田，则惟莫姓之人，可以垦，可以承，可以耕，可以获。莫姓之外，更无有一人半人所敢分其一畦，占其一亩，攘其一穟，窃其一粒一叶者也。矧其为捐在义学，批自公堂，收给诸生，禀由首事，押割之举，由县移营，押割之行，由营拨弁。堂堂之鼓，正正之旗，文武会衔，官绅合德。斯即赵姓之产，亦当以理相争，况仍攘夺为怀，岂尽绝无天理？使其中稍有一二明理知几之士，奉公守法之人，应亦闻而自惭，望而生畏，爰集族众，载警凶顽，戢翼潜逃，革心默化，断不敢悖天逆理，怙恶不悛，甘为犯法之人，致蹈忘身之惨，而乃弁髦国法，鱼肉善良，恃其族类蠢多，依然昏夜抢割，迨兵役遥相禁阻，竟敢以恶语相加，且于诟骂之余，复放手枪相吓。

呜呼！是败类也，是乱民也，是抗拒官兵也，是行同劫盗也。而谓桓桓之士，赳赳之夫，其能忍辱含羞，甘于顺受，而不遑奉文押割之势群然以大炮轰之也哉。此炮一发，而五命毙矣。五命毙而赵姓之人得为尸亲苦主矣。而赵姓之人乃得肆其诈控之图矣。此固赵姓之人所为谋之数十年而始得有此一日者也，其尚肯将此命案轻轻了结耶？至于命案是非，则未奉上台委讯，未敢臆断。姑即田亩所履勘得实者，绘图贴说，缀以芜词，亦以见此行之不虚云耳。仍候集讯禀复解省察夺。此勘。

【注释】

①田坦，乃指围海造田所得土地，或称沙田、沙坦。沙坦形成经历鱼游阶段、橹迫阶段、鹤立阶段、草埗阶段和围田阶段。沙坦又可分为草坦、白坦、水坦、熟坦，各坦以围地的成熟度区分，征税有别。开发沙坦并取得所有权，有一定的手续。《广东通志》载："沿海沙坦出水后方准具报承垦，每人不得过一顷，多者分承协筑，成坦均分。仍先由图总呈报土名，绘具图册，官勘给单。每坦限三年筑成，分别独承共承，验给县照。起征之年，换给司照报案。"可见程序是先申报承坦，后经官府丈量，纳饷升科，最后颁发司照。

②嫠：寡妇，指赵家赵李氏。

③窾窍：窾，音 kuǎn，有法则之意。窾窍，指个中诀窍。

④《孟子》："杨子取为我，拔一毛而利天下，不为也。墨子兼爱，摩顶放踵利天下，为之。子莫执中。执中为近之。执中无权，犹执一也。所恶执一者，为其贼道也，举一而废百也。"子莫执中，指子莫做事比较公平，持中道。《尚书·周书·君陈》："周公既没，命君陈分正东郊成周，作《君陈》。"君陈施政，指君陈能够公平施政。

【译文】

勘验得知赵祖勋与莫廷蕙等控争一案，起初只不过是区区一宗田土细故案件，而何以构讼数十年，经历八九任县官？田土变更了数个主人，忽赵姓忽李姓忽余姓；边界产生分歧，或冲或河或海，遂尔蔓延到枝叶，株累如林；抢劫成风，欺诳蔽日，戈矛并出，炮械横飞，以至五人死亡，八人伤残；几个寡妇抢地，双方当事人呼天，诉讼告遍了上级，委任下县提审，并且想把全县的巨袗大族、端士正人、山长局绅、文员武弁推而至于举贡、生监之属，全部罗致在幽囚监狱之中。呜呼噫嘻！诉讼到此可谓达到极致。果然是他们造成这样的结果吗？

凡事都要求得其中的诀窍，得到其中的诀窍而关节全开。积案必须综览其全部，综观其全部则机关毕露。纵使心如猿猴一样万变，怎么能够逃出我的洞鉴？须知迟疑不决、瞻前顾后，只会自呈他的矛盾。在摒除障蔽之后，不要意气用事，运用这个方法就会洞烛隐微，有若肺肝相见了。如果一直以来不正本源，而只是追求枝末；本源不清，而只是堵塞流水，与用纸包火有什么分别，还想它不燃烧？以刀割划流水，能够说它已经截断了吗？

这个案件屡经勘结，亦可算煞费经营，然不能指出它藏伏的要点从而揭发当事人的奸计，遂不能使当事人心服口服。无论是邱县令的翻新强断，不无自己的判断；胡县令照旧复详，未免依样画葫芦；即如陈县令两次判定是莫姓之田，可以说如子莫那样做事公允、持中道，又如君陈施政一样公允。然而像割除茂密的草，不能净绝根株；这些陈陈相因的做法，必然导致另生枝节。无怪乎勘验等于未勘验，审断等于未审断，结案等于未结案，详析等于未详析，且讼且争，随销案随控案，变幻莫测，害及无辜，仇恨真的变成不共戴天，冤屈也万难填海了。如果不通盘考虑，彻底搜求，那么这块田地一日不清楚，这个诉讼一日不会停止；这个案件一日不结案，这个祸害一日不能消除。我恐怕案件愈变愈奇，越久越烈，相攻相杀，无休无止。五条人命、

冈州公牍

119

八位受伤，只是其先导，千秋万世，怎么有穷尽的期限？说到和想到这些事，还不感到芒刺在背、心胆寒栗吗？

如今综览尺余厚的案卷，逐一进行分析对照，觉得数十年的是是非非，顿时了如指掌；二三代人的虚虚实实，居然像两条眉毛一样明朗。虽不敢说如镜子一样明晰，又怎么敢作出像利斧断木一样的言辞呢？依照这个勘验结论，可以这样说了。进行勘验必须首先详尽形势，形势不清，那么界域不分。说话的人虽然自称清楚，而阅卷的人自始至终仍茫然不清。现在赵姓所争莫姓的田地，即赵姓购买自余姓的产业；而余姓所占据莫姓的产业，又即是余姓所诡称典当给李姓的田地。辗转支离，变幻百出，案牍如山积，人证大部分死亡，县官对这一部二十一史亦不知从何说起。即使叫双方当事人对质，亦不能指出谁是对的、谁是错的。现今想指出隐微，穷追源委，想通过清除讼蔓而断绝祸根，不是很难吗？其实并不难。

大凡狱讼贵在初情，这不是后起的纷争能够掩饰的。案件存有原稿，虽然是狡猾的衙吏也不得抽出。从案卷中查明，道光八年余玉成等人向官府报承沙坦时，禀称在马鞍山石牌沙下。现今按实际地形，马鞍山是该处极北之地，山下有数石矗立，因名"石牌"。其下有田数十顷，全部已经成为熟田，一直以来是何、陈、李、谢诸姓的产业，环绕筑成一个围，此外并没有生的沙坦可以承报，更不用说报垦了。围的下面有何玉、冯张合、莫若智三姓之田，冯的田地居中，何田在东，莫田在西，井然有序。而此三田之中，又隔着一条河，河面宽八九丈，名叫"大沙"，船只经常通行，并不是水沟可以相比。在这个地方的田地，全部都叫作"大沙冲"，肯定不能以"石牌沙"之名来称呼它。河的南边仍然是冯、何、莫三姓的田地，没有空隙地。其南边才是莫廷泽等的祖产田地，这是仙人湾太庙下南冲口等土名，即是余姓所占莫姓的田坦，也是赵姓所称向余姓购买的田坦，数十年控争不决的地方。细查余玉成在报田坦的时候，明确声称坐落在马鞍山下土名"石牌沙尾"，这明明是在何、冯、莫三姓田地的北边。他开始的念头就想在石牌沙尾，实施他影射霸占的计谋了。后来因为该处并没有空隙地，遂不得不作出改变计划的想法，因见莫廷泽等祖产田地，刚好在其南边，想实行转移侵占，然而苦于原来承报的执照，写明了四至，不能变易。于是弃置多年，绝不提及此事。迟至道光二十年以后，渐渐多次抢割莫氏祖产田地的稻谷，并且抢及邻田何玉等姓界内的稻谷，以致各姓连年控告，屡次被官差拘传，然而余姓并没有一次到庭应讼。突然在道光二十三年九月十八日，余玉成忽然向官府具呈，说他这块田地是在道光八年向官府报垦承充，领有执照证据，随即在道光十年，将执照典当给三水县的职员李燮元之手，得银一千二百两整。怎料到在道光十六年，执照被贼窃去，李燮元曾经在南海县报过案。不料这块田地在道光十四年，即被莫廷泽霸占耕获，累及他颗粒无收。如今因为李燮元前来索取十余年前积欠的本利各谷，只得禀乞县府追究等语。而三水县的李燮元，亦当即在该日挺身具呈，力控莫姓霸占田地多年，已为追缴。以后的控词，幻化几乎自己都不自知，只求百计弥缝，不顾千般败露，以致从前各任县令，竟苦于无可奈何。凡此种种行为，全都是惯行霸占人田的赵姓人等的所作所为。所谓余玉成、余发成、余上就、余璇即余璇溥、李燮元等人，只不过是用人出名，借来作为傀儡的工具罢了。

等到道光三十年，邱县令没有察觉，将田地判决给了余姓，还为他详细补办了开垦执照。而余姓与李姓的人，亦即功成身退。因此在领照之日，将田卖给赵姓。赵姓即在当日，立刻交税过耕，作为有力的证据。因此到了这个时候，莫姓之田才真的变为赵姓的产业。殊不知一北一南，中间隔了数十余顷地，虽然沧桑可变易，而部位难以转移，除非有挟山超海的能力，断然难以移动山丘转换地段、变北边为南边，这是非常明了的。这就是莫姓之所以虽经万难也不服，而断然不肯具结的情形。

自是以来，又多次经过勘讯，而赵姓有执照有契约，有案卷有判决，铁案不磨，谁还能翻案？到了这里，莫姓明知势力难与赵姓相较量，但是心里实有不甘，遂在陈县令复审的时候，将这块田地自愿捐给紫水义学，作为义学灯油的费用，从而绝断纠纷。而莫姓对于这块田地，已很久置之不问了。而赵姓在陈县令批准捐地之后，隐匿不赴案，以为这个案件还没有具结，仍然不断地进行抢割。而该义学的首事，认为田地已经充公，必须禀官申请押割，日后互相争夺，多少都不限制，唯捷足者先得罢了，而断然不料有去年炮毙五条人命这样重大的事情发生。

现在想根究莫姓，则莫姓已经捐出田地，早已不再过问田地。如果想归罪于武营，则武营是奉县府的命令前往押割，起初也不知谁是谁非，只见黑夜中有多人在抢割，喊杀连天，那边以炮火来打，这边即以炮火回击而已。这是形势如此，也是其职责如此。如果因此将责任归咎于前任县令，不能说没有过错。然而县官本来就有押割的责任，又是根据义学首事的禀请，况且是培植人材的事情，并都知道是赵姓的过错，官府能够坐视不理吗？如此，前任县令自然不肯承担责任了。审理这件案子，五条人命的责任，归于义学首事是得当的做法。然而首事只是总管出纳的人，自从此田捐归义学以来，没有一年不抢割，即没有一年不押割，亦没有一年不向官府禀请押割，如今亦不过是照旧禀请而已，怎么料到会发生五条人命的大事呢？这样又难以将抵死之罪加在首事身上。然则五条人命终究由谁来抵责？难道五条人命竟然可以不追究责任吗？天下岂有人命而不追究责任的？岂有五条人命之多而可以不追究责任的？即使如此，亦要看看他们是怎样死的，以及导致他们死亡的原因是什么。如果这块田是赵姓的，那么莫姓不得捐献，陈县令不得批准，义学不得接受，首事不得禀请押割，前任县令不得擅移武营，而武营不得擅自开炮。不要说是伤毙五条人命了，即使不伤一人、不毙一命，辗转究坐，罪有归责，其中无一人能够侥幸免除罪责。如果这块田是莫姓的田地，那么只有莫姓之人，可以开垦，可以承允，可以耕种，可以收获。莫姓之外，更没有一个半个胆敢瓜分他们一小块地，占据他们一亩，攘夺他们一穗，窃取他们一粒一叶。况且他们将田地捐献给义学，批复出于公堂，收成给了诸生，禀请出于首事，押割的行为，由县移营，押割的行动，由武营派兵。堂堂的战鼓，正正的旗帜，文武会衔，官绅合德。即使是赵姓的产业，亦应当以理相争，况且仍然一心想着攘夺，岂不是完全没有天理？假使其中稍有一二明理有预见性的人士、奉公守法的人，也应该听闻而复至自惭，望而生畏，遂集中族人，警示凶顽，折翼潜逃，革心默化，断不敢违背天理，作恶不改，甘心做犯法的人，导致死亡的惨剧，而且还违反国法，鱼肉善良百姓，依仗族众甚多，依然在昏夜抢割，等到兵役遥相禁阻，竟然胆敢恶语相向，并且在诟骂之余，又放手枪相吓。

呜呼！这是败类，这是乱民，是在抗拒官兵，是同劫盗一样的行为。所谓桓桓之士、赳赳之夫，能够忍辱含羞，甘于顺受，不在官兵奉命押割的形势下炫耀人多从而进行大炮轰击的行为。这大炮一发，五条人命死亡。五人毙命而赵姓的人可以成为尸亲的苦主了。而赵姓的人乃得放肆地进行诈控的图谋了。这就是赵姓之人所为谋划数十年而始得有此一日，他们怎么可能将这个命案轻轻了结呢？至于命案的是非，则还未接到上台的委讯，不敢臆断。姑即田亩所进行勘验的实情，绘图贴说，加上芜词，亦证明此行不虚。仍候集讯禀复解省察夺。此勘。

勘讯赵莫两姓田坦案通禀

【原文】

敬禀者：

咸丰九年十二月初十日奉臬宪札开，案照该县民妇赵李氏等呈控附贡生莫芝云等，谋占尝田，串纠抢割，喝令莫步云及营弁何兆彪、卫象贤等炮毙伊子赵琯平等五命，并伤多人一案。先据该民控奉督宪札司营，立将何兆彪、卫象贤解任，饬令赴府候质等因。当经饬委候补县丞陆有任守提人证解府审办在案，旋据该署县禀称，此案两造互控占田，须查此田究系何姓之业？何以捐作学租？而捐归义学之时，究竟曾否禀报有案？自应彻底查讯，方足以除蔓衍而免株连。若不正本清源，憔讯目前命案，不但是非莫白，究坐难分；且此田一日不明，即此祸一日不息。每值田禾将熟，即致抢割频仍，仇杀相寻，终无了局。

盖此案之起衅，由于田产未清，田产一清，则租谷自明，而命案之是非，亦可不言而解。又准新会营尹参府移称，何兆彪、卫象贤二弁，禀请札委代防，随即移送赴府候质等情到司。查此案衅起田土，非饬该县就近先行勘断，不能清楚，且被告人数众多，兹仅提营弁何兆彪等及已到之莫步云等数人来省，亦难究结。该令并非原审之员，无所回护，除札委员候补县丞陆有任回省销差外，合就札饬到该县讯即查明两造租田垦单、印契、粮串，及历任勘断、捐归义学各卷宗，确加勘讯，断明曲直禀复，再行分别拘集应讯犯证，提同何、卫二弁解府审办，毋稍稽延，速速等因。

奉此，卷查本案先于道光八年七月初十日，据县民余玉成、余发成、余上就报承土名马鞍山下石牌沙尾坦二段，计税二顷九十九亩八分零。经前署县张令勘明该坦三坵：靠东一坵，南至何玉官佃坦一十五丈，北至自承坦一十五丈，东至小河一十五丈，西至冯、张合坦二十四丈，计税六亩；又靠西一坵，南至莫若智坦二十二丈，北至自承坦二十二丈，东至冯、张合坦一百七十四丈，西至海一百七十四丈，计税六十三亩八分；又靠北一坵，南至冯、张合坦及现自承坦六十丈，北至海五十丈，东至河二百五十一丈，西至海二百五十一丈，计税二顷三十亩零零八厘三毫三丝三忽三几；合计大小三坵,共税二顷九十九亩八分八厘三毫三丝三忽三几等情。详奉批准升科给照在案。嗣于道光十四年十月,据余玉成呈控伊承马鞍山下,被莫若智图占等情,当经前县批斥立户输粮,即据余玉成具禀遵谕起征;随于道光二十年间,又据余玉成以伊坦不知何人闭塞冲尾,恐系土豪图占等情,呈请护割;并据沙目罗成辉及监生莫廷泽、刘功乐、何玉等分词具控沙棍余玉成等,纠匪抢割禾田,并连年控催拘追。迭经饬拘余玉成等,总未到案。迨至道光二十三年九月十八日,始据余玉成呈诉伊将坦照按与李燮元,并屡被莫廷泽等串匪抢割等情;同日并据李燮元呈明,伊于道光十年内按受余玉成石牌坦一顷八十亩,并将藩照交执,旋于道光十六年十二月间,被匪将照窃去,禀明南海县存案,恳详补给印照,并控莫姓抹界越占,致余玉成拖租无还等情;又抄粘原承藩照及坦图呈验,均经前县饬传勘讯未到。随据莫廷泽等及李燮元等分词上赴各宪辕具呈,批行勘讯断详等因。前县陈寿颐因李燮元等屡传不遵赴质,当即带同莫廷泽等亲诣控处,勘明该坦土名四至,饬令莫廷泽等缴出契照,核对相符,并无越界图占及拖欠租谷等事,当将契照发还照税管业,并照原告三月不到之例,将控案详销。旋据李燮元随详翻控,奉行吊核契照复勘断详等因。适值前县陈寿颐卸事,词交前县邱才颖照案催传,随于道光二十九年九月内,传集两造人证亲诣勘丈,因丈得余、莫两姓税坦,与原报坦数均止仅及其半,断令各归各业。其莫廷泽不敷之数,准于别有附近新沙报请勘丈补给;余发成不敷之数,如续有西边坦下新长,亦准报丈补给等情。详奉将全案注销,并详请将李燮元被窃印照补给在案。嗣据监生莫廷蕙以邱前县将伊祖土名太庙下等处西界熟坦,断归余姓,以致串匪赵擢平等踞抢等情,赴省翻控。而职员赵卓云等,亦以伊祖赵重光买受余发成等土名马鞍山石牌沙尾等税坦九十余亩,被莫姓恃强争占等情,赴县具控。并据两造控奉批行传集人证解府审讯等因,前县差传解审。两造均匿不到案,以致互相缠讼,连年抢割不休。至莫延蕙捐归紫水义学之田,即系前与余玉成等互争土名太庙下等处坦田一顷七十余亩之业,虽禀经陈前县批准立案,而赵姓故匿不到,未经断结,支节愈繁。连年各姓护割沙船,每每滋事。所以咸丰七年有炮毙赵琯平等五命,并伤多人之案。

卑职于咸丰九年九月到任,照案勒催传解,并查本案衅起田土,非将田土勘明,此案终难了结。是以禀请由县先行勘详,俟将田土勘断,再行集案解审。随奉批饬由县就近勘明禀复等因,遵即传集两造赵龙骧等及莫如春等到案，吊齐两造印照，亲赴履勘。当经勘明赵姓所受余姓之马鞍山石牌沙坦在北，莫姓之太庙下坦在南，中隔一河，河宽八九丈，舟楫通行，且有田邻何玉、莫若智、冯张合等田各多顷，横亘其中，南北相去几十余里，界址分明，俱与张前令报承升科原详界址相符。及核赵姓所缴李燮元呈请补给余玉成被窃失去宪照，则靠东一坵，本为南至何玉官佃，而照内已改为北至何玉官佃。靠西一坵，本为南至莫若智坦，而照内已改为北至莫若智坦。其中一坵，本为南至冯张合坦，而照内已改为北至冯张合坦。是此田原在何、莫、冯等田之北，而补给印照，忽又变为皆在何、莫、冯等田之南，不但与张前令原详绝不相符，且与卑职现勘迥然相反。依照而论，则莫姓之田，尽当属于赵姓，而莫姓百余年耕输之田，不知何往矣。况查余玉成既于道光十年，已将石牌坦一顷八十亩连照按与李燮元，何以道光十四年间具呈，并未声明典按与人，且称莫若智谓其田在下段，系属有心图占，则是此田系在莫若智坦之北，已有明征。即至道光二十年，呈控被人闭塞涌尾时，犹称历年批佃沙夫耕种无异，何以绝不提及莫姓抢割及按与李姓之事？即所控土豪图占，亦尚称不知何人，并未言及莫廷泽抢割多年等语。迨莫廷泽与何玉等于道光二十年以后，屡控余姓人等抢割伊田，迭经差传集讯，而余姓竟不到案一诉。直到道光二十三年十月，始据诉坦经典按，并控莫廷泽等于道光十四年后屡次抢割，而李燮元亦即于是日呈明典坦失照各情，从此出头迭控，而余玉成反行屏迹韬光。如果莫廷泽等屡次抢割越占，当时何不指名呈告，乃被莫廷泽等迭次控其抢割？亦并无一纸具诉，迭拘亦匿不到案，必待数年之后，有所谓李燮元出头，始行具控。可见先本无词可藉，后此特借李燮元以为诬赖之计耳。即谓李燮元所按是实，莫姓抢割是真，而李燮元惟应指控余姓，向其追租，何以反代余姓而力攻莫姓耶？且契照关系甚重，如果十六年被窃，何以早不呈请补照？且田坦既在新会，自应并赴新会报明，何以仅于不相管辖之南海朦禀在案耶？且此照既于十六年被窃，而莫姓已于十四年抢租，尤应及早禀请究追，补请给照，何以迟至二十三年始行具控，三十年始行补照耶？且照已失去多年，呈内又何得仍有粘抄，又从何处抄来？又何以一一相符？而惟"南、北"二字即已预行改易耶？盖照不窃失，则南北难改；南北难改，则坦无由占。故捏称被窃，以为改易之由，复为瞒请补照，以作影占之计。其计谋甚为深远，而不知弊窦即于以明呈，其余矛盾甚多，难以枚举。只此"南、北"二字，是为此案确凭，其为余、李诸人诡谋串骗，影占莫姓税业，毫无疑议。且查余玉成与李燮元等，自道光二十三年以后，纷纷迭控，正历八年，原欲争回此田，补照管业。邱前县既已将田断归余姓，复为补请给照。正好向莫廷泽等追取所抢十余年租谷本息，永远承耕，乃何以断结之时，竟将所抢租谷本息约计数千金，概行弃置不追，而并将此田立即卖与赵姓耶？盖赵姓恃其族众，惯以霸占人产为能，控案累累，素为地方之害。外间佥称此案实系赵姓主谋，特假余、李诸人出名挣控，迨至朦照到手，复托词于买受而来，则将影占欺凌，抢租改照，一切弊端，俱可委之于人，而己全然若绝无预者。盖成则坐收其利，败则阴卸其名，纵令察出弊端，亦皆余、李所为，与买主毫无干涉，而己则将钱买业，契照可凭，更有何人敢于翻异？殊不知余姓此坦，早属子虚，业于道光二十七年，其保佃武进士陈锦章，因见该坦虚报各情，恐于连累，当经在县禀称余发成所报之坦，即是莫廷泽等祖尝税坦，此外无荒可垦，应请将垦单注销，以免拖累。是余姓所报垦之坦，早于二十七年将案注销，安得复有坦位，迟至二十九年复行断给余姓耶？自有此断，而余姓之田自无而有，莫姓之产自有而无，彼此控争，均非无据。况复卖于赵姓，尤为莫敢撄锋。维时莫姓之人，计无所出，明知势难与较，却苦心实不甘，因将此田捐入紫水义学，以除讼蔓而绝祸根。乃赵姓于陈令批准之时，又复匿不赴案，以后霸耕抢割，仍然放恣横行，每当禾稻登场，辄敢相争相夺。年年禀请押割，皆由义学主持，而莫姓之人，早已置之不问矣。然万不料有咸丰七年炮毙五命之事也。

查是岁秋收将届，赵姓又欲抢租。该义学仍照旧章，禀县移营押割。讵赵姓益加猖獗，敢于昏夜统其族众数百人，秉炬持镰，轰然抢割，又复声之以炮械，助之以喊呼，火光烛天，人影动地，行同寇盗，势极凶横。弁卒惊闻，疑为盗贼，开炮轰击，势所必然，五命八伤，孽由自作。遂尔挟此上控，苦于无可主名，因思莫姓捐田，实为首祸，指名罗列，可肆株连。因以莫姓诬为正凶，谓其督喝毙命，前县据呈传讯，亦难预决是非。莫姓自问无他，因特出而告白。庸讵知一经到案，即是正凶，并不问其曾经在场否也。

今案经上控，节奉委员守提，复蒙宪恩饬令秉公勘讯，禀覆解究。奉命之下，亲历周勘，固已朗若列眉，了如指掌。并将数十年来控争各卷，逐字细加翻阅，个中情弊，似觉洞悉无遗。因集两造诸人，特坐大堂审讯，将此田一切诸弊，向赵姓人等逐层揭出，平心静气，开诚布公，辗转诘询，无词可答。迨阅至"南、北"二字，悉皆汗出如浆，佥称如此看来，实是莫姓之田，从前如何错断，应问余姓之人。若赵姓则将钱买田，不知有无弊窦；而莫姓则称此田于余、李争控之时，即系赵姓霸耕，现有租单可凭等语。是赵姓霸耕此田，久有侵吞之志，其所以不自出头，而必使余、李出名者，正为"南、北"二字败露时，好作推卸之地耳。然非今日看破"南、北"二字，犹不肯认为莫姓之田。今既认为莫姓之田，即应断归莫姓。而莫姓早以畏祸之故，将田捐入紫水义学，即不得仍归莫姓，应令义学仍旧管业收租。此奉勘坦田之原委也。

田坦既清，则命案之是非，即可不言而喻。第以案关五命，出入非轻，饬令两造均交原保，一面备文申解宪辕，听候讯诘。乃赵姓见其底里已露，解省定必服输，遂皆连夜脱逃，以便妄行上控。盖若辈本愿，并不在五命之有无，只欲藉此牵连，使义学不敢收租，官中不再押割，总以案悬不结，年年即可收租。此等刁风，殊堪痛恨。除再比差传集全案犯证解府审办外，所有卑职奉札勘讯，并将此案解审各缘由，理合禀复宪台察核。（咸丰十年六月）

督宪批：

据禀勘讯情形甚为明晰。仰东按察司饬县速即比差传集全案犯证解府审办，毋稍稽延，致滋讼蔓。仍候抚部院批示缴。

藩宪批：

本案昨据职员赵焯云控奉督宪批司饬县务将田案理清，再将命案解府审办等因，由臬司录批移会，业经转饬遵办此案。仰即查照前檄办理，并候两院宪暨臬司粮道批示缴。

粮宪批：

查此案控占沙田，历岁更年，移邱换陇，人怀鬼蜮，滋讼蔓藤，以致抢割频仍，酿成命案。田亩之虚实不明，则命案之真伪莫辨。轇轕既多，判断愈难，人幻诪张，官成聋瞽矣。该县于此案悉心履勘，立意精研，俾廿余年痼弊疑团，了如指掌，虚堂悬镜，安见古今人不相及耶？赵姓乘间脱逃，情虚更可概见。命案即不难水落石出，明慎周详，诚堪嘉尚。仰即比差勒传全案犯证解府审办，仍候两院宪暨藩臬司批示缴。

冈州公牍

【译文】

敬禀者：

　　咸丰九年（1859年）十二月初十日，接上级臬宪的手谕，记述该县民妇赵李氏等呈控附贡生莫芝云等人，谋占尝田，串纠抢割，喝令莫步云及营兵何兆彪、卫象贤等火炮击毙她的儿子赵珺平等五条人命，并伤害多人一案，先据该民的控告，督宪手谕通知司营，立将何兆彪、卫象贤解除职务，饬令他们赴府候质等等因由。立即饬令委任候补县丞陆有任提取人证押解府台审办在案，旋据该署县禀称，这个案件双方当事人互相控告占田，必须查明这块田地究竟是何姓的产业？为什么捐作义学收租？而捐给义学的时候，究竟曾否禀报有案？自应彻底查讯，才可以除蔓衍而免株连。若不正本清源，只是审讯目前的命案，不但分不清是非，难以分清罪责；并且这块田地一日不清楚，即这个诉讼一日不停止。每逢田禾将熟，即不断发生抢割事件，仇杀相寻，终无了局。

　　因为此案起于田产未清，田产一清，则租谷自明，而命案的是非，亦可以不言而解。又根据新会营的尹参府转来报告称，何兆彪、卫象贤两个兵弁，禀请所委人员来顶替，随即移送到府等候质问等情况到司。查明这个案件源于田土，非饬令该县就近先行勘断不能清楚，并且被告人数众多，仅仅提解营兵何兆彪等人，以及已投到的莫步云等数人来省，也难以究结。该县令并不是原审的人员，不需要回避，除了札令委员候补县丞陆有任回省销差之外，应当出札饬令该县令立即审讯查明双方当事人的租田垦单、印契、粮串，以及历任县令的勘断、捐归义学各个卷宗，确加勘讯，断明曲直禀报回复，再行分别拘集应讯的犯人证人，提同何、卫两个兵弁解府审办，不得稍为稽延，速速等等因由。

　　奉此命，从卷宗中查明本案首先在道光八年七月初十日，据县民余玉成、余发成、余上就向官府报承土名马鞍山下石牌沙尾坦二段，计税二顷九十九亩八分零。经前署张县令勘明该坦有三坵：靠东一坵，南至何玉官佃坦一十五丈，北至自承坦一十五丈，东至小河一十五丈，西至冯、张合坦二十四丈，计税六亩；又靠西一坵，南至莫若智坦二十二丈，北至自承坦二十二丈，东至冯、张合坦一百七十四丈，西至海一百七十四丈，计税六十三亩八分；又靠北一坵，南至冯、张合坦及现自承坦六十丈，北至海五十丈，东至河二百五十一丈，西至海二百五十一丈，计税二顷三十亩零零八厘三毫三丝三忽三几；合计大小三坵，共税二顷九十九亩八分八厘三毫三丝三忽三几等情况。详奉批准升科发给执照在案。道光十四年十月，据余玉成呈控他报承的马鞍山下，被莫若智意图侵占等情况，当经前县批斥立户输粮，即据余玉成具书禀报已经遵照谕令开始交税；随后在道光二十年间，又据余玉成以他的田坦不知被何人闭塞冲尾，恐怕是土豪意图侵占等情况，呈请官府进行护割；并且据沙目罗成辉及监生莫廷泽、刘功乐、何玉等人的状词具名控告沙棍余玉成等，纠匪抢割禾田，并连年控催拘追。迭经饬令拘传余玉成等人，总是不到案。等到道光二十三年九月十八日，始据余玉成呈诉他将田坦执照典卖给李燮元，并多次被莫廷泽等人串同匪徒抢割等情况；同日，据李燮元呈状说明，他在道光十年内典受余玉成石牌坦一顷八十亩，并将藩照交给他，旋在道光十六年十二月间，执照被匪徒盗窃去，已经禀明南海县存案，恳请详细补给印照，并控告莫姓抹去田界越占，导致余玉成拖欠租谷不还等情况；又抄粘原报承的藩照以及坦图呈验，均经前县令饬令传唤进行勘验问讯但没有到庭。随据莫廷泽等及李燮元等分词上赴各上级宪辕具呈，批示进行勘讯断详等等因由。前县令陈寿颐因为李燮元等人屡传不遵照赴案质证，当即带同莫廷泽等亲自到控争的地方，勘验查明该坦土名和四至，饬令莫廷泽等人缴出契证执照，经过核对相符，并没有越界意图侵占以及拖欠租谷等事情，当即将契证执照发还，照税管业，并按照原告三月不到的法律规定，将控案详加说明注销。旋据李燮元随详翻控，奉行吊核契照要求复勘断详等等因由。刚好遇到前任县令陈寿颐卸职，状词交给前任县令邱才颖按照立案催促传唤，随即在道光二十九年九月内，传集双方当事人和证人亲诣勘验丈量，因丈量得出余、莫两姓的税坦，与原来报承的坦数都只仅及其一半，断令各归各业。其中莫廷泽不满的面积数，准许在附近别处有新沙可以报请勘丈补给；余发成不满的面积数，如果在西边坦下有继续新长的，亦准许报丈补给等情况。详奉将全案注销，并详请将李燮元被盗窃的印照补给在案。嗣后据监生莫廷蕙以前任邱县令将他祖产土名太庙下等处西界熟坦，判决给余姓，以致余姓串同匪徒赵攉平等人占据抢割等情况，赴省翻控。而职员赵卓云等人，亦以他祖赵重光买受余发成等土名马鞍山石牌沙尾等税坦九十余亩，被莫姓恃强争夺侵占等情况，赴县具控。并且据双方当事人控奉批示执行传集人证运解府台审讯等等因由，前县令差传解审。双方当事人均隐匿不到案，以致互相缠讼，连年抢割不停。至于莫廷蕙捐给紫水义学的田

冈州公牍

地，即系之前与余玉成等人互争的土名太庙下等处坦田一顷七十余亩的产业，虽经禀经前任陈县令批准立案，而赵姓故意隐匿不到案，未经断结，支节愈繁。连年各姓护割沙船，每每滋事。所以咸丰七年发生炮毙赵琯平等五条人命，并伤害多人的案件。

卑职在咸丰九年九月到任，按照立案勒令催促传解，并查明本案源起于田土，不将田土勘明，此案终归难以了结。因此首先禀请由县先行勘详，等到将田土勘断，再行集案解审。随即奉批饬令由新会县就近勘验明确禀复等因由，遵此立即传集双方当事人赵龙骧等人，以及莫如春等人到案，吊齐双方当事人的印照，县官亲自赴实地进行勘验。当经勘明赵姓向余姓受买的马鞍山石牌沙坦在北边，莫姓的太庙下坦在南边，中间相隔一条河，河宽八九丈，船只可以通行，并且有何玉、莫若智、冯张合等邻田各多顷，横亘其中，南、北边相去几十余里，界址分明，俱与前任张县令报承升科的原详界址相符合。再核对赵姓所缴交李燮元呈请补给余玉成被盗窃失去的宪照，则靠东的一坵，本为南至何玉官佃，而照内已改为北至何玉官佃。靠西的一坵，本为南至莫若智坦，而照内已改为北至莫若智坦。其中一坵，本为南至冯张合坦，而照内已改为北至冯张合坦。就是说，此田原本在何、莫、冯等田的北边，而补给印照忽然又变为皆在何、莫、冯等田的南边，不但与前任张县令的原详绝不相符，且与卑职现场勘验的结论迥然相反。依证照来说，则莫姓的田地，全部属于赵姓，而莫姓百余年来耕种纳税的田地，不知道去了哪里。况且查得余玉成既然在道光十年，已将石牌坦一顷八十亩连同证照典按给李燮元，为什么却在道光十四年间具呈，并未声明典按给人，并且称莫若智说其田在下段，系属有心意图侵占，那么此田是在莫若智田坦的北边，已经有明证。即使到了道光二十年，呈控被人闭塞了涌尾的时候，还称历年来批佃给沙夫耕种没有异常，为什么绝口不提到莫姓抢割以及典按给李姓的事情？即使是控告被土豪意图侵占，也还称不知是什么人，并且没有言及莫廷泽抢割多年等。等到莫廷泽与何玉等人在道光二十年以后，屡次控告余姓人等抢割他们的田地，多次经官差传集讯，而余姓竟然不到案一诉。直到道光二十三年十月，才开始据诉田坦曾经典按，并控告莫廷泽等人在道光十四年后屡次抢割，而李燮元亦即在当日呈明典按田坦和被盗遗失证照各种情况，从此出头多次控告，而余玉成反而隐匿行踪。如果莫廷泽等人屡次抢割越界侵占，当时为什么不指名呈告官府，反而被莫廷泽等人多次控告他抢割？亦并没有一纸具诉，多次拘传也隐匿不到案，必待数年之后，有所谓的李燮元出头，才开始具控。可见原先本来无词可以作为借口，后来特别借助李燮元作为诬赖的计谋罢了。即使李燮元所典按是实情，莫姓抢割是真的，而李燮元只应当指控余姓，向其追租，为什么反而代余姓而尽力攻击莫姓呢？并且契照关系很重要，如果十六年被盗窃去，为什么不早点呈请补照？况且田坦既然在新会，自应一齐赴新会来报明，为什么仅仅在与管辖不相干的南海蒙骗禀告在案呢？并且此证照既然在十六年被窃去，而莫姓已经在十四年抢租，尤其应当及早禀请追究，补请重给证照，为什么迟至二十三年才开始具控，三十年才开始补办证照呢？并且证照已经失去多年，呈书内边又为什么仍然有粘抄，又从什么地方抄来的？又为什么能够一一相符？而只是"南、北"二字即已预行更改变易呢？因为证照不窃失，那么南北难以更改；南北难以更改，则田坦没有理由侵占。故而捏称被盗窃去，作为更改变易的理由，再行瞒请补照，从而实行影占的计谋。其计谋甚为深远，而不知弊窦即在过程明白呈现，其余矛盾很多，难以枚举。只此"南、北"二字，就成为这个案件的确实凭据，这是余、李诸人诡计阴谋串同诈骗，影占莫姓的已经纳税的产业，毫无疑议。并且查得余玉成与李燮元等，自道光二十三年以后，纷纷迭控，经历了八年，原本想争回此田，补办证照管业。前任邱县令既然已将此田判给余姓，又再为他补请给照，正好向莫廷泽等人追取所抢的十余年的租谷本息，永远进行承耕，为什么在断结的时候，竟然将被抢租谷的本息约计数千金，一概放弃不追，而将此田立即卖给赵姓呢？因为赵姓依恃着族人众多，习惯以霸占他人产业为能，控案累累，一直是地方之害。外间都称此案实系赵姓主谋，只是假借余、李诸人出名挣控，等到蒙骗证照到手，再托词是购买而来，则将影占欺凌、抢租改照一切弊端，全部推诿到他人身上，而自己好像全然没有参与。因为成功则坐收其利，失败则暗中推卸其名，纵然被察出弊端，亦只是余、李的所作所为，与买主毫无关系，而自己用钱买业，有契照可凭，更有什么人胆敢来翻异？殊不知余姓的这块坦田，早已属于子虚乌有，已经在道光二十七年，为他的佃农作保的武进士陈锦章，因为看见该坦田虚报各情，恐怕连累自己，当年已经向县府禀称余发成所承报的坦田，即是莫廷泽等祖尝的税坦，此外没有荒田可以开垦，应请将垦单注销，以免拖累。那么余姓所报垦的坦田，早在二十七年将案注销，怎么可能还有坦位，迟至二十九年再行判给余姓呢？自从有了这份判决，而余姓的田从无到有，莫姓的产业从有到无，彼此控争，均非无据。况且再卖给赵姓，尤其无人敢与其争锋。那时莫姓之人计无所出，明知势力难与其相较，却实在心有不甘，因将此田捐给紫水义学，以断绝诉讼蔓延而清除祸根。赵姓在陈县令批准捐地的时候，又再次隐匿不赴案，以后进行霸耕抢割，仍然放恣横行，每当禾稻成熟收割时，辄敢相争相夺。年年禀请押割，都是由义学主持，而莫姓之人，早已置之不问。然而万万料不到有咸丰七年火炮击毙五条人命的事端。

查明当岁秋收将到，赵姓又想抢租。该义学仍然按照旧章，禀请县府移营押割。怎料赵姓更加猖狂，胆敢在昏夜统领数百人的族众，拿着火炬持着镰刀，轰然抢割，又再以炮械来声援，以喊呼来助威，火光照亮了天空，人影动地，行为如同强盗，势极凶横。兵卒惊闻，怀疑是盗贼，开炮轰击，这是形势发展的必然结果，五条人命八人伤残，实在是自作孽造成的。其后，挟着这件事进行上控，苦于没有被告，因而想到莫姓捐田，实在是首祸，将其指名罗列，可以放肆地株连。因此将莫姓诬告为正凶，说他们督带命令而杀死人命。前县根据具呈传讯，亦难以判决是非。莫姓自问没有什么，因此特别出来说明白。怎么料到一经到案，即是正凶，并不问他们是否曾经在场。

如今这个案件已经上控，上级派遣人员下来守提，又承蒙上级宪恩饬令秉公勘验讯问，禀报回复解究。奉命之下，我亲历周密勘验，已如眉毛对立一样明朗，了如指掌。并将数十年来控争的各个案卷，逐字细加翻阅，个中情弊，已觉得洞悉无遗。因而召集双方当事人，特别开堂审讯，将此田的一切弊端，向赵姓人等逐层揭出，平心静气，开诚布公，辗转诘询，无词可答。等到他们看到"南、北"二字，全部都汗出如浆，都声称如此看来，实在是莫姓的田地，从前如何错误判决，应追问余姓之人。好像赵姓用钱来买田，不知道有无弊端。而莫姓则称此田在余、李争控的时候，即系被赵姓霸占耕种，现在有租单可以作凭证等言语。可见，赵姓霸占耕种此田，长久以来就有侵吞的意思，他们之所以不自己出头，而必须借余、李之名出头，正是当"南、北"二字败露时，好有推卸责任的余地。然而，如果不是今日看破"南、北"二字，依然不肯认为是莫姓的田地。如今既然认为是莫姓的田地，即应判给莫姓。而莫姓早以因害怕祸害的缘故，将此田捐给紫水义学，自然不能够仍归莫姓，应该令义学仍旧管业收租。这是奉勘坦田的原委。

田坦的产权既然分清，那么命案的是非，即可不言而喻。只是案件关系到五条人命，出入非轻，饬令双方当事人都交原保，一面备文申解给上级，听候审讯诘问。赵姓见到他们的底牌已经暴露，解省后必然服输，因此全部连夜脱逃，以便再妄行上控。因为他们这些人的本意，并不在乎五条人命的有无，只是想借此案件进行牵连，使义学不敢收租、官府不再押割，总以为案件悬而不结，年年即可收租。这等习风，令人十分痛恨。除再叫差役传集全案犯人证人押解府台审办之外，所有卑职奉札勘讯并将此案解审的各个缘由，理所应当地禀复上级宪台察核。（咸丰十年六月）

督宪批复：

据禀报勘讯情形甚为明晰。希望东按察司饬令县府速速传集全案犯人证人解府审办，不得稍为延迟，导致讼蔓产生。仍候抚部院批示缴。

藩宪批复：

本案昨据职员赵焯云控、督宪批司饬县务将田案理清，再将命案解府审办等等因由，由臬司录批移会，业经转饬遵办此案。仰即查照前檄办理，并候两院宪暨臬司粮道批示缴。

粮宪批复：

查此案控告侵占沙田，经历多年，移邱换陇，人怀鬼蜮，滋讼蔓藤，以致抢割频仍，酿成命案。田亩的虚实不明，则命案的真伪不能分辨。纠葛既多，判断愈难，人幻诪张，官府成了摆设。该县于此案悉心履勘，立意精研，对二十余年的痼弊疑团，了如指掌，审案公正，怎么能说今人不如古人呢？赵姓乘间脱逃，情虚更可概见。命案即不难水落石出，明慎周详，诚堪嘉尚。希望即比差勒传全案犯证解府审办，仍候两院宪暨藩臬司批示缴。

呈送赵莫两姓沙坦全案清折禀

【原文】

敬禀者：

窃照卑县赵祖勋诬控莫芝云等抢割毙命一案，节经卑职勘讯分明，缕陈钧座。并荷恩施逾格，曲予矜全，不惟鉴察虚诬，且蒙准保应试，凡有血气，无不衔恩,矧在当躬,能无感泣。是此案原原本本,早已烛照无遗,尚何庸琐渎陈词,妄呈清听。弟念此案已历三十余年之久,卷牍积得一尺有余,其中变幻多端,不啻蜃楼海市。即一手经理,亦觉头绪纷繁,未免目迷五色,而顾欲于数十年后,摘伏发奸,并欲于千变万化之余,无微不烛,实得其命意之所存;则又以事久弊深,语纷词杂,繁则无以握其要,简又无以罄其奸。此本案所以构结数十年,勘结十数次,屡讯屡断,屡详屡翻,卒致五命八伤,酿成巨案。解省提讯,莫得实情。即至卑职洞见隐微,揭出"南、北"二字,不惟莫姓之人同声感激,即赵姓人等亦各骇汗认罪,泥首乞恩。只因卑职惟奉札饬勘讯该田,未蒙委讯命案,所以奸谋百出,畏罪奔逃,复敢狡饰支吾,妄行上控。因奉抚宪批饬委提全案人证卷宗,解赴省垣研鞫,业经本府再三提讯,曲尽其诬,而赵姓复犹狡辩多端,愈控愈烈。本府以案关五命,益切冰兢。因将全案关键各情,饬令查明复禀。遵即绘图贴说,遂为详细声明,并将全案弊端,略摘六十四条,列为清折;又将卑职妄拟勘语,一并录呈,以期展卷了然,庶得便于披览。兹另恭缮一折,上呈钧览。

谨查本案莫姓历控呈词,数十年来,始终如一,毫无改易,而余、李、赵各姓,则信口支离,随时变幻,先后矛盾,彼此龃龉,弊窦多端,不胜枚举。略拈大概,录呈电鉴。

一、本案谋之至秘、计之至狡、弊之至显而至隐者,首在改易"南、北"字样。查道光八年十月,张任详请升科原稿,开明四至:靠东一坵,南至何玉官田坦;靠西一坵,南至莫若智垣;靠北一坵,南至冯张合老坦。历历可据。自后十六、七年之久,总未出头。虽经莫廷泽等迭次控抢差拘,亦皆匿不到案,并不诉辩一词。直至道光二十三年,忽有余玉成与三水县之职员李燮元同日赴案,呈控莫廷泽等抢割伊田,并称其田已将一顷余亩于道光十四年按与李燮元,而李燮元又于十六年将照遗失,在南海县呈报有案,又复粘抄原领藩照一纸,则将三坵"南至"概行改为"北至"。迨至二十九年邱任为其所蒙,详请补给藩照,而三坵"南至"亦皆改为"北至",而莫姓之田遂为余姓之田,立即卖为赵姓之田矣。可见此田实系赵姓主谋,而余玉成、余上就、余发成、余廷卓、李燮元等,皆不过借以为傀儡之具耳。盖赵姓本意原欲谋占莫姓此田,只缘此田亩数无多,疆界易辨,又无别姓之田可以影混,而且皆已成熟,并无寸隙可乘。若于此处报承,莫姓必然控阻,转致机关败露,将来难以再图。不若于马鞍山下之石牌沙,田主众多,易于淆混,遂尔朦胧一禀,即行消沮闭藏，待过一、二十年，突然出名报抢，而典照、失照、补照、换照诸策，皆已成算在胸。不过将"南、北"二字略一转移，便可坐吞此产。然犹恐四至稀少，或易窥破隐微，故亦将田分作三坵，填为三处四至，使"东、西、南、北"等字，纷列一十二条，满纸铺陈，令人目迷五色；倘或被人看出，则曰：我自余姓买来，不知有无弊病。此所以必须余姓出名，以为脱卸之地。老谋深算，可谓神矣。粤东沙田之利，甲于天下，而其弊亦甲于天下。千奇万变，不可名言。若如此等奇谋，令人从何窥测？所以莫姓人等与之控争数十年，竟不知其弊在何处。迨经卑职揭出"南、北"二字，始觉如梦初醒，而深叹从前之尽为所愚矣。卑职质性拘迂，事事求实。凡于一切案件，无不加意小心。至此案五命八伤，关系尤重，稍有疏忽，罪戾弥天。因于奉委勘讯时，即便洁诚斋戒，祷于城隍山海之神，叩乞默为启佑。谨将全案卷宗一尺余厚，数千万言，逐字细加披览，所有个中情弊，因得了然于心。然后亲诣该田，徒步巡行，约计百里而遥，殚竭七日之力，逐段细加履勘，不留毫发之遗，因将一切情形，方得了然于目。旋署后传集两造，躬坐大堂，虚衷研鞫。自辰至末，驳诘多端，将其积弊数十百条，逐款细加指摘，所有两造情伪，又得了然于口。至揭出"南、北"二字，一时欢声若雷，不唯莫姓之人，泪落沾襟，赵姓之人，汗流浃背，即一时旁观如堵，不下数千百人，亦皆摇首咋舌，称颂神明。非卑职之敢通神明，实神明之默佑卑职耳。比将"南、北"更易之处，禀请藩宪饬承调取府卷查明，原照实皆"南至"字样，批发存案。此本案之大概原委也。至其细微曲折，可得进而言焉。

二、莫姓所承太庙下仙人湾南涌口等处田坦，是在乾隆年间。余玉成报承马鞍山石牌涌田坦，系在道光八年。即以年代记之，孰先孰后，孰主孰宾，孰伪孰真，孰非孰是，已不可言而喻。何况马鞍山在极北，太庙下在极南，南北相离，不啻十数百丈。不惟土名屡易，且隔大小两河，疆界井然，安得易南为北？只以安排换照一着，遂移山倒海之能。虽再隔千丈而遥，亦不难任情颠倒。所惜该处之坦，皆已成熟有年，并无尺寸之余，可以再行报垦。以故余姓此照，非特北至之说，系属改诬，即初承南至之田，亦属虚假。今查马鞍山石牌涌下，乃系陈、刘、李、谢等姓围田，并无余姓产业。即何玉、冯张合、莫若智三坵之上，亦系苏明登、何宝岩、黄景濂、莫魁燕及海外陈姓等之田，并非余姓产业。然则当日初报时，所称南至何玉，南至冯张合，南至莫若智等语，究不知其何心？盖以莫姓之田实系北至何玉，北至冯张合，北至莫若智。遂于对面预行埋伏，以为将来倒转方位之地耳。此等伎俩，神鬼难知。噫，亦毒矣哉！

三、查余玉成于道光八年，报承领照以后，即便匿迹韬光，惟恐或一声张，转致启人控告。所以七年之久，总不出头，一若并未报承，使人绝不介意。迨至道光十四年，始令余廷卓盗割莫姓田内坦草，略为尝试。比经莫姓扭送捕衙，供出系听沙棍余玉成主使，愿具限状交出玉成，并据该典吏详解前县差拘集讯，遂仍匿不赴质，亦不诉辩一词。因思余玉成已于道光八年承垦此田，领有藩照可据，如果略无情弊，岂肯缄默不言？而且其田既为所垦之田，则草即为所种之草，割所应割，何为盗割？使所应使，何云主使？莫姓渺无干涉，何敢无故捉拿，即或妄捉到官？余廷卓应即据实直陈，禀请究坐。何以余廷卓转供余玉成为沙棍，并认听其主使耶？斯时为玉成者，如果理直气壮，岂甘受此虚诬？即令不奉差传，亦应挺身奔诉，检照缴呈，以期水落石出，又何以屡传不到，并不一诉耶。如谓乡愚畏讼，不惯诉呈，又何以莫廷泽于道光十四年十月十八日，扭获余廷卓捆送到官之时，余玉成亦于是日具呈一纸，呈内却不言及此田为伊所垦之田，此草为伊所种之草，割所当割，使所当使，何得以盗割相责？又何得以沙棍相加？而且余廷卓系伊何人，究竟因何被获，何以绝不攻讦莫姓诬捉，亦不求保廷卓归家，而转将报承南至之田邻莫若智妄控一纸，云伊佃清理田功，竟被莫若智阻；云伊田在下十余丈，何故越耕。忖思伊田实在莫若智之上，何为越耕？且莫若智与何玉官田，均有丈尺可查，何得诬为在下等语？即此一语之失，犹且具控求伸，岂有自垦之田，自割田草，被人送官诬盗，且令缴出主谋，并奉差票迭传，又值同时具禀，乃竟不为诉辩一字，而惟以莫若智谓其田本在下一语，遂觉万难强忍，竟尔挺身赴诉耶？夫莫若智谓其田本在下之说，尚不知其有无，即使真有是言，亦不过空空一语，较之余廷卓自割田草，反被扭获送官，诬盗勒交，签差集讯，其中缓急之故，似已判若天渊，乃何以舍此不言，而竟以莫若智谓其田本在下之言，专呈具诉耶？有此一诉，而其田之为"南至莫若智"等，益觉了然。盖水势自北而南，山势自高而下。石牌涌高而在北，故谓之上；太庙下低而在南，故谓之下。何玉、冯张合、莫若智等三姓之田，适在其中，是以北为上而南为下矣。今余玉成自云"其田在莫若智之上，因莫若智诬指其田在下十丈"，特为控争。则是其田在莫若智之北矣。既在莫若智之北，则是南至莫若智，而何得于莫若智等之田之下？强占南头莫芝云等太庙下仙人湾等处之田，竟强改为"北至莫若智"耶？此又其自呈之铁据，而无烦辞费者也。

四、查余玉成、李燮元于道光二十三年九月二十三日同禀称莫廷泽等于道光十四年霸占该田等语一节，如果属实，何以莫廷泽于道光十四年扭获余廷卓送官拘究时，供认系听沙棍余玉成主使，并愿具限状交出，何以余玉成亦于是日具呈，并不言及此田已经按与李燮元，亦不言及莫廷泽如何霸占？且以其余姓之人，被人捉获，亦不一言救护。并被余廷卓供为沙棍，诬为主使，又复勒限交出，并经出票差拘，何以一味哑忍，置若罔闻；而惟以莫若智谓其田本在其下之一言，含糊一禀，即便了事耶？岂有真正业主，被人霸占，而竟如此之缄默者耶？不可解已。

五、余玉成若果于道光十年，即将石牌沙坦一顷八十亩按与李燮元，则李燮元即应于道光十年向余玉成收租作息。何以数年之久，余姓总不缴息，李姓亦总不追租？及至道光十四年莫姓扭获余廷卓之时，余玉成亦于是日具呈控莫若智，何以不言将田按与李燮元，以及莫廷泽霸占抢租等事？乃云伊佃料理田功，竟被莫若智阻，云伊田在下等情，含糊具控耶？既云伊佃料理田功，则是此田仍归伊佃，并未出按与人；伊佃自理田功，可见无人霸占。况莫若智不过仅云伊田在下一语，犹且挺身具呈，岂有出按与人之田，又被别人霸占，既苦自无收获，尤恐按主追租，情急势危，万分难受，乃竟自甘隐忍，转无一语及之耶？然此犹系十四年之事也。迨至道光二十年九月内，余玉成忽具一呈云，伊于道光八年承升石牌涌尾二顷九十余亩，原佃余中立本年另批新佃陈昭承耕，七月潦退后，不知何棍欺蚁新佃，将坦东石牌尾涌闭塞水道，显系附近土豪，欺图越占等情。又于十月内复具一呈云，蚁恐被人越占，觊觎晚禾，禀请饬差李进护割，被沙夫周世和放炮抗阻，云此坦先已有人开垦，并勒写割田三十亩，忖蚁税坦先后批佃沙夫，并无异言。今遽捏异姓另有垦单，即有垦单而无司给印照，况又无人出头争论，只该沙夫纠众抗阻，显系欺蚁新佃等语。细阅诸呈，又为此案铁据。盖至道光二十年，犹云二顷九十余亩，则是并无按与李燮元一顷八十亩之事矣。至云原佃余中立，则是有佃有田，多历年所，直至二十年始换新佃陈昭承耕，可见莫田并无霸占之事矣。倘有丝毫霸占，旧佃又岂能如是之久，新佃又岂肯接手批耕耶？至云不知何棍欺蚁新佃，则是"不知谁何"之词，岂有莫廷泽已于十四年霸占此田，而犹不能指控耶？至云显系附近土豪，希图越占，则是虚为悬揣之词，岂有莫廷泽已于十四年霸占此田，而犹不敢指控耶？且水道之塞，安知不是停淤？何以一塞水道，即便知为觊觎晚禾，且更知为希图越占。即使觊觎越占，究与水道何干？纵然抢割禾田，岂必闭塞水道？何得因此遽请护割？又何得因此遽准护割？盖彼欲抢人之禾，故特假护割之说，以为先发制人之计。故一准护割，而罗成辉、莫廷泽、刘功乐、何玉等，同日纷纷报抢矣，而彼且反控沙夫周世和等放炮阻割。沙夫有看管田禾之责，东佃之辨最明，岂有真系田东，妄敢放炮阻割，不惟放炮阻割，反勒田东认写抢割之理耶？且此田甫于道光八年报承，莫姓即于十四年霸占，祇此四五年间，何以成熟如此之易？而且十四年以前田归谁割，十四年以后田又归谁割？若云莫姓收割，余姓岂有不言，何以从前不闻护割，不闻阻割，亦不闻抢割耶？若云余姓收割，则莫姓何为霸占，岂莫田只欲霸占此田，代为耕种，及至收成之候，仍请余姓收租，不必霸占此谷耶？若以余姓所呈而论，如云原佃余中立，新佃陈昭，先后批佃，并无异言，沙夫照送工食，况又无人出头争论等语。则又明明余姓自耕自佃，莫姓并无霸占之事矣。如果莫姓霸占，且历数年，则余姓仇恨已深，早应指明控究，何以又云不知何棍，又云显系土豪，又云并无别人出头争论，只该沙夫纠众抗阻耶？既称只系沙夫纠众抗阻，则非莫姓霸占可知，何以忽于道光二十三年，突与异县之李燮元同日到案，竟诬莫姓于道光十四年即行霸占耶？盖赵姓一切深谋远虑，原欲为占莫姓此田。只因未得李燮元其人为之扛帮，所以十数年来，俱无定见，兹得李燮元硬证，方能恣所欲为，遂不觉前后之矛盾耳。

六、道光二十三年以前，止据莫姓迭控余玉成抢割，并未见余玉成等明控莫姓越占，迭经迭次差传，绝不一诉，直至李燮元具呈之日，方敢出头投案。故前此塞涌，本称不知何人，今则实指为莫廷泽矣。前控越占，浑称附近土豪，今又实指为莫廷泽矣。且越占而止言显系希图，事固尚在未行也。开垦而称无人出头，人又莫知谁何也，今又明指为十四年后被莫姓抹界越占矣。前所虚揣，今尽坐实；前所含混，今尽揭明。自李燮元一出，而赵姓之胆益豪。赵姓之谋益巧矣，然不知弄巧而益形其拙也。案卷具在，岂能混淆？一为检查，百弊俱出，而赵姓犹以为人莫予觇，是何异盗钟而掩耳、捕雀而掩目者哉？利令智昏，亦可悯矣。

七、查道光十五年三月二十日余玉成等之禀，尚称所承坦亩，仍属低洼，未能种稻，何以十四年十月呈请护割时，竟称田已耕收数年？又称照旧插禾，夫以十五年田尚低洼，未能种稻，然则十四年所请护割，究系割谁之禾耶？

所称耕收数年，照旧插禾，又系种谁之田、插谁之禾耶？只此一人之呈，两年之内，前后颠倒若此，其余可类推矣。

八、道光二十年十月，据大沙沙目罗成辉呈控余玉成、陈昭强抢田禾五十余亩，并称该田土名太庙下南涌口仙人湾，向系莫姓耕莳等语，可见由来已久，沙目知之最稔。此一词足为本案之确证。

九、余玉成投案之日，即李燮元具呈之日，即声明余玉成将坦照按与伊。及十六年十二月按照被窃之事，照失七年，至此始行说出？但呈以控追欠租为词，何以不将按照呈验，而反将藩照及坦图抄呈？究竟玉成按银若干及按在何年月日，何以呈内并不叙明？而且玉成欠租，但控玉成还欠可矣。坦亩輵辂不清，自当由玉成自行清理，何劳燮元代控？藩照或因被窃，须请补给，而坦非己业，何须燮元如此劳力、如此费心？然其机关全在此着。十余年之诡谋积虑，惟于此处发出。照不抄呈，字何改"南"为"北"？图不绘缴，坦何移"北"为"南"？且与张任原详四至，迥然相反，而莫姓太庙下等处之田，遂尽入伊彀中矣。谓之沙棍，谁曰不宜？

十、余玉成如果于道光十年将田按与李燮元，则自十年以后，租谷若干，利谷若干，扣至道光二十三年，共计租谷利谷又若干，当向余玉成照数控追。乃玉成颗粒不还，则是李燮元受亏极矣，折本极矣，余姓之贻累于彼亦极矣。斯时为燮元者，惟知控告玉成，而不问别姓之有无霸占，盖燮元乃异县人氏，只知按本收租，有无霸占别情，皆与燮元无关。且安知非余莫两姓商同串骗，故为霸占之说，以欺伊异县之人耶？乃燮元计不出此，不但毫无怨言，并不向玉成追取租谷，且更与玉成连为一气，惟控莫姓之霸占此田，而唯恐不力，复百出其计以相尝。迨至道光二十九年，邱任将田断归余姓，李燮元正好向其追还旧债，又何以绝不言及，便将此田卖与赵姓耶？此又情弊之显然者也。

十一、查余玉成于道光二十年呈称不知何棍闭塞水道，显系附近土豪，希图越占，又称先后批佃，并无异言，沙夫照送工食，今据捏异姓别有垦单，即有垦单而无司给印照，况又无人出头争论等语，尤为奇绝。即以余玉成自具呈词而论，或称不知何棍，或称显系土豪，并称无人出头争论，何以即知其为只有垦单而无印照？是余玉成所具之呈，即系赵姓所具之呈，迩时固已觑定莫姓立言，只因谋议未成，未便揭破，遂自不觉其马脚之自露矣。

十二、余玉成呈称不知何棍将石牌涌尾闭塞，有碍水道，显系附近土豪，希图越占，恳请护割等情。夫护割原系防抢，闭塞涌尾，安见即系抢割？如欲抢割,又何必闭塞涌尾?乍观所请,似觉离奇,迨综全卷细思,始叹其用心之苦。查莫姓老契皆西至海,是此后海东所生之坦,皆为子母接生。盖本税既有不敷,即续生亦皆莫姓之产,契照可据,谁敢混淆?乃赵姓竟谓莫姓只有垦单,并无藩照,并将照内"西至海"字,将"海"字概改为"涌",始知前控闭塞涌尾之时,原为将涌挖开,遂将挖开之涌,诬以为海。所以原涌不过一丈,后乃挖作二丈,邱任遂详称三丈。迨卑职履勘时,实仍止二丈耳。夫天下岂有一丈之海哉,又岂有二丈之海、三丈之海哉?而邱任因此挖开之涌,信以为海,遂谓莫姓之田,至涌而止,涌外皆为余姓之田,卖归赵姓。殊不知涌之与海岂可相蒙,涌乃沟洫之流,本系田间水道;海乃汪洋无比,断无海内桑田。虽属至愚,亦所易晓。而赵田始终胶执,竟称沧海无凭,纵令地段可移,岂天理亦可移耶?自卑职叫破此病,赵姓遂不敢复以"西至涌"为言。然当其呈控闭塞涌尾之时,却未始非煞费苦心也。

十三、余玉成等报承马鞍山石牌沙坦二顷九十余亩,按与李燮元只有一顷八十亩,尚有一顷余,何以总不言及?李燮元所呈坦图,既不注明何处一顷八十亩,系其所按之坦,何处一顷余亩,系余玉成未按之坦。而余玉成呈控莫姓越占,亦不声明所占系按与李姓之田,抑系伊未按之田。莫姓如果图占,又岂仅占李姓所按之田,不占余姓未按之田?何以李燮元一出,即肯将坦推与燮元自行耕管?李燮元亦只管得所按一顷八十亩之田,而其余未按一顷余之田,被占被抢,余玉成何竟置之不问?道光二十三年以后,止凭李燮元出控,而余姓反不出头,即偶有具呈,亦止代为李燮元控争所按一顷八十亩之田,而未按一顷余之田,始终不提一字。可见并无此田,按与未按,皆属乌有也。

十四、本案承坦,系余玉成、余发成、余上就三人,十余年具控,止见余玉成一人出头,而余发成、余上就二人,竟若不预。李燮元以从旁之人,尚且帮控,而发成等以本坦业主,反置身事外,而不出一言,斯亦奇矣。迨李燮元于二十五年十一月二十八日呈奉批斥,不必插身出讼。而十二月初三日,即据余发成呈明兄故,扶同具控,而余上就仍属渺然。余发成自愿出控耶,抑李燮元拨令出控耶?固不待智者而自明矣。

十五、莫廷泽等呈缴契照,经彭任饬房逐一细心核对,契册均属相符。乃李燮元混行签驳,纰缪支离,无一确实。复经册房搜检旧册查对,一一吻合。燮元狡辩,全系虚词,册房所查,尽有案据。孰虚孰实,何待深求?据册房禀称莫廷泽所缴各契,俱经前数十年投印。焉知近体控争,预谋伪造影占地步等语，尤为确证。

十六、李燮元赴报按照于十六年十二月二十六日夜被窃后，经移查准南海县复称，原报于十六年十二月二十五日夜被窃。日期不符，尤见混捏。

十七、照既被窃，从何将原照抄呈？从头至尾，除却"南、北"二字，并无一字舛错，岂预知其有失，先录一纸预备耶？

十八、李燮元所按坦照，既于十六年十二月二十六夜被窃，坦在新会，自应赴新会报明，何仅于南海县呈报？即或因事羁牵，不能来会，亦当请南海移知新会存案，何于隔县含糊一报，隐瞒多年，直隔七八年后始赴呈明耶？

十九、据李燮元呈称，伊向外出，于二十一年二月回家，又值英夷滋事云云，夫英夷扰在省城，与伊三水无干，更与新会无干。且二十一年当即议和无事，何以于事平后仍不赴控耶？

二十、道光二十七年四月初一日，李燮元禀请勘丈，据称勘坦必须潮水日干夜长，方能施丈。每月止有初八、九及二十三、四两期，余日则当潮长，难以履勘。可见勘且不能，何得种稻？该坦犹系水坦，未能耕，何有割？未能耕割，何有霸抢？然则所控莫姓抢割霸耕，其足信耶？

二十一、据李燮元供余玉成因不敷银两缴息，故把藩照按揭与伊等语。查其按照事在道光十年十月，而十年七月十二日已奉藩宪牌开，据该户将应缴花息五百九十九两照数批解前来等因，是余玉成息银已于七月缴清，何至十月仍因不敷缴息，将照按揭凑解？且照须解清息银，方准给发，亦断无给照之后，再行筹措缴息之理。燮元此供，又不觉自露虚捏。可知伊按照之事，亦属子虚。

二十二、道光二十八年六月十三日，沙夫何君睦、周安稳以仙人湾等处坦亩，向俱莫廷泽佃人周世和等耕种，伊等看收工谷。本月突有三江村赵擢平等传帖到馆，混称尝业，嘱为看守等情，禀请示禁。沙夫有看守田坦之责，恐滋事端，预禀禁止，并无不合。况此时未经勘讯，莫定是非，乃邱任批以词多偏袒，将帖掷还何也？

二十三、莫姓太庙下仙人湾等处田亩六顷余，承垦几将百年，仅成熟田六段，尚有草坦三段。余姓承垦马鞍山坦，不过数年，岂能即行成熟，概可耕种耶？且只有以荒坦占人熟田，断无以熟田反占人之荒坦。何况莫姓本业，尚有草坦三段，自垦不暇，再占别人何用？

二十四、此田于道光三十年始归赵姓，而道光二十八年十月二十三日，沙夫何君睦、周安稳禀明本月二十三日余璇、赵擢平等驾船到莫廷泽仙人湾等处割禾稻二顷八十余亩，尽载入三江村内。有贵县差李彪等眼见可证等情，尤见此时田已早归赵姓，而先前之余、李控争，特赵姓使之出名耳。

二十五、赵姓于二十八年传帖到沙，已称此坦系其尝业，可见其早已占为己有，即从前余、李控争，亦皆系赵姓串拨。故后一经补照，即行转归赵姓。不然，如系余姓实业，余姓又安肯争之二十年，弃之一旦耶？沙夫所缴传帖，可为赵姓谋占确据，无奈邱任无端将帖掷还耳。然莫姓将帖粘呈，足为左券。

二十六、查核李燮元前后呈词，种种弊窦，显见所按石牌尾坦，全然无着，安能耕种？既无耕种，安用看禾工人？乃于二十七年十月初八日，忽有看禾工人赵茂进具呈，而以其子赵亚倖为抱告，此即赵姓串通出头之始。可见从前皆其隐谋，故二十八年正月二十四日，即据莫廷泽串控赵擢平等率匪锹河截占，而犹得诿之为余姓也哉？

二十七、二十八年三月初八日，据赵茂显呈称：蚁等向李燮元等土名大沙马鞍山石牌沙尾田佣工。而提讯供词，又称与李燮元承批土名马鞍山石牌沙坦三顷零，则非佣工矣。究于何年月日承批，批价若干，又未据分析供明。此坦余姓既含糊转诸李，李姓又含糊转诸赵，不明不白，辗转含糊。其实赵姓早预为谋，不然，赵擢平等又安肯以案外无干，而为纠匪锹河耶？

二十八、二十八年九月二十八日，莫廷泽禀准饬差李彪等前往护割，随据李彪等禀复，莫姓老坦已被余、赵二姓割尽等情，业经奉官护割，赵坦仍敢藐抗纠抢。差役禀复云然，沙夫具呈亦云然，邱任何俱置之不论？而李燮元反于十月二十八日控告贿弁叠抢，而邱任仍无一字切责以揭其奸？所以肆意横行，毫无忌惮，以致有纠抢酿命之事。

二十九、彭任二十三年十一月初八日堂讯所判，亦早以按照为疑，惟因余玉成认欠属实，余璇自可担保，遂谓事属有之，则为其所愚矣。不知李、余本属蛇蝎一窝，互相串通，即多认万金，亦属易易。且余璇即余璇溥，余璇溥即余玉成。自欠自担，是一是二，离奇变幻，不可得而言矣。

三十、据莫廷泽呈控余玉成即余璇溥一节，卷查道光二十五年以前，止见余玉成出名，总未声明玉成即璇溥字样。二十五年十二月初三日，业据余发成呈称伊兄玉成已故。何以赵倬云于咸丰七年七月十三日赴臬宪具呈，抄粘余姓买坦二契，又系余璇溥出名？该契于道光三十年六、七两月所立，系在余玉成即璇溥已故五年之后，殊不可解。且该坦系余玉成、余发成、余上就三人所承，玉成既故，应以余发成及余上就二人出名，乃该二人契内俱未签名，尤属莫测。且有时即以余璇为璇溥，是又幻中之幻矣。

三十一、彭、陈二任，亦知李燮元系案外托帮。故彭任批则曰"毋庸在此伺勘"，判则曰"不必在外久候"。陈任亦批云"该职系按受田亩，自有业主可问，不必插身出讼"。乃李燮元总不问余姓追租，竟直与莫姓争坦，尤见按揭不过借名，而帮讼乃其主意也。

三十二、李燮元所按石牌坦藩照已失，凭据毫无，缠讼未清，得失未定，此种蹊跷不稳之业，试问谁肯沾染取累？乃赵姓果何所执据，何所依凭，不惜工本，不畏牵控，而敢于承耕此田？在别人犹可诿为不知，而此坦枕近三江，结讼廿载，底细断无不知，又何待事后方虑工本无归，又恐业主问赔，苦上加苦，如赵茂显于二十八年七月初八日所呈云云耶？可知与李燮元同一计谋，专图白占人田，则亦何乐而不为也。

三十三、李燮元本止按揭坦照，坦既辚辚不清，互相控占，渠又系异乡之人，安知其中底里？多年结讼，官府尚莫定是非；两造争占，土人且不敢承受，燮元只为追欠而来，何肯递将莫定谁何之田，承值耕管，情愿牵连涉讼？显系积惯沙棍，恃有移天换日手段，包打官司，赵姓之人，特以重贿聘来。所以事成即便引退也。

三十四、李燮元及余发成迭催勘丈，何以一经陈任委员诣勘，而李燮元等又匿不到，反称委员不传余发成，又不传集坦邻？夫岂有履勘坦亩，止传一造之理耶？

三十五、此案争控数十年，屡经各前任勘讯断结，均未尝以莫姓为非，即李燮元前呈抄照，坦图虽已改易南北，而呈词终属含混。直至邱任道光二十七年二月二十二日具呈，始称伊按坦在南。伊所按坦，系按余玉成等所承马鞍山之坦。马鞍山既系在北，伊所按坦何又复在南？而邱任竟谓其田自北而南，断归余姓，不知其在北之田，又在何处？无所谓母，安所得子？子母接生之说，乃竟如是耶？

三十六、邱任于道光二十九年判断此案时，竟谓莫田在东，东不可以生西；余田在北，北却可以生南，将田遂断归余姓。殊不知田自海生，非由山出。海可生坦，山却不能生田。如谓余姓之田，实系在北，则照内应书"南至何玉等田"，何以又将三垞"南至"概改为"北至"耶？既称北至，则是母坦在南，何得又云在北？即谓其田在北，究系几亩几垞，坐落北方何处，又从何处生坦？遂尔绵亘而南，必须子母相生，方得由此达彼。今查马鞍山下，直至何玉等田，并无寸土尺基，系属余姓产业。母且不有，子于何来？乃邱任谓其田由北生南，已不可解，且余姓易南为北，尤为母坦而言；邱任由北生南，乃系子坦之说；不唯南北颠倒，抑且子母不分。至若莫田在东，其西即是大海，海可生坦，东即可以生西。至理至情，人所共晓，且有藩照"西至海"字可据，又经管业将及百年。只因赵姓欲占此田，遂唆余姓出头，谓其西皆至涌，而凡在涌以西者，皆为余姓之田。又将此涌挖宽一丈，以为可海可涌之混。而邱任实中其弊，遂亦谓莫姓之坦，只应在东，中间隔有一道小涌，不应自东而西。独不思余姓之田，并不在北，中间隔有一道大河，两道小涌，反应自北而南。是又其自相刺谬，而尤为难解者也。

三十七、邱任勘讯堂判，不辨何造之侵占，但议税坦之敷，不论现在查禀之虚实，但计以后接生之拨补。名虽两下平分，各管各业，实则尽翻前案，坦归于余，而实归于赵矣。勘既与原详不符，图亦与前图互异，自有此判，而五命八伤遂尔酿成矣。然后此正未有穷期也，可憾哉。

三十八、邱任二十九年正月十八日及二十六日、二月十四日三次堂讯，何俱不录供词，不作判语？而莫廷泽于断讯后，三次具禀，批准复讯。卷内于道光二十九年六月十八日提同余发成复讯时，取具莫廷泽遵结附卷。惟查莫廷蕙呈称，伊兄廷泽于道光二十九年六月十六日病故，何得于十八日赴讯具结？则遵结明系捏造。而邱任断结此案，未可深恃矣。

三十九、李余详请印照稿内声叙原案，亦称靠东一坵，南至何玉官田坦；靠西一坵，南至莫若智坦；靠北一坵，南至冯张合老坦。而补照于道光三十年六月十二日发给余姓收领。余璇即于是日具呈粘图，俱改"南至"为"北至"，而何玉、莫若智下中隔一河，旁添马头字样，并以"报承老坦"四字混之。不知老坦又在何处？胆敢欺诳如此。

四十、咸丰六年三月十三日，赵倬云呈称莫姓以伊坦西界至海为词。不知沧海桑田，随时变易。莫姓坦原或至海，及余姓报承新坦，两坦渐积，海变为涌，势所必然。然则海既变田，应有溢坦，何以邱任勘丈，莫田尚不敷税？况邱任判东西接生归莫，莫坦西至涌，隔涌则为余田。是莫坦之西，并无余地，尚何接生之有耶？

四十一、道光三十年九月十四日，户典房禀称邱任勘图，与两造原承坦位，界至略有互异。可见公论难泯，即书吏亦难为曲讳矣。原禀甚明，固班班可考也。

四十二、莫姓承垦此田，均于乾隆年间缴息升科，领有藩照可据。乃赵姓竟谓其系属垦单，并非藩照，不知何所见而云然？煌煌藩照，尚可肆诬，则亦何不可诬者？可见道光二十年余玉成呈内所称"不知何棍，恐系土豪，即有垦单而无司给印照"等语，与赵姓后来控争之语，正属相符。盖是时虽未指明莫姓，业已注定莫姓之田；虽未卖与赵姓，实属听从赵姓之使矣。

四十三、莫姓承垦太庙下仙人湾南涌口三处田亩，原报六顷余税。今并赵姓所争之坦合而计之，只得四顷八十余亩，尚短一顷余亩。除缴息升科不敷原额外，每年完纳虚粮一顷余亩之多。又历九十余年之久，已觉不胜赔累。今赵姓竟谓莫姓之田，只应一顷余亩，虚占官荒三顷余亩。以下则每顷四百两计之，应银一千二百两。自乾隆至今，合计百年以来，浮收银数，上下十万两，应请勒令莫姓补缴充公，又不知是何算法，总之无理取闹，遂尔肆其狂吠也。

四十四、余玉成、李燮元同日控称莫姓于道光十四年霸占伊田若干亩，每年租息若干，算至道光三十年已有十六、七年，合计应得数万余金。前于其初控时，亦曾求官追缴，乃何以将田断归余姓以后，竟将莫姓所占之数万余金，不唯分文不取，并且一字不提，只要补领藩照一张，改易"南北"字样，立即卖与赵姓、遂尔大家撒手耶？迨后李燮元、余玉成等，均于咸丰四年红案伏诛，亦可谓弓藏而狗烹者矣。

四十五、此案屡控屡讯，屡勘屡断，屡结屡翻，然皆断为莫姓之田，未尝断为余姓之业。自邱任断归余姓，余姓立即卖与赵姓，赵姓随即投税过割，莫姓亦即随详翻控。邱任亦知误断，陈任始为平反。赵姓益肆凶横，莫姓难与争斗，因将此田捐归紫水义学，以期断绝祸根。陈任准批饬遵，义学亦为收管。赵姓仍然霸抢，莫姓久不与闻，本因畏祸及身，故尔捐田割爱，若复帮同抢割，即亦何必捐田？田既捐与别人，又何苦帮同抢割？断未有捐其利而犹撄其害，捐其实而仍留其名者也。然则赵姓何为必欲拉及莫姓耶？盖赵姓本欲谋占此田，费尽许多心力，今被莫姓捐出，岂能无憾于中？而且押割之文，奉之上宪，押割之禀，具自邑绅，由县移营，派弁前往。赵姓自知罪戾，又苦未便告官，计唯莫姓之田，可以指名诬控，所以一口咬定，任意株连，此莫姓之所以被其罗织也。否则武弁奉文押割，岂容别姓同行？炮在武营舟中，岂容别人混放？有无擅杀之处，武弁自必直言。如系莫姓主谋，武弁岂甘代罪？盖武弁有押割之责，又系奉有文行，昏暗之中，见人抢割，开炮轰击，势所必然。第不料五命八伤，如是之烈耳。迨后武营送出正凶二名到案，亦皆供认。虽经先后押毙，赵姓益得肆诬。然铁案如山，全卷具在，一查立白，固可无俟深求也。

四十六、赵姓呈控阖邑绅士受贿扛帮一节，卑职于咸丰十年禀内，已为详晰声明。盖以莫芝云品学兼优，实为阖邑秀才之冠，不但抢夺之事，非所与闻，即凡一切公局事宜，亦皆片词不赞，唯知存心砺品，闭户课徒。且伊住在本城，未尝妄履城市，微特士绅交重，即妇孺亦敬其名。兹竟诬为曾参杀人⑧，谁不深为扼腕？所以不辞嫌怨，联具公呈，良由公道在人，并非可以强致。其所以首列候选道陈焯之、候补府谭盛伟、部曹钟应元者，盖以三绅皆系邑中巨族，素为人望所归，维时同在家居，因以衔名首列。邑中凡有公事，向皆如此列名，并非该三绅之欲为帮讼也。若谓贿令帮讼，而三绅均处有余，岂肯受此区区，致使冤沉五命？且莫姓并非殷富，家资本属无多，后为三十载讼缠，久已消磨殆尽，现皆笔耕为业，贿从何处得来？何况阖邑诸绅，安得多资遍贿？此皆赵姓钳制之计，固已不辩自明，而无庸卑职之代为饶舌者也。

四十七、余玉成等报承马鞍山坦，止二顷九十余亩，前据邱任判断，余玉成已愿割出三十亩归入冈州书院，而后又将二顷九十余亩，卖与赵姓。是此坦共有三顷余矣，何较从前原报有多？盖此坦本系混占，难定实在亩数。契注二顷九十余亩，不过符其原报之数，而忘却玉成先割三十亩充公，反致不符。此则虚终是虚，掩不胜掩，偶流露于不觉耳。

四十八、此案奇之又奇，幻而又幻者，则莫如报坦归屯之一事。案查当日卢文达报垦四顷九十一亩，陈承泽等与余玉成等同报垦七顷，陈着四顷，余着三顷。所云"余着三顷"，即业经升科之二顷九十余亩也。虽与卢文达各有各垦，名皆为石牌尾，其实皆在莫姓坦位，故后来邱任勘图，止有余、莫之坦，而卢、陈各坦，皆化为乌有矣。盖因余玉成等，因见莫姓之田，确而有据，虽欲强占，亦觉为难，遂又变出一计，令人捏报归屯，亦可谓不遗余力者矣。而抑知屯案之亦有卷宗，亦有档册，可稽可考，而不可以混捏者耶。作伪心劳，何苦乃尔？

四十九、道光二十五年十一月初七日，奉前督宪批，据卢文达呈称，伊于道光二年报垦石坦四顷九十一亩，该坦西边系余玉成与陈承泽等开垦，东边附近太庙下莫廷泽等税田四十一亩，其余俱是无主官荒。因伊患脚，将该坦合伴与陈逢恩开垦，历年俱被莫姓占割，乞饬勘明被占之坦，撤出归屯等情。查卢文达等于道光二年报垦石牌尾四顷九十一亩零后，因催其升科，于道光十四年以该坦低洼水深，万难垦耕，禀请注销在案。是卢文达报承之坦，早已禀请注销，何以道光二十三年，又忽以伊用力开垦，被人偷割？查系莫姓佃丁毁坏偷取，因是年莫姓正将余姓承坦占争，故于十四年将垦单缴销，此后亦未有工筑，伊坦在中，不能归屯等情具禀。核其呈词，不唯与十四年所禀悬殊，亦且令人不解。如果早已查知莫姓佃丁偷割，何以十四年禀销之时，并未控及莫姓一字？且据称水深难垦，则耕且不能，割于何有，偷于何有？至莫姓与余姓战争，则亦于己何干，何肯遽将用力开垦之坦，弃置禀销耶？是吃是谵，全无情理。然其时犹未见声明与陈逢恩合伴之事也。迨于二十五年，又赴督宪具控前情，以原垦无名之人，而忽指为合伴，以不能归屯之坦，而又请撤归屯，更与二十三年在县所禀迥异。推原其故，因二十四年迭据陈逢恩赴县，以伊与卢文达合垦之坦，呈请归屯，经县以其原报无名，批斥不准。故仍以卢文达出名上控，务从归屯。其实溯查屯卷，据头役梁德等禀复，卢文达已于道光十六年身故，则二十三、二十五年间卢文达所具呈词，果系谁所递耶？查卢文达具呈督宪之日，李燮元亦即于是日进呈，可见皆系李燮元之为赵姓谋主；即陈逢恩在县迭控，亦显系李燮元之为赵姓串拨无疑矣。不但此也，陈承泽于道光元年报垦四顷，延至二十余年尚未缴息升科，忽于二十五年亦将该坦呈请归屯，要皆系李、赵诸人从中弄故。李燮元与余发成每具呈词，总以卢、陈二坦伴说。陈任详销控案，称陈承泽所请归屯，系属混指。而二十七年即据保佃陈锦章以此坦无着，具结禀销，可见并无此坦。且查卢文达报垦四顷九十一亩坦图，系西至海，东至河；至道光二十三年呈缴坦图，又称东邻莫姓税田，西邻陈承泽等垦坦；二十四年陈逢恩所呈卢文达坦图，又称东至莫姓田，西至余玉成、陈承泽等坦，而河与海又均不见矣。且陈承泽与余玉成等同报垦七顷，陈着四顷，余着三顷。查其原报坦图，系东至海，西至海。不但与余玉成报升四至不符，亦与李燮元粘图互异，并与卢文达等坦图尤属迥别。据卢文达后所呈图，及余发成等控词所称，是陈承泽等所垦四顷，在余姓坦之东；卢文达所垦四顷九十一亩零，又在陈坦之东。卢坦与莫姓税田紧邻，则莫姓更在卢坦之东。是莫姓与余坦尚隔卢、陈二坦，相去几有百顷之遥，该处安得又有许多地段耶？以故莫廷泽诉称，奚能跨卢、陈二坦而远占余坦？斯言亦属至理。且卢坦既称低洼，陈坦又称无着，则该处虽不成坦，而余地正多。何以邱任勘图，又称莫余二坦，均未敷税耶？况莫坦与余坦互争，坦所又在何处耶？查莫坦本称西至海，则自太庙下横亘至西以达于海，皆系莫坦。故二十五年十一月初九日，户典禀复陈承泽、余玉成与莫廷泽互讼，及唐永安承屯二案，均在此处。可见当日纷纷报垦，皆系虚报以图影占。诚如陈任所批，只有坦名而无坦位，占无可占，即行禀销，如卢文达、陈承泽等是也。余姓得李燮元为谋，有三江赵姓为主，故独始终与争，犹恐独力之难支，复冒卢文达架词上控，更串陈逢恩、陈承泽呈请归屯，以显该坦之非莫业，即可以设法攘为己业。总之百计千方，志在必得耳。然亦不过一顷余田耳，而竟苦心孤诣一至于此，殆真别有肺肠者哉。

五十、凡报垦沙田，乃天地自然之利，却须多培人力，久历岁时，乃能一树百获，所以争之者众也。今莫姓垦及百年，犹未能概行成熟，乃余姓于道光八年报承该坦，不过一年之久，即皆成熟可耕，遂于道光八年将所垦之一顷三十亩，按与李燮元手，复于道光十四年，又被莫姓霸占，至今本息无收，所以李燮元于初控时开列所欠多金，禀官追究，自是情理宜然。但李燮元以银按田，原为将本求利，系与余姓交易，实与莫姓无干。设有亏欠租银，应向余姓控追，不能问及别姓，即余姓或以莫姓霸占之说，偶求李姓稍宽，在燮元唯向余姓严追，断不管莫姓有无霸占之事。即使莫姓真有霸占情事，亦与李姓无干。李姓唯向余姓严追，余姓自当与莫姓根究，乃何以李燮元到官之日，不控余姓欠租，转为余姓之人力控莫姓霸占耶？既为余姓力控，莫姓霸占，则当力追莫姓完缴积欠租银，自道光十四年算至道光三十年，共有本息若干，丝毫不容短少，又何以道光三十年邱任将田断归余姓时，复为详请补照，一见更换"南北"字样，即为大功告成，不唯李姓不向余姓追缴积欠租银，即余姓亦不向莫姓追取霸收租谷，而反十分取一，贱价求售，仅得两旬，便将此田卖归赵姓耶？是又天下之事之至明，而理之易晓者也。

五十一、该坦连年呈控抢割，尽系熟田，以时价至贱之数，每亩值银二十两计之，一顷六十六亩，应价二千六百二十两；又一顷三十三亩，应价二千六百六十两；乃二契列价一止六百六十两，一止五百三十三两零，尚不及四两一亩之数，天下乃有如是便宜之田乎？况卖价应多于按价，前余玉成等止将坦照一顷八十亩，不过按与李燮元，尚按银一千二百两，而卖与赵姓共田二顷九十余亩，多于所按一半，乃止取价银一千一百两零，则是田加一倍之多，而两处卖价，反较之一处典价少却一半，斯即尽其所有，尚不敷还所按李燮元一顷八十亩之价，其亦何故而肯亏本贱价卖去耶？况查该坦据道光二十五年十月十三日李燮元呈控被抢割八十余亩，计谷七百余石，约计一亩可得谷九石。以余姓所卖二顷九十余亩计之，每造可得谷二千七百余石，一年两造可得谷五千四百余石，一年可得息银四五千金。余姓争控二十年，幸得营业，不唯按价等项，可以还清，且可常久耕收，以为子孙永远基业。即李燮元亦应乘此机会，禀追莫姓所占本息租银，余玉成即应照数收价以清款目，乃何以道光三十年六月十二日甫将补照发给，即于是年七月据将该坦尽行卖与赵姓，而田价又如此之贱耶？盖赵姓谋占此产，已历多年，所有余、李诸人，不过用为佐使。今幸所谋即遂，足称如愿相偿，从前佐使诸人，即亦功成身退，所以不俟终日也。可见此田原委，皆为赵姓隐谋，财既可以通神，人又惯于弄鬼，田与伊村相近，久已垂涎，坦串余姓虚承，特为假手，故控争伊始，赵姓早从中把持。未卖之前，余姓已全凭作主，传帖抢割，既皆赵姓之谋，锹河毁基，亦皆赵姓之事。认割固列名其族，抢禾又搬入其村，是知控皆出其计谋，田早归伊尝业。而后此立契转卖，皆不过虚作排场，以为将来察出"南北"两字时，藉作推卸之计耳。

五十二、本案先系莫廷泽出控，廷泽故后，莫芝云等皆系文弱书生，因见赵姓凶横，势难与较，只得将田捐归义学，禀经陈任批准在案。既经推利与人，岂复揽祸于己？田已与彼无预，复串抢割奚为？众绅足为主张，何用仍牵莫姓。且护割之事，既已委诸营弁，又何须诸绅自往，更何须莫姓同往？如果俱皆在场，营弁又何以不向诸绅与莫姓推卸耶？

五十三、赵姓据称到田二十余人，先到一艇，已被捉十一人；则后到三艇，分坐仅止十余人，每艇不过三四人，何难一并捉获？营弁又何开炮？且已获者尚且放回，未获者何必轰毙？武弁连年获益，追拿贼船，尚不轻易开炮，何况当此十余乡民乎？则其时苟非人极其众，势极其凶，事极其危且迫，该弁亦何敢出此？

五十四、赵祖勋等既知由县给谕护割，则事属奉官，自应听官讯明断给，何得率众抗阻？况何兆彪、卫象贤虽系武弁，亦属本地方之官，属下小民，竟敢恃强藐抗，其目中尚有王法乎？然赵姓抗官，由来已久。道光二十八年九月经莫姓禀准饬差护割，差役到田，赵姓一面仍纠众抢割，经差役李彪等及沙夫禀案有据，以后无年不为护割，亦无年不报抢割。官尽往护，彼尽往抢。

既已无年不抢，又何独于此姓不抢耶？可知何兆彪等禀其驾船百余，纠匪抢割等情，必非虚语。如果尽系二十余人，该弁何兆彪等何所所畏而必开炮耶？

五十五、何兆彪等如果已将赵原华等十一人捉护过船，当即捆禁舱底，盖船头为地无几，能容几人？既有控开十余人，皆在开炮，又岂容被捉之十一人，再为拥挤耶？何况纷争扰攘，嘈杂迷离之际，赵亚江等亦安能看得如此清楚，谁为喝令，谁为下炮，谁为点放，一一不爽耶？断无如此情理。显因炮毙难以指凶，故特捏掯眼见，籍可任意砌诬耳。且赵姓敢于抗阻，该弁等正期捉获解究，果已捉获十一人，又何以不将其解县，而顾勒令写字立据放回耶？究竟立据何用，勒写何意，荒谬支连，尤所莫解。

五十六、赵祖勋等上控臬宪词，称绅不请谕，各凶不敢抢割；县不移营，凶弁不敢轰炮。可见事与莫姓无涉，何以又称莫芝云等贿嘱何兆彪等抢割放炮耶？奉官护割，而竟转诬为抢，是何异剧盗而控捕盗之人也哉？

五十七、卑县粮赋，以西南一方为最多；西南方中，以三江一村为最富；三江村内，以赵姓一族为最强。聚族而居，数千余众，其老成醇谨者，虽不乏人，而矫健者流，类多凶悍，恃强霸占，逞众横行，以故控案累累，群焉侧目。即以现在控案而论，则有莫腾骧控赵永富贿串混割一案，侯宜用控赵亚一抢割毙命一案，梁灏先控赵觐恩强占沙坦一案，钟朝恩控赵氏抢割田禾一案，又控赵容芳叠抢霸占一案，陈嘉猷控赵翰航强占沙田一案，陈日新控赵忠信强占田坦一案，何光大控赵沅英等隐匿溢坦百余顷一案，何光大控赵亚信等驾艇拦劫一案，蒋健能控赵亚彪等搜劫银物一案，高显状控赵亚灶等强劫银物一案，又赵洪操等行劫廖贤吉渡船一案，又赵亚沾等偷窃赵裕常田禾一案，又欧阳朝等控赵达球恃强团殴一案，又聂富燻控赵振球纠殴掳禁一案，均经差传候讯。其余被控之案，难以缕陈，皆其习俗使然，非一朝一夕之故矣。

五十八、粤东风俗强悍，好斗轻生，动辄纠聚千数百人，互相械斗。每用大炮轰击，不顾性命存亡。候至斗罢之时，彼此再行核算。譬如两姓争斗，两边均有杀伤，若皆伤毙数百人，即便均无异议。若多伤毙一二，即当按数赔钱，然亦不过十余金，即可抵除无事。而好为负气者，又多不肯出银，以致结讼连年，不甘休息。甚至原、被两造，俱已家破人亡，而从前之帮讼棍徒，犹复间为具禀，以为随时诈索之资。此粤东之情形，而宪台所洞鉴者也。所以前督宪叶深知其弊，唯恐收获之际，或有抢割之徒，奏奉谕旨严拿，饬县会营押割，每年颁发示谕，转饬遵行在案，即今赵姓五命之事，究与莫姓何干？从前历控数十年，历任勘断详销，皆知莫姓之产。准邱任断为余姓之业，莫姓并未具遵，而赵姓立即过耕，立即投税，盖其户大人众，公然抢夺横行，莫姓以寒素腐儒，何敢与之角抗？自愿将此一顷余亩，捐归紫水义学收租，当经陈任准行，批归义学经营，业已数年无异，而赵姓仍然抗违，每届收获之时，无不禀县会营押割。因相沿之既久，亦相习以为常。岁岁收租，年年押割。虽系奉行故事，实皆率由旧章，断不料有咸丰七年五命八伤之事也。然此事亦系紫水义学首事尊奉前宪刊发奏准押割告示，禀县会营押割。帖前任因见事关成例，何敢或违？比即会营拨弁押割，不料赵姓凶恶，竟成五命八伤。则是五命八伤，皆系武营所致。今若归罪营弁，则该弁系奉营主文行；若归咎于营主所为，而该官又以县中文移为说；若以该县文移为罪，而县中又以局中绅士禀请押割为词；若欲归罪该绅，而该绅又以历奉督宪奏奉谕旨为说。今欲原情定案，似乎头绪纷繁，而营弁卫象贤、何兆彪，皆以自认坐舱，巡丁梁亚生、冯朝后，皆已自认放炮。是此案罪人已得，即可不复深求。而赵姓竟谓凶非正凶，供非正供，狡诈刁诬，妄行上控，则亦何事而不可为哉？

　　五十九、莫芝云等各名，前县两次详报，俱无其名，后据赵姓上控，始行续砌。先系赵祖勋等赴抚宪控被莫芝云、莫贞元、何兆彪、卫象贤等放炮，后据赵李氏等赴抚宪控被莫芝云、张翼之喝令莫步云、何兆彪等开炮，凶名已自各别。且赵祖勋等赴府具控，但称芝云、兆彪放炮，则与前异；而赵李氏赴府具呈，又称系莫芝云、莫廷蕙、莫步云、莫贞元、何兆彪、卫象贤、何念学等点炮，则与前又异。不但此也，李作元赴府具控，则称何兆彪等喝令莫芝云、莫贞元、卫象贤各放大炮；而其赴臬宪具控，则又称系莫芝云、莫贞元等喝令何兆彪、莫步云下码放炮。甚至赵祖勋等赴督宪具控，更变称芝云喝令何、卫二弁各放大炮。而赵李氏三次赴督宪具控，一称莫芝云、张翼之喝令莫贞元、莫步云等，营弁何赵彪、卫象贤喝令何念学、莫狗婆等，分头放炮；一则称莫芝云等喝令莫步云、何兆彪、何念学等分头放炮；一又称莫芝云、张翼之等喝令莫步云、何兆彪、卫象贤等放炮。其赴学宪呈控，则更称莫芝云、莫如春、莫贞元、李蓉镜、张翼之等，喝令莫芝云、何兆彪、卫象贤、莫念学分头放炮，控开各凶。岂此有而彼无，或彼多而此寡，或先无而后砌，或先有而后删，或此控为主喝，而彼又控为听从，或先控为听从，而后又控为主喝？不但二人分呈，即彼此之互异，即其一人所控，亦先后之迥殊。人各一词，词无一合，莫辨何人为实，究信何词为真。控关人命重情，而尚敢随口变更，任意颠倒如此，又何怪乎控争田坦之奇离百出，变化万端也哉？

六十、莫芝云等之名，既系续控争人，已为蛇足后添；至若莫芝云之父莫廷蕙，则自控告以来俱无廷蕙名字，后仅赵李氏控府一呈内，始于莫芝云名下，添砌莫廷蕙三字。此乃赵姓人等事后随意妄诬，不唯昭穆失伦，亦且后先迥判，此固无庸深问者也。乃赵姓竟于迩年以来，忽又以莫廷蕙为此案正凶中之正凶，竟似万不可少，虽有其子莫芝云与其侄莫如春、莫步云等一同解省，犹觉未能释然，因又将一无端插入之莫廷蕙禀恳提拘，一若五命八伤，皆系廷蕙为主，若使廷蕙不到，即此冤无由得伸。岂知廷蕙乃一懦弱寒儒，恪遵礼法，兢兢自守，通邑皆知，仅生一子芝云，常以义方相训，凡事俱甘退让，未尝稍与人争。即如义学捐租，亦属有心向善。迨闻其子被累，未免难以为心，愤懑之余，竟成痰厥，而且年逾八十，家无次丁，形影相依，辗转床褥。近闻其奄奄一息，病态难支，始原恐系饰词，再四细加暗访，却系实情如此，未敢壅于上闻也。

六十一、查莫廷蕙年逾八十，老朽龙钟，即欲抢割田禾，未必尚能偕往，即或与之偕往，岂能开炮伤人？况赵姓所控开炮之人，本无一定，且有无数名字，随时任意混填。何以初报之时，不闻指控，即至后来偶然一控，又不指请究追，迄今事隔数年，又忽万难容忍耶？只缘赵姓之人，本不欲审结此案，但使案内一人不到，即此案一日不结；此案一日不结，即此田一日不清，可以任彼收租，义学不能争竞。所以再三催请，总以莫廷蕙未到为词。彼盖明知莫廷蕙卧病在床，断难赴质，特为指名为控，以便借此拖延。殊不知狱贵初情，岂容添砌？即谓莫姓实曾抢割，实系正凶，亦既有莫芝云、莫如春、莫步云等解赴省垣，尽可与之质证。如果情真罪当，即求按律严惩，又何必于耄不加刑之老病残躯，指名株累？既陷其子，又及其父，而为此一网打尽之计耶？盖图告不图审之说，粤中风气，大抵如斯，即赵姓亦非其得已也。

六十二、查莫姓太庙下仙人湾南涌口三处田坦，原报六顷余亩，均已缴息升科。今并捐入义学之一顷余亩计之，只得四顷余亩，现在俱已成熟。其所称不敷一顷余亩，至今尚在海中，并无所谓荒坦也。观于当日原保屯佃之武进士陈锦章，于道光二十七年呈称前为余玉成等所承马鞍山石牌涌下归屯之坦，实无坦位可承，难以望其成熟，只得将原保之结呈缴详销等语。可知该处之并无隙地矣，安得更有荒坦耶？可见莫姓捐归义学之田，实皆已成熟坦，若荒坦则赵姓亦不复争矣。

六十三、此案控争数十余年，卷牍一尺余厚，情伪百出，头绪纷繁，猝览之余，似难着手，而其中之明而易见者，则莫若余玉成道光十四年与道光二十年前后各呈，不啻自燃犀照。又道光二十七年陈锦章以此坦无着，自将保结禀销，与夫陈任之批禀详销各件均极明晰。又道光二十三年余璇呈内所粘红签，以及道光二十四年册房书吏查复一禀，与道光三十年户房书吏查复一禀，均属简明切要，可以一目了然。庶于蜃楼海市中，易观庐山面目也。

六十四、此案控争抢占已数十年，迨至五命八伤，亦经前任详报，并将全案卷牍解赴省垣。嗣于咸丰九年履任新会时，上宪以此案之繇，始于田土，田土之是非既辨，则命案之曲直自明，复将全案发回，饬令卑职勘讯禀复。此即检卷细阅，察其弊窦太多，因于勘讯之时，遂一细加驳诘，两造均皆帖服，亦俱俯首无词。嗣因赵姓畏亏，即便赴省翻控，均经卑职详晰禀明在案。兹复接奉府札，饬查指出各情，亦已遵照确查，备文申复，并将卑职前阅全卷时管见所及，列折缕陈，伏乞鉴存，以备刍荛之采⑨。盖卑职奉委勘讯此案，亦既窥测端倪，未应缄默不言，致滋咎戾，唯事繁语杂，不无重渎清严，尚祈格外宥原，是为万幸。至于命案原委，卑职未经鞫讯，未能洞悉其详，且以五命八伤，案情重大，是非曲直，宪台自有权衡，非卑职之愚所敢妄陈末议者也。谨呈。

【译文】
敬禀者：

查得卑县赵祖勋诬控莫芝云等人抢割毙命一案，经卑职勘验讯审分明，逐一报告钧座。并承蒙上级逾格施恩，给予爱护，不仅鉴察案件的虚证，而且承蒙允准保我进行应试，凡有血气之人，无不感恩，况且施恩于我，能不感激泣淋吗？这个案件的原原本本，早已清清楚楚，何必再烦琐地陈词，妄呈清听。只是顾念这个案件已经历三十余年之久，案卷文牍累积一尺有余，其中变幻多端，不异于海市蜃楼。即使是亲手审理，亦觉得头绪纷繁，不免令人目迷五色，而又想到在数十年后，才指出其中的伏机揭发奸媒，并想在千变万化之余，无微不烛，实在是命运之意的指引。同时，又以事久弊深，语纷词杂，繁则不能掌握其要点，简又不能指出其奸谋。这个案件构结数十年，勘结十数次，屡讯屡断，屡详屡翻，卒致五条人命八人伤残，酿成巨案。将案件解省提讯，也未能得出实情。等到卑职洞见其中的隐微，揭出"南、北"二字，不仅莫姓之人同声感激，即使是赵姓人等亦各自骇汗认罪，泥首乞恩。因卑职只是奉札饬勘讯该田，未蒙委派审讯命案，所以赵姓之人在奸谋百出之后，畏罪奔逃，再次胆敢狡饰支吾，妄行上控。因奉上级抚宪批示饬令委提全案人证和卷宗，解赴省城审理，经过本府再三提讯，全部指出其中的诬告，而赵姓还狡辩多端，愈控愈烈。本府以案件关系到五条人命，更加小心谨慎。因此将全案关键的各个情节，饬令查明复禀。遵照指示我立即绘图贴说，逐一详细说明，并将全案的弊端，略摘六十四条，列为清晰的奏折；又将卑职妄意拟写的勘语，一并录呈，希望上级展卷了然，这样一来可以方便披阅。另外，恭写一折，呈请上级一览。

谨查本案莫姓历年来控告的呈词，数十年来，始终如一，毫无更改变化，而余、李、赵各姓等人，则是信口乱说，随时变幻，前后矛盾，彼此不相符，弊窦多端，不胜枚举。略为摘写大概，录呈电鉴。

一、本案谋之至秘、计之至狡、弊之至显而至隐者，首先在于改变"南、北"的字样。查明道光八年十月，前任张县令详细核准沙坦范围的原稿，写明四至：靠东一坵，南至何玉官田坦；靠西一坵，南至莫若智垣；靠北一坵，南至冯张合老坦。清清楚楚，可以作为事实的依据。自后十六七年之久，总未出头。虽经莫廷泽等人多次控告抢割而差拘，亦都隐匿不到案，并且不诉辩一词。直到道光二十三年，忽然有余玉成与三水县的职员李燮元同日赴案，呈控莫廷泽等抢割他的田地，并称在道光十四年已将其田一顷多田亩典按给李燮元，而李燮元又在十六年将证照遗失，在南海县呈报有案，又复粘抄一张原领藩照，将三坵"南至"一概改为"北至"。等到二十九年邱县令被其蒙蔽，详请补给藩照，而三坵"南至"皆改为"北至"，而莫姓的田于是就变为余姓的田，立即卖为赵姓的田了。可见此田实是赵姓主谋，而余玉成、余上就、余发成、余廷卓、李燮元等人，不过全都是作为傀儡的工具罢了。赵姓本意就是想谋占莫姓此田，只是因为此田亩数不多，疆界容易分辨，又没有别姓的田可以混淆，而且都已经成为熟坦，无寸隙可乘。若在此处报承，莫姓必然控阻，转致机关败露，将来难以再图。不像在马鞍山下的石牌沙，田主众多，容易混淆，于是就朦胧地向官府提交一禀，即行消失闭藏，待过一二十年，突然出名控告被抢割，而典照、失照、补照、换照等计策，皆已成算在胸，不过将"南、北"二字略一转移，便可以坐吞这个田产。然而还是恐怕四至稀少，或者容易被窥破隐微，故亦将田分作三坵，填为三处四至，使"东、西、南、北"等字样，纷杂列为一十二条，满纸铺陈，令人眼花缭乱；如果被人看出，就说：我从余姓那里买来的，不知有无弊病。之所以必须由余姓出名，是因为这样就有推卸的余地。老谋深算，可谓神了。粤东沙田的利益，甲于天下，而其弊端也甲于天下。千奇万变，无法用语言表达。好像这等奇谋，令人从什么地方窥测呢？所以莫姓人等与之控争数十年，竟然不知弊端在什么地方。待经卑职揭出"南、北"二字，始觉如梦初醒，而深叹从前全都被他愚弄了。卑职生性拘执而迂腐，但事事求实。对于一切案件，无不加意小心。至于本案五命八伤，关系尤其重大，稍有疏忽，罪戾满天。因此在奉委勘验查讯时，即便洁诚斋戒，向城隍山海之神祈祷，叩乞默为启示保佑。谨将全案卷宗一尺余厚，数千万言，逐字细加披阅，所有个中情弊，因此了然于心。然后亲自到该田，徒步巡行，约计百里之遥，花费七日的力量，逐段细加勘验，不留毫发的遗失，如此，一切情形才了然于目。回到官署后传集双方当事人，端坐大堂，仔细研究审问。自辰时至末时，驳诘多端，将其中积弊数十百条，逐款细加指出，所有双方当事人的情伪，又得了然于口。待到揭出"南、北"二字，一时欢声若雷，不仅莫姓之人，泪落沾襟，赵姓之人，汗流浃背，即使一时旁观的人如山堵，不下数千百人，亦皆摇首咋舌，称颂神明。不是卑职能够通神明，实在是神明在暗中保护卑职罢了。比将"南、北"更改变易的地方，禀请上级藩宪饬承调取府卷查明，原照确实都是"南至"的字样，批发存案。这是本案之大概的原委。至其细微曲折之处，可以进一步说明。

二、莫姓所开承的太庙下仙人湾南涌口等处田坦，是在乾隆年间。余玉成报承的马鞍山石牌涌田坦，是在道光八年。按照年代来说，孰先孰后，孰主孰宾，孰伪孰真，孰非孰是，已经不言而喻。何况马鞍山在极北，太庙下在极南，南北相离，不下十数百丈。不仅土名屡次变易，并且间隔了大小两条河，疆界井然，怎么可能改南为北？只以安排换取执照一着，遂有移山倒海的能量。虽再隔千丈之遥，亦不难任由事情颠倒。可惜该处的田坦，全部已经成熟有一定年份，并无尺寸之余可以再行报垦。因此余姓此证照，非但北至之说，属于更改捏造，即使是起初报承南至之田，亦属于虚假。现今查得马鞍山石牌涌下，乃系陈、刘、李、谢等姓的围田，并没有余姓产业。即使何玉、冯张合、莫若智三坵之上，也是苏明登、何宝岩、黄景濂、莫魁燕及海外陈姓等人的田,并不是余姓的产业。然则当日初报之时,所称南至何玉、南至冯张合、南至莫若智等语,终究不知他是何居心?因为莫姓之田实际是北至何玉,北至冯张合、北至莫若智。于是便在对面预行埋伏,以为将来可作倒转方位的田地。这等伎俩,神鬼难知。噫,亦十分狠毒了!

三、查得余玉成在道光八年,报承领取执照以后,即便匿迹韬光,唯恐或一声张,转而导致被人控告。所以有七年之久,总是不出头,就好像并未报承,使人绝不介意。等到道光十四年,才开始令余廷卓盗割莫姓田内坦草,略为尝试。被莫姓扭送捕衙,供出系听了沙棍余玉成的主使,愿具限状交出玉成,并据该典吏详解前县差拘集讯,遂仍然藏匿不赴质,亦不诉辩一词。因而想到余玉成已经在道光八年承垦此田,领有藩照可以作为证据,如果略无情弊,怎么肯缄默不言?而且其田既是所垦之田,则草即是所种之草,割所应割,何为盗割?使所应使,怎么说是主使?莫姓毫无关系,怎敢无故捉拿,即或妄捉送官?余廷卓应即据实直陈,禀请究坐。何以余廷卓转供余玉成为沙棍,并认听其主使呢?斯时为玉成者,如果理直气壮,怎么甘心受到这样的虚诬?即使不奉令差传,亦应当挺身奔诉,检照缴呈,希望水落石出,又为什么屡传不到,并不出来一诉呢?如谓愚昧乡民害怕诉讼,不惯诉呈,又为什么莫廷泽在道光十四年十月十八日,扭获余廷卓捆送到官的时候,余玉成亦在当日具呈一纸,呈内却不言及此田是他所垦之田,此草是他所种的草,割所当割,使所当使,为什么能够以盗割相责?又为什么能够以沙棍之名相加?而且余廷卓系他什么人,究竟因为什么被捉获,为什么绝不攻讦莫姓是诬捉,亦不求保释余廷卓归家,而转将报承南至之田邻莫若智胡乱一纸控告,说他的佃农在清理田功,竟然被莫若智阻拦;说他的田在下边十余丈,何故越耕。仔细考虑到他的田实际是在莫若智之上,何为越耕?并且莫若智与何玉官田,均有丈尺可以查证,怎么能够说是"诬为在下"等语?即是这一语之失,犹且向官府具控请求伸张,怎能有自垦之田,自割田草,被人送官为诬盗,且令缴出主谋,并奉差票迭传,又值同时具禀,竟然不为诉辩一字,而只以莫若智说啥"其田本在下"一语,遂觉得万难强忍,立即挺身赴诉呢?莫若智说"其田本在下"的说法,尚不知有无这样说过,即使真的这样说过,亦不过是空空一语,与余廷卓自割田草,反被扭获送官,诬盗勒交,签差集讯相比,其中的缓急理由,似乎已判若天渊,又为什么舍此不言,竟然以莫若智说"其田本在下"的说法,专门呈状具诉呢?有这样的一诉,其田之为"南

冈州公牍·再牍(注译)

156

至莫若智"等,更加令人觉得了然。因为水势自北而南,山势自高而下。石牌涌高而在北边,故谓之上;太庙下低而在南边,故谓之下。何玉、冯张合、莫若智等三姓之田,适在其中,因此北为上而南为下。如今余玉成自己说"其田在莫若智之上,因莫若智诬指其田在下十丈",特此进行控争。那么其田是在莫若智的北边。既然在莫若智的北边,那么是南至莫若智,为什么能够在莫若智等田之下?强占南头莫芝云等人太庙下仙人湾等处的田,竟然强行改为"北至莫若智"吗?这又是他自呈的铁证,而不烦浪费口舌了。

四、查得余玉成、李燮元在道光二十三年九月二十三日同时禀称莫廷泽等人在道光十四年霸占该田等言语一节,如果属实,为什么莫廷泽在道光十四年扭获余廷卓送官拘究时,供认系听沙棍余玉成的主使,并愿具限状交出,何以余玉成亦在当日具呈,并没有言及此田已经典按给李燮元,亦没有言及莫廷泽如何霸占?并且以同是余姓之人,被人捉获,亦不出一言救护。并被余廷卓供为沙棍,诬为主使,又复勒限交出,并经出票差拘,为什么能够一味哑忍,置若罔闻,而仅以莫若智"谓其田本在其下"的一言,含糊地上呈一禀,即便了事呢?岂有真正业主,被人霸占,而竟然如此保持缄默的?真令人不可理解。

五、余玉成如果在道光十年,即将石牌沙坦一顷八十亩典按给李燮元,则李燮元应当在道光十年向余玉成收租作息。为什么数年之久,余姓总不缴息,李姓亦总不追租?到了道光十四年莫姓扭获余廷卓的时候,余玉成亦在当日具呈控莫若智,为什么不说将田典按给李燮元,以及莫廷泽霸占抢租等事情,只是说他的佃农料理田功,竟然被莫若智阻拦,说他的田在下等情况,含糊具控呢?既然说他的佃农料理田功,那么此田仍归他的佃农,并未典按给他人;他的佃农自理田功,可见无人霸占。况且莫若智不过仅说他的田在下一语,犹且挺身具呈,岂有典按给他人之田,又被别人霸占,既苦自无收获,尤其害怕典按主追租,情势危急,万分难受,竟然自甘隐忍,转无一语提及呢?然此犹系十四年之事。到了道光二十年九月内,余玉成忽然具一呈说,他在道光八年承升石牌涌尾二顷九十余亩,原来的佃农余中立本年另批新佃陈昭承耕,七月洪水消退后,不知什么恶棍欺压新佃,将坦东石牌尾涌闭塞水道,显然是附近土豪,欺图越占等情况。又在十月内再具一呈说,新佃恐被人越占,被觊觎晚禾,禀请饬差李进进行护割,被沙夫周世和放炮抗阻,说此坦先已有人开垦,并勒写抢割三十亩田的稻谷。想到蚁税坦先后批佃沙夫,并无异言。

如今遽然捏造异姓另有垦单，即有垦单而没有官府发给印照，况又无人出头争论，只是该沙夫纠众抗阻，显系欺蚁新佃等语。细阅诸呈，又是此案的铁证。因为到了道光二十年，犹说二项九十余亩，则是并没有典按给李燮元一项八十亩的事实。至于说原佃余中立，则是有佃有田，经历多年，直至二十年才开始换新佃陈昭承耕，可见莫田并没有霸占的事情。如果有丝毫霸占，旧佃又岂能耕种如此之久，新佃又岂肯接手批耕呢？至于说不知何棍欺蚁新佃，则是"不知谁何"的言辞，岂有莫廷泽已在十四年霸占此田，而犹不能指控呢？至于说显然系附近土豪，希图越占，则是猜测之词，岂有莫廷泽已在十四年霸占此田，而犹不敢指控呢？并且堵塞水道，怎么知道不是停淤？为什么一塞水道，即便知道是觊觎晚禾，并且更加知道是希图越占？即使是觊觎越占，究竟与水道有什么关系？纵然抢割禾田，难道必须闭塞水道？为什么因此遽然申请护割，又为什么因此遽然批准护割？因为他想抢他人之禾，故意假借护割之说，作为先发制人的计谋。因此一准护割，而罗成辉、莫廷泽、刘功乐、何玉等人，同日纷纷报告被人抢割了，而且反控沙夫周世和等放炮阻割。沙夫有看管田禾的责任，东主、佃农之辨最明确，岂有真是田东，妄敢放炮阻割，不仅放炮阻割，反勒田东承认抢割的道理呢？且此田刚在道光八年报承，莫姓即在十四年霸占，只此四五年间，何以沙田成熟得如此容易？而且十四年以前田归谁割，十四年以后田又归谁割？若说莫姓收割，余姓岂有不言，何以从前没有听闻护割，没有听闻阻割，亦没有听闻抢割呢？若说余姓收割，则莫姓何为霸占，岂莫田只欲霸占此田，代为耕种，及至收成时候，仍请余姓收租，不必霸占此谷呢？若以余姓所呈来说，如说原佃农余中立，新佃农陈昭，先后批佃，并无异言，沙夫照送工食，况又无人出头争论等语，则又明明是余姓自耕自佃，莫姓并没有霸占之事。如果莫姓霸占，且历经数年，则余姓仇恨已深，早应指明控究，为什么又说不知何棍，又说显系土豪，又说并无别人出头争论，只该沙夫纠众抗阻呢？既称只是沙夫纠众抗阻，则可知不是莫姓霸占，为什么忽然在道光二十三年，突然与它县的李燮元同日到案，竟诬告莫姓在道光十四年即行霸占呢？因为赵姓一切深谋远虑，原本想侵占莫姓此田。只因未得到李燮元为之扛帮，所以十数年来，俱无定见，待得到李燮元的硬证，才能恣所欲为，遂不觉前后矛盾。

六、道光二十三年以前，只据莫姓多次控告余玉成抢割，并未见余玉成等明控莫姓越占，屡次差传，绝不一诉，直到李燮元具呈之日，才敢出头投案。故之前的塞涌，本来声称不知何人，如今则实指莫廷泽。之前控告越占，浑称附近土豪，今又实指为莫廷泽。且越占而只说显然是希图，事固尚在未行。开垦而称无人出头，人又不知是谁，现今又明指是十四年后被莫姓抹界越占。前面是猜测，如今全部坐实；前面含混，现今全部揭明。自从李燮元一出来，而赵姓之胆益豪。赵姓的计谋益巧，然而不知弄巧而益显其拙。案卷具在，怎么可能混淆？一为检查，百弊俱出，而赵姓犹以为人都不能发现，与掩耳盗铃、捕雀掩目有什么差别？利令智昏，亦令人怅然了。

七、查得道光十五年三月二十日余玉成等人的禀呈，尚称所承的坦田，仍属于低洼，不能种稻，为什么在十四年十月呈请护割时，竟然声称田已耕收数年？又称照旧插禾，以十五年的田坦尚低洼，未能种稻，然则十四年所请护割，究竟系割谁的稻禾呢？所称耕收数年，照旧插禾，又系种谁的田、插谁的禾呢？只此一人的禀呈，两年之内，前后颠倒若此。其余可以类推了。

八、道光二十年十月，据大沙沙目罗成辉呈控余玉成、陈昭强抢田禾五十余亩，并称该田土名太庙下南涌口仙人湾，向来系莫姓耕种等语，可见由来已久，沙目最熟悉情况。此一词足是本案的确证。

九、余玉成投案之日，即李燮元具呈之日，即声明余玉成将坦照典按给他。以及十六年十二月典按证照被盗的事情，证照失了七年，至此才开始说出？但具呈以控追欠租为词，为什么不将典按的证照来呈验，而反将藩照及坦图抄呈？究竟玉成按银多少以及典按在何年月日，为什么呈内并不叙明？而且玉成欠租，但控告玉成返还欠租即可。坦亩纠葛不清，自当由玉成自行清理，何劳燮元代为控告？藩照被窃，必须申请补给，而田坦不是自己的产业，何须燮元如此劳力、如此费心？然而其机关全在此着。十余年的诡计阴谋积虑，唯在此处发出。证照不抄呈，字何能改"南"为"北"？图不绘缴，田坦何能移"北"为"南"？且与前任张县令原详的四至，迥然相反，而莫姓太庙下等处的田地，遂全部划入他的圈套了。称他是沙棍，谁说不适宜？

十、余玉成如果在道光十年将田典按给李燮元，则自十年以后，租谷多少，利谷多少，扣至道光二十三年，共计租谷利谷又多少，应当向余玉成照数控追。如果玉成颗粒不还，那么李燮元受亏极大，折本极大，余姓留给他的包袱也是极大的。那时的李燮元，只知控告余玉成，而不问别姓有无霸占，因为李燮元是异县人氏，只知按本收租，有无霸占别的情况，全部与李燮元无关。并且怎么知道不是余莫两姓商同串骗，故意作出霸占的说法，以欺骗他这个异县人呢？因为李燮元不出此计，不但毫无怨言，并不向余玉成追取租谷，且更加与余玉成连成一气，只控告莫姓霸占此田，而且唯恐不力，再百出其计以相尝。等到道光二十九年，前任邱县令将田判给余姓，李燮元正好向其追还旧债，又为什么绝不提及，便将此田卖给赵姓呢？这又是很明显的情弊。

十一、查得余玉成在道光二十年呈称不知何棍闭塞水道，显然系附近土豪，希图越占，又称先后批佃，并无异言，沙夫照送工食，今据捏造异姓别有垦单，即有垦单而无官府发给的印照，况又无人出头争论等语，尤为奇绝。即使从余玉成自具呈词来看，或称不知何棍，或称显系土豪，并称无人出头争论，为什么知道他只有垦单而无印照？余玉成所具之呈，即系赵姓所具之呈，很早的时候固然已经选定莫姓来立言，只因谋议未成，不便揭破，遂自己都没有发觉已经露了马脚。

十二、余玉成呈称不知何棍将石牌涌尾闭塞，有碍水道，显然系附近土豪，希图越占，恳请护割等情况。护割原本是为了防抢，闭塞涌尾，怎么就见得即是抢割？如果想抢割，又何必闭塞涌尾？乍看他所请，似乎觉得离奇，等到综观全卷后细思，才感叹他用心良苦。查得莫姓旧的证契都是西至海，这样此后东边海边所生的沙坦，皆成为子母接生。因为本税既有不够数，即可继续生成的田坦也都是莫姓的田产，契照可以作证据，谁敢混淆？而赵姓竟然说莫姓只有垦单，并无藩照，并将照内"西至海"字，将"海"字一概改为"涌"，才知道他前控闭塞涌尾之时，原是将涌挖开，遂将挖开的涌，诬捏为海。所以原涌不过一丈，后开挖作二丈，前任邱县令遂详称三丈。等到卑职进行勘验时，实仍只有二丈。天下怎么可能有一丈之海，又或者有二丈之海、三丈之海呢？而前任邱县令因为这条开挖的涌，信以为海，遂说是莫姓之田，至涌而止，涌外皆是余姓之田，卖归赵姓。殊不知"涌"与"海"岂可相蒙，涌乃水沟之类，本系田间水道；海乃汪洋无比，断无海内桑田。即使是再愚笨的人，也很容易明白。而赵田始终坚持存在，竟称沧海无凭。纵令地段可以转移，难道天理亦可以转移吗？自从卑职点破这个暗病，赵姓遂不敢再言"西至涌"了。然而当其呈控闭塞涌尾之时，却未尝没有煞费苦心。

十三、余玉成等人报承马鞍山石牌沙坦二顷九十余亩，典按给李燮元只有一顷八十亩，尚有一顷余，为什么总不言及？李燮元所呈的坦图，也未注明何处的一顷八十亩，系他所典按的田坦，何处的一顷余亩，系余玉成未典按的田坦。而余玉成呈控莫姓越占，亦不声明所占系典按给李姓之田，抑或系他未典按之田。莫姓如果意图侵占，又怎么仅占李姓所典按之田，不占余姓未典按之田？为什么李燮元一出，即肯将田坦推给李燮元自行耕管？李燮元亦只是管得所典的一项八十亩之田，而其余未典按的一顷余之田，被占被抢，余玉成为什么竟然置之不问？道光二十三年以后，只是凭李燮元出控，而余姓反而不出头，即使偶有具呈，亦只是代为李燮元控争所典按的一项八十亩之田，而未典按的一顷余之田，始终不提一字。可见并无此田，典按与未典按，都属子虚乌有。

十四、本案承坦，系余玉成、余发成、余上就三人，十余年具控，只见余玉成一人出头，而余发成、余上就二人，竟然不参与。李燮元只是从旁之人，尚且帮控，而余发成等人是本坦的业主，反置身事外，而不出一言，这就很奇怪了。到了李燮元在二十五年十一月二十八日呈奉批斥，不必插身出讼。而十二月初三日，即据余发成呈明兄故，帮扶着一同具控，而余上就仍然是虚无缥缈。是余发成自愿出控呢，还是李燮元拨令出控呢？即使不怎么聪明的人也能明白了。

十五、莫廷泽等人呈缴契照，经前任彭县令命令逐一细心核对，契证、册簿均属相符。李燮元混行签驳，错漏百出，无一确实。再经册房搜检旧册查对，一一吻合。李燮元狡辩，全系虚词，册房所查，尽有案据。孰虚孰实，何待深求？据册房禀称，莫廷泽所缴各契，全部都经前数十年的投印。哪里知道，现在控争，预谋伪造影占地步等语，尤其是确证。

十六、李燮元赴报典按的证照在十六年十二月二十六日夜被盗窃之后，经移查准南海县复称，原报于十六年十二月二十五日夜被窃。日期不相符，尤其可见是混捏。

十七、证照既然被窃，从哪里将原照抄录具呈？从头至尾，除了"南、北"二字，并无一字出错，怎么能够预知它有失，早先抄录一纸作为预备呢？

十八、李燮元所典按的坦照，既然在十六年十二月二十六夜被窃，田坦在新会，自应赴新会报明，为何仅在南海县呈报？即或因有事羁牵，不能来新会，亦当请南海移送知会新会存案，为何在隔县含糊一报，隐瞒多年，直隔七八年后才开始赴官府呈明呢？

十九、据李燮元呈称，他一直在外，在二十一年二月回家，又值英国军队滋事等等，英国军队的扰乱是在省城，与他三水县无干，更与新会县无干。

且二十一年当即议和无事，为什么在事平之后仍不赴控呢？

二十、道光二十七年四月初一日，李燮元禀请勘验丈量，据称勘验田坦必须在潮水日干夜长，才能实施量丈。每月只有初八、九及二十三、四两期，其他日期则当潮长，难以履勘。可见勘验都不能，怎么可能种稻？该田坦犹是水坦，不能耕种，哪里有割？不能耕割，哪里有霸抢？那么，控告莫姓抢割霸耕，怎么能令人相信呢？

二十一、据李燮元供称余玉成因不支付银两缴息，故把藩照按揭给他等语。查得他所说典按证照的事在道光十年十月，而十年七月十二日已奉藩宪牌开，据该户将应缴花息五百九十九两照数批解前来等因，是余玉成息银已于七月缴清，何至十月仍因不付缴息，将照按揭来凑解？且证照须解清息银，方准给发，亦断无给照之后，再行筹措缴息的道理。李燮元此供，又不觉自露虚捏。可知他所说的典按证照之事，亦是子虚乌有。

二十二、道光二十八年六月十三日，沙夫何君睦、周安稳以仙人湾等处坦亩，向来都由莫廷泽的佃人周世和等耕种，他们看收工谷。本月突有三江村赵擢平等人传帖到馆，混称是其产业，嘱为看守等情况，禀请示禁。沙夫有看守田坦的责任，恐滋事端，预禀禁止，并非不合理。况此时未经勘讯，未定是非，前任邱县令以词多偏袒而批示，将帖掷还，为什么呢？

二十三、莫姓太庙下仙人湾等处田亩六顷余，承垦将近百年，仅有成熟田六段，尚有草坦三段。余姓承垦马鞍山坦，不过数年，岂能即行成熟，都可以耕种呢？并且只有以荒坦来侵占他人熟田，断没有以熟田反来侵占他人的荒坦的。何况莫姓本业，尚有草坦三段，自己开垦不暇，再占别人的有什么用？

二十四、此田于道光三十年才开始归赵姓，而道光二十八年十月二十三日，沙夫何君睦、周安稳禀明，本月二十三日余璇、赵擢平等人驾船到莫廷泽仙人湾等处割禾稻二顷八十余亩，全部载入三江村内，有贵县的差人李彪等眼见可以证明等情况，尤其可见此时田已早归赵姓，而先前的余、李控争，只是赵姓使他们出名而已。

二十五、赵姓在二十八年传帖到沙，已称此坦系他们的产业，可见他们早已占为己有，即从前余、李控争，亦皆系赵姓串拨。故后来一经补照，即行转归赵姓。不然，如系余姓的实际产业，余姓又怎么肯争了二十年，弃之一旦呢？沙夫所缴的传帖，可为赵姓谋占的确据，无奈前任邱县令无端将帖掷还。然而莫姓将帖粘具呈，足为凭证。

二十六、查核李燮元的前后呈词，种种弊窦，显见所典按的石牌尾坦，全然不存在，怎么能耕种？既无耕种，怎么用看禾工人？在二十七年十月初八日，忽然有看禾工人赵茂进具呈，而以其子赵亚俸为抱告，此即赵姓串通出头的开始。可见从前都是隐谋，故二十八年正月二十四日，即据莫廷泽串控赵擢平等人率匪截河截占，而犹得推诿是余姓做的吗？

二十七、光绪二十八年三月初八日，据赵茂显呈称，他们这些蚁民向来是李燮元等土名大沙马鞍山石牌沙尾田的佣工。而提讯供词，又称与李燮元承批的土名马鞍山石牌沙坦三顷零，则不是佣工。究竟在何年月日承批、批价若干，没有证据分析供明。此坦余姓既含糊转给李，李姓又含糊转给赵，不明不白，辗转含糊。其实赵姓早为预谋，不然，赵擢平等人又怎么肯以案外无干，而为纠匪锹河呢？

二十八、光绪二十八年九月二十八日，莫廷泽禀准饬差李彪等前往护割，随据李彪等禀复，莫姓老坦已经被余、赵二姓割尽等情况，业经奉官护割，赵坦仍敢藐抗纠抢。差役禀复是这样，沙夫具呈亦是这样，前任邱县令为什么全部置之不论？而李燮元反在十月二十八日控告贿兵弁叠抢，而邱任仍然没有一字切责以揭露其奸？所以肆意横行，毫无忌惮，以致有纠抢酿命的事情。

二十九、前任彭县令在二十三年十一月初八日堂讯所判，亦早怀疑典按的证照，只因余玉成认欠属实，余璇自可担保，遂认为事情或者存在，则被他们所愚弄。不知李、余本属于蛇蝎一窝，互相串通，即多认万金，亦属从左手交到右手而已。且余璇即余璇溥，余璇溥即余玉成。自欠自担，是一是二，离奇变幻，不可得而言。

三十、据莫廷泽呈控余玉成即余璇溥一节，案卷查得道光二十五年以前，只见余玉成出名，总未声明余玉成即余璇溥的字样。二十五年十二月初三日，业据余发成呈称他的兄长余玉成已故。为什么赵倬云在咸丰七年七月十三日赴臬宪具呈，抄粘余姓买坦二两证契，又系余璇溥出名？该契在道光三十年六七两月所立，系在余玉成即余璇溥已故五年之后，殊不可解。且该坦系余玉成、余发成、余上就三人所报承，余玉成既然身故，应以余发成及余上就二人出名，该二人在契证内都没有签名，尤属莫测。且有时即以余璇为余璇溥，又是幻中之幻。

冈州公牍

三十一、彭、陈二任县令，亦知李燮元系案外的托帮。故彭任批则说"毋庸在此伺勘"，判则曰"不必在外久候"。陈任亦批说"该职系按受田亩，自有业主可问，不必插身出讼"。而李燮元总不向余姓追租，竟然直接与莫姓争坦，尤其可见按揭不过是借名，而帮讼实是其主要意图。

三十二、李燮元所典按的石牌坦的藩照已失，毫无凭据，缠讼未清，得失未定，此种蹊跷不稳的产业，试问谁肯沾染购买受累？赵姓有什么执据，有什么凭据，不惜工本，不畏牵控，而胆敢承耕此田？在别人犹可推诿为不知，而此坦近处在三江，结讼二十年，底细断无不知，又何待事后才考虑工本无归，又恐业主问赔，苦上加苦，如赵茂显在二十八年七月初八日所呈云云呢？可知与李燮元同一计谋，专门意图白占人田，那么何乐而不为。

三十三、李燮元本来只是按揭坦照，坦既然纠葛不清，互相控占，他又系异乡之人，怎么知道其中的底细？多年结讼，官府尚不能定是非；双方当事人争占，本地人且不敢承受，李燮元只为追欠而来，怎么肯将不能确定是谁的田地，承值耕管，情愿牵连涉讼？显系积惯的沙棍，依恃有移天换日的手段，包打官司，赵姓之人，特以重贿聘来。所以事成即便引退了。

三十四、李燮元及余发成多次催促官府勘验丈量，为什么一旦陈县令委派人员进行勘验，而李燮元等又藏匿不到，反称委员不传余发成，又不传集坦邻？岂有履勘坦亩，只传一方当事人的道理？

三十五、此案争控数十年，屡经各位前任县令的勘讯断结，均未曾认为莫姓是错的，即使李燮元前呈的抄照，坦图虽已改易南北，而呈词终属含混。直到道光二十七年二月二十二日向邱县令具呈，才开始称他所典按的田坦在南。他所典按的田坦，系典按余玉成等所承马鞍山的田坦。马鞍山既然是在北边，他所典按的坦为什么又复在南边？而前任邱县令竟然说他的田自北而南，判给余姓，不知他在北边之田，又在什么地方？无所谓母，安所得子？子母接生的说法，竟然可以这样吗？

三十六、前任邱县令在道光二十九年判断此案时，竟说莫田在东，东不可以生西；余田在北，北却可以生南，将田遂判给余姓。殊不知沙田从海中生出，非由山生出。海可以生沙坦，山却不能生沙田。如果说余姓之田，实系在北，则证照内应该书写"南至何玉等田"，为什么又将三垱"南至"一概改为"北至"呢？既然称北至，则是母坦在南，为什么又可以说在北边？即谓其田在北，究竟是几亩几垱，坐落在北方什么地方，又从何处生成田坦？

如此绵亘而南，必须子母相生，才能够由此处到达彼处。如今查得马鞍山下，直至何玉等人的田，并没有寸土尺基是属于余姓的产业。母且没有，子从何来？前任邱县令说其田由北生南，已经不可理解，况且余姓改南为北，尤为从母坦来说的；前任邱县令说的由北生南，是从子坦来说；不但南北颠倒，而且子母不分。至于莫田在东，其西即是大海，海可以生坦，东即可以生西。至理至情，人所共晓，且有藩照"西至海"的字样可以作证，又已经管业将近百年。只因赵姓想霸占此田，遂唆使余姓出头，谓其西皆至涌，而凡在涌的西边，都是余姓的田。又将此涌挖宽一丈，作为可海可涌的混淆。而前任邱县令实在中了他们的奸计，遂亦谓莫姓之坦，只应在东边，中间隔有一道小涌，不应自东而西。唯独没有想到余姓之田，并不在北，中间隔有一道大河、两道小涌，反应自北而南。又是自相矛盾，而更加难以理解了。

三十七、前任邱县令勘验审讯堂判，不辨那一方当事人侵占，但议税坦之数不足，不管现在查禀的虚实，但只想着以后接生的拨补。名义上虽然是两下平分，各管各业，实际上则尽翻前案，坦归于余，而实归于赵。勘验既然与原详不符，图亦与前图互异，自有此判，而五命八伤就此酿成了。然后的事情未有穷期，真是遗憾。

三十八、前任邱县令在二十九年正月十八日及二十六日、二月十四日进行三次堂讯，为什么全部不记录供词，不作判语？而莫廷泽在断讯之后，三次具禀，批准复讯。案卷内在道光二十九年六月十八日提同余发成复讯的时候，取具莫廷泽遵结附卷。查得莫廷蕙呈称，他的兄长莫廷泽在道光二十九年六月十六日病故，怎么可能在十八日赴讯具结？那么，遵结明显是捏造。而前任邱县令断结此案，未可深为依恃。

三十九、李燮元详请印照稿内声叙原案，亦称靠东一坵，南至何玉官田坦；靠西一坵，南至莫若智坦；靠北一坵，南至冯张合老坦。而补照在道光三十年六月十二日发给余姓收领。余璇即在当日具呈粘图，俱改"南至"为"北至"，而何玉、莫若智下中隔一河，旁边添加马头字样，并以"报承老坦"四字混之。不知老坦又在什么地方？胆敢如此欺诳。

四十、咸丰六年三月十三日，赵倬云呈称莫姓以他的田坦西界至海为词。不知沧海桑田，随时变易。莫姓坦原或至海，及余姓报承新坦，两坦渐积，海变为涌，势所必然。然则海既变田，应有溢生的田坦，为什么前任邱县令勘验丈量，莫田尚没有支付税？况且邱县令判东西接生归莫姓，莫坦西至涌，隔涌则为余田。那么莫坦的西边,并没有多余田地,为什么能够接续生成的田坦呢?

四十一、道光三十年九月十四日,户典房禀称邱县令勘图,与双方当事人原来承报的坦位,边界四至略有不同。可见公论难以泯灭,即使是书吏亦难以为之曲讳。原禀十分明确,班班可考。

四十二、莫姓承垦此田,均在乾隆年间缴税升科,领有藩照可以作证据。赵姓竟然谓其系属于垦单,并没有藩照,不知见到什么才这样说的?十分明确的证明,尚可放肆地诬捏,那么还有什么不可以诬捏的呢?可见道光二十年余玉成呈内所称"不知何棍,恐系土豪,即有垦单而无司给印照"等语,与赵姓后来控争的状词,正好相符。因为那时虽然未指明是莫姓,已经注定是莫姓之田;虽然未卖给赵姓,实属听从赵姓的指使。

四十三、莫姓承垦的太庙下仙人湾南涌口三处田亩,原报六顷余税。如今加上赵姓所争的田坦,合计只得四顷八十余亩,尚短缺一顷余亩。除了缴息升科不符合原额之外,每年完纳虚粮一顷余亩之多。又历九十余年之久,已觉不胜赔累。如今赵姓竟说莫姓之田,只应有一顷余亩,虚占官荒三顷余亩。以下则每顷四百两计之,应交银一千二百两。从乾隆至今,合计百年以来,浮收银数,上下十万两,应当请勒令莫姓补缴充公。又不知是怎样的算法,总之是无理取闹,真是放肆至极。

四十四、余玉成、李燮元同日控称莫姓在道光十四年霸占他的田若干亩,每年租息若干,算至道光三十年已有十六七年,合计应得数万余金。之前在其初控时,亦曾请求官府追缴,为什么将田判给余姓以后,竟然将莫姓所侵占的数万余金,不但分文不取,并且一字不提,只要补领一张藩照,更改"南北"字样,立即卖与赵姓,于是全都撒手呢?之后李燮元、余玉成等人,均在咸丰四年红案伏诛,亦可谓是弓藏而狗烹了。

四十五、此案屡控屡讯,屡勘屡断,屡结屡翻,然而都断为莫姓之田,未曾断为余姓的产业。自从邱县令断归余姓,余姓立即卖给赵姓,赵姓随即投税过割,莫姓亦即随详翻控。邱县令亦知道误断,陈县令始为平反。赵姓益肆凶横,莫姓难与争斗,因此将田捐给紫水义学,以期断绝祸根。陈县令允准批示饬令遵守,义学也是为了收管。赵姓仍然霸抢,莫姓长久以来不闻不问,本来因为害怕祸害及身,故而捐田割爱,如果再帮同抢割,又何必捐田?田地既然捐给别人,又何苦帮同抢割?断然没有捐献其利而仍然承受其害,捐献其实而仍保留其名称的做法。那么，赵姓为什么必欲拉上莫姓呢？因为赵姓本欲谋占此田，费尽许多心力，如今被莫姓捐出，怎么可能心中无憾呢？而且押割的文件，是上级的命令，押割的具禀，出自邑绅，由县移营，派兵弁前往。赵姓自知罪恶，又苦不方便将官府列为被告，唯有想到曾经是莫姓之田，可以指名诬蔑控告，所以一口咬定，任意株连，这就是莫姓之所以被他们罗织的原因。否则武兵奉文进行押割，怎么容许别姓同行？火炮在武营的身中，怎么容许别人混放？有无擅杀的地方，武兵自必直言。如系莫姓主谋，武兵岂能甘心代罪？因为武兵有押割的责任，又系奉有文件进行，在昏暗之中，见有人抢割，开炮轰击，势所必然。只不料五命八伤，如此的惨烈。之后武营送出正凶二名到案，亦皆供认。然经先后关押毙命，赵姓更加放肆诬告。然而铁案如山，全部案卷具在，一查立即清楚，可以不再深求。

四十六、赵姓呈控全邑绅士受贿扛帮一节，卑职在咸丰十年的禀内，已经作出详晰的说明。因为莫芝云品学兼优，实为全县秀才之冠，不但抢夺之事，没有听闻，凡是一切公局的事宜，亦都没有做出片词的称赞，唯知存心磨砺品行，闭户教导学生。并且他住在本城，未尝妄行履行城市任何职务，只与士绅交往，即使是妇孺都敬重他的名字。竟然被诬告为像曾参一样杀人，谁不深为扼腕？所以不辞嫌怨，联具公呈，因为公道在人心，并非可以强求的。之所以首列候选道陈焯之、候补府谭盛伟、部曹钟应元者，因为三位乡绅都是县中巨族，一直是众望所归，当时同在家中居住，因此衔名首列。县中凡有公事，向来都如此列名，并非该三位乡绅想作帮讼。如果说受贿赂来帮讼，而三位乡绅家境富裕，岂肯接受一点小钱，致使五条人命沉冤？并且莫姓并非殷富，家资本属不多，后来被三十年的缠讼消磨殆尽，现在都以笔耕为业，贿赂从何处得来？何况全县诸位乡绅，怎么可能有这么多钱全部进行贿赂？这都是赵姓的钳制之计，固已不辩自明，而无须卑职代为饶舌了。

四十七、余玉成等人报承马鞍山坦，只二顷九十余亩，前据邱任县令的判断，余玉成已经愿意割出三十亩归入冈州书院，而后又将二顷九十余亩，卖给赵姓。那么这个田坦共有三顷余，为什么比原报的还有多？因为此坦本系混占，难定实在的亩数。契证注明二顷九十余亩，不过符合其原报之数，而忘记了余玉成先割三十亩充公，反而导致不相符。这就是虚终是虚，掩不胜掩，偶然间不觉流露。

四十八、此案奇之又奇、幻而又幻的地方，莫过于报坦归屯一事。案查当日卢文达报垦四顷九十一亩，陈承泽等与余玉成等同报垦七顷，陈分着四顷，余分着三顷。所说"余着三顷"，即是业经升科的二顷九十余亩也。虽然与卢文达各有各垦，名皆为石牌尾，其实全部都在莫姓的坦位，故后来邱县令勘验画图，只有余、莫的坦田，而卢、陈各坦，皆化为乌有。因为余玉成等人，因见莫姓之田，明确而且有据，虽想强占，亦觉得很难，遂又变出一计，令人捏报归屯，亦可谓不遗余力了。而怎么知道屯案亦有卷宗，亦有档册，可以稽查可以考据，而不可以混捏。作伪的人如此劳心，又何苦呢？

四十九、道光二十五年十一月初七日，奉前督宪批示，据卢文达呈称，他于道光二年报垦石坦四顷九十一亩，该坦西边系余玉成与陈承泽等开垦，东边附近太庙下莫廷泽等税田四十一亩，其余俱是无主的官荒。因他患脚病，将该坦合伴给陈逢恩开垦，历年俱被莫姓占割，乞求饬令勘明被占的田坦，撤出归屯等情况。查得卢文达等在道光二年报垦石牌尾四顷九十一亩零后，因催促他升科，在道光十四年以该坦低洼水深，很难垦耕，禀请注销在案。因此卢文达报承的田坦，早已经禀请注销，为什么会在道光二十三年，又忽然以他用力开垦，被人偷割？查系莫姓的佃农毁坏偷取，因在当年莫姓正将余姓承坦占争，故在十四年将垦单缴销，此后亦未有工筑，他的田坦在中间，不能归屯等情况具禀。审核其呈词，不仅与十四年所禀的悬殊，亦且令人不解。如果早已查知莫姓的佃农偷割，为什么在十四年禀销之时，并未控及莫姓一字？且据称是水深难垦，则耕种尚且不能，哪里会有割，有什么东西可以偷？至于莫姓与余姓战争，则亦与自己有什么关系，怎么肯将用力开垦的田坦，弃置禀销呢？是呓语还是谵语，全无情理。然而，当时犹未见他声明与陈逢恩合伴的事情。等到二十五年，又赴督宪具控前情，以原垦无名之人，而忽然指为合伴，以不能归屯之坦，而又请撤归屯，更与二十三年在县所禀的迥异。推其原故，因为二十四年迭据陈逢恩赴县，以他与卢文达合垦之坦，呈请归屯，经过县府以其原报无名，批斥不准。故而仍然以卢文达出名上控，务从归屯。其实溯查屯卷，据头役梁德等人禀复，卢文达已经在道光十六年死亡，则二十三、二十五年间卢文达所具的呈词，到底是谁所递的呢？查得卢文达具呈督宪之日，李燮元也立即于是日进呈，可见都是李燮元作为赵姓的谋主；即使陈逢恩在县迭控，亦显然系李燮元为赵姓串拨无疑了。不但如此，陈承泽在道光元年报垦四顷，延至二十余年尚未缴息升科，忽然在二十五年将该坦呈请归屯，都是李、赵诸人从中阴谋。李燮元与余发成每具呈词，总以卢、陈二坦伴说。陈县令详销控案，称陈承泽所请的归屯，系属胡乱指认。而二十七年即据保佃陈锦章以此坦不存在，具结禀销，可见并无此坦。且查得卢文达报垦的四项九十一亩坦图，系西至海，东至河；到了道光二十三年呈缴的坦图，又称东邻是莫姓税田，西邻陈承泽等垦坦；二十四年陈逢恩所呈的卢文达坦图，又称东至莫姓田，西至余玉成、陈承泽等田坦，而河与海又均不见了。并且陈承泽与余玉成等人同报垦七项，陈着四项，余着三项。查其原报的坦图，系东至海，西至海。不但与余玉成报升的四至不符合，亦与李燮元粘图互异，并与卢文达等坦图尤其属于不同。据卢文达后面的呈图，及余发成等控词所称，是陈承泽等所垦四项，在余姓坦的东边；卢文达所垦四项九十一亩零，又在陈坦的东边。卢坦与莫姓税田紧邻，则莫姓更在卢坦的东边。那么莫姓与余坦尚隔有卢、陈二坦，相去几有百项之遥，该处怎么可能有这么多地段呢？因此莫廷泽诉称，怎么可能跨过卢、陈二坦而远占余的田坦？这话亦属至理。并且卢坦既称是低洼，陈坦又称无着，则该处虽不成坦，而余地很多。为什么邱县令勘测绘图，又称莫余二坦，均不符合税款？况且莫坦与余坦互相控争，坦又在何处？查得莫坦本称西至海，则自太庙下横亘至西以达到海，都是莫坦。故二十五年十一月初九日，户典禀复陈承泽、余玉成与莫廷泽互讼，及唐永安承屯二案，均在这个地方。可见当日纷纷报垦，皆系虚报，意图影占。诚如陈县令所作的批示，只有坦名而无坦位，占无可占，即行禀销，如卢文达、陈承泽等人正是这样。余姓得到李燮元的出谋，有三江赵姓作主，因此只有他始终与争，犹恐独力难支，再冒名卢文达进行架词上控，更串同陈逢恩、陈承泽呈请归屯，以表明该坦不是莫姓产业，即可以设法据为己业。总之，千方百计，志在必得。然而，亦不过是一项余田，竟然苦心孤诣一至于此，真是别有肺肠的人了。

　　五十、凡报垦的沙田，是天地自然之利，却须很多人力培养，经过很长的时间，才能一树百获，所以相争的人很多。如今莫姓开垦近百年，犹未能全部成熟，余姓在道光八年报承该坦，不过一年的时间，即皆成熟可耕，遂在道光八年将所垦的一项三十亩，典按给李燮元之手，再在道光十四年，又被莫姓霸占，导致本息无收，所以李燮元在初控时开列所欠多金，禀官追究，自然是情理之事。但李燮元以银典按田，原本是将本求利，系与余姓交易，实在与莫姓无关。如果有亏欠租银，应当向余姓控告追究，不能问及别姓，即使余姓或者以莫姓霸占的说法，偶求李姓稍为宽限，在李燮元一方也只能向余姓严追,断不管莫姓有无霸占的事情。即使莫姓真有霸占的情况,亦与李姓无关。李姓唯有向余姓严追,余姓自当与莫姓根究,为什么李燮元到官之日,不控告余姓欠租,转而作为余姓一方力控莫姓霸占呢?既然为余姓力控,莫姓霸占,则应当力追莫姓完缴积欠租银,自道光十四年算至道光三十年,共有本息若干,丝毫不许短少,又为什么在道光三十年邱县令将田判给余姓时,复为详请补照,一见到更换"南北"字样,即是大功告成,不仅李姓不向余姓追缴积欠租银,即使余姓亦不向莫姓追取霸收租谷,而反是十分取一,贱价求售,仅得两个月,便将此田卖给赵姓呢?这乃是天下最为明确的事情,也是最容易明白的道理。

五十一、该坦连年呈控抢割,都是熟田,以时价最贱的价格,按每亩值银二十两计算,一顷六十六亩,应作价二千六百二十两;又一顷三十三亩,应作价二千六百六十两;然而二契所列价格一只有六百六十两,一只有五百三十三两零,尚不及四两一亩的价格,天下真有如此便宜的田地吗?况且卖价应多于典按价,前余玉成等只将坦照一顷八十亩,不过典给李燮元,尚需典按银一千二百两,而卖给赵姓共田二顷九十余亩,多于所典按的一半面积,只取价银一千一百两零,则是田的面积加了一倍之多,而两处的卖价,反而较之一处的典价却少了一半,这样一来即使全部价格,还不能支付所典按给李燮元一顷八十亩的价格,他有什么原因肯亏本贱价卖出去呢?况且查得该坦据道光二十五年十月十三日李燮元呈控被抢割八十余亩,计谷七百余石,约计一亩可得谷九石。以余姓所卖二顷九十余亩来计算,每造可得谷二千七百余石,一年两造可得谷五千四百余石,一年可得息银四五千金。余姓争控二十年,有幸得以经营产业,不仅典按银等项,可以还清,且可以常久耕收,作为子孙永远的基业。即使是李燮元亦应当乘此机会,禀告追究莫姓所占的本息租银,余玉成即应照数收价以清款目,为什么在道光三十年六月十二日刚将补照发给,即在该年七月据将该坦尽行卖给赵姓,而田价又如此低贱呢?因为赵姓谋占此产,已经历多年,所有余、李诸人,不过用作佐使。如今有幸所谋成功,足称如愿相偿,从前佐使等人,亦功成身退,所以不等终日。可见此田的原委,是赵姓的隐谋,财既可以通神,人又惯于弄鬼,田与他村相近,久已垂涎,串同余姓虚承田坦,特为假手,因此控争伊始,赵姓早已从中把持。未卖之前,余姓已经全凭赵姓作主,传帖抢割,皆是赵姓的阴谋,锹河毁基,也都是赵姓之事。认割固列名其族,抢禾又搬入其村，由此可知控告都是出于其计谋，田早日归入他的尝业。而之后的立契转卖，只不过是虚作排场，以为将来察出"南北"两字时，藉作推卸的计谋罢了。

五十二、本案先系莫廷泽出控，莫廷泽死亡后，莫芝云等都是文弱书生，因见到赵姓凶横，势力难以与其较量，只得将田捐给义学，禀经陈县令批准在案。既经将利给予人，怎么再揽祸于己？田已经与他没有关系，再串抢割是为了什么？众绅足为主张，为何仍然牵涉莫姓？并且护割之事，既已委诸营兵，又何须诸绅前往，更何须莫姓同往？如果全部都在场，营兵又为什么不将责任推卸在诸绅和莫姓身上呢？

五十三、赵姓据称到田二十余人，一艇先到，已被捉十一人；后到三艇，分坐仅只十余人，每艇不过载三四人，何难一并捉获？营兵又为何开炮？且已捉获者尚且放回，未获者又何必要轰毙？武兵连年获益，追拿贼船，尚且不轻易开炮，何况当此十余乡民呢？那么其时如果不是人数极多，形势极其凶险，事态极其危迫，该兵弁又为何敢发炮？

五十四、赵祖勋等人既然知道由县府给谕护割，那么事情本属于奉行官府的行为，自应听候官府讯明后断给，为什么率众抗阻呢？况且何兆彪、卫象贤虽系武兵，亦属本地方之官，属下的小民，竟敢恃强藐视抗拒，他们眼中还有王法吗？然而，赵姓抗官，由来已久。道光二十八年九月经莫姓禀准饬差护割，差役一到田，赵姓方面仍然纠众抢割，经差役李彪等人及沙夫禀案有据，以后没有一年不为护割，也没有一年不报抢割。官府尽前往护割，他们尽前往抢割。既然已经无年不抢，又何独对于此姓不抢呢？可知，何兆彪等禀报，他们驾驶百余条船，纠匪抢割等情况，必然不是虚语。如果全部只是二十余人，该兵弁何兆彪等又为什么害怕而必须开炮呢？

五十五、何兆彪等人如果已将赵原华等十一人捉护过船，当即捆禁舱底，因为船头空间不大，能容下几个人？既然有控开的十余人，都在开炮，又怎么容许被捉的十一人，再为拥挤呢？何况纷争扰攘，嘈杂迷离之际，赵亚江等人又怎么能够看得如此清楚，谁为喝令，谁为下炮，谁为点放，一点都没有差错呢？断然没有如此的情理。显然是因为炮毙难以指凶，所以特混捏受掳眼见，借口可以任意砌词诬告。并且赵姓胆敢抗阻，该兵弁等正期捉获解究，如果已经捉获十一人，又为什么不将他们解押到县，而只是勒令写字立据后放回呢？究竟立据何用，勒写何意，荒谬支连，尤其令人不解。

冈州公牍

五十六、赵祖勋等人上控臬宪之词，称如果绅士不请谕令，各凶不敢抢割；县府不移营兵，行凶兵弁不敢轰炮。可见事情与莫姓无关，为什么又称莫芝云等人行贿嘱咐何兆彪等人抢割放炮呢？奉官护割，而竟然转诬告为抢劫，与巨盗控告捕盗的人有什么差别呢？

五十七、卑县粮赋，以西南一方为最多；西南方当中，以三江一村为最富；三江村内，以赵姓一族为最强。聚族而居，数千余众，虽然不乏老成醇谨的人，但是矫健者流，凶悍的人居多，恃强霸占，逞众横行，因此控案累累，大家都侧目。即以现在的控案来说，则有莫腾骧控赵永富贿串混割一案，侯宜用控赵亚一抢割毙命一案，梁灏先控赵觐恩强占沙坦一案，钟朝恩控赵氏抢割田禾一案，又控赵容芳叠抢霸占一案，陈嘉猷控赵翰航强占沙田一案，陈日新控赵忠信强占田坦一案，何光大控赵沅英等隐匿溢坦百余顷一案，何光大控赵亚信等驾艇拦劫一案，蒋健能控赵亚彪等搜劫银物一案，高显状控赵亚灶等强劫银物一案，又赵洪操等行劫廖贤吉渡船一案，又赵亚沾等偷窃赵裕常田禾一案，又欧阳朝等控赵达球恃强团殴一案，又聂富燻控赵振球纠殴掳禁一案，均经差传候讯。其余被控之案，难以一一陈述，都是习俗使然，不是一朝一夕的缘故。

五十八、粤东风俗强悍，好斗轻生，动辄纠聚千数百人，互相械斗。每用大炮轰击，不顾性命存亡。候至械斗结束之时，彼此再行核算。譬如两姓争斗，两边均有杀伤，如果都伤毙数百人，双方均无异议。如果多伤毙一二人，即当按数赔钱，然亦不过十余金，即可抵除无事。而好为负气的人，又多数不肯出银，以致结讼连年，不甘休止平息。甚至原、被双方，已经全部家破人亡，而从前的帮讼棍徒，还再间或具禀，作为随时诈索的资本。这是粤东的情形，而上级宪台有所洞鉴。所以前任叶督宪深知其弊，唯恐在稻谷收获之际，或有抢割之徒，奏奉谕旨严格捉拿，饬县会营押割，每年颁发示谕，转饬遵行在案，即如今赵姓五条人命的事情，究竟与莫姓有什么关系？从前历控数十年，历任县令勘断详销，都知道是莫姓的产业。当邱县令判为余姓的田业，莫姓并未出具遵结笔录，而赵姓立即过耕、立即投税，因为他们户大人众，公然抢夺横行，莫姓是寒素的腐儒，怎么胆敢与他们相抗？自愿将此一顷余亩田地，捐给紫水义学用来收租，已经过陈县令的准行，批归义学经营，已经是数年来没有异常，而赵姓仍然抗违，每年到了收获之时，无不禀请县府会营押割。因为相沿很久，竟然习以为常。年年收租，年年押割。

虽然是奉文实行的故事，实在都是率由旧章，断然没有料到有咸丰七年五命八伤的事情。然而此事亦系紫水义学首事尊奉前任宪台刊发奏准押割的告示，禀请县府会营押割。前任县令因为事关成例，怎么胆敢违反？立即会营拨兵进行押割，不料赵姓凶恶，竟然酿成五命八伤。那么，五命八伤都是武营所致。如今如果归罪给营兵，则该兵弁是奉营主的文书实行；如果归咎于营主的所为，而该官又是以县府的批文命令为说法；如果以该县的文移为罪，而县中又以局中绅士禀请押割为词；若欲归罪该绅，而该绅又是历年奉督宪奏奉谕旨为说。如今想原情定案，似乎头绪纷繁，而营兵卫象贤、何兆彪，都自认坐舱指挥，巡丁梁亚生、冯朝后都已自认放炮。因此，此案的罪人已得，即可以不复深求。而赵姓竟然说凶非正凶、供非正供，狡诈习诬，妄行上控，那么还有什么事情不敢做的呢？

五十九、莫芝云等各人名字，前任县令两次的详报，都没有他们的名字，后来据赵姓上控，才开始连续砌词。先系赵祖勋等人赴抚宪控告，被莫芝云、莫贞元、何兆彪、卫象贤等放炮，后据赵李氏等赴抚宪控告，被莫芝云、张翼之喝令莫步云、何兆彪等开炮，凶名已经自各有别。且赵祖勋等人赴府具控，但称莫芝云、何兆彪放炮，则与之前所说不同；而赵李氏赴府具呈，又称系莫芝云、莫廷蕙、莫步云、莫贞元、何兆彪、卫象贤、何念学等点炮，则又与之前所说不同。不但如此，李作元赴府具控，则称何兆彪等喝令莫芝云、莫贞元、卫象贤各放大炮；而其赴臬宪具控，则又称系莫芝云、莫贞元等喝令何兆彪、莫步云下码放炮。甚至赵祖勋等赴督宪具控，更变称莫芝云喝令何、卫二弁各放大炮。而赵李氏三次赴督宪具控，一称莫芝云、张翼之喝令莫贞元、莫步云等，营兵何赵彪、卫象贤喝令何念学、莫狗婆等，分头放炮；一则称莫芝云等喝令莫步云、何兆彪、何念学等分头放炮；一又称莫芝云、张翼之等喝令莫步云、何兆彪、卫象贤等人放炮。其赴学宪呈控，则更称莫芝云、莫如春、莫贞元、李蓉镜、张翼之等，喝令莫芝云、何兆彪、卫象贤、莫念学分头放炮，控告开列各个凶手。怎么这方有而那方无，或者那方多而这方寡，或者之前无而之后有，或者之前有而之后删除，或者这边控告为主喝，而那边又控告为听从，或者之前控为听从，而之后又控告为主喝？不但二人的分呈，即彼此互异，即使是一人所控，亦先后有很大的不同。人各一词，词无一符合，分不清何人为实，究竟相信何词为真。控告关系到人命重情，还敢随口变更，如此任意颠倒，又何怪乎控争田坦的奇离百出、变化万端？

六十、莫芝云等人名字，既系续控争人，已是蛇足后添；至于莫芝云之父莫廷蕙，则自控告以来都没有莫廷蕙的名字，后来仅是赵李氏控府的一呈内，才开始列在莫芝云名下，添砌莫廷蕙三字。这是赵姓人等在事后随意妄意诬告，不但辈分失伦，而且分不清后先，这就不需要深问了。赵姓竟在近年来，忽然又以莫廷蕙作为此案的正凶中的正凶，竟然似乎万万不可缺少，虽然有其子莫芝云与其侄莫如春、莫步云等人一同解省，仍然觉得不能释然，因而又将一无端插入的莫廷蕙禀恳提拘，一若五命八伤，都是莫廷蕙为主犯，假使莫廷蕙不到案，即不能伸此冤。岂知莫廷蕙是一懦弱寒儒，恪遵礼法，兢兢自守，全县皆知，仅生一子莫芝云，常以义方相训，凡事都甘心退让，未尝稍与人相争。即如义学捐租，亦属于有心向善。等到听闻他的儿子被连累，未免难以为心，愤懑之余，竟然成痰厥，而且年逾八十，家无次丁，形影相依，辗转床褥。近闻他奄奄一息，病态难支，开始原恐他是饰词，再四细加暗访，却系实情如此，未敢阻塞上级听闻。

六十一、查得莫廷蕙年逾八十，老朽龙钟，即使想抢割田禾，未必能够一同前往，即或与之同往，怎么可能开炮伤人？况且赵姓所控告开炮之人，本来无一定的，且有无数名字，随时任意混填。为什么在初次报案之时，没有听闻指控，即到后来偶然一控告，又不指请究追，至今事隔数年，又忽然万难容忍呢？只因为赵姓之人，本不想审结这个案件，但使案内一人不到，那么此案一日不结；此案一日不结，即此田一日不清，可以任他们收租，义学不能相争。所以再三催请，总是以莫廷蕙未到为借口。他们明知莫廷蕙卧病在床，断难赴质，特此指名控告，以便借此拖延。殊不知理狱贵在初情，怎能容许添名堆砌？即谓莫姓确实曾经抢割，实系正凶，既然有莫芝云、莫如春、莫步云等人解赴省垣，尽可以与之质证。如果情真罪当，即求按律严惩，又何必对毫不加刑的老病残躯，指名株累？既陷害其子，又害及其父，这是一网打尽的计谋吗？因为企图告状不企图审理的说法，粤中的风气大抵如此，即使赵姓也是这样的。

六十二、查得莫姓太庙下仙人湾南涌口三处田坦，原报六顷余亩，均已缴税升科。如今加上捐给义学的一顷余亩来计算，只得四顷余亩，现在已经全部成熟。其所称的不满一顷余亩，至今尚在海中，并没有所谓的荒坦。观于当日原保屯佃的武进士陈锦章，在道光二十七年呈称之前为余玉成等人所承马鞍山石牌涌下归屯之坦，实在无坦位可以报承，难以望其成熟，只得将原保的结具呈缴详销等语。可知该处并无隙地，怎么可能有荒坦呢？可见莫姓捐给义学的田，实皆已经成熟的田坦，如果是荒坦则赵姓亦不来争了。

六十三、此案控争数十余年，案卷达一尺余厚，情伪百出，头绪纷繁，猝然阅览之余，似乎难以着手，而其中之明而易见者，则莫若余玉成在道光十四年与道光二十年前后的各呈，不亚于自燃犀照。又在道光二十七年陈锦章以此坦不存在，自将保结禀销，与陈县令的批禀详销各件均极其明晰。又道光二十三年余璇呈内所粘的红签，以及道光二十四年册房书吏查复的一禀，与道光三十年户房书吏查复一禀，均属于简明切要，可以一目了然。这样一来，在蜃楼海市中，就容易观到庐山真面目了。

六十四、此案控争抢占已经数十年，等到五命八伤，亦经前任县令详报，并且将全案卷牍解赴省垣。嗣后在咸丰九年我履任新会时，上级以此案之源，始于田土，田土的是非既辨，则命案的曲直自明，再将全案发回，饬令卑职勘验讯问禀复。我立即检卷细阅，察见其中弊窦太多，因在勘验讯问之时，逐一细加驳诘，双方当事人均皆帖服，也都俯首无词。嗣后因赵姓害怕亏输，即便赴省翻控，均经卑职详晰禀明在案。再次接奉府札，饬查指出各情，亦已遵照确查，备文申复，并将卑职前阅全卷时的管见所及，列折逐一陈述，伏乞鉴存，以备上级采纳陋见。卑职奉委勘讯此案，既然窥测端倪，不应缄默不言，导致产生罪戾，然而事繁语杂，不无重渎清严，尚祈请格外原谅，是为万幸。至于命案的原委，卑职未经鞫讯，未能洞悉详情，且以五命八伤，案情重大，是非曲直，上级宪台自有权衡，非卑职之愚所以胆敢妄陈末议。谨呈。

冈州再牍

按：此系公在任新会县知令时公牍

新会回任示

【原文】

为晓谕事：

照得本县今兹回任，所有整纲饬纪，兴利除弊诸大端，悉皆循照旧章，无所庸其告诫。惟念此间风俗，本极端纯，夙称理学名区，共喜型仁讲让，只因刁狡之辈，惯以唆讼为生，以假为真，以无为有，颠倒黑白，变乱是非，逞其刀笔之能，恣其簧鼓之舌，往往以睚眦细故，动辄控架大题，或指为掳掠奸淫，或诬为谋反叛逆，或以善良为盗伙。或以殷户为窝家，或云挖塚毁骸，或云谋财害命。官中见此情节，不得不批准差拘。殊不知此票一行，诸差四出，逢人便锁，到处即讹，扰害情形，不堪枚举。及至到官质讯，释放言归，而身家已破矣。嗟我良民，其何以堪此荼毒耶？

本县于初次下车时，即经晓谕再三，又复访拿鼠辈，一时著名讼棍，悉皆逃走一空。间有一二无知，妄冀捏情尝试，迨经逐层批驳，即亦不敢再呈。至若藉尸讹诈之风，尤为此间锢习，及至讹诈不遂，始行捏饰报官。只须一纸报官，便可肆其讹诈，呈内列名数十，并无一定正凶，得钱即请摘除，无钱又可续禀，虽至经年累代，家毁人亡，甚且两造俱乏子孙，而讼棍犹为上控，诬告之祸，何可胜言？本县于其初报之时，无不立加研讯，不待差传被告，而原告业已坐诬。叠经痛惩之余，此风居然顿息。乃自移篆南雄以后，迄今倏已三年，不惟故智复萌，抑且变本加厉，即如年来自杀图赖之案，竟至层出不穷。言念及斯，殊堪痛恨。若不严加惩治，何以力挽颓风？合亟出示晓谕，为此示仰阖邑绅商士庶军民人等知悉，自出示之后，务宜各安本业，毋蹈前愆，须知偶值微嫌,总宜强为含忍,不可擅行控告,以及妄肆株连。非徒累及多人,亦实害贻自己。如系万不得已,亦当据实直陈,切勿延访讼师,倩其钻营舞弄。本县于一切案件,誓不要钱,数载以来,神天共鉴,此心曒日,时切冰兢。今日重来,岂有异致?惟恐习而不察,再为明誓以要。如有得受钱财,枉断取直者,明神诛殛,永绝书香。汝等万勿为人所愚,妄冀花钱制胜,盖本县于听断之顷,毫无意见之存,凡事一秉大公,惟知准情酌理,胜负惟人自定,何须妄费钱财?汝等听信我言,即是保家良法,倘若执迷不悟,仍欲以贿行求,则是汝等自欲破家,查出仍当重究。与其费钱而获罪,又何如不费之为愈耶?至若土豪讼棍,近闻渐次逃回,当即严密拘拿,尽法惩治,不使稍留余孽,以期除害安良。其有假报命案之人敢于以身试法者,本县定必加等治罪,绝不姑宽。汝等各有身家,当知自爱,无涉嚚凌之习,共成雍睦之庥,以无负理学名区之倾望焉。是为至要,其各懔之无违。特示。

【译文】

为晓谕事:

　　本县这次回任,所有关于整纲饬纪、兴利除弊的各大举措,全部遵照旧章进行,不需要再做告诫。惟念此间风俗,本来极为端正纯良,一直来称为理学的名区,大家喜欢行仁义讲礼让,只是因为刁狡的人,一惯以教唆诉讼为生,以假为真,以无为有,颠倒黑白,变乱是非,施展他们书写诉状的能力,放纵他们如簧鼓的舌头,往往将小的嫌隙纷争,动辄就变成大的官司的大题目,或者指控为掳掠奸淫,或者诬告为谋反叛逆,或者将善良之人作为盗贼。或者将殷实家庭作为窝藏之家,或者说是挖塜毁骸,或者说是谋财害命。官府看到这些情节,不得不批准差役拘传。殊不知这样的传票一旦实行,各位差役四出,逢人便锁,到处进行讹诈,扰乱为害的情形,不堪枚举。等到官府质问审讯,将当事人释放回家,身家已经破败了。真是可怜我们的良民,哪里可以承受如此的荼毒呢?

　　本县在初次到冈州任上时,即经再三晓谕,又反复查访捉拿这些鼠辈,一时著名的讼棍,全部逃走一空。间或有一两个无知之徒,妄想捏造案情来官府尝试,经过逐层批驳,亦不敢再来呈控。至于像借尸讹诈的风气,更是此地方的锢习,等到讹诈不成,又再行捏造掩饰事实进行报官。只须通过一张状纸报官,便可放肆地讹诈,呈状里面罗列当事人数十人的姓名,并不一定有正凶，得钱之后经请求将状内姓名摘除，无钱给的又可以继续禀告，虽然经过很长时间，家毁人亡，甚至双方当事人都没有子孙，而讼棍依然进行上控，诬告的祸害，怎么能用语言来表达呢？本县在他们初次呈报的时候，无不立即进行研讯，还没等到差役传唤被告，而原告已经坐实诬告之罪。经过屡次的痛惩之后，这种风气居然顿时平息。自从本县官移任南雄以后，一转眼至今已是三年，不仅故智复萌，而且变本加厉，譬如近年来自杀图赖的案件，竟至层出不穷。说到和想到这些事情，感到十分痛恨。如果不严加惩治，怎能力挽颓风？因此张贴告示晓谕，为此告示希望全县绅商士庶军民人等知悉：自出告示之后，大家应该各安本业，不要再做前述不法行为，须知偶然遇到细微的嫌隙，应该强为含忍，不可擅行控告，以及胡乱肆意株连他人。不但白白地牵连多人，也实在是危害到自己。如果确是万不得已，亦应当根据实情直接陈述，切勿聘请讼师，请他们钻营舞弄。本县官对于一切案件，发誓不要钱，数年以来，神天共鉴，我心如太阳一样光明磊落，时时告诫自己做事谨慎。今日重来新会任官，怎能有不同的样子？惟恐你们因循陋习而不觉察，再次做出明誓告诉你们。如果有得受钱财、枉法裁判的，神明要作出惩罚，永绝书香。你们千万不要被人愚弄，妄图花钱取得胜诉，因本县在审判的时候，毫不存在偏见，凡事一秉大公，仅知道依照情理，唯根据人的本来行为来确定胜负，何须胡乱花费钱财？你们听信我的话，就是保家的良法。倘若执迷不悟，仍然想通过行贿影响结果，那么是你们自己想破家，查出后仍然从重追究。与其花钱而获罪，又为什么不花钱而达成目的呢？至于那些土豪讼棍，近来听闻渐次逃回来，当即严密拘拿，尽法惩治，不能使他们稍稍留有余孽，希望做到除害安良。如果有假报命案的人胆敢以身试法，本县一定要加等治罪，绝不姑息宽宥。你们各有身家，当知自爱，不要牵涉嚣张气盛的恶习，共同营造团结和谐的局面，不辜负理学名区的名望。这是非常重要的，请大家切实遵守不得违反。特示。

冈州公牍·再牍（注译）

严禁假命限日报验示

【原文】

为再申明示约事：

照得此间讼棍教唆，莫甚藉尸讹诈，择肥而噬，每鱼肉乎通乡，见隙便乘，且瓜蔓夫别姓，凡经株连波累，无不产破家倾。本县初莅是邦，即为痛惩此弊，又至惩除日久，居然弊绝风清。乃今回任以来，竟敢仍前尝试，当将出名诸犯，严行按律坐诬，兹为揭破奸谋，予以定制，庶可剪除恶习，保我善良。盖命案惟视乎尸身，相验全凭乎伤位。乃此间鬼蜮百出，变幻多端，或捏尸被掳藏，俾无凭以相验；或待尸经腐烂，即诣验亦难明，巧设虚锋，故滋疑实，准固明知其伪，驳又难斥其虚。试为差传，便中诡计，案无结日，何时得欲壑之盈？累靡了期，徒频见身家之破。若不亟除其诡弊，仍难杜假命之风。自当预约以定章，方可绝刁徒之计，合行出示晓谕。为此示谕军民人等知悉：嗣后凡有命案杀伤，务须登时报验，近处极迟至二日，远乡不得过三天。路本四达可通，尸固万难封藏，即有逞强肆恶，或被拦阻抢藏，亦必先赴报明，俾得早为吊起。如敢故迟时日，不为及早报呈，急验尸身已经腐烂，即属虚情假命，希图诈噬讹钱，定将尸亲先行重责，并提地保严究，并为照律坐诬。该地保本有责成，断难辞咎。凡遇命盗案出，俱当赶先报知，倘取狗庇通同，稍有容隐延误，定先惟其是问，再为查彼主谋。自此订约于先，有犯在所必惩，慎勿贻悔于后，获罪断不从宽。各宜凛遵，毋稍玩泄。切切特示。

【译文】

为再申明示约事：

这个地方讼棍的教唆，莫过于借死尸进行讹诈，择肥而咬，每每在全乡鱼肉百姓，见空隙就钻，并且像瓜藤一样蔓攀别姓，凡是经他们株连波累的人，无不倾破家产。本县第一次来此地任职时，立即痛惩此弊端，又等到惩除的时间长久了，居然清除弊病，风气转清。然而，这次回任以来，竟敢仍然前来尝试，应当将具名诬告的诸犯，严格按照法律规定的"诬告反坐"来定罪，这样才能揭破他们的奸谋，形成定制，剪除恶习，保护我县善良人民。因为命案主要以尸身为主要证据，相验全凭受伤位置。而此地如鬼蜮的坏人百出，变幻多端，有的捏造尸体被掳藏，使得没有证据可以相验；有的待到尸体腐烂，即使按令进行检验也很难查明，巧设虚锋，故意制造可疑事实，如果准许立案则明知他们作伪，驳回起诉又很难斥责他们的虚假。试着下令进行差传，便中了他们的诡计，案件没有结案的日期，何时才满足他们的欲壑？牵累没有结束的时候，眼睁睁地看着许多人身家破败。如果不赶紧清除这些诡计弊端，仍然很难杜绝假命的风气。自当制定规章来预先规范，才可以堵绝刁徒的奸计，因此应当出示晓谕。为此告示希望军民人等知悉：以后凡是发生命案杀伤，务必即时报告检验，近处发生的最迟至二日，远乡发生的不得超过三天。路途本来四达可通，尸体固然万难封截，即使有逞强肆恶，或者被拦阻抢藏的，亦必须先赴官府报明，这样才可以尽快检验尸体。如果胆敢故意拖迟时日，不及早向官府报呈，等到尸身已经腐烂难以检验，即属于虚情假命，希图诈噬讹钱，一定将死者亲属先行从重追责，并且押提地保一起从严追究，并按照法律承担诬告罪责。该地保本身有管理责任，断然难辞其咎。凡是遇到命盗案发生，都应当赶快报知官府，如果实行包庇共犯行为，稍有隐瞒延误的，一定先要追究地保的责任，再来查明谁是主谋。在这里有约在先，如果犯有上述行为必然惩罚，千万不要让自己犯罪后才感到后悔，获罪后绝不从宽处理。各个应该切实遵守，毋稍玩泄。切切特示。

储谷备荒示

【原文】

为晓谕事：

照得为政首在养民，有备乃能无患。本县前年任内，因见仓谷空虚，特为筹得三千余金，发交冈州公局，买谷二千余石，存在本城谷栏。原拟粜旧籴新，以为民间缓急之备，旋值篆移梅岭，此议未及举行。今于回任之初，即行查取此谷。因与局绅商酌，妥为立定章程，逐年推陈易新，公举数人经理。盖即仿照紫阳义仓之法，而变通之，诚救时之急务也，合行出示晓谕。为此示仰阖邑绅民人等知悉：现已谕饬本城、东北、西南三方公局绅士，每方各举二人，充当值事，务须品行端方，家道殷实，而又明于会计者。每人酌赠劳金，令其认真管理，逐年相时粜籴，不可稍有疏虞。如值谷价极贵之时，饬令各谷栏按日开列谷价报县，由县核定价值，谕知值事，发交谷栏秉公粜卖。共计得钱若干，取具银票，汇交值事禀县验明，即日或交当商或交谷栏，总期妥实可靠，每月七厘生息，均着具领附卷。一俟新谷价贱，复由值事请县饬令各谷栏等，按日报价，由县核定价值，谕知值事传谕谷栏，买谷归还。统计本息若干，照依时价核算，可以添谷若干，即着值事禀县，谕令生息之商，将本息一并发交值事具领，转给谷栏，尽数全行买谷，仍交谷栏收储。每年酌给栈租，不得照常索取，可省出入盘量以及看仓诸费。合计现共买谷若干，系于某日发交某某谷栏。该值事即日详细列册禀县存案。凡于粜谷若干，籴谷若干，发商本银若干，收得息银若干，逐为写列细数，揭榜悬署巩门，庶使大众周知，阖邑皆可查核。明年再粜再籴，辗转生新永远遵行，可以积成巨款。约计数年之后，即可增谷数千。待至积谷五千，每石减粜一钱；积至一万，每石减粜二钱。如遇十分荒歉，即行禀官出示，酌减数钱，将钱依旧发商生息，仍候新谷价钱，入行买谷归还。总之此项谷银，只准买谷支用，或将银买谷，或将谷卖银，非谷即银，非银即谷。无论何项公事，如何紧急万分，总不得动用此银，致启侵挪之渐。而且谕由官发，数由绅管，谷由栏积，银由店收，值事欲将谷卖银，必须官有谕帖；官中欲提银买谷，必须值事领支，银店不敢私交，谷栏亦不得私授。如此互相牵制，谅不致有他虞。第恐日久弊生，难保不无沾染。唯念"民为邦本，食为民天"，非食何以养民，非民何以卫国。但得官中体念，知为民命攸关，不肯提动此银，民间何敢侵蚀？盖以阖邑公事，邑绅皆可稽查，值事稍有弊端，邑绅即行禀究。至若后来官长，大都子惠为怀，父母爱子之心，岂肯夺其所养？如有奸胥蠹棍，以及不法匪徒，群起觊觎，妄生谣诼，或以此举为无用，或诬值事为侵挪，或藉防堵为名，或以借支为说，该值事等切勿为其所惑，遽行引退避嫌，致令伊党进身，转得从中舞弊。并着该值事等投知阖邑局绅，联具公呈，禀官究治。倘该值事等故为徇隐，任其挪动谷银，不管何项支销，亦不问何人提用，惟著该值事等照数加倍罚赔。想该值事亦断不肯为人受过，自累罚赔也。倘此谷积至数万，救荒似觉有余，准由阖邑公正绅耆，会同值事联名禀县，体察情形拨给邑中书院义学，酌加膏火若干，以为培养人才之用；再拨邑中巡船卡勇，共需口粮若干，以为防守疆圉之资。则厘金可以免抽，修脯无虞缺乏。此加富必先于加教，而足食乃可以足兵也。至有嫌其积谷太多，而诡以置产为请者，则断断不可准行。若辈志在得财，不过为开销此银之计，若一允其所请，为害不可胜言。始则以劣产为膏腴，浮开重价，继则以丰收为荒歉，妄肆豁除，每年所入租银，不敌所花浮费，甚且私相盗卖，转成无着虚粮。不惟利益全

冈州再牍

无,且至害延无底。想邑绅等亦能鉴察及此,断不至为其所愚也。若恐积谷太多,无处安放,则邑中应办之事,何不可为,而必为买产浮销,以供若辈欲壑耶?间又有谓积此巨款,惟恐上宪闻之,提价解省,亦必同归于尽,何必费此绸缪?然此特以小人之腹,度君子之心耳。上宪轸念民依,何至提此琐琐?每遇凶荒水旱,犹为议赈议蠲,为民请命之忧,恨不得取怀而与,岂有民能自为救荒之具,而肯故为朘削者耶?至若前此奉提谷价,皆系官中仓谷所储,并非责取诸民,何得过为疑虑。且本县于立定章程后,已将一切情形,通禀各宪立案,并已代为吁请,将来断不至提。该绅董等惟当实心实力,稽查经理,将见日推月衍,继长增高,闾里长蒙鼓腹之庥,旱潦可免燃眉之急,岂非阖邑之人所共深庆幸者哉!其各凛遵毋违。特示。

【译文】
为晓谕事:

　　为政的首要在于养民,有备才能无患。本县在前年任职期内,因看到仓谷空虚,特别为此筹得三千余金,发交给冈州公局,购买二千余石稻谷,存放在本城的谷栏。原来打算卖出旧谷购买新谷,作为民间救急的储备,不久我就移任梅岭,这个谋议来不及举行。这次刚一回任,即行查取这批谷物。因此与公局乡绅商酌,妥善地制定章程,逐年推陈谷易新谷,公举数人来管理。这只是效仿紫阳义仓的方法,而稍作变通,真的是救时的急务。应当张贴告示晓谕。为此告示希望全县邑绅民人等知悉:现已发文饬令本城、东北、西南三方公局的绅士,每一方各推举二人,充当值事,值事务必是品行端方、家道殷实,而又懂得会计的人员。每人酌量赠送劳务报酬,令他们认真管理,逐年相时粜籴,不可稍有疏误。如果遇到谷价极贵的时候,饬令各个谷栏按日开列谷价报告县府,由县府核定价值,谕知值事,交给谷栏秉公按核价粜卖。共计得钱若干,取具银票,汇交值事禀报县府验明,即日或交给当商或者交给谷栏,总的希望妥实可靠,每月按七厘生息,均着令具领附卷。一旦等到新谷价格平贱,再由值事申请县府发令要求各个谷栏等,按日报价,由县府核定价值,发文告知值事转告谷栏,买谷归还。统计本息若干,照依当时价格核算,可以添谷若干,即着值事禀报县府,谕令生息的商行,将本息一并交给值事具领,再转给谷栏,尽数全部用来购买新谷,仍然交还谷栏收储。每年酌量支付栈租,不得按照平常价来索取,可以节省出入盘量以及看仓诸费。合计现共买谷多少，系在某日发交某某谷栏。该值事即日详细列册禀报县府存案。凡是粜谷多少，籴谷多少，发给商人本银多少，收得息银多少，逐项写列清楚，在衙门大门前张贴榜单，可以使大众周知，全县人员皆可查核。明年再粜再籴，辗转生新永远遵行，可以积累成为巨款。约计几年之后，即可增谷数千。等到积谷五千，每石减粜一钱；积至一万，每石减粜二钱。如果遇到严重的荒年歉收，即行禀官出示，酌减数钱，将钱依旧发商生息，仍候新谷价钱，入行买谷归还。总之这一项谷银，只准买谷支用，或将银买谷，或将谷卖银，非谷即银，非银即谷。无论什么项目公事，如何万分紧急，总不得动用这个谷银，导致开启侵挪的开端。而且告谕由官府发出，数目由乡绅管理，谷物由谷栏储存，银两由店收取，值事想将谷卖银，必须有官府的谕帖；官中想提银买谷，必须经值事领支，银店不敢私交，谷栏亦不得私授。如此一来，互相牵制，谅不致有其他危险。唯恐日子长了发生弊病，难以保证不发生沾染行为。唯有心念"民为邦本，食为民天"。无食怎么可养民？无民怎么可以保卫国家？但愿能体会官府的心思，知道这是攸关民命的事情，不肯提取动用此银，民间又怎么胆敢侵蚀呢？只要是全县的公事，县绅皆可以稽查，值事如果稍有弊端，县绅即行禀告官府追究。至于以后到任的官长，大都以施惠子民为怀，父母爱子的心意，怎么肯夺取他们的给养？如有奸恶役吏愚蠢讼棍，以及不法匪徒，群起觊觎，妄生谣言，或者说此举没有用，或者诬告值事侵挪，或者借着防堵为名，或者以借支为说，该值事等人切勿被他们迷惑，遽然引退来避嫌，致使他们的党羽进身，转而可以从中舞弊。并着令该值事等人投知全县公局乡绅，联名具书公呈，禀官究治。如果该值事等人故意徇私为他们隐瞒，任由他们挪动谷银，不管何项开支报销，亦不问是何人提用，只令该值事等人按照数额加倍罚赔。料想该值事亦断然不肯代他人受过，累及自己罚赔。倘若这些谷物积累至数万，似乎觉得救荒有余，准许由全县公正绅耆，会同值事联名禀报县府，体察不同情形拨给县中书院和义学，酌量增加若干补助，作为培养人才使用；其次拨给县中巡船的卡勇，共需要口粮若干，作为防守疆界的资费。那么，可以免抽厘金，不怕缺乏学费。这就是加强教育必须先增加财富，然后足食才可以足兵。至于如有嫌积谷太多，而诡称申请购买产业，则断断不可批准实行。这些人志在得财，不过为了开销此银的计谋，如果一旦允许他们的申请，危害不可胜言。开始时则将劣产作为膏腴，浮开高价，继而则将丰收称为荒歉，妄意放肆地请求豁免减除，每年所收的租银，还比不上每年不必要的开支，甚至还私相盗卖，转而变成没有着落的虚粮。不仅利益全无，而且导致危害延伸无尽头。料想县绅等人亦能鉴察这些情况，断然不至于被他们所愚弄。如果恐怕积谷太多，无处安放，为什么不用来做官府应办的事情，而将购买产业作为虚浮的开销，用来满足你们这些人的欲壑呢？间或又有人说积累这一项巨款，恐怕上级听闻之后，提价解送到省，亦必然是同归于尽，何必费心做此打算？这些人是以小人之腹，度君子之心。上级顾念人民的生计，怎么至于提取这些小钱？每次遇到凶荒水旱，更加为此筹款救灾，上级为民请命的热忱，恨不得从心中取出来给人民，岂有将人民能够自救的资金，而肯故意剥削去呢？至于前面所说的奉提谷价，都是官府所储的仓谷，并非向人民义务收取，为什么为此过分疑虑？且本县在制定章程之后，已将一切情形，通禀各个上级备案，并已经代为吁请，将来断不至来提取。该绅董等人应当实心实力，稽查管理，预计经过长时间的运作，继续增加提高，县民将长期享受温饱的成果，可以免除旱潦的燃眉之急，岂不是全县人民的幸事吗？请各人切实遵守不得违反。特示。

储粮备荒通禀各宪

【原文】

敬禀者：

窃维为政之要，首在养民，而备荒之资，莫如储谷。紫阳义仓之法尚矣，然后世行之不能无弊者，亦以有治法尤贵治人，有良策尤贵有长策也。新会常平等仓，储谷本自不少，后经屡次变枭，余积无多。民间偶遇歉收，官中不敢擅动，必须另为筹备，乃能随时变通。卑职于初次新会任内，因见仓谷空虚，特为筹得三千余金，发交冈州公局，买谷两千六百余石，存在本城谷栏。原拟枭旧籴新，以为民间缓急之备。适奉调署南雄州篆，此议未几举行。今于回任之初，即行查取此谷，始据局绅陈说，此粮犹在谷栏，迄今已历数年，并未随时枭籴，不但谷多陈朽，而且伤耗甚多，且谷栏储谷章程，每石向有栈租，合计数年，共应给银五百余两。若不急为设法，妥议章程，则租愈积而愈多，谷愈存而愈少，久且化为乌有，未免有负初心。

卑职因与局绅公同商订，若欲逐年粜卖，必须经理得人，而且买谷储仓，将钱买谷，人工盘脚，以及仓中一切食用诸端，在在均须花费。并恐行之久远，流弊繁滋，不若径将此银，发交谷栏生息。该栏照依行市，每两加息一分，据称积至六年，可以获利一倍，约计三十年后，可得十万余金。由此辗转相生，可以积成巨款，即或遇有荒歉，尽可周济多人，较之买谷储仓，推陈易新，尤为有利无弊。卑职再三斟酌，意见相同，现已将谷出售，共卖得银二千六百余两，除酌给谷栏栈租暨盘耗外，实只存银二千一百余两。卑职再为捐银八百余两，凑成三千两正，发交附城均丰、合和、万丰三谷栏，各具领状存案，并取具三家连环保结，即于领银之日起，每月加息一分，扣至一年，又复将息做本，逐年如此生发，可期层出不穷。饬令阖邑局绅，公举数人经理，不过总司数目，无须支给劳金。每年得息若干，合本共成若干，发交某栏若干，年终得息若干，逐为写列细数，揭榜县署照墙，以及三方公局，并造清册数本，一存经理手收，一存县署备查，余则分存三局。务须彰明较著，庶使大众周知，而且阖邑绅士，皆可随时查核。明年仍旧生发，总期永远遵行。并议此项谷银，只准救荒支用，如遇十分荒歉，即由经理禀官，将银酌量提回，买谷减钱平粜，合计粜钱多少，仍旧发交谷栏，按照旧章，逐年生息。若非真正荒歉，不准藉口妄支。总之此项谷银，只准买谷支用，或将银买谷，或将谷卖银，有谷即银，非银即谷，无论何项公事，如何紧急万分，总不得动用此银，致启侵挪之渐。而且谕由官发，数由绅管，谷由局买，银由栏收，官中仆从官胥，概不准其经手，如欲提银买粮，必须阖邑咸知，局绅不能私支，谷栏亦不准私授，如此互相牵制，谅不至有他虞。第恐日久弊生，难保不无沾染，唯念"民为邦本，食为民天"，非食何以养民？非民何以卫国？但得官中体念，知为民命攸关，不肯提动此银，民间何敢侵蚀？盖以阖邑公事，邑绅皆可稽查，值事稍有弊端，邑绅即行禀究。至若后来官长，大都子惠为怀，父母爱子之心，岂肯夺其所养？如有奸胥蠹棍，以及不法匪徒，群起觊觎，妄生谣诼，或以此举为无用，或诬经理为侵挪，或藉防堵为名，或以借支为说，该经理等切勿为其所惑，遽行引退避嫌，致令伊党进身，转得从中舞弊。并着该经理等投知阖邑局绅，联具公呈，禀官究治，倘该经理等故为徇隐，任其挪动谷银，不管何项支销，亦不问何人提用，惟着该经理等照数加倍罚赔。想该经理等亦断不肯为人受过，自累罚赔也。倘此银积至数万，救荒似觉有余，准由阖邑公正绅耆，会同经理，联名禀县，体察情形，拨给邑中书院义学，酌加膏火若干，以为培养人才之用。再拨邑中巡船卡勇，共需口粮若干，以为防守疆圉之资，则厘金可以免抽，修脯无虞缺乏。此加富必先于加教，而足食乃可以足兵也。至有嫌其积银太多，而诡以置产为请者，则断断不可准行。若辈志在得财，不过为开销此银之计，若一允其所请，为害不可胜言，始则以劣产为膏腴，浮开重价，继则以丰收为荒歉，妄议豁除，每年所入租银，不敌所花浮费，甚且私相盗卖，转成无着虚粮，不惟利益全无，且至害延无底。想邑绅等亦能鉴察及此，断不至为所愚也。若恐积银太多，无处安放，则邑中应办之事，何不可为？何必为买产浮销，以供若辈欲壑耶。惟积此巨款，若非明定章程，通禀宪示，亦不足以垂久远而杜侵挪，理合将筹款买谷、将谷粜银、发交谷栏永远生息各缘由，具禀宪台察核，伏乞批示立案。卑职仍当督饬该绅董等实力实心，稽查经理，将见日推月衍，继长增高，闾里长蒙鼓腹之庥，旱潦可免燃眉之急，阖邑咸沾骏泽，万年永沐鸿慈，感激之诚，实无既极矣。

【译文】

敬禀者：

  为政之要，首在养民，而防备饥荒的资源，莫如储谷。紫阳设义仓的方法很好，然而后世按照此法实行却不能去其弊端，也是因为治法虽好，但治人更加可贵，虽然有良策，但是能长久施行的政策更加可贵。新会常平等仓，储存谷物本来并不少，后经屡次变粜，余下积累不多。民间偶然遇到歉收，官中不敢擅动，必须另为筹备，才能随时变通。卑职在第一次新会的任内，因为看见仓谷空虚，特别为此筹得三千余金，交给冈州公局，购买谷物两千六百余石，存放在本城的谷栏。原本拟定粜旧籴新，作为民间缓急的储备。恰好奉命调任南雄州官，这些决议还没有执行。现在在回任之初，即行查取此谷，始据公局的乡绅陈述，此粮仍旧在谷栏，至今已历经数年，并未随着时节粜籴，不但大部分谷物已经陈朽，而且损耗甚多，且按照谷栏储谷的章程，每石谷一向有栈租，合计数年，共应给银五百余两。若不赶紧设法，妥议章程，则租金愈积愈多，谷物愈存愈少，时间长久则化为乌有，未免有负初心。

  卑职因与局绅公同商订，若想逐年粜卖，必须得人管理，而且买谷储仓，将钱买谷，人工盘脚，以及仓中一切食用诸事，每每均须花费。并且恐怕施行长久之后，流弊繁生，不若直接将此银，发交谷栏生息。该栏照依行市，每两加息一分，据称积到六年，可以获利一倍，约计三十年后，可得十万余金。由此辗转相生，可以积成巨款。即使遇有饥荒歉收，尽可周济多人，与买谷储仓、推陈易新相比较，更加有利而无弊。卑职再三斟酌，意见相同，现在已经将存谷出售，共卖得银二千六百余两，除酌量给谷栏栈租和盘耗之外，实际只存银二千一百余两。卑职再为捐银八百余两，凑成三千两正，发交附城均丰、合和、万丰三个谷栏，各出具领状存案，并取具三家连环保结，即于领银之日起，每月加息一分，计算到一年后，又再将息做为本金，逐年如此生发，可以期望层出不穷。饬令全县局绅，公举数人管理，不过是总管数目，无须支给劳金。每年得息多少，合计本金共成多少，发交某栏多少，年终得息多少，逐栏列举清楚，在县署照墙以及三方公局公榜，并且造清册数本，一本存经理手里，一本存县署备查，余则分存三局。务须彰明较著，使大众周知，而且全县绅士，皆可以随时查核。明年仍旧这样生发，总期永远遵行。并议此项谷银，只准救荒支用，如遇严重饥荒歉收，即由经理禀告官府，将银酌量提回，买谷减钱平粜，合计粜钱多少，仍旧发交谷栏，按照旧章，逐年生息。若不是真正的荒歉，不准借口妄支。总之这一项谷银，只准买谷支用，或将银买谷，或将谷卖银，非谷即银，非银即谷。无论什么项目公事，如何万分紧急，总不得动用这个谷银，导致开启侵挪的开端。而且告谕由官府发出，数目由乡绅管理，谷物由公局购买，银两由谷栏收取，官府的仆从胥吏，一概不准经手，如果想提银买粮，必须全县都知道，局绅不能私自支收，谷栏亦不得私授。如此互相牵制，谅不致有其他危险。只是恐怕日子长了发生弊病，难以保证不发生沾染行为。唯念"民为邦本，食为民天"，无食怎么可养民？无民怎么可以保卫国家？但愿能体会官府的心思，知道这是攸关民命的事情，不肯提取动用此银，民间又怎么胆敢侵蚀？只要是全县的公事，县绅皆可以稽查，值事如果稍有弊端，县绅即行禀告官府追究。至于以后到任的官长，大都以施惠子民为怀，父母爱子的心意，怎么肯夺取他们的给养？如有奸恶役吏愚蠢讼棍，以及不法匪徒，群起觊觎，妄生谣言，或者说此举没有用，或者诬告经理侵挪，或者借着防堵为名，或者以借支为说，该经理等人切勿被他们迷惑，遽然引退来避嫌，致使他们的党羽进身，转而可以从中舞弊。并著该经理等人投知全县公局乡绅，联名具书公呈，禀官究治。如果该经理等人故意徇私为他们隐瞒，任由他们挪动谷银，不管何项开支报销，亦不问是何人提用，唯著该经理等人按照数额加倍罚赔。料想该经理亦断然

冈州再牍

不肯代他人受过，累及自己罚赔。倘若这些银两积累至数万，似乎觉得救荒有余，准许由全县公正绅耆，会同经理联名禀报县府，体察不同情形拨给县中书院和义学，酌量增加若干补助，作为培养人才使用；再拨给县中巡船的卡勇，共需要口粮若干，作为防守疆界的资费。那么，可以免抽厘金，不怕缺乏学费。这就是加强教育必须先增加财富，然后足食才可以足兵。至于如有嫌积银太多，而诡称申请购买产业，则断断不可批准实行。这些人志在得财，不过为了开销此银的计谋，如果一旦允许他们的申请，危害不可胜言。开始时则将劣产作为膏腴，浮开高价，继而则将丰收称为荒歉，妄意放肆地请求豁免减除，每年所收入的租银，还比不上每年不必要的开支，甚至还私相盗卖，转而变成没有着落的虚粮。不仅利益全无，而且导致危害延伸无尽头。料想县绅等人亦能鉴察这些情况，断然不至于被他们所愚弄。如果恐怕积银太多，无处安放，为什么不用来做官府应办的事情，而将购买产业作为虚浮的开销，用来满足你们这些人的欲壑呢？只是积累这笔巨款，若果没有明确制定章程，通禀上级批示，也不足以长久实施从而杜绝侵挪，理应一并将筹款买谷、将谷卖出兑银、发交谷栏永远生息各等缘由，具禀上级察核，伏乞批示立案。卑职仍应当督促饬令该绅董等实力实心，稽查管理，将来经过日推月衍，积银继续增多，全县长期蒙受温饱的福祉，可以免除旱潦的燃眉之急，全县均沾染好运气，万年永沐鸿慈，感激之诚，实在没有终极。

劝谕盗匪示

【原文】

为劝谕盗匪及早回头事：

照得有犯必惩，邦家之兴；无恶不报，天道之常。故刀锯斧斤，几曾及于善类；兵戈水火，每萃集于凶人。良可惧哉，殊不爽也。乃此间匪徒甚众，劫案频闻，岂习俗之使然，何猖狂之至此？念汝等亦只为饥寒所迫，妄想发财，谓未必官府尽拿，遽至罹法，不知纷纷捆解，囹圄所幽系者为谁，累累囚徒，法场所显戮者何故。当夫横行强抢，虽妄逞一世之雄，迨至恶贯满盈，终难逃三尺之法。即使偶有侥幸，不及明正典刑，而天以生人为心，岂容尔肆行杀害？官以保民为事，安忍尔频向伤残？地狱之设究为何？天网讵疏而有漏？如果抢掠可兴家于赤手，何以强盗永未见有白头？况乎眼线星罗，师船棋布，乡勇格拒，兵役围拿，炮火交加，生死判于呼吸，锋刃杂下，性命悬于须臾。无论其他，即如现在，凡有大毒，称为巨魁，如陈百牙后有李亚快，李亚快后有没脚钮，而罗有宽、鱼花络等继之，胡世芬、杨叔等又继之，率皆船统数十，党集盈千，非不恃众恃强，豪横海面，然皆随起随灭，枭示街头。或为官兵所拿，或为线人所捉，或见杀于村众，或被戕于同帮，其中皆若有天意之存，必不容留为人民之害。可知恶人无不恶死，殃人必自殃身。在彼魁首犹然，更于党徒可想。冲锋打仗，则驱在前；得利分赃，则推在后。福不同享，祸则先当，究竟得财几何，甘以此身相搏？试思此身不保，又须得财何为？本县念切哀矜，意存化导，悯汝等之愚昧，痛匪类之繁多，实觉不胜其诛，特先开诚以劝。除一面移行购拿，并谕各乡衿耆捆送究办外，合行剀切晓谕。为此示谕阖邑诸色人等知悉：汝等皆壮盛之年，并非无用之辈，耕田力穑，尽可资生；贸易佣工，亦甚谋业。得财可得常享，不惧不忧；置产得以安居，无灾无害。上可奉养父母，下可保全妻孥。即拮据以食贫，较斧钺加身何若？虽艰难而处困，比枪炮之被体奚如？一则触处无非危机，旦夕时忧祸患；一则随在咸成乐境，寝馈常得怡安。与其拼命捐躯，搏片时之快意，何如安贫食力得长久以保身。固利害之显殊，岂得失之难辨？嗣后务各撒手，及早回头，速改辙而易弦。即卖刀而买犊，不敢为害于世，常能守法而奉公，即不获罪于天，自能降祥而致福。汝等虽作盗而为匪，亦均知敬天而奉神。然曷思盗匪之恣横，岂能邀天神之垂庇？如果改悔，犹可挽回。倘仍敢依旧逞凶，且无论将来降祸，现当分饬衿耆捆送，移会营讯购拿，务期尽绝根株，恐亦难逃罗网，行将责成亲属，更且累及父兄，必待骈首而就诛，始悔噬脐之莫赎，嗟何及矣，不亦晚呼！本县亦明知汝等之习与性成，断难以言相感，然究不忍我民之流为败类，率皆不教而诛，用特苦口敷诚，切勿甘心试法。懔之。特示。

【译文】

为劝谕盗匪及早回头之事：

  犯了罪必然受到惩处，国家才能振兴；没有恶果不受到报应，这是天道之常理。因此，刀锯斧斤，很少施用在善类身上；兵戈水火，每每聚集在凶人身上。真是令人恐惧，报应没有不灵验的。此地很多匪徒，经常听闻劫案发生，如果不是习俗造成的，为什么猖狂到如此地步？顾念你们只是饥寒所迫，妄想发财，如果抱着官府未必全部捉拿，遽然去触犯法律，不知道纷纷捆解到官府投案，那么在监狱里坐牢的人是谁，多少囚徒在法场上杀头示众又是什么缘故。横行强抢，虽然妄逞一世英雄，等到恶贯满盈，终归难逃头上三尺的法律。即使偶然有侥幸尚未得到法律处刑的罪犯，然而上天以保存生命为目的，岂容你肆意杀害？官府以保护人民为分内事，怎么忍你多次伤残？地狱的设立究竟是为了什么？天网怎么会疏而有漏？如果通过抢掠就可以白手兴家，为什么强盗永远看不到有白头？况且，眼线如星星一样罗列，师船如棋子一样布置，乡勇抵抗，兵役围剿捉拿，炮火交加，生死在呼吸间就可判定，锋刃杂下，性命悬于片刻之间。无论其他，即如现在，凡有大毒，称为巨魁，如陈百牙之后有李亚快，李亚快之后有"没脚钮"，继而有罗有宽、鱼花络等人，胡世芬、杨叔等人又步其后尘，统率数十只船，纠集成千党徒，没有不恃众恃强的，横行海面，然而全部随起随灭，在街头枭首示众。有的被官兵捉获，有的被线人捉拿，有的被村众所杀，有的被同党杀害，其中好像存在着天意，必然不容留他们成为人民的祸害。可知恶人没有哪个不因为作恶而死的，殃人必然自殃其身。他们的贼首都是这样惨死，其他党徒更加可以想象得到了。被驱使在前冲锋打仗，被推在后得利分赃。福不同享，祸则先当，究竟得到多少钱财，甘愿此身相博？试想自身不保，得到钱财又有什么用？本县念切哀矜，目的是保存生命教化引导，可怜你们这些愚昧之人，痛恨匪类如此繁多，实在觉得诛杀不尽，因此先开诚相劝。除了一面悬赏捉拿盗匪，并谕令各乡衿耆老捆送追究处理之外，应当剀切晓谕。为此告示希望全县诸色人等知悉：你们都是壮盛之年，并不是无用之辈，耕田力穑，尽可生活；贸易佣工，亦可以谋业。这样取得财富可得常享，不惧不忧；这样置产可以得到安居，无灾无害。上可以奉养父母，下可以保全妻儿。即使是拮据生活贫困，与斧钺加身相比那个更好？虽然艰难而处困，与枪炮入体相比那个更好？一边是所到之处无不是危机，每时每刻担忧祸患；一边是住在安乐地方，吃饭睡觉都觉得安心。与其拼命捐躯，博取一时的快意，还不如安贫食力得到长久的保身。因此，利害的显殊，怎么难以分辨得失？以后务必各自停手，及早回头，赶快改辙易弦。立即放下武器从事耕种，不要再为害于世，如果能守法奉公，不但不获罪于天，自能降祥而致福。你们虽然作盗而为匪，亦均知敬天奉神。然而为什么不想想盗匪的恣意横行，岂能取得天神的垂庇？如果悔改，犹可挽回。倘若仍敢依旧逞凶，且无论将来是否降祸，现在应当分别饬令衿耆将其捆送，交由会营审讯捉拿，务期全部消除祸害，恐怕亦难逃罗网，将来追究亲属的责任，更加连累父兄，真的等到被斩首时，才开始后悔莫及，到了那个时候，就太迟了！本县亦明知你们的恶习和本性，断然很难以言相感，然而终究不忍心我县子民流为败类，属于不教而诛，因此，苦口婆心告诫，切勿甘心试法。懔之。特示。

严禁私宰牛犬示

【原文】

照得私宰耕牛，大干例禁，节经本县出示严禁在案。乃闻各乡墟市，仍多宰剥公行，肆无忌惮，以致盗牛私宰等案，层见迭出。若不从严惩办，无以力挽颓风，合再明白晓谕。为此示仰阖邑军民人等知悉：自示之后，汝等如有业此营生者，赶即放下屠刀，改图别业。倘再执迷不悟，仍蹈前辙，准令该处都乡党正副、墟保、地保、水保以及绅、商、士、庶、兵、役人等，或将人赃并获，捆送到官；或即指名禀报，随同往拿，除将该犯从重究办外，其捆送禀报之人，照依赏格，当堂给赏，以示劝惩。如有得钱包庇，以及受贿私和者，准许宰牛之犯，自行投首，免其罪罚，以治贿和包庇之人。其有宰卖狗肉者，罪亦如之。并着各该都地保以及墟水保等，按月出具该境并无私宰牛犬切结报县。以后如有案犯控发，或被本县查出，并将出结之人，一律治罪。却不得藉此讹诈，凭空诬陷，致滋扰累。此次严明晓谕，法在必行，切勿视为具文，自贻伊戚也。懔之慎之，无违。特示。

【译文】

私宰耕牛，严重违反法律的禁令，本县已经作出告示严禁在案。听说各乡墟市，公然实行宰剥的仍然很多，肆无忌惮，以致偷盗耕牛自私宰杀等案件，层出不穷。如果不从严惩办，不能力挽颓风，应当再行明白晓谕。为此告示希望全县军民人等知悉：自出告示之后，你们如果有从事这个营生的，赶紧立即放下屠刀，改图其他职业。倘若仍然执迷不悟，依然实行此前行当，准令该处都乡党正副、墟保、地保、水保以及绅、商、士、庶、兵、役人等，将人赃并获后，捆送到官府；也可以指出姓名禀报官府，随同前往捉拿，除了将该犯从重追究查办之外，将他们捆送禀报官府的人，依照奖赏规定，当堂给赏钱，以示劝勉和惩罚。如果有得钱进行包庇，以及受贿私和的人，准许宰牛的犯人，自行来官府投首，免除他的罪罚，追究受贿和包庇的人。如果有宰卖狗肉的，也同样追究罪责。并着令各该都的地保以及墟、水保等人，按月出具该境并无私宰牛犬的切结书报告县府。以后如果有案犯控发，或者被本县查出，并将出结的人，一律治罪。然而，不得借此讹诈，凭空诬告陷害，导致扰累。此次严明晓谕，法在必行，切勿视为具文，自己制造麻烦。懔之慎之，无违。特示。

严禁罚猪俗例示

【原文】

为严禁罚猪俗例以免酿祸事：

  照得庆赏刑威，乃朝廷之大柄；劝惩旌罚，亦乡党之微权。旌一人而众人知劝；罚一人而众人知惩。群情赖以观感，风俗藉以转移。本属意美法良，可以遵行永守。然事必求其有益，而法方可保无偏，若稍涉乎私情，必重滋乎弊贪。如欲惩恶，亦甚多方。重则送县而治以官刑，轻则集祠而责以家法。如或不须示责，姑且罚令出货，或令缴入祖尝，或令捐归公约，多可以备水旱，少可以济贫穷，庶免以有用之财，浪费诸无益之地，事既得归实际，银亦不致虚糜。乃闻本邑乡风，向有罚猪恶例。凡遇事须责罚，不待辨其假真，先即鼓众斩猪，不问谁家豢养，虚办酒食，恣众啖吞。事苟一日未平，食亦一日不已，事后计取猪物费费，悉数勒令本人赔偿，多至一二百金，少亦数十余两，不顾力之厚薄，不计事之重轻。故每有不肯认赔，而仍致涉讼。更有不愿强斩，而别滋衅端，讼本可息而反兴，事更由小以滋大。如昨蟠龙里邓姓之控调好酒食费至一百四十余两，邓芳暖不肯认罚，而争执仍行控官。又先石桥村梁姓之控被窃梁先滋鼓众斩猪，错斩梁张氏之猪，而服毒几至酿命。此皆近事之可征，尤恐后来之更甚。或贫无可措，则迫而自戕；或悍不甘偿，则铤而走险。倘有事出疑惧，并非理有亏输，则所用之费银，又问谁为归款？论情殊属无谓，流弊不可胜言，似此恶习相沿，亟应出示严禁。为此示谕各乡绅民人等知悉：嗣后不许再以斩猪示罚，或先酒肉是赊。公道主持，原只须老成片语。喧哗扰攘，又何取谋夫孔多？况凡事以是非为衡，饫于理岂必饫于腹？何诸人惟酒食是议？悦于口即以悦于心，适使饕餮之徒，幸灾乐祸，藉为饮哺啜之计，遇事生波，祸反因以酿成，法岂可为宽贷？如敢再循旧例，仍有鼓众斩猪，以及赊欠酒肉情事，不许受罚者出赀认赔，只将勒罚者指名控告，定拿首倡鼓众之人，严行惩治，并计所费银两，统行罚令倡首者一人偿还，并将该族绅耆、该乡保正，并拘到案，分别究惩。庶几恶俗可除，刁风渐息，解纷排难，乡曲可不闻雉兔之歌，弥祸消争，官中亦免滋鼠雀之讼。各宜遵照，毋稍玩违。懔之特示。

【译文】

为严禁罚猪俗例以免酿祸之事：

庆赏和刑威，是朝廷的治国依凭；劝赏和惩罚，是乡党的微权。表彰一人而众人知道自我勉励；处罚一人而众人知道以此为戒。如此，群情可以感化，风俗得以转变。本来属于美意良法，可以永守遵行。然而事情必须讲求有益于民，而方法才可确保没有偏差，如果稍稍涉及私情，必然严重地产生弊贪。如果想惩恶，亦有很多方法。严重的则移送县府审理并处官刑，轻微的则集中宗族用家法处理。如果不须示众责罚，姑且罚令出钱，或者令其缴入宗族财产，或令其捐归公约，多的可以防备水旱，少的可以救济贫穷，这样一来免得将有用的钱财，浪费在诸多无益的地方，事情既可以实际解决，钱银亦不致浪费。听闻本县的乡风，向来有罚猪的恶例。凡是遇到事情必须责罚，不等到查明事情是否真假，首先立即鼓动众人斩猪，也不问是谁家豢养的，大办酒食，任众人狂吃。事情如果一日未平，饮食则一日不停，解决事情之后计取猪物的资费，全部数额勒令本人赔偿，多至一二百金，少亦数十余两，不顾财力的厚薄，不计事情的重轻。因此，每每有不肯认赔，而导致诉讼的。更有不愿意被强斩，而另外滋生事端，诉讼本可以平息却反而更加激烈，事情更是由小变大。譬如，昨日蟠龙里邓姓起诉因调解和好的酒食费达到一百四十余两，邓芳暖不肯认罚，从而发生争执仍向官府控告。又如之前石桥村梁姓起诉因被盗窃而梁先滋鼓动众人斩猪，错斩梁张氏的猪，导致她服毒几至酿命。这些都是可以查证的近事，尤恐以后发生更多纠纷。有的人因为贫困没钱出，则被迫自杀。有的人强悍不甘心支付，则铤而走险。

冈州再牍

倘若发生的事情是出于疑惧，并非道理上有亏输，那么所用的费银，又问谁归还？从情上讲，实属无谓，流弊不可胜言，像这样的恶习相沿，应当赶紧出示严禁。为此告示希望各乡绅民人等知悉：以后不许再以斩猪示罚，或者是先赊酒肉。主持公道，原本只须老成人片语只语即可解决，又怎么需要这么多的人去喧哗扰攘？况且，凡事以是非作衡量标准，绝于理，难道一定要满足肚腹吗？为什么诸人只是想到酒食？取悦于人的口服之欲即是取悦人的心，恰好使饕餮之徒幸灾乐祸，借此作为吃喝的计谋，遇事生波，反而因此酿成大祸，法律怎么能够从宽处理？如果胆敢再循旧例，仍有鼓众斩猪，以及赊欠酒肉的事情，不许受罚者出钱认赔，只将勒罚者指出姓名来官府控告，一定捉拿为首鼓众的人，严行惩治，并计算所费银两，统行罚令倡首者一人偿还，并将该族乡绅耆老、该乡保正，一并拘传到案，分别追究惩罚。这样一来，恶俗可除，刁风渐息，解纷排难，乡曲中就听不到相争的声音，消争弭祸，官府亦免去细故的诉讼。各人切实遵照，毋稍玩违。懔之特示。

严禁女摊示

【原文】

为出示严禁事：

照得政教以风化为先，法禁惟淫邪是去，所以博场摊馆，断不容开。土妓流娼，在所必逐。然娼赌犹判为两事。诲盗未必诲淫，财色非迷在一时，溺情即难溺利。乃既设美人之局，又诡称公子之家，致令逐铜臭者并逐花香，为冶游者藉为蒲博，遂使趋之若鹜，竟尔恬不知耻，为害之深，至斯而极。本县旧治是邦，早禁止于曩日，不意今回本任，仍未泯此颓风。线索暗牵，托香闺以垂饵，牢笼巧布，假粉黛以为因，窈窕固因类相从，佻达亦出闻风而至，相逢邂逅，何分雉二驴三？杂坐诙谐，顿作朝云暮雨，本效意钱于梁冀①，转教意在聘钱，原称手戏于蹩融②，竟可手相调戏，宛入迷香之洞，消夜并为销魂，何期角胜之场，倾囊以酬倾国。甚至簪环不继，渐借床笫相偿，以有易无，金注空而更以情注，转惧为喜。债台避而潜上阳台，卖尽田园，荡祖父之余业。秽闻里党，贻夫婿以臭名。圈套足迷当局之心，赀财悉入囊家之手。坏败风俗，渎乱纲常，亟应密访查拿，合先出示严禁。为此示谕城厢内外男女人皆知悉:汝等务宜洗心革面,早为易辙改弦,出妻妾以当场,何殊老鸨;引男女而入局,尤甚窝娼。赌已害人,况女是诱;奸已伤化,况匪是窝。既谋人之钱财,复玷人之闺阃③,法所必辨,情岂能容?勿谓房闼幽深,查访未必能及。现饬牌保举发,悬赏自有报闻。倘敢玩违,仍不悔改,一经拿获,万不轻饶。男固照律严惩,女亦依奸实决,牌保不先首报,邻右或为隐容,亦并坐以知情,悉按拿以治罪。本县力图整饬,志切澄清,务期惩奸去邪,以挽颓弊,庶可移风易俗,以返敦纯。定言出而法随,冀令行而禁止,亟宜回首,勿悔噬脐④。其各懔遵毋违。特示。

【注释】

①梁冀:东汉时期外戚出身的权臣。
②蹙融:蹙融,或之蹙戎,又称格五,古代的一种弈棋方法。
③闺阃:内室,指妇女居住的地方。
④勿悔噬脐:自咬腹脐够不着,比喻后悔不及,留下无法弥补的遗憾。

【译文】

为出示严禁事:

  政教以风化为先,法禁主要是去除淫邪。所以赌博场和摊馆,绝对不容许开张。土妓流娼必须驱逐。然而娼和赌犹判别为两件事。诲盗未必诲淫,财色不是沉迷在一时,溺于情即难溺于利。至于既设立美人之局,又诡称公子之家,致令追逐铜臭的人一并追逐花香,为嫖娼的人借此参与赌博,遂使他们趋之若鹜,竟然还恬不知耻,为害之深已经达到了极点。本县曾经治理过此县,之前早就禁止过,不料这次回任,这种颓风依然未泯灭。线索暗中牵连,假托香闺作为垂钓诱饵,巧布牢笼,假借兜售粉黛作为理由,窈窕之女固然因同类而跟从,佻达之男亦闻风而至,相逢邂逅,怎么分得清是两只鸡还是三头驴?男女混杂打坐说笑,顿时变作朝云暮雨,本来效意将钱用来追求像梁冀一样的功名,转眼间变作为聘女之钱,原本声称大家做下棋游戏,竟然可以手相调戏,犹如进入迷香的洞穴,消夜并为销魂,怎么料到在赌博之场,将全部钱财给女人作酬金。甚至有的妇女首饰都输掉,渐借床第相偿,以有换无,以金下注输掉后更加以感情下注,转惧为喜。为了逃避债台而潜上家中阳台,偷出契约卖尽田园,荡尽祖父之余业。乡里都听到淫秽的传闻,带给夫婿臭名。圈套足以迷惑局中人的心窍，钱财全部进入庄家的手中。这样的行为败坏风俗，渎乱纲常，应当赶紧密访查拿，合先出示严禁。为此告示希望城厢内外男女众人皆知悉：你们务必要洗心革面，早为易辙改弦，让妻妾在摊场出现，与老鸨有什么不同？勾引男女入局，更甚于窝娼。赌博已经是害人，况且还引诱妇女；通奸已是有伤风化，况且窝藏匪徒。既然谋人钱财，又玷污人的妻子，法律必须辨明，情理又怎能容许？不要说房闼幽深，查访未必能够做到。现在饬令牌保举发，悬赏自有举报。倘若胆敢玩违，仍不悔改，一经拿获，定不轻饶。男人固然按照法律严惩，女人亦依照通奸追究，牌保不先行首报，邻居或为隐瞒容留，亦按知情不报一并追究，全部按照捉拿的行为来治罪。本县力图整饬，下定决心澄清风俗，希望做到惩奸去邪，以挽救颓废弊端，这样一来才可以移风易俗，恢复敦纯。一定做到言出而法随，冀令不要做违反禁令的行为，赶紧回头，否则后悔莫及。请各人切实遵守不得违反。特示。

严禁械斗示

【原文】

为申明律例严禁械斗事：

　　照得粤中民情犷悍，敢于干犯典刑，而其最著者，莫如明火打劫，掳人勒赎，纠众械斗三项为尤甚。顾打劫、掳赎人皆知为犯法，间有畏死而不敢为者。若纠众械斗，则直以为理所当然、分所应为，而凡有血气者，不得不为，并不知有犯法之说，无怪乎纷纷效尤愈斗愈烈也，殊不知例禁极严，著为成法。查例载："约期械斗，纠至一二十人以上，致毙彼造四命以上者，首犯绞决，至毙十命以上，斩决；纠至三十人以上，致毙彼造四命以上，首犯斩决，致毙二十命以上，斩枭；纠至四十人以上致毙彼造十命以上，首犯斩枭，若致毙一家二三命，首犯应斩绞立决者各从重论，其下手致死应抵者，各依本律例拟抵；伤人及未伤人者，各按本律例治罪。"又"广东省纠殴毙命之案，倘纠往之人被彼造致毙者，将造意之人流三千里；又因争斗将鸟枪、竹铳使放杀人者，以故杀论"。律例森严，岂容冒犯。而不意此间之相习成风，变本加厉，纠众竟至数千人，致毙动辄数百命。民间固不知为犯法，官中亦不闻有治罪者。何也？盖两造势均力敌，器械精良，州县差役几何，武营兵弁又几何？即使闻信之余，立便会营前往，而以区区官势，加之于轰轰烈烈之场，不唯若辈置若罔闻，藐若无睹。而返躬自顾，已觉气为之馁，而形为之惭矣。如此而欲弹压之，禁制之，锁拿而惩办之，不亦难乎？是不如隐忍为高，听其自起自止，既可藏拙，又可养威，且不致为乡愚所窃笑也。此械斗之所以愈斗愈烈也。然此亦惠、潮之间有此风气，近省则唯东莞、新安，颇亦有之，他处则未之前闻也。岂期风俗日偷，江河日下，香山、顺德间，亦一为之。万不料泽衍白沙，秀钟紫水，夙所谓海滨邹鲁者，亦竟如是耶？是则牧民者所不得不引以为已咎者也。嗟嗟，各有身家，竟毁之而弗恤。谁非人子，甘弃之如遗？以同乡共井之人，顿成寇敌，于化日光天之下，妄逞戈矛。童子何知，亦效触蛮之战。匹夫无罪，同为鹬蚌之争。溯其肇衅之由，非必仇深似海，只以极微之故，遽然戴不共天。于是大启祠堂，以祖宗为米饭主，分投公局，以绅耆为护身符。旗或黑而或红，厮杀何分皂白？祖忽左而忽右，主持那问公平？或被戕而不肯认输，或自杀以为图赖，至其图赖之法，尤为惨不可言。议定每命若干，愿者届期支领，中设数台宴席，罗列杯盘，外张一道壁衣，密排锋刃，居首坐者称为豪杰，自云视死如归，效指麾者俱是英雄。佥曰后生可畏，引壶觞以自酌，恍联枌社之欢。倏炮械以横飞，顿起萧墙之衅。据案者方陶然而大嚼，举兵者忽蓦尔以相加，一胾之到口未甘，众箭之钻心已集，伏杀机于酒食，何期兴尽悲来，以人命为儿戏，真是醉生梦死，遂乃检验所伤别者矣。若不亟为严禁，无由化此凶顽。除将所犯律条，刊刻简明示谕，遍行颁发各乡、各埠、各公局、各宗祠逐为悬示外，合再出示晓谕。为此示仰阖邑军民诸色人等知悉：汝等自示之后，务宜痛惩于前。凡诸各族父兄，严行禁约子弟，俾知杀人抵命，显有王章，作恶降殃，聿昭天理。幸际承平之世，得免乱离，并居完善之区，不遭兵燹，乃不相安耕作，以期共保身家，竟挟微嫌，构成巨祸。务逞忘身之忿，以为快意之端，人杀我而肢体摧残，惨亡谁惜？我杀人而累囚拘系，拖累何穷？徒使父母无依，妻孥失所，毁禾伐树，富顿居贫，荡产倾家，乐转为苦。而且冤冤相报，念念不忘，害贻子子孙孙，怨结生生世世。当下一呼百诺，扪心究不识所由，卒之两败俱伤，回首亦自知无谓，迨至势骑虎背，欲罢不能，遂令命付鸿毛，求生不得。试问有何益处，竟皆视若固然？真可谓别有肺肠，全无心性者矣。而其最可恶者，则为唆耸之徒，尤宜严以治之，以杜构争之衅。盖彼立身事外，谗构居中，因存一念之私，致酿两家之祸，忍害多人之命，以供自己之求，舌鼓如簧，直等妖言惑众，腹藏有剑，甚于强盗劫财。此种奸恶，诚堪痛恨。甚或两姓俱知悔祸，而外来之募勇不肯干休；且有后人皆愿息争，而中饱之衿耆犹为煽播。若非重惩此辈，何以除根？要惟立置极刑，无使滋蔓。嗣后如敢再犯，官中即刻亲临，不问谁是谁非，无论孰强孰弱，但见有人械斗，即行派勇环攻，照依叛逆之条，准许格杀勿论，并拘拿其父老，且拆毁其宗祠。凡夫主唆帮耸之人，律以绞斩军流之罪。至若所争何事，被杀何人，则皆淡然若忘，付之存而不论，盖两造俱违禁令，便一般同是罪人，有罪即诛，理何分乎曲直；无人可免，词不待夫供招，良由锢蔽已深，非火烈不能知畏，譬彼阴霾太重，非霆奋不足回者。况经苦口敷陈，奚啻好言相劝，乃敢甘心违抗，初非不教而诛，斯即珍灭无遗，犹是体天地好生之德。冀或观感而化，何尝非圣王止辟之心？倘经惩创之余，竟得挽回此弊，将见其父诫其子，兄诫其弟，家喻户晓，胥革故而鼎新，庶几善知所感，恶知所惩，道一风同，悉型仁而讲让，化彼凶残之习，酿为愉悦之庥，同游安乐之天，免蹈忧危之地。毋胥戕胥虐而胥保惠，咸敦孝友睦姻任恤之风，斯相友相助以相扶持，共上康乐和亲安平之颂，不诚彬彬乎理学之名区，而为皞皞然海疆之福地也哉。其各凛遵毋违。特示。

【译文】
为申明律例严禁械斗之事：

粤中民情犷悍，敢于冒犯典刑，而其中最为显著的，莫过于明火打劫、掳人勒赎、纠众械斗三项。关于打劫、掳赎，人人皆知是犯法，稍稍有怕死的都不敢为。但像纠众械斗，都以为是理所当然、分所应为，而凡有血气的人，不得不为，并不知有犯法的说法，无怪乎大家纷纷效尤，愈斗愈烈，殊不知法律规定得及其严格，已经成为成法。查例记载："约期械斗，纠至一二十人以上，致毙对方当事人四命以上者，首犯绞决，至毙十命以上，斩决；纠至三十人以上，致毙对方当事人四命以上，首犯斩决，致毙二十命以上，斩枭；纠至四十人以上致毙对方当事人十命以上，首犯斩枭，若致毙一家二三命，首犯应斩绞立决者各从重论，其下手致死应抵者，各依本律例拟抵；伤人及未伤人者，各按本律例治罪。"又"广东省纠殴毙命之案，倘若纠往之人被对方当事人致毙者，将造意之人流三千里；又因争斗将鸟枪、竹铳使放杀人者，以故杀论"。律例森严，岂容冒犯？料想不到此地沿习成风，变本加厉，纠集众人竟然达到数千人，导致毙命动辄就数百条人命。民间固然不知这是犯法，官府亦没有听闻有被治罪的。为什么呢？因双方当事人势均力敌，武器精良，州县的差役有多少？武营兵弁又有多少？即使闻信有械斗之余，立便会营兵前往，而以区区的官势，用在轰轰烈烈的场上，不唯相斗之人置若罔闻，藐视他们视而不见。而返躬自顾，已觉气馁，而自惭形愧了。像这样的情形而想弹压械斗，禁制它，锁拿惩办它，不是很难吗？因此不如隐忍为高，听任械斗自起自止，既可藏拙，又可养威，且不致被乡愚所嘲笑。这正是械斗之所以愈斗愈烈的原因。然而也只是在惠州、潮州之间有如此风气，接近省城的则唯有东莞、新安，颇亦有之，其他地方之前未有听闻。岂料风俗日偷，江河日下，香山和顺德间，亦发生这些事。万不料白沙泽衍，秀钟紫水，一向被称为海滨山东的新会县，亦竟然也是这样。如果真是这样，则县官不得不引咎在自己身上。嗟嗟，各有身家，竟然毁之而不爱惜。谁不是人子，甘愿将他如物一样遗弃？本来是同乡共井的人，顿时变成寇敌，在光天化日之下妄逞戈矛。童子有什么见识，亦效仿野蛮的战斗。匹夫无罪，同作鹬蚌之争。追溯发生纷争的原由，并不是似海深仇，只是以极小的嫌隙，遽然变成不共戴天之仇。于是大开祠堂，以祖宗作为米饭班主，分投公局，以乡绅耆老作为护身符。旗帜有时黑而有时红，厮杀怎么分得清皂白？袒护忽左而忽右，主持那里问公平？有的被杀害也不肯认输，有的以自杀作为图赖，至其图赖的方法惨不可言。商议好每命值多少钱，自愿者届期来支领。在村中间摆设数台宴席，罗列杯盘，外张挂一道壁衣，密排锋刃，居坐在首位的人称为豪杰，自己说视死如归，报效在手下的人都是英雄。大家均说后生可畏，举起酒自行斟酌，恍惚举办乡里联欢。炮械突然之间横飞，萧墙之祸顿起。坐在席上的人正在陶然大嚼，举起兵器的人忽然相加，刚到口的肉还未尝到，钻心的众箭已经齐集，在酒食间埋伏杀机，怎么料到兴尽悲来，视人命为儿戏，真是醉生梦死，然后检验死伤者。如果不赶紧加以严禁，那么就不能够化解这些凶顽。除将所触犯的律条，刊刻简明，出示告谕，遍行颁发给各乡、各埠、各公局、各宗祠逐为悬挂告示外，应该再次出示晓谕。为此告示希望全县军民诸色人等知悉：你们自出示之后，务必痛惩于前。凡诸各族父兄，严行禁约子弟，让他们知道杀人抵命，王法明确规定，作恶导致降殃，天理昭然。幸好遇到承平之世，得以免除离乱，并且居住在完善的地区，没有遭受兵火，

冈州再牍

还不相安耕作，期望共保身家，竟然挟带微嫌，构成巨祸。硬是逞显忘身的忿愤，作为快意的启端，人杀我导致肢体摧残，有谁来怜惜我的惨亡？我杀人而被拘系坐牢，拖累什么时候停止？徒然使父母无依、妻子失所，毁禾伐树，富家顿然居贫，倾家荡产，欢乐转为痛苦。而且冤冤相报，念念不忘，危害子子孙孙，生生世世结怨。当下虽然一呼百应，扪心自问终究不识得出于什么原因，最终两败俱伤，回首时亦自知所做无谓，等到势成骑虎，欲罢不能，遂导致生命如鸿毛，求生不得。试问这有什么益处，竟然都视若固然？他们真可谓是全无肝肠心性之人。而其中最为可恶者，则是教唆耸动之徒，应该严加惩治，以杜绝构争。因为他立身事外，在中间谗言虚构，因存在一念之私，导致酿成两家的祸害，忍心杀害多条人命，以满足自己的需求。他们舌鼓如簧，简直等同于妖言惑众，腹藏有剑，比强盗劫财更厉害。这种奸恶，最堪痛恨。甚或两姓都知道悔祸，而外来的募勇却不肯干休；即使有后人皆愿意平息纷争，而中饱之衿者却更加煽播。如果不重惩此辈，怎么可以除根？重点是要设立极刑，不使他们滋蔓。嗣后如有胆敢再犯的，官员即刻亲临，不问谁是谁非，无论孰强孰弱，但见有人械斗，即行派兵勇包围进攻，依照叛逆的条文，准许格杀勿论，并拘拿他们的父老，拆毁他们的宗祠。凡是主使教唆帮耸之人，依律处以绞斩军流之罪。至于所争何事，被杀何人，则皆淡然若忘，付之存而不论。因为双方当事人均违反禁令，便一样同是罪人，有罪即诛，怎么还有分清曲直的道理？无人可以赦免，不需要待他们供述招词。因为锢蔽已深，非用烈火不能知道畏惧，他们就像是沉重的阴霾，非雷霆振奋不能发回音。况且经过苦口陈述，正如好言相劝，还敢甘心违抗，并非是不教而诛的情况，他们即使被殄灭没有遗留一人，依然体现天地好生的大德。希望通过观感而教化，何尝不是圣王停止纷争之心？倘若经过惩创之余，竟然可以挽回这个弊端，将见父诫其子，兄诫其弟，家喻户晓，全部革故而鼎新，这样一来，善良的人知其所感，凶恶的人知其所惩，受同一风气教化，全部行仁义而讲礼让，化解他们那些凶残的恶习，酿为愉悦之麻，同游安乐之天，免蹈忧危之地。不要互相杀戮、虐待，而是互相保惠，全部敦成孝友、睦姻、诚信之风，让大家相友相助以相扶持，共上康乐和亲安平之颂，不负彬彬乎理学名区，而成皞皞然海疆之福地。请各人切实遵守不得违反。特示。

整饬街道示

【原文】

为整饬街衢、以便行走事：

　　照得官街大路，理宜宽坦荡平，方足以便行走。本邑人烟稠密，街道狭窄，且多堆积货物，填塞街心，搭盖凉棚，遮碍轿顶，加以泥沙瓦砾，任意倾投，以致壅滞沟渠，无从疏泄。即如仓前街等处，每值雨后，水辄盈尺，更属非宜，合行出示晓谕。为此示谕阖邑居民人等知悉：嗣后凡有一切货物，不准堆积街心，碍人行走。至于小摊贸易，原准随时摆设，惟于舆马将过之顷，预为赶紧搬开，以免两相砸损。其搭盖凉棚有碍轿顶者，俱着升高一尺许，以便人行。而有树枝碍轿者，亦即量为删去。尤不得以粪草污秽，倾置街衢，裙裤亵衣，搁街晒晾。其有沟渠壅塞者，赶紧设法疏通，不得彼此相诿。以上数条，皆为人己两便之事，自示以后，如再不知遵照，则是有意违抗，不肯大家方便，本县惟有于经过之时，见有犯者，立即提出责究不贷。其各凛遵毋违。特示。

【译文】

为整理街道、以便行走之事：

　　官街大路，理应宽阔平坦，才能方便行走。本县人烟稠密，街道狭窄，并且多堆积着货物，填塞街心，搭盖凉棚，妨碍轿顶，加上将泥沙瓦砾任意倾倒投放，导致沟渠壅塞，无从疏导宣泄。譬如，仓前街等处每当雨后，水漫有一尺高，更加不适宜行走。应当出告示晓谕。为此示谕全县居民人等知悉：以后凡是一切货物，不准堆积在街心，妨碍人员行走。至于小摊贸易，原来准许随时摆设，但是当车马将通过的时候，预先赶紧搬开，以免两相砸损。有搭盖凉棚妨碍轿顶的，全部要将棚顶升高一尺许，以方便人员行走。如果有树枝妨碍轿子的，亦即时尽量剪除。尤其不得将粪草污秽物，倾倒在街道，不得将裙裤内衣，搁在街上晒晾。如果沟渠壅塞，赶紧设法疏通，不得彼此互相推诿。以上数条，都是人己两便的事情，自告示以后，如再不知遵照，则是有意违抗，不肯给大家方便，本县唯有在经过的时候，看见有违反的人，立即将其提出来严格追究责任。请大家切实遵守不得违反。特示。

再定育婴章程示

【原文】

为重定育婴章程出示晓谕事：

照得建立婴堂，收育婉婴①，固以救其死，亦以善其生。故前定章程，原属妥善。凡送路遗子女，必量远近给以力资，盖使人乐从，以劝其来也。育成招人领归，须凭绅耆查明担保，又恐人骗卖，以慎所失也。既俾糊口于前，复虑失身于后，无非体天地好生之德，藉以存人伦鞠育之常。规模虽定于官司，经理全在乎绅士。故必真心共矢，方能良法久垂，不意日久蠹生，渐滋弊窦，竟至从中渔利，反为厉阶。兹闻各处仍有弃婴，称系堂中诸多诈索。且闻女孩养大，多被司事卖钱，载至香港、澳门、售与娼寮妓馆。因为留心细访，竟尔异口同声。似此善举幸成，反为恶徒弄坏。来即见拒，就死者不得超生；去使为娼，幸生者不如速死。人方不忍其冤惨，而博与济施；彼乃反藉夫济施，而恣其冤惨，不顾人之生死，惟图己之赀财。救人而反以害人，好事而转成恶事。不料忍心害理，竟至于斯，亟应立法严惩，妥为之所。除将司事另行选举更换外，合行出示晓谕。为此示仰阖邑军民人等知悉：现已另换司事，非比从前。并为妥定规条，列示于后。汝等各存善念，毋结孽缘。如实家道贫寒，务送本堂收养。其有路遗子女，送来仍给力资。领养务查确良家，长大可不致失所。总期有利无弊，长存生趣于两间，俾得善始全终，免堕良规于末路。毋稍玩忽，各自凛遵。切切特示。

重定章程六条列后

一、现换司事，已饬绅士另行选举年高有德、乐善好施之人为之，按月将进支银两，及送领婴儿数目，每于月底逐一开明，列折送局缴县存核，如公局开送月册一般，庶几有所考覈，不致漫无稽查。

二、婴儿如凭自家父母送来，近在本城，毋庸给资，如从外乡送来，仍由堂给以来往川费；如系别人送至，或检送路遗子女，本城给力资一百文，外乡二百文，远乡三百文，再有远者酌量递增，藉以酬劳，亦以劝善。

三、见有路旁水滨遗弃子女，如有嫌污不愿抱送，准其赴堂报信，由司事派人随往收取。其报信之人，亦照前章酌给脚资。如司事闻报而仍不收取，着报信人投知该坊地保报县收送。地保如匿不报，查知斥革提责，并将司事辞退，重赏报信之人。

四、婴儿无论大小，仍准人随时领养，但须着地保查明，并得绅耆担保，实系良家，方准领取，仍由司事将领取之人姓名住址，于某月日领取开单送局缴县备查，并刊刻四柱清册按月造报。如该司事仍有私卖情事，或领取之人于领出后，转卖娼寮，查出以掠卖论罪。

五、堂内多系乳母所居，理宜防闲严谨，一切闲人男子俱不准混入行走。如敢擅入，非奸即盗，即着司事立时拿解究治。即本堂工役，亦须用五十以上老人，年轻者概行退换，免涉嫌疑而肃防范。如有闲人出入，不行拿究，定惟司事是问。

六、本堂事例俱仍旧章。每月由县委员亲往查点一次，以核对婴儿数目，验看乳母良歹、勤懒并乳汁浓淡。如有克扣银米及违乱章程，准在堂乳母、工役人等禀知委员查办。其余一切规例，悉照前定条款办理，不得有违。兹不赘列。

以上添拟章程六条，俱照实行，毋托虚语，庶几弊端可绝，以期良法长存，勿谓具文，稍涉玩视。

【译文】
为重定育婴章程出示晓谕事：

建立婴堂，收育婴儿，不但救其死，而且善其生。因此，前定章程，原来就属妥善。凡是将路遗子女送来的，必根据远近给予人工费，因为可以使人们乐意这样做，从而劝导他们送弃婴来堂。抚育成功后招人领归，须凭绅耆查明担保，又恐被人骗卖，为了谨慎防止失误。既能在前面给他们糊口生存，又能考虑他们在后面不要失身，无非体现天地好生之德，借此保存人伦养育的常理。规模虽然由官司设定，但是全部由绅士管理。故而，必须真心共意，方能做到良法长久运作，料想不到日久蠹生，渐生弊窦，竟至有人从中渔利，反成危害。听闻各处仍有弃婴，称系育婴堂有诸多诈索，不予收容。并且听闻女孩养大之后，多被司事卖钱，运载到香港、澳门，卖给娼寮妓馆。因为留心细访，竟然是异口同声这样说。像这样的善举有幸成功，反而被恶徒弄坏。送来的婴儿立即被拒收，使死者不得超生。出去的儿童被卖为娼，使有幸生存者不如速死。人们正是不忍心婴儿的冤惨，从而博与济施。那些坏人反而借着这些济施，而放纵冤惨继续发生，不顾人的生死，唯图自己赚取钱财。救人反而害人，好事转成恶事。真想不到他们能够忍心害理，竟然达到如此地步。应当赶紧立法严惩，妥善解决育婴堂问题。除了将司事另行选举更换之外，应当出示晓谕。为此告示希望全县军民人等知悉：现在已经另换司事，非比从前。并为它妥善制定规条，列示在后面。你们各存善念，不要结下孽缘。如果家道确实贫寒，务将婴儿送本堂收养。如果见有路遗子女，送来婴堂的仍旧给予人工费。领养儿童的务必查证确实是良家，使儿童长大后可不致失所。总的目的是希望有利无弊，让天地间长存生趣，使人得善始全终，避免将良规堕落在末路。不得玩忽职守，各自切实遵守。切切特示。

重定章程六条列后

一、现换司事，已饬令绅士另行选举年高有德、乐善好施之人担任，按月将收入支出银两，及送来、领取婴儿的数目，每于月底逐一开明，列折送局缴县存核，就像公局开送月册一样，庶几有所考核，不致漫无稽查。

二、婴儿如凭自家父母送来，近在本城，不需给资，如从外乡送来，仍由育婴堂给予来往路费；如系别人送至，或检送路遗子女，本城给人工费一百文，外乡二百文，远乡三百文，再有远者酌量递增，借以酬劳，亦以劝善。

三、见有路旁水滨遗弃子女，如有嫌污秽不愿意抱送，准许赴堂报信，由司事派人随往收取。其报信之人，亦照前章酌给脚资。如司事闻报而仍不收取，着报信人投知该坊地保报县收送。地保如匿不报，查知斥革提责，并将司事辞退，重赏报信之人。

四、婴儿无论大小，仍准人随时领养，但须着令地保查明，并得到绅耆担保，确实是良家，方准领取，仍由司事将领取人的姓名住址，于某月日领取开单送局缴县备查，并刊刻四联清册按月造报。如该司事仍有私卖的行为，或领取之人于领出之后，转卖娼寮，查出以掠卖论罪。

五、堂内有许多乳母居住，理宜防闲严谨，一切闲人男子俱不准混入行走。如敢擅入，非奸即盗，即着令司事立时拿解究治。即本堂工役，亦须用五十岁以上的老人，年轻者概行退换，避免牵涉嫌疑而肃防范。如有闲人出入，不行拿究，一定追究司事责任。

六、本堂事例仍然全部按照旧章。每月由县委员亲往查点一次，以核对婴儿数目，验看乳母良歹、勤懒并乳汁浓淡。如有克扣银米及违乱章程，准许在堂乳母、工役人等禀知委员查办。其余一切规例,悉照前定条款办理,不得有违。兹不赘列。

以上添拟章程六条,俱照实行,毋托虚语,庶几弊端可绝,以期良法长存,勿谓具文,稍涉玩视。

永远豁免葵扇抽厘示

【原文】

为晓谕事:

照得本邑葵扇销售虽广,而小民获利无几,自咸丰甲寅以来,每年仅只抽银七百两,以为地方之用。迨至咸丰九年,逆匪窜扰苏杭,各处军需孔亟,始行抽厘,亦不过逐年抽银一千三百金,为数甚属有限。去岁因逆匪窜踞东江一带,需饷尤殷,迭奉上宪札饬加抽,以资接济。屡经本县谕饬该行会馆首事梁春荣等妥议章程,该首事等一味宕延,不为议复。嗣复面奉上宪谕饬清查葵亩,并经委员设局开办。该首事等竟敢散布谣言,从中挠阻。推原其故,实因该首事等历年所抽,既有精粗大小之分,复有业佃买卖之别,缴官者十不及一,余皆隐匿侵吞,是官中徒有抽厘之名,若辈反得侵吞之实。与其抽收无几,徒然脧削吾民,以饱奸徒私囊,何若又概行请免,一视同仁,使若辈无所藉口,而吾民不致为鱼肉耶?因于昨日晋省,将一切竭蹶情形,详细缕陈,代为请命。仰蒙上宪恩施逾格,俯察舆情,将每年应缴厘金一千三百两,以及葵亩沙厘,概行豁免。盖以东江一带军务,现已肃清,若仍令汝等照抽,徒为该首事等中饱,解缴实属有限,汝等受累无穷。是以一概免抽,以示体恤。至汝等历年缴与会馆厘金数目,仍即据实开报,还去每年解缴之数,尚长若干,即着该首事等照数交还汝等领回,以免侵蚀,切勿迟疑以致自误,合行出示晓谕。为此示谕阖邑葵户人等一体遵照毋违。特示。

【译文】

为晓谕事:

本县葵扇销售虽然很广,而小民获利不多,自咸丰甲寅以来,每年仅只是抽取七百两银作为地方的费用。到了咸丰九年,逆匪窜扰苏杭,各处军需紧急需要钱款，开始实行抽厘，亦不过逐年抽取银税一千三百金，为数甚是有限。去年因逆匪窜踞东江一带，更加需要军饷，多次接到上级札函饬令增加抽厘，以接济军需。屡经本县出谕饬令该行业会馆首事梁春荣等人妥善决议章程，该首事等人一味拖延，不作决议回复。之后再次接到上级谕文饬令清查葵田亩数，并经委任人员设局开办。该首事等人竟敢散布谣言，从中挠阻。推其原故，实因该首事等人历年所抽取的厘金，既有精粗大小的分别，再有业佃、买卖的分别，缴交给官府的厘金不到抽取的十分之一，其余的全部被他们隐匿侵吞了。因此，官府徒有抽厘之名，他们等人反而得到侵吞之实。与其抽收不多的税银，白白地剥削吾民，以终饱奸徒的私囊，还不如一概免除，一视同仁，使他们等人没有借口，而吾民不致成为鱼肉。因此昨日晋省，将一切匿之情形，详细条陈，代为请命。仰蒙上级格外恩施，俯察舆情，将每年应缴的厘金一千三百两，以及葵亩的沙厘，全部豁免。因为东江一带军务，现在已经肃清，如果仍然令你们照旧抽厘，白白被该首事等人侵吞，解缴到官府的实属有限，你们受累无穷。所以一概免抽厘金，以示体恤之情。至于你们历年缴与会馆的厘金数目，仍即据实开报，还要减去每年解缴官府的数目，尚有多少余额，着令该首事等人照数交还你们领回，以免被他们侵蚀，切勿迟疑以致自误。应当出示晓谕。为此告示希望全县葵户人等一体遵照不得违反。特示。

饬定葵扇章程谕

【原文】

谕阖县绅士李权辉、陈熙森、何朝昌、何琯、钟应元、伍元亨、莫文海、关之翰、梁国士、卢文盛、陈朝基、何逢春、何朝泉、陈位南、黎其康等知悉：照得本邑产葵之利，虽较胜于种田，然以工本计之，所费亦甚不少，且必装潢成扇，方能得价销售。若以葵叶而言，纵好亦无多值，小民终岁劳苦，不知汗血几何，唯恃此数柄蒲葵，以为养赡一家之计，若不曲加体恤，小民其何以堪？又况一邑之人，老少男妇，其无恒产而业此扇以糊其口者，何可胜道？而谓为民上者，顾可不为之深长思耶。惟自批耕培护，以及割卖销售，其中情伪多端，不可无人经理。爰为设立会馆，并择首事数人，公同妥议行规，以杜诈虞之渐。其立法未始不善，自应久远遵行，何期日久弊生，转致肆行侵噬。是除弊而反以滋弊，为民而适以害民。则亦安用此会馆之设、甲首之充、与夫议立行规、代为经纪也哉？且查该会馆所定章程，较各行最为严密，而于议罚各条，尤为苛刻异常。即如割卖之时，先要报明会馆，某人买葵几许，某样葵叶若干，会馆责令捐题，每万总须数两。若遇姻亲好友，则皆随意通融，其有乡曲愚民，则更多方索诈，必须如数应允，方能给票割售。如无此票为凭，不准私行割卖。倘有客人私买，即与盗贼同科，不唯货物充公，与受均须倍罚。盖葵叶及时而割，逾期即便枯焦，若不如数照捐，此葵即为无用。小民出于无奈，只得哑忍曲从，其余条款甚多，动辄罚银十倍，间或事情纠辖，不准擅自告官，必须先具投词，听候会馆公处。首事受情受贿，唯知勒索横行，洎至激控到官，又皆弃之不理。即此数端而论，已为切齿痛心，况其作福作威，尤觉不胜指数。而其为害最甚者，莫如按亩抽厘。溯自咸丰四年红匪肃清以后，特立冈州公局，办理善后事宜。各行捐助微资，以为局中经费，公议葵扇会馆，每年苛敛多赀，令其岁助千元。原欲会馆捐出，而该会馆借此为说，妄派葵户诸人，每万抽取数钱，为数何止什百？此种举动，已足骇人听闻。及至咸丰九年，本县初莅此任，因值筹备军饷，奉宪抽取厘金。维时贼据金陵，苏杭继失，葵商失利，情实堪怜。本县不忍令其多捐，唯饬于七百之外，再捐一千三百金，解赴省垣，共成二千之数。然亦谓捐之会馆，而非派之葵户也。乃该会馆又复藉口加抽，每万竟至一两二钱，即老葵亦皆不免。似此忍心害理，何异劫盗所为？越岁沙田抽厘，复又按亩科派，以葵叶数千支为一亩，每亩又加取一钱二分三厘，约计每万又加三、四钱，而小民更不胜其苦矣。洎前岁本县回任，复奉上宪札饬抽捐，每柄酌取一文，为数亦甚无几。然亦皆责成会馆取之扇商，而非派之葵户也。讵该会馆竟然多方谣惑，百计阻挠，不肯捐之扇商，必欲派诸葵户，以遂侵吞之隐，而显其鼓惑之能。嗟我小民，有限生机，何堪此无穷之剥削耶？本县察知其弊，特为力恳上台，不但不复加抽，并将此每年之一千三百金，永远停止，为我商民请命。业蒙大府允行，而该会馆等见其无可营私，又复匿名揭帖，谓此厘金之免，系由伊等所求，并以林青蘅出名，妄赴上台具禀。讵意大干宪怒，饬即严拿梁春荣等缴薄核算，勒追侵蚀诸银，并着彻底根究等因。奉此，本县当经差传集讯，并示谕各葵寮等赶紧妥议章程，公举甲首，以凭核察饬充各在案。乃该会馆董理梁春荣，暨旧首事等不敢到案，概行逃避匿延，而该葵寮等亦皆观望不前，并

冈州再牍

不遵照禀复，均不可解。试思该会馆旧绅董等，如果略无弊窦，抑或弊尚细微，又何妨将簿缴呈，挺身禀请核算？何至纷纷迁徙，如鸟兽然？天下岂有奉宪严拿究追之案，竟乃商同一躲，即可了事耶？人即至愚，应不至此。若乃该葵寮等从前诸事，各寮概未与闻，有无弊端，丝毫无涉，唯饬公同酌议，妥订章程，另选公正之人，充当首事，既可清理积弊，又可整顿行规，会馆既得以长存，商民又不致受累。似此便易了事，则亦何惮而不为耶？况本县一片血诚，为民除害，敷陈民瘼，费尽苦心，幸蒙大宪恩施，将厘金久远停免。今既有此殊遇，正宜仰体宪心，切实讲求，一洗从前积习，使各葵户等皆得永沾实惠，不致再为该会馆剥削欺侵，讵非阖邑之幸？何以屡经示谕，再四饬催，竟皆置若罔闻，总无一字禀覆。岂以此等义举，该甲首等犹不为乐耶？抑以弊绝风清，后此无从染指，因而皆不肯为耶？又或以葵寮人众，推举难周，遂至各避嫌疑而不便为耶？更或以旧理事等暗中把持，故为阻挠，使汝等群然畏惧，皆不敢为耶？汝等有何为难之处，不妨据实禀明，本县一力保全，总为汝等做主，断不容此等义举，徒托空谈。使我民仍然受累，使汝等从中作难，使若辈冷灰复燃，再为商民之害，除一面改差严拿梁春荣暨旧首事谭长屏、吕允玉、张镛坚等十余名，遵照宪札勒缴簿据，彻底核算究追，并谕饬葵寮各甲首妥议禀复外，合并谕饬，谕到该绅等即便查照后开各款情节，妥议章程，务于五日声复。倘其中尚有利所当兴，弊所当除，可期有益商民，可以行诸久远者，该绅等尤宜悉心筹议，详细胪陈，听候本县核定饬遵，俾商民永沾乐利，该绅等亦造福无穷。是则本县之所厚望焉耳。切速特谕。

今将拟订各条开列于左：

一、葵扇会馆之设，原为商民经纪，所以昭诚信而杜诈虞也。乡民株守田间，半多颛悫①，奸商从中欺蚀，势难保其必无，而且质剂②久要，动辄经年累月，非得有人见证，商货即难以流通，而且数目繁滋，每多缪戾，有会馆以为经理，便可排难解纷，否则雀角鼠牙，不胜扰累，此会馆之亦不可少也。查该会馆地基宏敞，局势堂皇，缅维缔造之初，所费应亦不少，究厥费所由出，大都科敛而来。今虽创建已成，可以无须多费，且经置有私房，足为岁修之资。而馆中供奉香灯，以及报赛酬神，戏赀酒食，与乎值年董理，酌给劳金，皆不能以无费。若不酌量抽取，费又从何而出？然不予限制，仍然扰累我民。因照部定抽收厘金，以及各行牙用章程，每两准取二分，主客买卖各半。似此则无论叶之粗细，价之高低，惟以银数为衡，不准丝毫多取。现闻新首事等仅于剥离三旂二等，每两抽银一钱，以为馆中诸费，具见实心任事，甚属可嘉。第就会馆而言，一钱已足敷用，然县中公事甚多，苦无公项可持，每遇急遇要款，率皆仰屋兴嗟，与其竭蹶张皇，曷若预为筹备？且闻凡买扇者，俱须会馆有名之人，以为中人，每两抽取二分，以为酬谢。今即将此作中之二分，统归公用，在出者不觉为难，而聚之可成巨款。应着该甲首等先将每年所产葵叶，某项可产若干万，每万可卖若干银，即以玻璃三旂二等，每万抽银一钱计之，年中可得若干万，共可收得若干银，会馆岁用又需若干，尚可盈余若干。再将每两二分计算，年中可得若干，除却会馆所需，所剩当更不少。将此所剩之项，逐年据实禀官，一面报知局绅，公发当商生息，即照本县所存义谷之法，公同禁约严明，官中不得私提，绅士不准私用，并为详请立案，以为垂久之方。地方如有急需，实系万无可缓，方许绅士递禀，官中核实稽查，批准支用若干，即谕局绅往取，随后补行详报，以免辗转迁延。如非迫切急需，仍应先详后用。倘非正经公事，局绅妄请动用，官中查出实情，立将该绅革究。即属应支之项，亦宜搏节为佳。并将支用之银，列榜通衢晓谕，倘被别人指摘，即行倍罚归还。如此酌剂盈虚，涓滴皆归实用，庶商民毫无所损，而地方大受其益。以视从前之什百抽收，徒饱奸邪之腹者，相去奚啻天渊。

  二、会馆首事，必须经理得人，若常此数人经理，则日久弊生，彼此联为一气。不唯一手把持，别人不敢过问，久且视为己业，子孙世世相承。及至查出弊端，即便将其送究，而侵吞之项，半已花销，纵令押毙囹圄，业已噬脐无及，此从前首事之故辙，而不可不为深鉴者也。应饬各葵寮等，于出示之第二日，即便齐集会馆，公同推选二十四人，均要家道殷实，心地朴诚，言动无欺，素为人所信服者，方克举充斯选。仍照南北行开张之法，每人各具五家连环保结，方准承充，其二十四人中，或有情愿出仕，以及贸易他出者，准其递呈告退，即着同事诸人，再行公举接充，仍取五家连结，照旧承充。承充之时，有县发给印照，官中并无浮费，不准书吏妄取分毫。每年以两人管数，两人管事，两人查数，每人酌送劳金若干，由汝等公同酌议，统由抽储公用支发。所有支收各数，以及存储之项，均着登记明晰逐年于开灯时邀齐同举诸人，与夫各寮甲长，眼同核算，即交下手接收。值事每年一换，周而复始，其于管事、管数诸名目，具为先行写定，在将二十四人名签，由神前拈阄充管，以昭公充。

　　三、会馆费用，总须岁有常经，方能垂诸久远。粤中俗尚浮华，每于演戏醮会诸事，不惜花费多金，若不予以定程，流弊何可终极。如会馆每年演戏几本，每本需价若干，应用酒席若干，均须丰俭得宜，不必夸多斗靡。此外如油灯香烛，首事劳金，以及一切费用，概行酌订成规，禀官刻石，以示无私。庶每年所用之数，人人皆得而知。惟入数则多寡不同，殊难一致。微特该首事等收多报少，俱可任意欺蒙，且恐卖葵之人，与买者商同少报，拟令卖葵之人，于呈报会馆之时，并即报知公局，以便帮同查核，耳目似为较周。又恐公局诸绅，懒于管此闲事，或由公费项下，每年除出数百金，以助公局经费，所有前此每年七百之数，即亦无庸重捐。此议是否可行，抑或另有防维之法，即着该各甲长各抒所见，悉心议复以备采择焉。

　　四、会馆旧置产业共有若干，每年可得租息若干，现系何人管理，着即开列清折禀官存案，并刻石于会馆之前，庶无隐匿之弊。

　　五、会馆首事，从前侵吞银两，不知凡几。今既妥为酌议，自应力改前非。除却每两二分之外，不准另立名目，加取丝毫。其有以少报多，与凡有心朦蔽者，俱着于正数之外，加罚两倍充公，即使登入进数簿内，一总储公，不得作为私赏，妄行开销。

　　以上数条，略举大概，其中尚有利所当兴，弊所当除，以及杜渐防微，可以行之久远，而总不致为我商民之累者，是在该绅董等悉心妥议，详细胪列，以凭选择施行，则不特阖邑之人，永沾乐利，该绅士等借此造福无穷，定必获福无量也。又示。

【注释】

①颛悫：音 zhuān què。颛，有愚昧，或善良之意。悫，诚实，谨慎。
②质剂：买卖合同。西周即出现，所谓"大市用质，小市用剂"。

【译文】

　　告谕全县绅士李权辉、陈熙森、何朝昌、何瑁、钟应元、伍元亨、莫文海、关之翰、梁国士、卢文盛、陈朝基、何逢春、何朝泉、陈位南、黎其康等人知悉：本县产葵的收益，虽然比种田要好，然而按工本来计算，所费也不少，且必须制成扇子，才能卖得上好价钱。如果从葵叶方面来说，纵然质量好亦无多少价值,小民终年劳苦,不知花费多少血汗,唯恃这几柄蒲葵,作为养活一家的生计,如果不曲加体恤,小民还怎么生活呀?况且一县之人,老少男妇,没有恒产而经营此扇来糊口,还有什么好说的呢?而作为县民的长官,怎么可以不为他们作长远考虑呢?然而,自批田耕种培护,以及割卖销售,其中虚假事情很多,不可没有人进行管理。帮助他们设立会馆,并选择首事数人,共同妥善决议行规,以杜绝诈虞侵吞。有关立法在开始时未尝不是好的,自应久远遵行,怎么料到日久生弊,转致有人肆行侵嗤。本是除弊反而生弊,本是为民反而变成害民。那么设立会馆、充任甲首、议立行规、代为经纪等等还有什么用呢?且查该会馆所定章程,比其他各行更为严密,而关于惩罚的各个条款,尤其苛刻。譬如,割卖之时,先要报明会馆,某人买葵多少,某样葵叶多少,会馆责令捐款,每万元总须交数两。若遇到的是姻亲好友,则随意通融。其中有些乡曲愚民,则更多方索诈,必须如数缴交,方能给票割售。如无此票为凭证,不准私行割卖。倘有客人私下购买,即按盗贼来处罚,不仅货物充公,买卖双方均须交一倍罚款。葵叶需要及时收割,逾期便会枯焦,若不如数捐款,此葵即为无用。小民出于无奈,只得哑忍曲从,其余条款很多,动辄罚银十倍,间或发生纠纷事情,不准擅自告官,必须先具写投词,听候会馆公处。首事受情受贿,只知勒索横行,等到激控到官,又全部弃之不理。就这几方面的事端来看,已让人切齿痛心,况且他们作福作威,尤其让人觉得曲指难数。而危害最大的,莫过于按亩抽取厘金。溯源自咸丰四年肃清红匪以后,特别设立冈州公局,办理善后事宜。各个行业捐助一点钱款,作为公局的经费,大家公议葵扇会馆,每年苛敛很多钱,令它每年捐助一千元。原以为会馆捐出,而该会馆借此作为说法,妄意点派葵户诸人,每万抽取数钱,为数何止几十几百?这种举动,已足以骇人听闻。及至咸丰九年,本县初次到此任官,因遇上要筹备军饷,奉上级命令抽取厘金。那时逆贼占据金陵,苏杭继而失守,葵商失去利益,情况实在可怜。本县不忍心令他们多捐钱,仅饬令在七百金之外,再捐一千三百金,押解至省城,一共完成二千之数。然而只是说由会馆捐献,并没有下派到葵户。该会馆又再次借口增加抽厘,每万元竟达一两二钱,即使老葵亦不免除。好像这样忍心害理的行为,与劫盗所为又有什么区别?隔一年沙田抽取厘金,又按亩科派,以葵叶数千支为一亩,每亩又加收一钱二分三厘,约计每万又增加三四钱厘金,而小民更加不胜其苦了。等到前年本县回任,再次奉上级札函饬令抽捐,每柄葵扇酌量收取一文，总数也没有多少。然亦皆责成会馆向扇商收取，并非下派到葵户。怎么料到该会馆竟然多方造谣惑众，百计阻挠，不肯由扇商捐助，一定想向葵户派收，以满足侵吞的隐情，而显耀他们鼓惑的能力。可怜我小民，生计有限，怎么能够承受如此无穷的剥削呢？本县察知里面的情弊，特别向上级极力恳求，不但不再加抽，并将此每年要交的一千三百金，永远停止，为我商民请命。已经得到省大府的允行，而该会馆等人见他们无可营私，又复匿名写信告状，说免除这种厘金，系由他们这些人所求，并以林青蘅出名，妄意赴上台具禀。怎么料到大大触怒上级，饬即严拿梁春荣等人缴簿核算，勒追侵蚀的诸多银两，并着彻底追究等情。奉此命令，本县当即差传集讯，并示谕各葵寮等人赶紧妥议章程，公举甲首，以凭核察饬充各在案。该会馆总理事长梁春荣和旧首事等人不敢到案，一概逃避藏匿拖延，而该葵寮等人亦皆观望不前，并不遵照饬令回复，均不可以理解。试想该会馆旧绅董等人，如果没有弊窦，抑或弊事很细微，又何妨将账簿缴呈，挺身禀请官府核算？为什么要纷纷迁徙，如鸟兽散一样？天下岂有奉上级严拿究追的案件，竟因为商量的同时躲逃，即可结案了事吗？即使是非常愚笨的人，也应该是这样。如果该葵寮等从前诸事，各寮一概没有听闻有无弊端，丝毫没有牵涉，唯饬令你们共同酌议，妥善制订章程，另外选举公正人员，充当首事，既可以清理积弊，又可以整顿行规，会馆既可以得以长存，商民又不致受累。像这些容易做的事，又是害怕什么而不敢做呢？况且本县一片血诚，为民除害，说明民困，费尽苦心，又幸承蒙上级大宪的恩施，将厘金永久停免。现在既然有此殊遇，正宜体念上级的心意，切实讲求，一洗从前积习，使各个葵户全部永远得到实惠，不致再被该会馆剥削欺侵，岂不是全县之幸？为什么屡经示谕，再四饬令催促，竟全部置若罔闻，总没有一个字回复？难道此等义举，该甲首等人不高兴吗？抑或是以为弊绝风清，之后没有染指的机会，因而皆不肯做吗？又或者是以葵寮人多，推举难周，遂至各人避嫌疑而不方便做呢？更或者是以旧理事等人暗中把持，故意阻挠，使你们群然畏惧，皆不敢做吗？你们有什么为难的地方，不妨据实禀明，本县一力保全，为你们做主，断不容许这等义举，变成一句空谈。假使我民仍然受到苦累，假使你们从中作难，假使你们这些人死灰复燃，再做危害商民的行为，除了一面差人严拿梁春荣和旧首事谭长屏、吕允玉、张镛坚等十余人，遵照宪札勒缴簿据，彻底核算追究，并出谕饬令葵寮各甲首妥议禀复之外，合并谕饬，谕书到达，该绅等

冈州公牍·再牍（注译）

立即查照后面开列的各款情节，妥议章程，务必在五日回复。倘若其中尚有利所当兴、弊所当除，可期有益商民，可以行诸久远者，该绅等人尤其要悉心筹议，详细列陈，听候本县核定后，饬令遵守，使得商民永沾乐利，该绅等人亦造福无穷。这正是本县的厚望。切速特谕。

今将拟订各个条款开列在下面：

一、设立葵扇会馆，原本作为商民的经纪，做到昭诚信而杜诈虞。乡民株守在田间，半多愚良，奸商从中欺蚀，难保没有这些行为，而且买卖合同时间长久，动辄经年累月，非得有人见证，否则，商货难以流通；而且数目繁杂，每多纠纷，有会馆作为管理，便可排难解纷，否则小小纷争不胜扰累，因此会馆必不可少。查明该会馆地基宏敞，局势堂皇，想来缔造初时，所费也是不少，查究这些费用的由来，大都科敛而来。今虽创建已成，可以无须多费，且已经购置有私房，足为每年修理的费用。而馆中供奉香灯，以及报赛酬神、戏钱酒食，以及每年值守的董事理事，酌量支给劳金，这些都不能没有花费。若不酌量抽取厘金，费用又从何而出？然而不予以限制，仍然扰累我民。因而按照部定抽收的厘金，以及各行业中间人所定的章程，每两准许抽取二分，主客买卖各收一半。似此则无论叶的粗细、价的高低，只按照银数为标准，不准丝毫多取。现在听闻新首事等人仅对剥离的三旗二等葵叶，每两抽银一钱，作为馆中的经费，足见他实心任事，甚属可嘉。仅就会馆而言，收取一钱已经足以使用，然而县中公事很多，每以没有公款可持为苦，每次遇到急用要款，率皆仰屋兴叹，与其到时财竭张皇，何不好预先做好筹备？且闻凡是购买葵扇的人，俱须会馆有名之人作为中人，每两抽取二分作为酬谢。现在即将此中人收取的二分，统归公用，在出者方面不觉为难，而且积聚之后可成巨款。应着令该甲首等人先将每年所产葵叶，某项可产多少万，每万可卖多少银，即以剥离三旂二等，每万抽银一钱来计算，年中可得多少万，共可收得多少银，会馆岁用又需多少，尚可盈余多少。再将每两二分计算，年中可得多少，除去会馆所需，所剩应当更加不少。将此所剩的款项，逐年据实禀官，一面报知局绅，公发典当商生息，即照本县所存义谷的做法，公同禁约严明，官中不得私提，绅士不准私用，并为详请备案，以为永久的措施。地方如有紧急需要，实系万无可缓，方许绅士递禀，官中核实稽查，批准支用若干，即谕局绅前往支取，随后补行详报，以免辗转拖延。如非迫切急需，仍应先详后用。倘非正经公事，局绅妄意申请动用，官中查出实情，立将该乡绅革名追究。即属应支的款项，亦宜节约为佳。并将支用的银两，通街列榜让大家知道，倘被别人指摘，即行倍罚归还。这样酌量调剂盈虚，涓滴皆归为实用，那么，商民毫无所损，而地方大受其益。与从前按什百抽收，白白地喂饱奸邪的肚腹相比，真是天渊之别。

二、会馆首事，必须是有管理能力的人，如果一直都是这几个人管理，则日久生弊，彼此联成一气。不仅一手把持，别人不敢过问，时间长了就视为己业，子孙世世相承。及至查出弊端，即便将他们送官追究，而侵吞的款项，大半已经花销，纵令将他们坐牢押毙，已经是后悔也来不及了。这就是从前首事的行为，不可不深以为鉴。应饬令各葵寮等人，在出示的第二日，齐集会馆，公同推选二十四人，均要家道殷实、心地朴诚、说话和行动均无欺、素为人所信服者，才可以充当候选人。仍照南北行开张的方法，每人各出具五家连环保结，方准报名承充。在二十四人当中，或者有的人情愿出仕，以及贸易他出者，准许他们递呈告退，即着令同事诸人，再行公举接充，仍取五家连结，照旧承充。承充之时，有县军发给印照，官中并没有收取浮费，不准书吏妄意收取分毫。每年以两人管理数目，两人管理事情，两人查核数目，每人酌送劳金若干，由你们公同酌议，统一由抽储公用支发。所有支收各项数目，以及存储的项目，均着令登记明晰，逐年在开灯时邀齐同举诸人，以及各寮甲长，当面共同核算后，交下手接收。值事每年一换，周而复始，其于管事、管数诸名目，具为先行写定，再将二十四人名签，由神前拈阄充管，以昭公充。

三、会馆费用，总须每年有固定的限额，方能运作长久。粤中风俗崇尚浮华，每次对于演戏、醮会等事情，不惜花费多金，若不予制定规程，流弊怎么可能有终点。如会馆每年演戏几本，每本需要钱多少，应用酒席多少，一定要丰俭得宜，不必夸多斗靡。此外，如油灯香烛、首事劳金，以及一切费用，一概酌订成规，禀官刻石，以示无私。那么，每年所用之数，人人皆可以知道。只是收入数额则多寡不同，很难一致。该首事等人收多报少，俱可任意欺蒙，且恐卖葵的人，与买者商量好少报。拟令卖葵之人，在呈报会馆之时，即报知公局，以便帮同查核，这样耳目似为较周。又恐公局诸乡绅，懒于管此闲事，或在公费项下，每年除出数百金，用来补助公局经费，所有之前每年七百金的数目，不需要再捐。此议是否可行，抑或另外还有防维的方法，即著该各甲长各抒所见，悉心议复以备采纳。

四、会馆旧置产业共有多少，每年可得租息多少，现系何人管理，着即开列清折禀官存案，并刻石在会馆之前，这样才没有隐匿的弊端。

五、会馆首事，从前侵吞银两，不知有多少。现在既然妥为酌议，自应力改前非。除却每两二分之外，不准另立名目，加取丝毫。其有以少报多，与凡有心朦蔽者，俱着令他们在正数之外，加罚两倍充公，并将其登入进数簿内，一总储公，不得作为私赏，妄行开销。

以上数条，略举大概，其中还有利所当兴、弊所当除，以及杜渐防微，可以行之久远，而总不致为我商民之累的举措，还要绅董等悉心妥议、详细罗列，以凭选择施行。如此，不仅全县人民永沾乐利，而且该绅士等人借此造福无穷，一定会获福无量。又示。

筹款疏浚县城河道并兴工日期禀

【原文】

敬禀者：

窃照民间河道，以济舟楫之往来，并资水潦之宣泄。遇有淤塞浅隘，极应疏浚深通，实为兴利除患之要，而不容或缓者也。兹查卑县环城河道，久未疏浚，日形淤浅，一遇潮退，积水不过数寸，商旅有守候之苦，田亩无灌溉之资。计东自大悦窖起，西至沿窖口止，共长二千五百余丈，均须一律疏浚，以资利济。第工程浩大，估需银二万二千余两，当此四方多事之秋，民力久形疲敝，不忍再令损派，重累斯民。而观此淤塞情形，又属急不可缓之工，不得不设法筹办。兹由卑职捐廉筹款先行刻日开工，再为设法图维，陆续措补，以资要需而成美举。当经谕饬各绅耆，公举廉正绅士何朝昌、陈焯之、陈殿桂、谭盛祁、何琯、许德元、何定章、陈殿兰、莫文海、何嘉源、张灵源、何如纲、黄祥荣、莫杰元、陈仲焘、黄肇脩、莫廷锦、莫毓桂、何应骥、莫黎炎、李炳堃等，特开浚河公所，董司其事，所有一切收支数目，均着各绅士经理，不假胥吏之手。现当冬晴水涸之时，已于前月二十二日集议兴工，现已分段疏浚。卑职仍随时赴工稽查，务使工不虚縻，用归实在，以成一劳永逸之举。除俟工竣禀报外，所有筹办浚河情形，兴工日期各缘由，合先通禀宪台察核。再此举系官民捐赀办理，除卑职身任地方不敢仰邀奖叙外，请俟工竣开列在事出力各绅士姓名，另行禀请奖励，合并声明。除通禀各宪外，肃此具禀，伏候训示施行。

【译文】
敬禀者：
　　民间河道，除了有利于舟楫往来之外，还兼有助于洪水宣泄的功能，遇到河道淤塞造成水浅滙阻，极需要疏导沟通，实在是兴利除患的重要目标，而且刻不容缓。查得本县环城的河道，很久未疏通，日渐形成浅道，一旦遇到退潮，积水不过数寸深，商旅则以守候为苦，田亩也没有了灌溉的资源。从东自大悦滘起，向西至沿滘口止，长二千五百余丈，均须一律疏通，从而实现救济的目标。然而，工程浩大，估计需要二万二千余两银。目前正是四方多事的时候，长久以来民力疲敝，不忍心再摊派税费，加重民众的负担。然而，看到这些淤塞的情形，又属于急不可缓的工作，不得不设法筹款办理。首先由本职牵头捐款，先行在近日开工，再与全县乡绅设法筹款维持，陆续筹措补充，从而提供资费完成这个美举。当即发布告示饬令各位乡绅耆老，选举廉明清正的绅士何朝昌、陈焯之、陈殿桂、谭盛祁、何倌、许德元、何定章、陈殿兰、谭盛伟、莫文海、何嘉源、张灵源、何如炯、黄祥荣、黄杰元、陈仲寿、黄肇脩、莫廷锦、莫毓桂、何应骥、莫黎炎、李炳堃等人，特别开设浚河公所，全面负责管理此事。所有一切收支数目，均着令各位绅士管理，不经过胥吏之手。现在正当冬晴水涸的时候，已在上月二十二日集议开工，现在已经分段疏通。本职仍然随时赴工稽查，务使工程不虚报浪费，将钱花在实在地方，认真办理，以完成一劳永逸的工程。除了等待竣工禀报之外，所有筹办疏通河道情形以及兴工日期各种缘由，一并先通禀上级察查核实。再者，此举系官民捐资出力，除卑职身任地方官不敢向上邀请奖叙之外，待竣工后查造工费细册，并开列做事出力的各位绅士的姓名，另行禀报上级申请给予奖励。合并声明，除禀报各上级外，肃此具禀。伏候训示施行。

办理控案情形禀抚宪郭

【原文】

敬禀者：

　　窃前奉宪台札开，饬将月报各册，认真核实办理，不准遗漏欺饰等因，仰见大人委曲矜全，力求整顿之至意。捧读之下，感愧交骈，比将奉到札饬遵办各情，先行禀复在案，旋复时加展诵，绅绎再三，窃见大人用意之深，用心之苦，而用情又如此之厚，实非千笔万墨所能仿佛形容于万一者。因忆前修寸禀，莫赞高深，不禁反复长言，未由自己，亦不自知其手舞足蹈之何自而来也。

　　伏维大人海内儒宗，熙朝硕彦，音清雏凤①，誉早播于河东，望重神驹，群更空乎冀北，当桂芷高攀之日，正棣华竞爽之年。维时均在绮龄，并早修成伟业，随场角逐，因得一觐光仪，固已温然而恭，慨然而义，休休者有容之度，介介者不易之操，真所谓秋月照人，春风坐我者矣。洎乎柯亭联步②，琐院高翔③，备清问于銮坡④，蜚直声于台省、扬历中外，垂数十年，海内之人，无不望风景仰，以为泰山北斗。咸思亲炙仪型，忝附榆芬，能不倍深葵向？只以云泥分隔，未能常沐慈晖，而私淑之忱，久为心悦诚服。迨至备员岭峤，隶侍骈襛，荷陶淑⑤以三年，觉感孚如一日。每见大人居心行政，出令宣猷，举凡大纲大纪之端，以及一动一言之细，无一不以存诚为主，而以敬信行之，妙能纯任自然，不假半毫思勉，益信大人之学，不外一诚，而敬则由诚而形，信则为诚所发，推之修齐治平，以及参赞位育，皆由于此。可见圣功王道，本来一贯相通，唯能纯任自然，用能各极其妙。

　　尔康等得亲至诣，何幸如之。所歉材质庸愚，一无可取，唯此愚诚一点，却由生性使然，只缘道力未深，不免愆尤之集。计自趋公十载，亦皆勤慎自持，五夜扪心，颇云自勉，乃自得邀镕铸。始觉前此都非，故虽殚竭驽骀，仍属诸多咎戾。一昨扣辞回任，渥蒙慈诲周详，当经镂骨铭心，每日时深省惕，差幸迩来数月，稍知致力之端，此皆仰赖栽成，方得略有进境。前此尝谓清、慎、勤三字，洵为切要官箴，然皆非明不行，一似颇为心得，今乃知明固不可以少，诚尤不可以无。诚则无有不明，明则可至于诚。可见诚之一字，实操三字之原。苟能从事于斯，终身吃着不尽，固不仅区区从政已也。然从政亦非可苟，充之即为致君尧舜之阶。古大臣以人事君，要皆本身作则，久之耳濡目染，蔚

冈州再牍

为一代之英。我大人于诸僚属中,见有悃愊无华、语言诚恳者,率皆极力揄扬,登之荐剡;其有一长足录,片语可嘉,亦皆不惜齿芬,特加奖藉。斯固大君子爱才如命,与人为善之诚,亦欲以立儒廉顽,俾各知所矜式,且欲以化裁鼓舞,群相趋于笃实一流,为国家储得人之庆耳。

　　今于饬造月报一事,复为剀谕多端,饬令据实直陈,不准丝毫伪饰,此诚正本清源之大计也。盖听断为州县专职,听断之勤惰,地方之治忽因之,民生之安危系之,甚未可以懈怠昏暗之为为之也。粤东民俗强悍,欺诈日滋,而又有书差讼棍之徒,从中唆摆,往往以些须小事,控架大题,或称掳捉奸淫,或报谋反叛逆,或控谋财害命,或云毁塚灭骸,而于假报命案,藉尸讹诈之风,则尤诡诞支离,令人不可思议。若于其初控时即便逐加批驳,讼棍知其败露,即亦不敢再呈。所谓遏于将萌,可省许多枝蔓。其或势难中止,批驳不能为功,则为传集诸人,早为讯结,俾得各归安业,免其日久拖延。盖自初控以至过堂,在在皆需费用,外间多候一日,即多一日花销,若能早结早归,保全实为不少。然此犹其小焉者也。常有迁延日久,变故迭生,从前诬控各情,竟至酿成实事,彼此相争相杀,无了无休,辗转株连,势难自己,遂尔纷纷上控,百计钻营,讼棍把持,居为其货,经年累月,人证难齐,纵令提府过堂,亦苦无从断结,只好委员下县,再四守提,单开百数十人,始终总无一到,虽至官更数任,两造俱已败亡,而讼棍犹代为呈催,以冀从中择噬,盖此单开百数十人之内,尚有温饱之家,但得出票一催,又可肆行搜刮。在上宪见此重案,压搁如许多年,现有尸亲呈催,岂可坐视不理?而不知每催一次,不过照例一行,所以积案如山,总难断结。盖以积年愈久,则断结愈难,此亦事势使然,并非委员不力。若使早为讯断,何至贻害无穷?所谓关乎治忽安危之故者此也。

　　夫以州县应办之事,率皆委靡成风,犹劳宪虚问详,敷诚告诫,苦心苦口,至再至三,特援金赎之条,默寓玉成之隐,是犹慈父母之于爱子、严师傅之于顽徒,借振厉之微权,为转移之妙用。凡有血气,讵乏天良?若不感激奋兴,实亦豚鱼不若。何况早结一案,即免一案拖延,不唯造福斯民,亦可自己积福。又何况月中册报,不过为诚求民瘼而然,即或误禀在先,仍准随详更正,具见仁明洞鉴,无不曲体入微。初非强以所难,亦实并无所苦,则亦何必安心欺罔,甘为下愚不移耶?至若新案报得太多,旧案结得太少,此亦不能勉强,尤可不必欺蒙,但使实力讲求,虚心研鞫,亦必上邀原宥,以期日进有功。

若谓某县并无一件命盗新案，而旧案结有数十余起，遂欲以假乱真，冀免相形见绌，则是求诚反伪，求慊转欺，岂惟上负宪恩，抑且自滋罪戾。盖缺分有繁简之别，而才具有长短之殊，中间时会所乘，非可强为一致。虽彼处新案报得适少，旧案结得适多，未必月月皆然，岂能人人如此？正惟不能一律，尤宜据实直陈，益加策勉，以求日进有功，方不失为诚实。

若尔康则才质仅居中下，而地方又处繁杂，计自回任至今，甫及两月之久，而新报窃盗之案，即有三起，所结新旧诸案，仅得三十余起，抚衷自问，实切悚惶。然以港汊分歧，幅员辽阔，脱经会营严缉，而不能保宵小之不为潜滋，此亦事势之无可如何，而无所庸其伪饰者也。所幸武营将弁，缉捕甚为认真，彼此协力搜拿，各案俱已获贼，而正犯尚有漏网，余匪亦多在逃，现当交冬吃紧之时，尤宜倍加防范。节经会同尹参将等，于各要隘处所，添派兵勇巡逻，并为重出花红，购孥各案诸贼。辰下尚称安谧，堪以上慰慈廑。

至若田土、户婚、业债细故，则以一邑之大、庶姓之繁，不能禁民之不争，何能使民之无讼？只在随时审讯，岂容故意隐瞒？与其稍有隐瞒，何如按期造报？奉文回任，时存警惕之心，唯恐片念苟安，即属重孤高厚。因于下车之顷，先将积案清理，一面严饬各差，限以日期带案。无奈此间积习，久已疲玩性成，且其控告之人，图告多不图审，盖以乡愚意见，亦非必欲到堂，但将一纸告官，差役到彼一扰，即觉快心称意，以为害彼花钱，及若真欲到官，伊反自行畏匿，故有被告到案，而原告反为宕延者。亦有两造争称投到，而临审并无一到者。又有两造虽到，而中证坚不肯到者，此小案之不图审者也。若乃重大之案，两造亦亟欲见官，一为剖断，而书差讼棍，舞弄把持、恐吓阻挠，不令到案，缘恐一审即结，若辈便无可营生，故为离间勿前，以便随时择噬。是即尔康前陈旧案情形，而大案之不图审者也。尔康深知其然，遂为出示揭破，限以原告三月不到，即行分别详销，并饬承案各差，遵限传齐带讯，但得两造俱到，便可传讯初供。常有中证未来，全案已经断结。且于卯期放告，见有两造具呈，就便问得实情，登时即为了结。盖尔康于听断一切，向来尚肯留心，微特不假刑求，并不妄加苛责，总以平心静气，与之析理言情，迨若词遁而穷，自然心首俱肯。故虽素称刁狡，亦皆不敢坚持，以是谬得虚名，佥称"一堂即结"。且有旧案数起，率皆诬捏重情，遒因尔康重来，自愿具呈和息，迩来假报命案，又将弊绝风清。前云化案未形，不必过求微妙，即此闭藏消沮，亦可息事安民。然自回任以来，日日催差带讯，而又随到随审、随审随销，合之和息诸呈，所结犹仅止此。可见认真结案，洵非苟且能为，若徒伪饰自欺，敷衍一时耳目，斯即不蒙严察，亦觉无以自安。况当秦镜高悬，早已隐微洞彻，尚何敢执迷不悟，怙终不悛，以自蹈于小人之尤，而为大人所弃耶？

抑尔康更有请者，新案固宜随结，而旧案尤不宜再拖。如必人证传齐，势将万无结理。拟请通饬各属，务宜激发天良，细查陈案各情，究竟有何冤屈，真则急为昭雪，假则立予坐诬，至其干证太多，不必概行传质，唯择一二要证，令其赴案一询，且于票内声明，断不将其拖押，一得真情吐露，即为断结详销。如其疑似难明，即便禀请宪示，并将案中情弊，逐为列款录呈，加以己见折衷，不得模棱含混，以便上台鉴察，酌其论说若何，批示饬遵，即行断结。倘或图翻上控，必须本人递呈，即将本人扣留，一面提案晋省。如果讯无冤枉，便当从重究诬。若由县断偏私，亦即分别参处。其有列款欺假，更应加等严惩。凡于上控具呈，无论联名多少，虽有应用抱告，亦必本人在旁，听候传问供词，取具切保候讯，或径发押回县，以免久匿宕悬。再凡控案讯期，统以三月为限，原告逾期不到，即将控案注销。被告畏审匿延，即照审虚断结。或两造假称投到，故将要证隐藏，查系何造之人，即着何造缴出，倘敢再逾一月，即将何造断输。如此严定章程，或可稍收实效，而旧案亦可多结，上控亦不致全虚矣。是否有当，只候示遵。尔康自愧觕粗疏，何知体要，因念大人至诚相待，恩意允孚，偻偻私衷，如感斯应，冒渎之罪，夫岂能辞，爱戴之忱，实不容已。除将九月内批判各册另行造报外，谨修芜禀，伏乞训示遵行。

抚宪郭批：

据禀原原本本，缕切言之，足征心有所得。凡出言行政，虚诬粉饰，不独志行之卑下，实缘此心毫无所得，不自悟其非也。能于此等处力加渝洗，期收去伪存诚之效，即是上达之基，又何患吏治之不修耶！仰即知照。此缴。

【注释】

①李商隐《韩冬郎既席为诗相送因成二绝》："桐花万里丹山路，雏凤清于老凤声。"清音雏凤，喻指后辈胜于前辈。

②柯亭：古地名，在今浙江省绍兴市西南，以产良竹著名。史载汉朝蔡邕避难江南，宿于柯亭晋，取良竹为笛。此乃指出名人物。

③琐院高翔：琐院指考试场所，此指科举有名声。

④銮坡：唐德宗时，尝移学士院于金銮殿旁的金銮坡上，后遂以"銮坡"为翰林院的别称。

【译文】
敬禀者：

此前奉上级宪台的函札，饬令将月报各册，认真核实办理，不准遗漏、欺饰等因，仰见大人委曲矜全、力求整顿的意思。捧读之下，感动和惭愧交集，不久奉接到札函饬令遵办各情，先行禀复在案，旋即不时对札饬加以展诵，再三解读，见识到大人用意之深、用心之苦，而用情又如此之厚，实在非千笔万墨可以表达其中的万一。因此忆起之前所写短短的禀报，没有表达我对大人高深的赞叹之情，现在不禁反复长言，不能自已，也不知道自己手舞足蹈因何而来。

大人是海内的儒宗、熙朝的硕彦，自小就崭露头角，声誉早传于河东，您有神驹一样的重望，在翼北更是卓尔不群，科场高中之日，正是棣华竞爽的青壮之年。那时我们都处在绮龄之时，但您早已修成伟业，而我还在会试中随场角逐，因此才得以觐见您的光仪，您那时已经温然恭让，慨然大义，休休然有容气度，介介然不易节操，真所谓如秋月照人，让我如坐春风。等到您像柯亭笛一样继续向前发展，在翰林院任职，为皇上提供咨询，已经蜚声台省、扬历中外，数十年来，海内之人，无不望风景仰，以您为泰山北斗。大家都想亲自接受您的教导，悉列在您的弟子名单之中，能不想像向日葵一样倍加向着您吗？只是天上、地下的分隔，我未能常沐您的慈晖，而私淑的热忱，很久以来心悦诚服。待我备员岭南，在您的手下任职，接受您三年的熏陶和指导，觉得好像只有一日的长度。每次见到大人用心行政，出令宣明谋划，举凡大纲大纪的大端，以及一动一言的细节，无一不是以存诚为主，而以敬信来施行，定能够做到纯任自然，不假半毫的思勉，更加相信大人的学问，不外一诚，而敬则由诚而向外表现为形，信则为诚所发，用来修齐治平，以及参赞位育，皆出于此。可见圣功王道，本来一贯相通，只要能够纯任自然，就能运用各得其妙。

我聂尔康等得到您亲自的会见，多么荣幸啊。实在是我材质庸愚，一无可取，唯有一点愚诚，却是生性使然，只是由于道力未深，不免经常发生错误过失。自从跟随大人十年，亦是勤慎自持，五更扪心自问，以此作为自勉，才可以被您培养造就。才觉得我之前的作为都是错误的，因此，虽然像劣马一样殚精竭力，还是有诸多的罪过。上次辞别回任，承蒙您周详的教诲，真是镂骨铭心，每日深夜反省，幸运的是近来几个月，我稍知大力施政的方法，这全都仰赖您的栽培有方，才可以略有进境。之前曾以为清、慎、勤三个字，才是重要的官箴，然而不"明"则不能实行，似乎颇有心得了，现在才知道"明"固然不可缺少，"诚"尤其不可以无。诚则没有什么不明白的，明则可以至于诚。可见"诚"这一字，实是掌握三字的根本。如果能以此行事，终身吃穿不尽，自然不局限于从政而已。然而，从政亦不是可以苟且的，做得好即为致君尧舜的阶梯。古代大臣以人事君，要领皆是以身作则，久之耳濡目染，蔚然成为一代精英。大人在诸僚属当中，见到至诚无华、语言诚恳的人，都极力赞扬，记录在推荐书上；如果有一长处足以录用、片语可以赞同的，也都不惜为之说话，大加奖励。这固然是大人爱才如命、与人为善的诚意，也想通过立儒来感化顽固，使各人知道敬重和取法，且想通过变化来鼓舞众人，众人都向笃实一流发展，此是为国家储存人才的幸事。

  现今对于饬造月报一事，再次多方面规劝教诲，饬令据实直陈，不准有丝毫伪饰，这正是正本清源的大计。听断是州县的专职，听断的勤惰，影响到地方的治理与忽怠，关系到民生的安危，尤其不可以懈怠昏暗的态度来听断。粤东的民俗强悍，欺诈日长，而又有书差、讼棍等人，从中挑唆，往往以琐屑小事，控告构架大案，或称掳捉奸淫，或报谋反叛逆，或控谋财害命，或说毁塚灭骸，而在于假报命案，借死尸进行讹诈的风气，尤其诡诞支离，令人不可思议。如果在他们初控的时候便逐条加以批驳，讼棍知道自己败露，也不敢再行起诉。所谓将纷争扼杀在萌芽，可以省却许多麻烦。如果形势难以中止，批驳没有效果，则做到传集诸人，早早进行审讯结案，使得各人归家安业，免得案件日久拖延。因为从初控到过堂的过程，每每都需要费用，外间多等候一日，即多一日的花销，如果能够早结早归，实在为双方当事人保全不少。然而这些还算是小事情。经常有的案件拖延日久，变故迭生，从前诬控的各种情况，竟然酿成了实事，彼此相争相杀，无有休止，辗转株连，势难自已，其后纷纷上控，百计钻营，讼棍把持，居为奇货，经年累月，人证难齐，纵然命令将当事人提府过堂，亦是无从断结，只好委派专员下县，再四守提，清单开列一百数十人，始终无一人到案，虽然任官已经变更数任，双方当事人已经全部死亡，而讼棍仍然代为呈催，希望从中择噬，因为此清单开列的一百数十人之中，尚有温饱的家庭，但是得到官府出票一催，又可以肆行搜刮。上级看到这些重案，压搁这么多年，现在有尸亲呈催，怎么可以坐视不理？而不知每催一次，不过是照例一行，所以积案如山，总难断结。因为时间拖得越久，则越难断结，这也是事势使然，并不是委员不力。如果使案子早日审讯断结，何至于危害无穷？这就是所谓关系治理与忽急、安危的原因了。

对于州县应办的事情，也都萎靡成风，还劳烦上级仔细问详，专诚告诫，苦心苦口，至再至三，特别援引金赎的条文，暗含成全的隐意，就像慈祥的父母之于爱子、严师之于顽徒，借着振厉的微权，作为提升转移的妙用。凡是有血气的人，怎能缺乏天良？若不感激振奋，实在是禽兽不如。何况早结一案，即免去一案的拖延，不仅可以造福人民，也可以为自己积福。何况要求每个月中递交报告，不过是诚心为民解困，即使之前或有误禀，仍然准许随即详细更正，具见上级仁明洞鉴，无不曲体入微。起初并非强人所难，并且实在并无所苦，那么何必安心欺罔上级，甘心为了下愚坚定不移呢？至于新案报得太多，旧案结得太少，这也不能勉强，尤其不必欺蒙，但使实力讲求、虚心研判，亦必得到上级的原谅，从而希望日进有功。如果说某县并没有一件命案盗窃的新案，而旧案审结的有数十余起，遂想以假乱真，冀望免得与其他县相比时相形见绌，那么则是求诚反而作伪，要求上级满意转而变成欺骗，不仅仅是辜负上级的恩情，而且自生罪戾。因为官职有繁简的区别，而才能有长短的分别，中间偶然会乘机做这样的事，但不可强行做到一致。虽然彼处的新案恰好报得少，旧案刚好结得多，未必月月都是这样，怎么可能人人如此呢？正是因为不能做到一律，尤其应当据实直陈，更加策勉，以求日进有功，方不失为诚实。

至于我聂尔康的才质仅居中下水平，而地方情况又很复杂，从回任计算至今，刚满两月之久，而新报的窃盗案件即有三起，所结新旧各种案件仅得三十余起，抚心自问，实在感到皇恐。然而新会港汊分歧，幅员辽阔，虽然经过会营严缉，但是不能确保坏人没有潜生事端，这也是事势的无可奈何，也不需要无端伪饰。所幸武营将弁，缉捕甚为认真，彼此协力搜拿，所有案件都有捉获贼匪，但正犯尚有漏网的，余匪亦多在逃亡，现在正当冬季吃紧的时候，尤其应当加倍防范。已经会同尹参将等人，在各个要隘处所，添派兵勇进行巡逻,并且重金悬赏,捉拿各案诸贼。目前尚称安宁,还算符合上级的要求。

至于田土、户婚、业债等琐碎事情,对于一个百姓众多的大县来说,不能禁止百姓不争,怎么可能使人民无讼?只是随时审讯,怎能容许故意隐瞒?与其稍有隐瞒,还不如按期造报。奉文回任,时存警惕之心,倘若有苟安的念头,即属于辜负上级的厚望。因此,在到任之际,先将积案清理,一面严令各个差役,限定日期带当事人到案。无奈此间的积习,久已玩疲成性,并且那些控告之人,只图状告而不图审理,大概乡民们以为,不一定必须到堂状告,但将一纸状词告官,差役到对方扰乱一下,即觉得快心称意,以为害对方花钱,等到真的想到官府状告,他反而自行害怕藏匿,因此,有的案件被告到案,而原告反而拖延。也有双方当事人争着声称投案到堂,而准时开庭时并没有一人到庭。又有双方当事人虽然到案,而证人坚决不肯到庭的。这就是那些小案不图审理的情形。至于重大案件,双方当事人都想快点见官,为他们进行审断,但是书差、讼棍,舞弄把持、恐吓阻挠,不令他们到案,因为他们害怕案件一审即结,他们这些人便无可营生,所以故意离间,叫他们不要前去,以便他们随时择噬。这即是我聂尔康前述的旧案之大案不图审理的情形。我聂尔康深知其中情形,于是发出告示揭破,限令原告三月不到,就将分别详细注销案件,并饬令承案的各个差役,遵照期限传齐当事人带来审讯,但得双方当事人都到庭,便可传讯初供。经常有证人未来,全案已经断结。且于限定时间允许告状,见到有双方当事人来起诉,就立即问清案件实情,立即将案件了结。因为我聂尔康在听断一切,向来尚肯留心,很少动用刑讯逼供,也不妄加苛责,总是平心静气地与当事人分析道理澄清案情,等到他们没有了借口,自然心首俱服。故而,虽然素称刁蛮狡猾的人,亦皆不敢坚持。正因为此,我谬得虚名,大家称为"一堂即结"。且有数起旧案,全部都是诬告捏造的重案,只是因为我聂尔康重来上任,双方自愿具呈和息。近来假报命案,又将弊绝风清。前面所说将案件化解在未成形,不必过分要求微妙,即此当事人自行闭藏消沮,亦可算是息事安民。然而自从回任以来,日日催派差役带当事人审讯,又做到随到随审、随审随销,加上和息的诸多呈案,所审结的案件也仅是如此。可见认真结案,绝对不是苟且可以做到的,如果徒然作伪掩饰自欺,一时敷衍耳目,这样一来,即使没有受到严察,亦觉得无以自安。更何况判案本应公正廉明、不徇私情,早已洞察隐微,还怎么胆敢执迷不悟，一直坚持错误不改正，将自己归入小人的行列，而为大人所弃呢？

　　我聂尔康另有请求，新案固然应当随时审结，而旧案尤其不应当再三拖延。如果必须传齐人证，势将万无结断的道理。拟请上级通饬各个下属，务必激发天良，细查旧案各种情况，究竟有什么冤屈，是真的则赶紧为之昭雪，是假的则立即予以按坐诬处理，至于证人太多，不必全部传质，只须选择一二个重要证人，命令他们赴案一询，并且在传票中声明，绝对不会将他们拖押，一旦得到他们吐露的真情，立即断结详销案件。如果遇到疑点似乎难明，即便禀请上级批示，并将案中的情弊，逐一列款记录呈报，加上自己意见作为折中参考，不得模棱含混，从而方便上级鉴察，斟酌论说，批示饬遵，即行断结。倘若有人图翻上控，必须是本人递交呈请，即刻将本人扣留，一面提案到省晋见。如果审讯后没有冤枉，便当从重追究诬告的责任。如果由于县官断案偏私，亦即分别参本处理。如果有列款欺假，更应严加惩处。凡对于上控的具呈，无论联名有多少人，虽然有的使用"抱告"方式，亦必须本人在旁，听候传问供词，取具切保候讯，或直接发押回县，以免长久匿藏宕悬。再者，凡是控案的讯期，统一以三个月为限，原告逾期不到，即将控案注销。被告害怕审理匿藏拖延的，即按照审虚来断结。或者双方当事人假称投案到庭，故意将重要证据隐藏，查明是哪一方当事人，即著哪一方当事人交出，倘若胆敢再逾期一个月，即将那一方当事人断输。如此严定章程，或可以稍稍收到实效，而旧案亦可以多结，上控亦不至于全是虚假的。是否得当，只等候批示遵守。我聂尔康自愧粗疏，哪里知道体制纲要，因顾念大人至诚相待、恩意允孚、恳切私衷，为了感受恩情而提出应对，即使是冒渎之罪，也义不容辞，爱戴的热忱，实在不能停止。除了将九月内的批、判各册另行造报之外，谨将一些事物整理清楚上报，伏乞训示遵行。

郭抚宪批复：

　　据禀报原原本本，切实罗列陈述，足见心有所得。凡出言行政，虚诬粉饰，不独是志行卑下，实在因为此心毫无所得，没有自悟错误。能在此等处力加渝洗，希望达到去伪存诚的成效，即是上达的基础，又何愁吏治之不修呢？仰即知照。此缴。

附录通饬札稿

【原文】

广州府正堂梅为饬遵事：

同治四年十月二十日奉察按使司张札开案，奉署广东巡抚部院郭批，据新会县具禀，遵将月报词讼册认真办理、据实缕晰禀陈缘由，奉批：据禀言之娓娓，词意兼美。各州县控案，遇有原告三月不到，照例详销，应即通饬照办。至于各案干证，择要传质，全恃听断者，细心酌量，无从定立章程。唯据该县禀称上控各案，必须本人递呈，由收呈官研审实情，分别提案晋省，如有虚诬，即治以诬告之罪。即绅士递呈，例用抱告，亦必本人在旁听候传问供词，取具切保，所控稍有虚诬，即行押发回县，以免久匿宕悬。其各案投讯，以三月为限。有原告匿不到案者，有被告畏审匿延者，有两造投到仍将要证隐藏者，查系何造逃审，即将何造究追，以定曲直。此两条均应通饬遵照办理。仰按察司分别移饬各道府查照此两条事宜，核实办理，仍出示晓谕。嗣后上控各案，必须本人亲身递呈，研问各情，分别发落。古人为政，兼司教养之权，今则养民之政，已无可言矣。教之一字，尤所难尽。仅词讼一节，剖断曲直，分别良莠，使民知有劝惩，仍须使百姓不至因案拖累，废耕失业，教养二字，均寓其中。各州县所能尽心民事者，仅此一节。而任听门阍差役之需索，讼棍之摆布，置民生于不问，于心安乎否乎？本署部院深知词讼为治乱之源，孜孜请求，稍期究心民事。该县于此，均能有所发明，愿共勉之。各州县讯结之案，饬令详悉开具供判，不独以观其讯案勤惰，亦以察其审断之能否。所有记功记过章程，均于此等处核实考察，岂可听其虚报结案，以伪乱真？前札所欲示罚者，正系此类。该县所禀"缺分有繁简之别，才具有长短之殊，中间时会所乘，非可强为一致"，所言极中事理。本署部院所求于各州县者，实心办事耳，一切不以文法相苛责。果有一分尽心之处，终无湮没之理；其务为粉饰者，亦决不能持久。该司并以此义分别移行各道府，转饬所属遵照。此缴。

奉此：除关各巡道饬属遵照并分饬各府州厅遵照外，合就札行。札到即便转饬所属，遵照批行情节，悉心体会，核实办理，仍出示晓谕：嗣后上控各案，必须本人亲身递呈，研问确情，分别发落毋违。此札。计粘单一纸等因。

奉此：合就札饬，札到该县，即便遵照批行情节，悉心体会，核实办理，仍出示晓谕：嗣后上控各案，必须本人亲身递呈，研问确情，分别发落毋违。此札。

【译文】
广州府正堂梅为饬遵事：

同治四年十月二十日，奉察按使司张的手札开案，奉署理广东巡抚部院郭的批复，据新会县具禀，遵将月报词讼册认真办理、据实缕晰禀陈缘由，奉批：据禀言之娓娓，词意兼美。各州县控案，遇有原告三个月不到案，照例详析销案，应即通饬照办。至于各案的证人，选择重要的证人传唤质证，全依恃听断者细心酌量，无从定立章程。唯据该县官禀称，上控各案，必须由本人递呈，由收呈官研审实情，分别提案晋省，如果有虚诬，即按诬告之罪来追究责任。即使绅士递呈，依例可用抱告的方式，亦必本人在旁听候传问供词，取具切保，所控告稍有虚诬，即行押发回县，以免久匿宕悬。其他各案投讯，以三个月为限期。如有原告藏匿不到案者、有被告害怕审理藏匿拖延者、有双方当事人投到仍将要证隐藏者，查系哪一方当事人逃审，即将哪一方当事人追究，以判定曲直。这两条均应通饬遵照办理。希望按察司分别移饬各道府，查照此两条事宜，核实办理，仍出示晓谕。以后上控各案，必须本人亲自递呈，经过研问各情，分别发落。古人为政，兼管理教养的权力，现在养民的政理事务，已没有什么可言的了。"教"这一个字，尤其难以说得尽。仅仅词讼这一节，剖断曲直，分别良莠，使人民知道有劝惩，仍须使百姓不至因案拖累，废耕失业。"教养"二字，均寄寓在其中。各州县所能尽心民事者，仅此一节。而听任守门人、差役向当事人勒索，讼棍的摆布，置民生于不问，心里是否安宁？本署部院深知词讼是治乱的根源，孜孜向下属请求，稍稍希望你们留心民事。该县在此禀中，均能有所发明，愿大家共勉之。各州县讯结之案，饬令详细说明开具供述和裁判，不能单独看审讯案件的勤惰，也要看是否有审断案件的能力。所有记功记过的章程，均在这几处进行核实考察，怎么可能听其虚报结案，以假乱真？前札所欲示罚者，正是针对这类事情的。该县官所禀"缺分有繁简之别，才具有长短之殊，中间时会所乘，非可强为一致"，所说的内容极中事理。本署部院对各州县的要求，正是实心办事，一切不以文法相苛责。果然有一分尽心的地方，终归不会湮没的道理；而务为

冈州再牍

227

粉饰者，亦决不能持久。该司并以此义分别移行各道府，转饬所属遵照。此缴。

奉此：除了有关各巡道饬令下属遵照，分别饬令各府州厅遵照之外，应当根据札令施行。札到即赶紧转饬所属，遵照批行情节，悉心体会，核实办理，仍出告示晓谕：以后上控各案，必须本人亲身递呈，研问确情，分别发落不得违反。此札。计粘单一纸等因。

奉此：已经根据札饬，札到该县，即便遵照批行情节，悉心体会，核实办理，仍出示晓谕：以后上控各案，必须本人亲身递呈，研问确情，分别发落不得违反。此札。

谕饬客民迁善交匪禀两院宪

【原文】

敬再禀者：

窃卑职于前次会剿南水、北水①时，闻得该匪俱经逃往漕冲②，迨昨复奉宪札，饬令随同梅道续剿该处洋匪。若不预绝其遁逃之薮，诚恐其依旧窝留，仍属此拿彼窜，未能净绝根株。特为商之武营赍发密谕，告以上宪知其窝贼，甚为震怒，饬于办完北水等处后，即行剿洗漕冲，特为飞速谕知，令其将功赎罪，并将著名洋匪梁宏鹏等列单寄知。所有单内匪徒，若在该乡藏匿，即着按名捆送，以为自赎之资，务须改过自新，勿再窝贼做贼。现今北水等处，正当四面围攻，贼若穷蹙来奔，可即将机就计，仍旧佯为收纳，密行诱获解官。当为转乞宪恩，暂将该乡宽恕。倘敢再有不法，即行剿捕无遗，等因。该客民于奉到此谕时，亦似颇知感激，当即出具切结联名具禀前来，求为宽限些时，当即诱擒解送。卑职察其词意，虽似出自至诚，而满纸空谈，究觉难以深信，然不允其所请，转令藉以有词，姑以半月为期，不准饰词延宕。又复专人往谕，未知能否照行。该客民奸猾性成，卑职何肯轻信？且以事关隔属，何须越境与谋？只因该处客民不下二万余众，其中虽多败类，究亦不乏善良。卑职于前宰新会时，该客民频来属内抢掠，经卑职数语剀谕，竟能约束严明。迨卑职升署南雄，又复肆行猖獗。卑职去秋回任，复行禁谕多端，该客民不惟敬信奉行，复据联呈叩谢。卑职见其犹能听教，尚非冥顽不灵，因特借此声威，乘机谕饬，若能遵照交匪，即亦不无可原。纵或不能如数解交，亦断不敢再行容纳。该洋匪巢穴既毁，此处又不肯窝留，从而严密搜拿，似尚易于缉获。倘系饰词延宕，是为自外生成，尔时禀达崇阶，候听宪恩酌夺。或径派兵往剿，或仍照旧优容，想宪台自有权衡，固不因卑职之有无谕饬以为行止也。卑职愚昧之见，是否有当，伏候宪台察核施行。

督宪批：

据禀及抄折三件均悉。南、北水各匪现经梅道等痛加搜剿，焚毁各巢，虽匪党不免幸逃，而该处地方现经派拨弁兵拖船常行驻防，可无虑其复聚。该县前奉札饬，即不惮烦费，带募船勇，亲往剿捕，具见同心灭贼，畛域不分。漕冲客民窝留各匪屡经禀控有案，兹经该县再三谕饬，勒令迁善交匪，可谓恻怛哀矜、无微不至。该客众如果天良未昧，宜如何感激悔悟改过送匪，如其阳奉阴违始终延抗，本兼署部堂自当相度各路缓急，设法进兵，彼时玉石俱焚，亦祸由自取也。仰俟半月限界，察看该客众能否遵谕办理再禀候察夺。仍候抚部院批示缴。

【注释】

①南水、北水：地方名，皆在新会邻县香山县内。南水临海。
②漕冲：地方名，在新会邻县新宁县（现为广东台山）内，临海。

【译文】

敬再禀者：

卑职在前次会同围剿南水、北水时，闻得该贼匪全部逃往漕冲，等到昨日再次接到上级札函，饬令随同梅道继续围剿该处洋匪。如果不预先断绝贼匪逃往的聚集地，恐怕他们依旧窝留，仍然属于这边捉拿那边逃窜，不能彻底根除匪患。特此与武营商量持发密谕，让上宪知道漕冲乡的窝贼，上宪大为震怒，饬令在办完北水等处之后，即行剿洗漕冲，特为飞速谕知，令他们将功赎罪，并将著名洋匪梁宏鹏等人列单寄知。所有单内匪徒，如果在该乡藏匿，即着令按名捆送，作为自赎的凭资，务须改过自新，不要再窝贼做贼。现今北水等处，正当四面围攻，贼匪如果穷蹙来奔，可即将计就计，仍旧佯作收纳，秘密引诱捉获解送官府。当为转告乞求上级开恩，暂将该乡宽恕。倘若胆敢再有不法，即行剿捕无遗，上述等等因由。该客民在接到此谕令时，亦似乎颇知感激，当即出具切结联名具禀前来，请求宽限多些时间，当即诱擒贼匪解送。卑职察觉他们的词意，虽然好似出自至诚，但是满纸空谈，终究觉得难以令人深信，然而不允许他们所请，转而令他们有词为借口，姑且以半月为期限，不准饰词延宕。再派专人前往晓谕，未知能否照行。该地客家人奸猾成性，卑职怎么能够轻信？并且事情不在本县属地发生，何须越境与他们商量？只因该处客家人不下二万余众，其中虽然很多败类，终究也有不少善良的。卑职在第一次任官新会时，该客家人经常来新会境内抢掠，经卑职作出数语剀谕，竟能约束严明。等到卑职升任南雄，又再次肆行猖獗。卑职去年秋季回任，再在多个方面作出禁谕，该客家人不仅敬信奉行，还联名具呈叩谢。卑职见他们犹能听教，尚不是冥顽不灵，因而特别借此声威，乘机发谕饬令，如果能够遵照交出匪徒，也没有什么不可原谅的。纵使不能如数解交官府，亦断然不敢再行容纳。该洋匪的巢穴既然被毁，此处又不肯窝留，从而严密搜拿，似乎较容易缉获。倘若是饰词延宕，就是他们自己所造成的，到时禀报上级，候听宪恩的酌夺。或者直接派兵前往围剿，或者仍然照旧优待容许，料想宪台自有权衡，固不因卑职有无谕饬而实行与否。卑职愚昧的见解，是否有当，伏候宪台察核施行。

督宪批复：

据禀以及抄折三件均已收悉。南、北水各匪现经梅道等痛加搜剿，焚毁各巢，虽有匪党不免幸逃，而该处地方现经派拨弁兵拖船常行驻防，可以不忧虑他们复聚。该县官前次接奉札饬，即不惮烦费，带领募集的船勇，亲往剿捕，具见他同心灭贼，不分畛域。漕冲客家人窝留各匪屡经禀控有案，兹经该县官再三谕饬，勒令迁善交匪，可谓恻怛哀矜、无微不至。该客众如果天良未昧，应该如何感激悔悟改过送匪，如果阳奉阴违始终延抗，本兼署部堂自当相度各路事务的缓急，设法进兵，那时玉石俱焚，亦是自取其祸。给予半月的期限，察看该客众能否遵谕办理，再禀候察夺。仍候抚部院批示缴。

附录：谕饬漕冲客民杨梓钊等献贼自赎稿

【原文】

谕漕冲客民首事杨梓钊等知悉：

照得兆民异籍，在闾阎不无畛域之分，而一视同仁，在官府有何彼此之别？诗不云乎，"普天之下，莫非王土；率土之滨，莫非王臣"。兹当圣德汪洋，即异类皆视为赤子，宪恩周洽，虽化外亦保若黔黎，况此服畴食德①之人，同在光天化日之下，顾安有所谓客匪者？嗟尔漕冲，岂真异域？维兹众庶，亦岂异人？夫固我大清朝数百年来厚泽深仁养生息之好百姓也，夫固我广东自汉以来列入版图之户丁也，夫固乃祖乃父积累留贻保抱顾复之子若孙也，无所谓客，更安所谓匪者。乃自流离寄籍而客之名以立，又自土客相仇而匪之名已成，然犹不过与土为仇，未敢与官相抗。迨至攻陷广海②，戕害官兵，俨然以叛逆自居，并敢久持不下，而客匪之罪遂上通于天，万无可宽之理矣。汝漕冲毗连广海，犄角相资，叛逆之刑，岂能独免？而大宪犹为逾格施恩，不肯深究者，亦以汝等人数太多，非必尽皆叛逆，特为留汝残喘以俟汝等之悔罪自新耳。岂意汝等不知感恩，仍然作恶，或掳人勒赎，或与贼同谋，或抢劫钱财，或强牵牛畜，种种罪孽，不可胜言。然犹得谓为游匪横行土民假冒也，至若勾通洋盗，消受赃私，无法无天，罔知畏惧，并闻今岁春间，本县与香山遵奉督、抚宪钧札，统领兵勇，攻剿北水贼巢，正在得手之际，汝等拥众数百为贼救援，又昨五月内督、抚宪特委首府暨本县与香山县督同文武官兵乘坐轮船，攻剿南水、北水、文湾等处，该匪穷蹙奔逃，汝等概为收纳，并敢偕同该匪，攻破丰江乡，伤害性命甚多，即将该乡占据，复敢伙同洋盗打劫洋人米船，以致破害之人纷向上台控诉，大宪甚为震怒，不能再事姑容，复饬本县与香山县随同首府率带官兵痛剿南水等处，拟俟剿尽贼巢，即将漕冲平毁。此固汝等孽由自取，与人无尤，而本县忝任邻封，究觉未忍坐视，且念汝等于本县前次任内告诫一切之言，尚知感激恪遵，未敢扰我边境，用是数年之久，阖属得以相安。迨本县调署南雄，汝等复来滋扰，以是有戴梓溃之乱，及至去岁秋间，本县回任以后，又复申明前禁，无许扰害我民，汝等不但遵行，且据联呈申谢，可见汝等天良未泯，犹知听信好言。其中强横虽多，而良善仍然不少。今若因其作贼，骤然剿洗无遗，未免玉石俱焚，实觉心有难忍，用特敷诚晓谕，亟为唤醒痴迷。若能听信我言，便是汝等之福，

冈州再牍

可即邀齐族众，将我此意告知。若欲大家保全，必须当天立誓，从今以后痛改前非，无论做贼、通贼、伙贼、窝贼以及抢人、掳人、杀人、害人与凡一切不法之事，概行严禁子弟不准再犯丝毫。如有何人敢于再犯，即由汝等公局立行捆送到官，从重治罪。倘该局敢于庇纵，一经发觉到官，即将该首事等并拿究治。若再仍前猖獗，则是自外生成，那时剿洗无遗，汝等亦无后悔。今欲暂求宽限，以期悔过自新，汝等若有同心，不是假言伪饰，即着汝等向来管事之首事数人，星夜前来谒见本县，亲具阖乡切实悔状，当面实呈，并将该乡著名匪徒随同捆送到案，本县必为汝等力禀上台，暂缓发兵以观后效，如实不知悔改，再行剿灭不迟。上台德大如天，谅亦必邀允准。汝等如不见信，亦即回复一音，大宪发兵前来，本县岂能劝止？汝等恃强恃众，自谓可以抗衡，试思汝等漕冲何如长发悍逆，个中祸福利害，汝等当亦知。本县隔在邻封，有何干涉？只以痌瘝在抱，一片血诚，实不忍见汝等千万生灵一朝绝灭，特为垂涕而道，大声疾呼，聊以尽我苦心，冀或可以挽救，切勿游疑自误，疑为诱汝前来，或相谋害也。盖以漕冲之众，罪孽之多，诱汝数人，诛之何益？又况官兵一到，何难捣穴歼巢，又安用诱汝数人转为汝辈所笑耶。此谕。

再者，汝等欲求保全一乡，必须将功赎罪，务要将南水、北水等处著名贼匪梁宏鹏、曾牛、黄胜、区亚正、罗有宽、亚贵仔、猪肚胜、曾亚二、徐玉舫等以及前此攻陷广海伤害官兵诸匪密计诱擒，断肘捆缚，星夜解交本县以凭转解上台，不惟赦汝前愆，复有花红重赏，此乃起死回生之法，转祸为福之机。汝等欲求保全，舍此更无别路，且要多多益善，又要真确无虚，切勿以假为真，略解数名搪塞。至于捆解以后，汝等只管放心，勿患该匪报仇，自有官为作主。况此次剿办该匪，不比往常，所有旧日贼剿，断难容其再聚，各自会同搜捕，或再重出花红，该匪无可安身，必为官中所获。又况现今督宪爱民如子，嫉恶如仇，有令必行，除害必尽。更加抚宪威名盖世，由楚而吴而粤而浙，无不马到成功，尚何论汝等漕冲一乡，更何论此辈一群毛贼耶？汝等若不赶紧求恩，必致立时剿灭。该匪不为汝等所解，亦必被官捉拿。汝等既欲求恩而又不多解贼，则本县又何能代为请命，大宪又何能准汝求恩耶？本县悯汝之愚，怜汝之死，苦心苦口，至再至三，特着妥人前来极力救活，汝等如能照我办法，即便捆送同来，倘若不听我言，倘复怀疑观望，则是汝等孽缘已满，劫数使然，虽有本县不分畛域之一片婆心，亦不能为汝等挽回造化，亦惟仰天浩叹付之于无可如何之数焉耳。又谕。

【注释】

①服畴食德：服畴，耕田。食德，则是享受先人的德泽。一般指祖上做过官的意思。

②广海：地方名，在新会邻县新宁县（现为广东台山）内，临海，与漕冲相近。

【译文】

谕漕冲客民首事杨梓钊等知悉：

　　具有不同籍贯的百姓，在乡里范围内并没有分别，于是一视同仁，在官府看来又有什么彼此的区别呢？《诗经》不是说："普天之下，莫非王土；率土之滨，莫非王臣。"当今圣德如汪洋一样，即使是异类都视为赤子，上级恩情周洽，虽是化外之民亦如百姓一样保护，况且这些都是耕田享受祖德的人，同在光天化日之下，哪里有所谓"客家匪徒"？难道你们的漕冲，真的是异域？广大庶民，真的是不同的人吗？都是我大清朝数百年来厚泽深仁养生息的好百姓，都是我广东自汉代以来就列入版图的户丁，都是你们祖、父积累遗留财产保护和照顾的子孙，无所谓客家人，更无所谓匪徒。因为流离寄籍而被称为"客"名，又因为土客相仇而被称为"匪"名，然而只不过是与本地人为仇人，未敢与官府相对抗。如果等到攻陷广海，戕害官兵，俨然以叛逆自居，并敢久持不下，而客匪的罪责遂导致上通于天，万无可宽恕的道理。你们漕冲毗连广海，如牛的犄角一样互相照应，叛逆的刑罚，岂能独免？而上级大宪尤为格外开恩，不肯深究，亦以你们人数太多，并非全部都是叛逆，特留下你们残喘让你们可以悔罪自新。怎么料到你们不知感恩，仍然作恶，或者掳人勒赎，或者与贼同谋，或者抢劫钱财，或者强牵牛畜，种种罪孽，不可胜言。然而还说横行的游匪是本地人假冒的，至于勾结海洋大盗，消受赃私，无法无天，不知畏惧。并且听闻今年春季，本县与香山遵奉上级总督、巡抚的函札，统领兵勇，攻打围剿北水的贼巢，正在得手之际，你们带领数百人众为贼救援，又在去年五月内，上级总督、巡抚特别委派首府暨本县与香山县督同文武官兵乘坐轮船，攻打围剿南水、北水、文湾等地，该匪徒困厄奔逃，你们将他们一概收纳，并且胆敢偕同该匪徒，攻破丰江乡，伤害了许多人命，随即将该乡占据，又胆敢伙同洋盗打劫外国人的米船，以致被害人纷纷向上级控诉，大宪大为震怒，不能再行姑容，再次饬令本县与香山县随同首府率领官兵痛剿南水等处，打算等到剿尽贼巢，即将漕冲平毁。这本来是你们作孽咎由自取，与人无尤，然而本县作为邻县主官，终究觉得不忍坐视；且顾念你们在本县前次任内告诫一切之言，尚知感激遵守，不敢扰乱我县边境，如此有数年之久，全县得以相安。待到本县调任南雄，你们再次来新会滋扰，因此发生戴梓溃之乱，到了旧年秋季，本县回任新会以后，又再次申明此前的禁示，不准许扰害我县人民，你们不但遵守执行，并且还联名呈书申谢，可见你们天良未泯，还知道听信好言。其中强横的人虽然多，然而良善的人仍然不少。如今如果因为部分人作贼，骤然将你们全部剿洗一个不剩，不免玉石俱焚，实在觉得心有不忍，特别真诚地出谕告知，赶紧唤醒你们这些痴迷的人。如果能够听信我的话，便是你们的福气，可以即刻邀齐宗族众人，将我这番意思告知他们。如果想保全大家，必须当天立誓，从今以后痛改前非，无论做贼、通贼、伙贼、窝贼以及抢人、掳人、杀人、害人等凡是一切不法的事情，一概严禁子弟不准再犯丝毫。如有什么人胆敢再犯，即由你们的公局立行将其捆送到官，从重治罪。倘若该公局胆敢庇纵，一经发觉报告到府官，即将该首事等人一同捉拿追究责任。如果再仍然像之前那样猖獗，则是你们们自己造成的，那时将你们剿洗无遗，你们也不要后悔。如今想暂求宽免一定期限，希望悔过自新，你们若有同心，不是以假话来伪装掩饰，即着令你们向来管事的首事几个人，星夜前来谒见本县，亲自说明全乡切实的悔状，当面实呈，并将该乡著名匪徒随同捆送到案，本县必然为你们竭力禀告上级，暂缓发兵围剿，以观后效，如果实在不知悔改，再行剿灭也不迟。上级德大如天，想必也应当允准。你们如不相信，也要回复一下，大宪发兵前来，本县怎么能够劝止？你们仗着人多和武力，自谓可以抗衡，试想想你们漕冲怎么比得上长发的悍逆，个中的祸福利害，你们应当自知。本县隔在邻县，有什么关系？只是心怀人民，一片血诚，实在不忍心看见你们千万生灵一朝绝灭，特别为你们垂泪说明道理，大声疾呼，聊以表达我的苦心，希望可以挽救你们，切勿犹豫自误，怀疑是引诱你们前来，或谋害你们。因为以漕冲人数多、罪孽多，引诱你们几个人，杀了又有什么作用？况且官兵一到，捣穴歼巢有什么困难，又怎么需要引诱你们几个转而被你们讥笑呢？此谕。

再者，你们想要保全一乡，必须将功赎罪，务必将南水、北水等处著名贼匪梁宏鹏、曾牛、黄胜、区亚正、罗有宽、亚贵仔、猪肚胜、曾亚二、徐玉舫等人，以及此前攻陷广海伤害官兵的几个匪徒密计诱擒，断肘捆缚，星夜解交本县，凭此转解给上台，不但赦免你们之前的罪责，而且还有花红重赏，这是起死回生的办法、转祸为福的机会。你们欲想保全，舍弃这个方法就更没有别路，并且要多多益善，又要真确不假，切勿以假为真，略解数名人员来搪塞。至于捆解以后，你们只管放心，不要怕该匪徒报仇，自有官府为你们作主。况且这次剿办该匪，不比往常，所有旧日贼剿，断然难以容许他们再聚，各自会同搜捕，或再次重金悬赏，该匪徒肯定无可安身，必定为官府捉获。何况现今的上级总督爱民如子，疾恶如仇，有令必行，除害必尽。再者上级巡抚威名盖世，从楚地到吴地到粤地到浙地，无不马到成功，更不用说你们潺冲一乡了，更不用说你们这一群毛贼了。你们如果不赶紧求恩，必然导致立时剿灭。该匪徒不被你们押解送来，亦必然被官府捉拿。你们既然想求恩而又不多押解贼匪，那么本县又怎么能代你们请命？大宪又怎么能准许你们的求恩呢？本县可怜你们的愚昧，可怜你们的死亡，苦心苦口，至再至三，特此命人前来极力救活，你们如果能依照我的办法，便将贼徒捆送同来，倘若不听我言，倘若再要怀疑观望，则是你们尊缘已满，劫数使然，虽有本县不分地域的一片苦心，不能为你们挽回造化，也只有仰天浩叹，付之于无可奈何了。又谕。

缕陈江门地方情形禀抚宪

【原文】

敬禀者：

　　窃卑职前将委员开办江门厘厂被毁，及现在查办情形，先后具禀宪鉴在案，旋即饬令该四行等赶将葵棚搭回，以资抽办。该四行俱各遵允，择于二十六日搭盖接抽，适于二十五日晚刻奉宪派来弹压保护之谢副将、冯都司、李县丞等，带领师船陆续驰抵江门，卑职当将一切实情缕为陈述。次早谢副将等自总厂前至西炮台周历察看，仍应于西炮台搭盖篷厂，刻即搭回，定于二十七日接抽。正在筹办间，复奉宪台差官徐把总赍到宪台分饬各札，并领发告示二十道，只领之下，实切感惭。窃思此次委员前来，称系奉札专办，所有一切诸事，皆由委员主行，不惟卑职不得与问，即书差皆不用县中人役。及至发生仓卒，卑职闻信赶来，而已无及矣。此皆卑职办事粗疏，不克预为防患，以致上烦宪念，抚衷何以能安？乃蒙格外恩施，不加谴责，并派亲兵弹压，并为严缉匪徒。卑职具有天良，能无感奋，自当恪遵慈谕，倍竭愚诚，以期稍赎前愆，上纾宪注。惟自开厂迄今，已有数日，总无船到，无货可抽，业于前禀声明，显系绕越规避。而究其绕越规避之故，则由该行商等因见陈村、省佛等处，仍然坐贾抽收，独于江门改办行厘，并须一起一验，势必有三抽、四抽之虑，因而绕越各方。盖以江门港汊纷歧，处处可绕，并非水陆必由之路，与东、西、北三江形势不同。兹据该商等缕析条陈，乞为据情转禀，倘荷宪恩矜恤，酌定章程，则不惟该货船等望风而来，即阖埠商民亦皆感沐仁慈于无既矣等语。卑职细加体察，亦系实情，只得将其所禀各情，列摺绘图呈电，如蒙允准，伏求迅赐批示饬遵，俾得有所遵循，免致诸商裹足。以裕厘项而广招徕，出自大人高厚鸿慈，是否有当卑职未敢擅便，理合禀请宪台训示施行，实为德便。

【译文】
敬禀者：

卑职此前已将委员开办江门厘厂被毁以及现在查办的情形，先后具书禀报上级查鉴在案，旋即饬令该四个厘行赶紧将葵棚搭回，以用来抽取办理厘金。该四行都答应遵照，定于二十六日搭建房盖接着抽取，恰好在二十五日晚奉上级之命派来弹压保护的谢副将、冯都司、李县丞等人，带领师船陆续抵达江门，卑职当面将一切实情逐条加以陈述。第二天早上，谢副将等人自总厂前往西炮台周围察看，仍然在西炮台搭盖篷厂，立刻搭回，定在二十七日接着抽厘。正在筹办期间，再次奉宪台之命的差官徐把总接到宪台分饬各札，并颁发告示二十道，接领之下，实在切实感到惭愧。想到这次委员前来，称系奉札专办，所有一切事情，全部由委员主管实行，不但卑职不得过问，即使是书差都不用县中的人役。等到厘厂被毁，发生仓促，卑职闻信赶来，已经是来不及了。这些都是卑职办事粗疏，没有想到预先防范祸患，以致麻烦上级惦念，抚心自问怎么能够心安？然而承蒙上级格外施恩，不加谴责，派亲兵进行弹压，并且严缉匪徒。卑职具有天良，能不感到兴奋吗？自当恪守遵照慈谕，倍加竭尽愚诚，希望稍稍救赎此前的错误，从而向上纾解上级的关注。因为自从开厂到今，已经有数日，总是没有船只到来，没有货物可以抽取税费，已经在之前的禀报中说明，船只显然是绕越江门进行规避。

而探究他们绕越规避的原因，则是那些行商看见陈村、省城佛山等地方，仍然按照商行来抽收，唯独在江门改办行厘，并且必须每一起货物进行一次检验，按照情况必然存在三抽、四抽的忧虑，因而绕越各方。因为江门港汊纷歧，处处可以绕行，并非是水陆必经之路，与东、西、北三江的形势不同。现在根据该商行等人逐条分析说明，乞请根据实情转禀，倘若得到宪恩的体恤，酌定章程，则不仅那些货船等望风而来，也是全埠商民都感到沐浴在无穷的仁慈当中等语。卑职细加体察，也是实情，只得将其所禀报的各种情况，列折绘图呈电，如承蒙允准，恳求迅速赐给批示饬令遵守，使商民有所遵循，免致诸商民裹足不前。以优惠的厘项而广大招徕，是出自大人的高厚鸿慈，是否得当卑职不敢擅自处理，应当禀请宪台训示施行，实在是惠予方便。

谨将江门地方一切情形列折缕呈电鉴

【原文】

伏查江门地方僻处一隅，内而河汊纷歧，外则海洋四达，凡海南货船入口，不必定由崖门与虎跳门，即由虎跳门、崖门进口者，亦不必尽到江门，或由鳄州泛运往恩、开等县，或由狗尾泛运往香港、澳门等处，或由外海泛运往陈村、省佛等处，而陈村、省佛、香港、澳门、恩、开等处之货船，亦即可以径出崖门、虎跳门。尤其香山磨刀崖等处入口者，则自径往澳门、陈村、省佛等处，并不由新会经过，更属无从查问。至若恩、开、春、江、高、雷、廉、琼等处货船，由鲤鱼滘泛而来者，亦不必尽到江门，或出外河，或出大海，或往澳门、香港，或往省佛、陈村，路路可通，无要可扼。是江门并非南江总汇，较之东、西、北三江一河直达者，情形迥不相同。而请者乃欲以江门为南江，与潮州之东江，梧州之西江，韶州之北江，分为四路，不亦伪乎。且省城南面尚有陈村，今以江门为南江，而陈村仍抽坐贾，亦未免过于偏枯。即江门前此办理坐厘，俱系各店于货物售出时，暗中扣缴，并未尝直向前商行取分毫，而该船尚因规避关口税费，多半绕往香港、澳门、陈村、省佛等处，所以生意日见疲敝，远不如前。故在二十年前，江门盛于陈村，近则陈村盛于江门，大众周知，非可伪饰。即以南北一行而论，早年四十八家，迩来只存八家，实止开张五、六家。由是以推，余可概见。而且商民贸易，唯利是趋。今澳门、香港既不抽厘，省佛、陈村仍然坐贾，独于江门改做行商，各商闻风远飏，谁不绕越规避？此各路货船不来之情形也。至若各路渡船，多系陈村、省佛、石龙、西南为各商往来转运货物之用，货物之多寡有无，并无一定，应抽与否，亦不得知，而每船于入口之时，必须概令落帆湾泊，听候查验。倘遇船只拥挤，货物繁多，一日查验不完，必须候守两日。入口如此，出口又然。数里之中，耽搁已一、二日。若至西南、石龙诸厂查验，又复如前。即谓已经抽过两次，免其再抽，纵不再缴厘金，而守候又须数日。向来承充各渡，俱有一定日期，如一六、二七、三八之类，或限五日来回，或限三百来回，某日某刻开行，某日某时到岸，彼此回头程限，亦莫不然。晓夜兼程，风雨无阻，非甚狂飙巨涨，不能延误片时，以故商货流通，行旅称便，而凡公文要件，俱藉以利往还。今若逐渡查抽，势必愆期滋累，旁人随同守候，谁肯再搭此船？搭渡无人，舟资奚出？且恐货物损失，赔垫难堪，人皆视为畏途，谁复敢于承揽？粤中诸凡便利，全赖有此渡船，若无渡船，诸多阻窒，则不独江门一埠，无以为生，恐各处纷纷效尤，俱皆歇业，是则可忧。此各路渡船不来之情形也。至若抽厘助饷，谁敢不遵？然亦不宜过多，庶免闻而生畏。即如江门东、西两厂，仅距十里之遥，若别处概不抽厘，惟东厂一起，西厂一验，则所抽亦止两次，亦复何难。然必自东至西，自西至东，过而不留者，方能抽足两次。若省佛、陈村运至江门发卖者，东入不必西出；由恩、开、春、江来至江门发卖者，西入不必东出，一起而不一验，亦不能抽足两次。而其中亦有一起一验已经两次者，亦有未经两次者，亦有不止两次者。如恩、开、春、江之船，该处未经抽厘，仅于入西口时止抽一起，并无一验，则与每货抽足两次之示，又不相符；其由石龙、西南贩货回头者，则于该处厘厂，已有起票，入东口时再抽一验，均已抽足两次，然生意销售，靡有定所，若皆运至江门，不再运往别处，则可免其三抽；若陈村、省佛运来，再往恩、开等处，必到西江查验，止有东口起票，而省佛、陈村之预扣坐贾者，皆无起票可缴，若不抽足一验，则有悖于一起一验之条，若令如数照抽，则不免一货三抽之苦。而且分运货物，整散不齐，即此一船之中，并非一店货物，譬如张店贩布十匹，李店贩碗十筒，积至数十店货，各有不同。同在一条票内，将来布往恩平出西口，碗往海南出东口，另由别渡先后分行，而前此验给之票，存于前渡之手，微特出西口者无票可缴，即出东口者亦无票可缴，积至十货、数十货，亦皆类是。若因无票可缴，遂行再抽一验，则是一货三抽，谁敢再行贩运？且有不止三抽者，即如南北一行，并非该行自卖，不过为人经纪，仍发各货本行。其有高、廉、雷、琼各属杂货来至江门入口者，应由南北行缴抽起票一次，复由南北行分卸各杂货店，而杂货店未办厘，仍然遵缴坐贾，该店坐贾又抽一次，然后转卖各方，迨出口时又须验票，而前次入口之起票，又不在该店之手，无可缴验，则出口时又必起票一次，已为一货三抽；及至经过别处厘厂，又须验票一次，则是一货四抽；若再运至坐贾之处，又须坐抽厘金，则是一货五抽矣。一货之利，所得几何？小民血本营生，何堪如此剥削？此各路海船、货船皆不敢来之情形也。船不见到，无货可售，势必日见萧条，阛埠皆深疑惧。若不亟为吁请，窃恐贻祸愈深，只得缕晰条陈，据情转禀，恳求大人格外施恩，谕饬东、西两厂，凡于应抽货船，只抽进口，免抽出口，以裕军饷而招广来，则不独阛埠咸沾再造之恩，即阖县亦共沐无疆之福矣。伏维大人德大如天，恩深似海，前次开藩浙水时，凡病民者无不亟去，利民者无不力行，至今两浙之人，孰不爱如慈母。该商等同为赤子，讵有厚薄之分？况大人筹饷抽厘，亦为保民起见。该商等天良未泯，何敢稍有抗违，然亦只酌盈以剂虚，岂真欲损下而益上。无奈此间形势，委员先未禀知，以致诸事隔膜，不免多端掣肘。卑职忝司民牧，责无可辞，若不剀切直陈，为民请命，倘或酿成他变，转为辜负宪恩。用敢冒罪渎呈，并为绘图贴说，叩乞大人恩准施行。

抚宪蒋批：

　　查阅来禀，及粘呈江门一切情形，甚为缕晰。该处改抽一起一验，行厘既多窒碍，应准酌量变通。凡江门往来货物，无论进口出口，均只抽收一起，免抽一验，以免商贩裹足观望。至陈村厘金，现已改坐贾为行商，除札饬牙厘总局饬遵外，仰即传谕各商民等一体遵照，照常贸易完厘助饷，倘再不知感激，稍有抗违，定即分别查究不贷。至该厂帮办需员，并候札饬牙厘总局饬委从九、李联珖前往随同办理可也。此缴。图摺存。

【译文】

　　查明江门地方偏处一隅，内部河汊纷歧，外部则海洋四达，凡是海南货船入口，不一定由崖门与虎跳门经过，即使由虎跳门、崖门进口，亦不必全部经过江门，有的由鳄州水运前往恩平、开平等县，有的由狗尾水运前往香港、澳门等地，有的由外海水运前往陈村、省佛等地，而陈村、省佛、香港、澳门、恩平、开平等地的货船，亦即可以直接出崖门、虎跳门。尤其是从香山县磨刀崖等地入口的货船，则自己直接前往澳门、陈村、省佛等地，并不由新会经过，更加无从查问。至于恩平、开平、阳春、阳江、高州、雷州、廉州、海南等地的货船，从鲤鱼滘水运而来，亦不必全部经过江门，有的出外河，有的出大海，有的前往澳门、香港，有的前往省佛、陈村，路路可通，没有重要据点可以扼住。因为江门并不是南江的总汇，与东、西、北三江一河直达的情况相比较，情形迥然不同。而禀请的人想将江门作为南江的扼要，与潮州的东江、梧州的西江、韶州的北江，划分为四路，不是很不真实吗？并且省城南面尚有陈村，如今以江门为南江的据点，而陈村仍然向固定的商户抽税，这样未免过于偏枯。江门此前办理坐收厘金，全部都是各店在货物售出时，暗中扣缴，并不曾直接向经过的商行抽取分毫厘金，而该船尚因规避关口的税费，多半绕往香港、澳门、陈村、省佛等地，所以生意日见疲敝，远不如前。因此在二十年前，江门比陈村旺盛，近来则陈村比江门旺盛，大众周知，不用伪饰。就以南北一行来说，早年有四十八家，近来只存留八家，实际上只开张五六家。由此类推，其余的情况可以大体知晓。而商民贸易，唯利是趋。如今澳门、香港不抽收厘金，省佛、陈村仍然坐贾，唯独在江门改做行商，各个商人闻风远扬，谁不绕越江门规避？这就是各路货船不来江门的情形。至于各路的渡船，多系陈村、省佛、石龙、西南为各个商人往来转运货物的用途，货物的多寡有无，并不一定，应抽与否，亦不得知。而每只船在入口的时候，必须一概命令它们落帆泊湾，听候查验。倘若遇到船只拥挤，货物繁多，一日查验不完，必须等候两日。入口如此，出口也是这样。数里当中，耽搁已有一二日。如果到西南、石龙诸厂进行查验，又再次像前面的一样。即使说已经被抽收过两次，免除再次抽收，纵然不再缴交厘金，而守候又需要数日。向来承充的各个渡口，全都有一定的日期，如一六、二七、三八之类，或者限定五日来回，或者限定三日来回，某日某刻开行，某日某时到岸，彼此回头的路程期限，亦无不如此。晓夜兼程，风雨无阻，即使不是什么狂飘巨涨，也不能延误片时，因此商货流通、行旅都称方便。而凡是公文要件，全部都要有利于货商的往来。如今如果要逐个渡口查验抽收，势必拖延时间造成扰累，旁人随同一齐守候，谁还肯再搭这只船？没有人搭渡，船费怎么出？并且货物损失，难以赔垫，人们皆视为畏途，谁还胆敢承接摆渡？粤中许多的便利，全都依赖这些渡船，如果没有渡船，诸多阻窒，那么不单独江门一个埠无以为生，恐怕各处纷纷效尤，全都歇业，这样真的令人担忧。这就是各路渡船不来江门的情形。至于抽收厘金补助饷金，谁敢不遵守？然而亦不宜过多，这样才可以免除听到后就生畏。即如江门的东、西两厂，仅仅相距十里，如果别处一概不抽厘，唯有东厂一起，西厂一验，那么所抽收亦只是两次，这还有什么困难？然而必须是自东至西，自西至东，通过而不停留者，才能抽足两次。如果从省佛、陈村运到江门来发卖的，从东入不必从西出；由恩平、开平、阳春、阳江来到江门发卖的，从西入不必从东出，一起而不需要一验，亦不能抽足两次。而其中亦有一起一验已经两次的，亦有未经两次的，亦有不止两次的情况。如恩平、开平、阳春、阳江的船只，该地没有经过抽厘，仅在入西口时只抽收一起，并没有一验，那么与每货抽足两次之告示，又不相符合；那些由石龙、西南贩货回头的船只，在该处的厘厂已有起票，入东口时再抽收一验，全都抽足两次，然而生意销售，没有定所，如果全部运到江门，不再运往其他地方，则可以免除三抽；如果从陈村、省佛运来，再往恩平、开平等处，必到西江查验，只有东口起票，而省佛、陈村的预扣坐贾的做法，全部没有起票可以缴交，如果不抽足一验，那么有悖于一起一验的规定，如果命令如数照抽，则不免一货有三抽之苦。而且分运货物，整件、散装不齐，即使在同一船当中，并非是同一商店的货物，譬如张店的贩布十匹，李店的贩碗十筒，有数十个商店的货，各有不同。同在一条票内，将运来的布发往恩平的从西口出，碗发往海南的从东口出，另外由别的渡口先后分行，而之前的验给的票据，存放在前渡的手中，那么出西口的商民无票可缴，即使出东口者亦无票可缴，那么十货、数十货，都是这种情况。如果因为无票可缴，遂实行再抽一验，则是一个货物经过三抽，谁还敢再行贩运？并且有不止三抽的情况，即如南北一行，并不是该行自卖，不过做别人的经纪，仍然发运各货到本行。其中有从高州、廉州、雷州、琼州各类杂货来到江门入口的情形，应由南北行缴抽起票一次，再由南北行分卸各杂货店，而杂货店没有办理行厘，仍然遵缴坐贾，该店坐贾又抽一次，然后转卖各方，等到出口时又须验票，而前次入口的起票，又不在该店的手中，无可缴验，则出口时又必须起票一次，已经是一货三抽；等到经过别处的厘厂，又须验票一次，则是一货四抽；如果再运到坐贾的地方，又须坐抽厘金，则是一货五抽了。一个货物的利润能够得到多少？小民血本营

冈州再牍

241

生，怎么能承受如此的剥削？这就是各路海船、货船全部不敢来江门的情形。船不见到，无货可售，势必日见萧条，全埠之人都深感疑惧。如果不赶紧为此进行吁请，恐怕祸害愈深，只得逐条分析陈述，根据实情转禀，恳求大人格外施恩，谕饬东、西两厂，凡是对于应抽收的货船，只抽进口，免抽出口，不但充裕了军饷而且广为招来，不仅仅是全埠都沾再造之恩，全县亦共同沐浴在无限的福气当中。大人德大如天，恩深似海，前次您在浙水任官时，凡是有害人民的做法全部去除，心是有利于人民的做法无不力行，至今两浙的人民，哪一个不爱您如慈母？这些商民等同于赤子，怎么会有厚薄的区分？况且大人为筹饷而抽厘，也只是为了保民起见。这些商民天良未泯，怎么胆敢稍有抗违？然而亦只是取一些盈余用来补虚，岂真的想损下而益上？无奈此间的形势，委员没有先行禀知，导致诸事隔膜，不免多方面受到掣肘。卑职忝任县官，责无可辞，如果不具实直陈，为民请命，倘或酿成他变，转为辜负上级恩情。只好大胆冒罪渎呈，并为绘图贴说，叩乞大人恩准施行。

抚宪蒋批：

查阅来禀，及粘呈江门一切情形，甚为条理清晰。该处改抽一起一验，行厘既多窒碍，应准许酌量变通。凡是江门往来的货物，无论进出口，均只抽收一起，免抽一验，以免商贩裹足观望。至于陈村的厘金，现已改坐贾为行商，除札饬牙厘总局饬遵外，仰即传谕各商民等一体遵照，照常贸易缴交厘金补助军饷，如果再不知感激，稍有抗违，定即分别查究不贷。至于该厂帮办需要人员，候札饬牙厘总局饬委从九、李联珖前往随同办理。此缴。图折存。

禀复蒋抚宪咨询地方情形

【原文】

敬禀者：

同治五年五月二十日，奉上台札饬将所辖地方民情之良歹，山川之险要，狱讼之繁简，以及盗贼如何出没，钱粮有无抗欠，绅耆孰正孰邪，团丁孰强孰弱，械斗仇杀之案、应行如何解释，著名积恶之匪、应行如何拿办，保甲丁口、作何清查，妓船摊馆、作何驱逐，此外何利应兴，何弊应革，地方正佐各员，办事孰勤孰惰，操守孰洁孰污，据实禀复，并将本辖舆地，绘图贴说，禀缴等因到县。奉此，仰见大人博访周咨、勤求治理之至意。卑职自愧疏庸，谬膺繁剧，任经再莅，利弊早所深知，善乏三称①，声教惭犹未洽。惟是安良锄莠，政有当先，成俗化民，责无旁贷，敢不稍纾鄙见，敬以缕述上闻？查卑县滨临大洋，界连五邑，东通顺德，西达开平，北界鹤山，南出大海，东南与香山接壤，西南与新宁毗连；属辖七百一十余乡，广袤二百六十余里，圭峰绿护，乃邑城之负扆②；虎跳崖山，为出海之门户，海潮即由该二门而入，直达附城内河。其内河之水，又自广西肇庆而下，仍汇注于涯门、虎跳门而入于海。最为形胜之地，故该二门俱设有炮台，以资守御。惟崖门之外，西近新宁，漕冲为客家之老巢；东接香山，高澜、北水、古镇、白焦等处，俱贼匪之渊薮，虽无甚著名剧盗、积恶巨魁，而无赖匪徒，近如梁宏鹏、曾牛、黄胜等类，每多依之以为逋逃薮，海面辽阔，既偷越之时虞；港汊纷歧，复巡防之难遍，故劫掠时所不免，而购捕势亦难周。所以近年来于额设塘汛之外，陆路则于塔东、黄坑口、市仔庙、狗眠冈、雷霆泛、守溺口、大雁山等处，添设卡勇，扼要防守，交冬则添，遇春则减；水路则设巡船十三号，由县发给口粮，分驻银瓶嘴、三娘庙、猪头山、周郡、外海、白鹤洲、银洲湖、鸟石等处河面，往来梭巡，棋布星罗，尚为周密。现在东北一带，尚属安靖。惟西南河道，常有盗踪，则仍以香、宁巢薮之贻害也。卑职前经商之武营，雇有大拖船二号，驻泊崖门，帮同防守，然究势单力薄，北水之役，虽足惩创，不无余匪遁入漕冲，客与贼合而为一。该处距崖门三十里之遥，一水可达，而陆路之平迂企迤，又与漕冲只一山之隔。且现闻恩平客匪，复起滋扰，更有散勇头目梁亚朒仔投入助恶，焚劫屠杀，势极披猖。而开平、鹤山、新宁之客匪，亦复从而响应。卑县属之水口、河村、大泽、吉境等乡，皆近开、鹤，先已屡被其害，现在均属可虞。卑职业已移会营员，添拨兵勇，于各处泛卡严行堵守，一面官为垫完。此卑县地势民情，与盗匪绅团，以及讼案粮课，一切整顿办理之实在情形也。

若夫利弊所在，更属治忽攸关。卑职于前任时，因见诸多怠废，即为次第举行。如学宫为文教所关，见颓毁则倡捐修建；河道系商船利济，见淤塞即筹费浚疏；俗有溺女之风，亟建婴堂以收育；民多停棺不葬，复购义地以瘗埋；举节孝以备请旌扬，藉风世而励俗；延名医以施种洋痘，聊济困而拯危;虽下至惜字放生,亦均为捐资立会。适因移任,未及其余。适奉回任以来,仍兹初心莫改,睹河路之又塞,复挑挖而使通;见考棚之仍无,即觅地而禀建,业为筹赀购料,议即择吉兴工。此外凡有利所当兴,弊所当革,如清理案牍,稽监查羁,锄遏豪强,访拿土棍,禁奢侈以敦俗,课耕作以裕民,察僚属之惰勤,杜吏胥之滋弊,或随时而立法,或因地而制宜,无一非地方政教所关,即无一非卑职职分当尽。自应实心实力,矢慎矢勤,逐时酌量变通,禀请训示遵办,断不敢稍涉玩忽,以仰负大人念切民依、励精图治之至意。除地方正佐各员之贤否优越,续又奉到专札,另行详晰禀复外,合将卑县地方一切情形,据实缕禀,并遵绘本辖舆图一幅,禀缴宪台察核施行。

抚部院蒋批:

该令久任新会,卓著政声,所有地方山川险要、风土人情,早已了然于胸,故能言之透彻,论之精详,具见学识才华,高人一等,果能言行相符,虽古之循良,亦何以复加,地方何患不治;风俗何患不移。惟为政之道,贵在实心为本,必视国事如家事,以民心为己心。凡课农桑、敦士习、锄奸暴、严催科等事,均须从耐烦结实中做去,则用一分真心,必有一分实效。此时粤东大乱甫平,全在良有司办事,矢慎矢勤,不厌不倦,庶可培养元气,整顿地方。且该令现已荐举道员,尤属受恩深重,更须勉励从事,以图报效。是则本部院之所深期望者矣。勉之,切切。此缴。图存。

【注释】

①善乏三称:三称,是佛教用语,指三呼佛名,此指称颂三次的意思。此句指没有恒久的声誉。

②扆:音 yǐ,指古代官殿内门和窗之间的地方;或指古代官殿内设在门和窗之间的大屏风。

【译文】

敬禀者:

同治五年五月二十日,奉上级札饬将所辖地方民情的好坏、山川的险要、狱讼的繁简,以及盗贼如何出没、钱粮有无抗欠、乡绅耆老孰正孰邪、团丁孰强孰弱、械斗仇杀的案件应行如何解释、著名积恶之匪应行如何拿办、保甲丁口作何清查、妓船摊馆作何驱逐，此外何利应兴、何弊应革，地方正佐各员，办事孰勤孰惰、操守孰洁孰污，据实禀告回复，并将本辖区的地理，绘图贴说，禀告缴交等情由到县。奉此，仰见大人广博采访、周详咨询、勤求治理的至意。卑职自愧才疏平庸，承担繁重的任务，再次来新会县任职，早已深知利弊，原本没有很好的声誉，很惭愧没有取得言传身教的效果。安定良民锄除坏人，把治理政务放在首位，树立良好风俗来感化人民，自当责无旁贷，敢不稍稍表达浅陋的己见，逐一报告给上级知道吗？本县与大海相临，边界连接着五个县，东通顺德，西达开平，北至鹤山，南出大海，东南与香山接壤，西南与新宁毗连；属下管辖七百一十余乡，面积二百六十余里，圭峰山像绿色的防护墙，是邑城的大屏风；虎跳门和崖山门，是出海的门户，海潮即从这两个门户进入，一直抵达到附城的内河。而内河之水，又自广西、肇庆而下，仍汇入涯门、虎跳门而进入大海。最为形胜的地方，故而该二门俱设有炮台，作为防御的用途。然而崖门之外，西边靠近新宁（台山），漕冲是客家人的老巢；东接香山，高澜、北水、古镇、白焦等地方，都是贼匪的渊薮，虽然没有什么著名的大盗、积恶的巨魁，但是无赖匪徒，最近的如梁宏鹏、曾牛、黄胜等人，每每多依靠这些地方作为逃匿的处所，海面辽阔，难以预测他们偷越的时间；港汊复杂纷乱，巡防难以做到周全，因此劫掠不免经常发生，即使悬赏捕捉也难以完全防止。所以近年来按照名额设立水上巡查之外，陆路则在塔东、黄坑口、市仔庙、狗眠冈、雷霆泛、守溜口、大雁山等地，添设关卡兵勇，扼守要防，到了冬天则增加，到了春天则减少；水路则设立巡船十三号，由县府发给口粮，分别驻守在银瓶嘴、三娘庙、猪头山、周郡、外海、白鹤洲、银洲湖、乌石等处的河面，往来梭巡，棋布星罗，尚为周密。现在东北一带，尚属安宁。只是西南河道，经常有盗踪，则仍然是香山、新宁的巢薮的贻害。卑职此前与武营商讨，雇有大拖船二号，驻泊在崖门，帮同防守，然而毕竟是势单力薄，经过北水之役，虽然足以惩创贼匪，不少余匪遁入漕冲，客家人与贼匪合而为一。该处距崖门三十里之遥，一水可达，而陆路的平迳、企迳，又只与漕冲一山之隔。现在听闻恩平的客匪，再次起来滋扰，更有散勇的头目梁亚肭仔投入其中帮助作恶，焚劫屠杀，势极猖狂。而开平、鹤山、新宁的客匪，亦再次跟随响应。卑县属内的水口、河村、大泽、吉境等乡，都靠近开平、鹤山，之前已经多次被他们危害，现在都处在危险的境地。卑职业已调动营员，添拨兵勇，在各处的泛卡严行堵守，一面官府代为完全垫支经费。这就是卑县的地势民情，和盗匪绅团以及讼案粮课，一切整顿办理的实际情形。

　　因为是利弊所在，更加与治理忽怠密切相关。卑职在前次任官时，因为见到诸多怠废，立即依次逐步实施相关措施。譬如，学宫关系到文教，见到它颓毁则提倡捐款修建；河道有利于商船通行，见到它淤塞立即筹费疏通；习俗有溺女婴的风气，赶紧建造婴堂进行收育；很多民众停留棺材不埋葬，又购买义地进行瘗埋；备请旌扬来倡举节孝，借着教育世人而改变习俗；延请名医进行施种洋痘，聊以纾解困危；即使下至惜字放生等细小事情，亦全部为其捐款设会。恰好遇上移任，来不及实施其他措施。等到奉命回任以来，仍旧是初心不改，看到河路又堵塞，再挑挖而使之疏通；看见仍然没有考试的棚屋，立即寻找地方禀报上级兴建，已经为此筹集款项购买材料，决议后很快择定吉日兴工。此外，凡是有利的都实行，有弊病的都革除。如清理案牍、稽查监狱审查羁押、铲除遏止豪强、访拿土棍，禁止奢侈从而端正风俗，督促耕作从而使人民富裕，考察下属的惰勤、杜绝吏胥的滋弊，或者随时立法，或者因地制宜，没有一个措施不是关系到地方政教的，没有一样措施不是卑职应当尽力的。自应实心实力，谨慎勤力，随时酌量变通，禀请上级训示让我遵办，断然不敢稍涉玩忽，从而辜负大人顾念人民生活、励精图治的至意。除了地方正、副职各个人员的贤否优越，接续又接到专札，除了另行详细清晰禀复之外，应当将卑县地方一切情形，据实缕禀，并遵命绘画本辖区的舆图一幅，禀缴宪台察核施行。

抚部院蒋批复：

　　该县令久任新会，政声卓著，所有地方山川险要、风土人情，早已了然于胸，故能透彻说明，论点精详，足见学识才华，高人一等，果能言行相符，虽然是古代的好官员，也不过如此，地方何患不能治理？风俗何患不能转移？为政之道，贵在实心为本，必视国事如家事，以民心为己心。凡督促农桑、敦促士习、锄除奸暴、严格催收税费等事，都必须从耐烦结实中做去，那么用一分真心，必有一分实效。此时粤东大乱刚刚平定，全依靠良好官员来办事，谨慎勤力，不厌不倦，这样才可以培养元气、整顿地方。该县令现已荐举道员，尤属受恩深重，更须勉励从事，以图报效。这正是本部院所深深期望的。勉之，切切。此缴。图存。

请委员乡征禀

【原文】

敬禀者：

窃维为政端重催科，而理繁尤贵听讼。讼不速理，则案牍日滋，愈积愈繁，愈繁愈觉得难理，此积案之所以日多也。然非全副精神，时常在署，随到随审，随审随结。纵使差传到案，而县官或已乡征，徒令两造久候多时，诸多花费，仍不得一邀讯结，小民其何以堪？况粤东积习相沿，图告本不图审，官若听其延宕，徒然拖累无辜。无怪乎上控纷纷，累年莫结也。第听讼虽为急务，而催科亦非缓图。若只安坐衙斋，日与簿书为伍，徒任书差剥啄，到处追呼，不惟征纳不前，势且重滋骚扰。卑县地方辽阔，赋税繁多，民间疲玩成性，不肯早为完纳。向设十二粮厂，派令友仆坐催，总需官自到乡，传集各绅来见，饬令分投具限，再由粮厂催收，每厂小住十天，辗转即须数月。再或因公进省，周年仆仆未遑，尚复有何余闲，为民尽心听断？溯查从前各任，多请委员乡征，即尔康前次任内，亦经禀请候补县丞彭登焜帮同催粮，因得多拨余闲，经理讼狱，以是数年之内，案牍俱得清理。且查现在情形，更觉倍增繁重，所有抽厘劝捐等项，虽有专办委员，然非地方官实力督催，委员亦苦无法。即如本年江门闰月厘金一项，竟至辗轕多时，后经尔康亲谕再三，亦即分限呈缴。今若得一委员在县帮同各处催粮，俟其稍有端倪，尔康再行前往，庶免旷日持久，成年周历各乡，致今诸事抛荒，尘案日形丛积。其有劝捐、抽厘等项，必须县中出力者，即着乡征之员，就便一往，彼此相助为理，所事亦易为功。以视委员之孤掌难鸣、空拳徒握者，其难易固不侔矣。尔康体察再三，似宜仍旧禀请，俾得稍资臂助，免致贻误事机。兹查有候补县丞梁文鏸，谨慎老成、办事勤干，洵属结实可靠，理合仰恳宪恩，俯准札饬候补县丞梁文鏸下县，帮同催征，以及随时派遣帮助各项差使之处。是否有当，伏乞宪台察核，批示遵行。

【译文】

敬禀者：

治理政务最重要的在于催收税费，而治理繁务尤其贵在听讼。诉讼不赶快处理，则案牍日渐增多，越累积越繁多，愈繁多愈觉得难以处理，这就是积案为什么日渐增多的原因。因此，必须做到全副精神，时常在官署，案件随到随审，随审随结。纵使差役传唤到案，而县官有时出去乡征，徒然使双方当事人久候多时、许多花费，仍然不得一次请求审理即可结案，小民怎么能够承受得了？况且粤东积习相沿，只图告状原本就不图审理，官员如果听任他们延宕，白白地拖累了无辜的人。无怪乎纷纷上控的案件，经过多年也没有结案。虽然听讼是急务，但是催收税费也不能够迟缓进行。如果只是安坐在衙斋，每日与簿书为伍，徒然任书差剥啄，到处追呼，不仅征收税费不能执行，势必发生严重的骚扰。卑县地方辽阔、赋税繁多，民间顽固玩忽成性，不肯早点缴纳完毕。一直以来设立十二个粮厂，派令朋友仆人坐镇在那里催收，总需官员亲自到乡，传集各位乡绅来见面，饬令分别投缴的具体期限，再由粮厂催收，每个厂小住十天，辗转即须数月。再或者因为公事进省，整年来风尘仆仆没有停止，那么还有什么余闲，为民众尽心审理案件呢？追溯查看从前各个任官，大多聘请委员下乡征税，即使是我聂尔康前次的任内，亦曾经禀请候补县丞彭登焜帮同催粮，因而才有些余闲，审理讼狱，因此在数年之内，案牍全部得到了清理。而且查看现在情形，更觉得繁重倍增，所有抽厘劝捐等项目，虽然有专办的委员，然而非经地方官员实力督催，委员亦苦无办法。即如本年江门闰月厘金一个项目，竟然纠缠很长时间，后来经我聂尔康亲谕再三，分别限定时间上呈缴纳。如今如果得到一个委员在县帮同前往各处进行催粮，等到情况稍为有些端倪，我聂尔康再行前往，这样可以免除旷日持久，成年周历各乡，导致现今诸事抛荒，案件如灰尘一样日渐增多。至于有劝捐、抽厘等项目，必须要县里出力的，即命令乡征之人，方便前往，彼此相助处理，所要办理的事情亦容易完成。如果有了委员，那么孤掌难鸣、徒握空拳的情况与之相比，难易程度固然不一样了。我聂尔康体察再三，理应仍旧禀请，望能稍为给予一些资助，避免贻误事机。查得有候补县丞梁文鑐，谨慎老成、办事勤干，实属结实可靠，理应仰恳上宪开恩，俯准札饬候补县丞梁文鑐去新会县地方，帮同催征，以及随时被派遣去帮助执行各项差使。是否有当，伏乞宪台察核，批示遵行。

剿办洋匪情形禀

【原文】

敬禀者：

六月初五日接奉宪台札开，以香山县属之南水、北水等处盗匪，于官军甫撤，竟敢潜回复聚，修整旧巢，肆行抢劫，饬令靖安水师中营副将沈玉遂，统带省河缉捕巡船游击黄廷彪，配驾捕拖各船，会同署督粮梅道，一同驰赴协同香山县会带防海局船勇，前往查拿剿办，饬即会营督饬兵勇师船，前赴南、北水附近洋面，分投截剿，毋任逃窜等因。奉此，卑职遵即会商武营，派拨营县巡快各船，并另自雇大船十四号，选募壮勇四百名，配足炮械，派令卑职族弟候补通判聂长清，族侄候补从九品聂缉庆，坐舱督带，随同尹参将统率各船，业于初九日由县启行，先赴斗门，听候调遣。卑职本拟亲自管带前往，因接前途函知肇、罗王道督兵前赴恩、开等县剿办客匪，亦于本月初八日由肇启程，日内即临卑境。卑县与恩、开、新、鹤等县，紧相毗连，所有土客情形，久已苦心筹划，兹若骤加诛剿，则诛不胜诛，若徒泛论抚绥，则抚无从抚。从前办理此案，皆云抚剿并施，倘或抚而不遵，即便痛加剿洗。此等议论，谁不云然？究竟抚应如何抚法？何以抚而不遵？剿又如何剿洗？是否剿除殆尽？个中操纵之妙，与夫处置之方，必须策出万全，未便轻于一试。卑职位卑职浅，何敢越俎妄谈，因关数万生灵，不惜再三审处，无论能行与否，总求先尽此心。拟于王道来时，面陈管见，一俟伺应过境，当即驰赴斗门，随同梅道各船，严密剿捕，务将该匪并其巢穴搜除净尽，不使稍留余孽，致令过后复萌，以期仰感宪台除暴安良、绥靖地方之至意。除将剿办情形另行随时禀报外，合将遵札会办缘由，及船勇启行日期，先行禀复宪台察核施行。

【译文】

敬禀者：

六月初五日接到上级宪台的函札，因香山县所属的南水、北水等地方的盗匪，在官军刚刚撤退之际，竟然胆敢潜回复聚，修整旧巢，肆行抢劫，饬令靖安水师中营副将沈玉遂，统带省河缉捕巡船游击黄廷彪，配驾捕拖各等船只，会同署督粮梅道，一同驰赴协同香山县会带防海局船勇，前往查拿剿办，饬即会营督饬兵勇师船，前赴南、北水附近的洋面，分投拦截围剿，不能任由盗匪逃窜等。根据这些饬令，卑职立即遵照执行，与武营会商，派拨营县的巡快各船，并且另外自雇十四艘大船，选募四百名壮勇，配足炮械，派令卑职的族弟候补通判聂长清、族侄候补从九品聂缁庆，坐舱督带，随同尹参将统率各船，已经在初九日由新会县启行，先赴斗门，听候调遣。卑职本来打算亲自带队前往，因为之前接到信函得知肇庆、罗定的王道督兵前往恩平、开平等县剿办客家贼匪，亦在本月初八日由肇庆启程，近日内即到达卑境。卑县与恩平、开平、新宁、鹤山等县紧密相连，所有的土客情形，久已苦心筹划，假如骤然间加以诛剿，那么诛不胜诛，如果泛泛地徒论安抚绥靖，则安抚无从着手。从前办理过这类案件，都说要安抚、围剿并施，如果进行安扶而他们不遵守，即刻痛加剿灭清洗。这些议论，谁不会说？究竟安抚应该如何去做？为什么进行安抚而不遵？围剿又如何剿灭清洗？是否全部剿除一个不剩？个中操纵的巧妙和处置的方法，必须做出万全之策，不得轻率一试。卑职位卑职浅，怎敢越俎妄谈？因为关系到数万的生灵，不惜再三审慎处理，无论是否能行，总求先尽此心。打算在王道来到的时候，当面陈述我的管见，一旦等到伺应他过境之后，我当即驰赴斗门，随同梅道各船，严密剿捕，务必将该匪及其巢穴搜除净尽，不使稍留余孽，致令过后再次产生，望大家能感受到上级宪台除暴安良、绥靖地方的美意。除将剿办情形另行随时禀报之外，将遵札会办的缘由以及船勇启行的日期，先行禀复宪台察核施行。

条陈洋药情形论

【原文】

伏查洋药①名目，大抵有三，曰公曰沽曰白。前此初来内地，每岁不过三数百箱，迨后愈来愈旺，每岁竟至四五千箱，乃未几而万斯箱矣。此黄澍齐京堂所以有严塞漏卮②之请也。林文忠举焦土为一炬，洵为一大转机，惜乎余烬未除，以致冷灰转炽。然其时犹不过二万零二百余箱耳，岂意数年之内，日长月增，每年竟销五万余箱，而近此数年，每年竟至六万余箱，闻本年更胜往年，可得七万余箱。每箱以洋银三百余两计之，每年即销去银二千一百余万矣。由是以观，外洋之贷，有日增，无日减，中国之银有日减，无日增。有心人所为深虑也。然闻海关收税章程，每箱应缴饷银三十两，若真照敷缴纳，每年可收银二百一十余万两。又户部行准总理各国事务衙门咨，洋药进口，仿照牙帖之例，由地方官征收银两，以为归补各关购买炮船之用，即以每箱一十六两计算，亦可收银一百一十余万两。合计两项，可得银三百余万两。虽入少出多，犹可存十一于千百。今闻各处港口，亦各照收，无如散漫难稽，不无走漏隐瞒之弊，统计每年所得，不及十之二三。若非归总稽查，断难认真收缴。其归总之法，莫如香港为佳。何则？洋药之贩不一其人，而要必于香港挂号；洋药之销不一其处，而要必由香港发行。且查一切税金，皆归英国公司收纳，即如公、沽两种，产自孟加拉地方，每年约销四万余箱，每箱装洋药四十个，每个约重三斤，约共一百二十斤内外，向由英国公司酌定发货数月，逐年以十二盘开投，每盘或起三百箱，运往星加坡地方外，余皆载来中国出售。计货一箱，约投唠啤六百枚，以为税饷。唠啤即中号"洋钱"，约重三钱有零。间或多投一二百枚，而六百枚则断不可少，以两数论之，约银一百八十余两。投出之后，即与公司无干，任人贵贱出售，盈绌皆不复问。该货来至香港，虽有时价不同，大约每箱可卖四、五百元，获利几至一倍。若白货则产自燕刁③等国，必须运至孟买大埠，每箱装货一百四十磅，每磅重二十两，合共一百零五斤，约计一百六七十件，抽饷四百唠啤，亦由英国验收，以两数论之，约银一百二十余两。所有各项洋药，每年运来中国若干，均系隔年预先配定，不能随后改移。无论来货几何，必须先到香港，然后驶往各处，按其销路发行。今若照会英国领事官，于某年配定洋药运入中国若干，先将数目知照香港领事官，照会省中大府，以凭移知海关监督，凡于英国船只到港时，按照新议通商条款内第三十七、八两款，限一日该船主将船牌舱口单交领事官，通知监督官，并将船名及所载洋药箱数，装往何处发卖，照会监督官以凭查验。如过限期，以及漏报、捏报，与夫未报而擅行出口，驶往别处者，照章示罚。则每年所来洋药，逐件皆可稽查，断无走漏之虞矣。又查英国通商第四十六款，内开一中国各口收税官员，凡有严防偷漏之法，均准其相度机宜，随时便宜设法办理，以杜弊端等语。可见立法周详，原可因时酌办。兹于香港地面，逐为确切访查，某年共来洋药若干，内中某项若干，近来三年共来若干，前此三年共来若干，两届比较共多若干，均有细数可稽，另行列摺呈览。而我粤海关一处所收之税，每年不过数千余箱，粤中且然，他处可知矣。若使预先照会，则逐年有数可稽，何至短绌若此耶？且查洋药开禁之时，原为收饷起见，盖以进口之货，以洋药为一大宗，爰议明纳饷银，以为分扣四成之助。倘能早为照会，则四成早已扣完，又何待迟至如今耶？今中国认还之银，丝毫不爽，而洋药应纳之饷，数目悬殊，此非公司之所得知，亦非公司之所能料，皆由该商人等因我无从查核，遂尔任意隐瞒。兹欲求杜弊之方，非借资香港领事官不能为力，其领事年中费用，应照英商贸易章程，每万酌定用银若干，俾作办公之用。其驶往各港者，即由各港领事帮同监督验收，亦照酌定用银，均由饷银扣出，则领事略分微利，应亦乐从，当不至弃而不取也。且闻咸丰八年巴领事于因公会集时，曾与前抚宪柏言及近来洋药约有五、六万箱。若令每箱缴饷银三、四十两，每年可得银二百余万两。维时伍故绅崇曜与梁绅纶枢、易绅景兰适皆在座，当即与之商酌，欲为分给用银，倩其代为经理，巴领事意亦欣然，只因例禁未开，碍难奏请。及至九年弛禁，而柏宪已返道山，此事遂亦中止。昨询梁、易诸绅，犹能详晰言之，初非道路传闻，不堪证实之比。今既可于香港查知确数，可见隔年预先配定成数，以及香港归总之说，俱属信而有征。可否再请密饬老成谙练之员，复加体察，如果数目符合，即应照缴饷银。或与粤东领事各官，妥为商酌，请于每年洋药发来中国实数若干，嗣由香港发往某处若干，所有总数、散数，或先移知广东大宪，以凭转咨粤海关以及各关监督，皆得预知确数，无难按籍而稽。并请于香港配定洋药时，留在广东若干，发往某港若干，应缴正饷银若干，贴饷若干，统于该船舱口单内逐一注明，令其驶到香港时，按依通商条款内第三十七、八两款，将舱口单交与领事，通知监督各官，认真查验，逐件收纳饷银，庶几纲举目张，可冀一劳永逸。第事经初办，且与各关饷项相连，粤中领事各官，恐亦不肯专主，必须本省大府，缄商总理各国事务衙门，或与各领事官妥为酌订，知照各路监督领事各官，一律照办，迨至议成之后，再行请旨饬遵，斯饷项不致落空，于国用不无小补。且此项系由英国议定应缴之饷，并非故议更张，况饷银由价为乘除，于英商毫无所损。因恐不无遗漏，特为详悉访查，既经查得实情，自应妥为商办，亦系按照第四十六款所开中国各口收税官员，相度机宜随时办理之法，略无窒碍之端，想亦英国领事官所乐于赞助，以成信义之举也。至于抽取厘金，不在此数之内，俟饷项收有成数，再为照数加抽，每年续增数百万金，似可不劳而理。然此系我内地之事，无庸彼此互商，是在随时斟酌行之焉耳。愚昧之见，是否有当，伏候察夺施行。

附呈：近来数年洋药来数并缴饷项各数清折

谨将访查香港近来数年贩入中国洋药箱数列后：
己未年来
公二万一千八百九十箱
沽一万七千五百七十五箱
白二万零四百五十六箱
三共五万九千九百二十一箱

庚申年来
公二万二千五百零九箱
沽一万七千九百九十五箱
白一万八千二百二十五箱
三共五万八千七百二十九箱

辛酉年来
公二万二千九百五十二箱
沽一万八千五百二十二箱
白二万零五百一十二箱
三共六万一千九百八十六箱
三年合共来一十八万零六百三十六箱

壬戌年来
公二万三千八百二十一箱
沽一万六千九百一十二箱
白二万四千九百三十三箱
三共六万五千六百六十六箱

癸亥年来
公二万二千五百零九箱
沽一万五千七百零五箱

冈州再牍

253

白二万五千六百零七箱
三共六万三千八百二十一箱

甲子年来
公二万三千一百零一箱
沽一万九千六百零七箱
白二万零六百一十五箱
三共六万三千三百二十三箱
三年合共十九万二千八百一十箱

后三年比较前三年共多一万二千一百七十四箱

谨将访询粤海关近来数年收纳洋药正饷数目列后：
自咸丰十年十一月初八日开征起至十一年八月二十六日止：
大关共征银一万六千六百二十三两；
潮州新关共征银五万九千零四十一两零；
二共收银七万五千六百六十四两零。

十一年八月二十七日起至同治元年闰八月初七日止：
大关共征银十一万二千零六十六两零；
潮州新关共征银九万五千零二十八两零；
二共收银二十万七千零九十四两零。

同治元年闰八月初八日起至二年八月十八日止：
大关共征银十四万一千六百两零；
潮州新关共征银十一万四千八百三十九两零；
二共收银二十五万六千四百三十九两零。
二年八月十九日起至三年八月三十日止：
大关共征银六万七千九百八十九两零；
潮州新关共征银十三万一千六百零三两零；
二共收银一十九万九千五百九十二两零。

【注释】

①洋药：指鸦片。
②漏卮：底上有孔的酒器。此处指漏洞。
③燕习：印度。

【译文】

　　鸦片的名目，大概分为三类：公、沽、白。以前初来内地时，每年不过三数百箱，后来愈来愈旺，每年竟然达到四五千箱，过了不多时便达到万几箱了。这就是黄澍齐京堂所以有严塞漏洞的申请了。林文忠（林则徐）将鸦片用火烧为焦土，确实是一大转机，可惜余烬未除，以致冷灰复燃。然而当时只不过二万零二百余箱罢了，怎么能料到数年之内，日长月增，每年竟然销售五万余箱，而近来数年，每年竟然达到六万余箱，听闻今年更胜往年，可达七万余箱。每箱按洋银三百余两银来计算，每年即流出二千一百余万两白银。由此观之，外洋的收入，有日增，无日减，中国的银两有日减，无日增。有心人深为所虑。然而听闻海关收税的章程规定，每箱鸦片应缴交关税三十两，如果真的照数缴纳，每年可收银二百一十余万两。另外，户部按照总理各国事务衙门的咨询执行，洋药进口，仿照牙帖的法律规定，由地方官征收银两，给做为各关购买炮船的补助费用，即使以每箱一十六两来计算，亦可以收银一百一十余万两。合计上述两项，可得银三百余万两。虽然收入少支出多，依然可以从千百中保留十分之一。如今听闻各处的港口，亦各自照收，无奈都是散漫难以稽查，不无走漏隐瞒的弊端，统计每年所得，还不到十之二三。如果没有划归总部统一稽查，断然难以认真收缴。而划归总部的方法，莫如香港为佳。为什么？无论哪一个贩卖鸦片的人，都必须在香港挂号；无论在哪一个地方销售鸦片，都必须由香港发行。并查一切税金，皆归英国公司收纳，即如公、沽两种，它们产自孟加拉的地方，每年约销四万余箱，每箱装鸦片四十个，每个约重三斤，共一百二十斤左右，向来由英国公司酌定发货数月，每年以十二盘开拍，每盘或起三百箱，除了运往星加坡地方之外，其余的都运来中国出售。按一箱鸦片计算，大约需要唠啤（卢比）六百枚作为税饷。唠啤（卢比）即是中国号称的"洋钱"，约重三钱有零。间或多拍一二百枚，而六百枚则断然不可少，按两数来论，约合银一百八十余两。拍出之后,即与公司没有关系,任由他人贵贱出售,盈利亏损都不过问。这些鸦片货到香港,虽然有时价的不同,大约每箱可卖得四五百元,获利几乎达到一倍。至于白货则产自印度等国,必须运到孟买的大埠,每箱装货一百四十磅,每磅重二十两,合共一百零五斤,约计一百六七十件,抽饷四百唠啤,亦由英国进行验收,以两数来计算,约合银一百二十余两。所有各项鸦片,每年运来中国多少,均是隔年预先配定,不能随后更改。无论来货多少,必须先到香港,然后驶往各处,按照它们的销路发行。现今如果照会英国领事官,在某年运入中国的鸦片配额多少,先将数目知照香港领事官,照会省中的大府,以此单据移知海关进行监督,凡是在英国船只到港的时候,按照新议的通商条款内第三十七、三十八两款,限定一日该船主将船牌舱口单据交给领事官,通知监督官,并将船名及所载鸦片的箱数、装往何处发卖,照会监督官按照凭据进行查验。如果过了限期,以及漏报、捏报,以及未报而擅行出口,驶往别处的,按照章程处罚。那么每年所来的鸦片,每件都可以稽查,断然没有走漏的风险。又查明英国通商第四十六款,有中国各口收税官员,凡有严防偷漏的规定,均准许他们相度机宜,随时根据实际情况设法办理,以杜绝弊端等规定。可见立法周详,原可根据时宜酌量办理。因此在香港地面,逐一进行确切访查,某年共来鸦片多少,其中某项多少,近来三年共来多少,前此三年共来多少,两届比较共多多少,均有细数可以稽查,另行列折呈览。而我粤海关一处所收的税收,每年不过数千余箱,粤中也是这样,他处也可以知道了。如果实行预先照会,那么每年有数据可以稽查,税收何至于如此短绌呢?查得鸦片开禁的时候,原本是为了收饷起见,因为进口的货物,以鸦片为一大宗,决议明确可以缴纳饷银,可以缴纳四成之多。如果能够早点照会,那么四成早已扣完,又怎么可能迟至如今呢?现今中国承认还款的银两,一分钱都不差,而鸦片应当缴纳的饷银,却数目悬殊,这些情况不是东印度公司可以得知的,亦不是东印度公司所能料到的,都是由于那些商人因我国无从查核,遂任意隐瞒。如果想求得杜弊的方法,非借助香港领事官无能为力,其领事每年的费用,应照英商贸易章程,每万酌定用银多少,作为办公的费用。那些驶往各港的商人,即由各个港口的领事帮同监督验收,亦按照酌定的用银,均从饷银中扣出,那么领事略分部分微利,应亦乐意跟从,不至于放弃而不做。并且听闻咸丰八年巴领事在因公事集会时,曾经与之前的柏抚宪讲到,近来洋药约有五六万箱。如果要求每箱缴纳

冈州公牍·再牍(注译)

饷银三四十两，每年可得银二百余万两。当时故绅伍崇曜和乡绅梁纶枢、乡绅易景兰恰好都在座，当即与他商酌，想分给他一些用银，请他们作为代理，巴领事亦欣然同意，只是因为例禁未开，难以奏请施行。到了九年鸦片放开禁令，而柏宪已经身故，这件事也一并中止。昨日向梁、易诸绅询问，还能详细清晰地说起这件事，当初并不是道路传闻，不是那些不能证实的事情可以相比的。如今既然可以在香港查知准确的数额，可见隔年预先配定的成数，以及香港划归总部的说法，全部属于可信而且可行的意见。可否再请密饬老成谙练的人员，再加体察，如果数目符合，即应照数缴纳饷银。或者与粤东各个领事官，妥善商量斟酌，请在每年发来中国的鸦片实数多少，嗣后由香港发往某处的鸦片多少，所有总数和散数，或者先行移知广东大宪，以此凭证转咨粤海关以及各关来监督，皆可以预知准确数目，不难按记载进行稽查。并且请在香港配定鸦片的时候，留在广东有多少，发往某港有多少，应缴正饷银多少，贴饷多少，统统在该船舱口单内逐一注明，命令它们驶到香港时，依照通商条款内的第三十七、三十八两款，将舱口单交给领事，通知监督各官，认真查验，逐件收纳饷银，这样一来纲举目张，可以冀望一劳永逸。考虑到事情是初次办理，并且与各关的饷项相连，粤中领事各官，恐怕亦不肯专主，必须由本省大府与总理各国事务衙门进行商谈，或者与各个领事官妥善斟酌订约，知照各路监督领事各官，一律照办，等到商议订立之后，再行请旨饬令遵照，这个饷项就不至于落空，对国用来说不无小补。并且这项是由英国议定应缴的饷金，并非故意更改决议，况且饷银由价格为基数进行乘除计算，对英商来说毫无损失。因恐怕不无遗漏，特为详悉访查，既经查得实情，自应妥善商量办理，亦系按照第四十六款所规定中国各海关收税官员，根据实际情况随时办理的方法，并没有窒碍的地方，想必英国领事官也乐于赞助，以成全信义的举动。至于抽取厘金，不在此数之内，等到饷项收取有成数，再按照数目加抽，每年续增数百万金，似乎可以不劳而理。然而这些都是我国内地之事，无须与英国彼此协商，随时斟酌施行即可。愚昧之见，是否有当，伏候察夺施行。

附呈：近来数年洋药来数并缴饷项各数清折

谨将访查香港近来数年贩入中国的洋药箱数列后：

己未年来

　　公：二万一千八百九十箱　　沽：一万七千五百七十五箱　　白：二万零四百五十六箱

　　三者合计：五万二千五百零九箱

庚申年来

　　公：二万二千五百零九箱　　沽：一万七千九百九十五箱　　白：一万八千二百二十五箱

　　三者合计：五万八千七百二十九箱

辛酉年来

　　公：二万二千九百五十二箱　　沽：一万八千五百二十二箱　　白：二万零五百一十二箱

　　三者合计：六万一千九百八十六箱

　　三年合共来：一十八万零六百三十六箱

壬戌年来

　　公：二万三千八百二十一箱　　沽：一万六千九百一十二箱　　白：二万四千九百三十三箱

　　三者合计：六万五千六百六十六箱

癸亥年来

　　公：二万二千五百零九箱　　沽：一万五千七百零五箱　　白：二万五千六百零七箱

　　三者共计：六万三千八百二十一箱

甲子年来

　　公：二万三千一百零一箱　　沽：一万九千六百零七箱　　白：二万零六百一十五箱

　　三年共计：六万三千三百二十三箱

　　三年合共：一十九万二千八百一十箱

后三年比较前三年共多：一万二千一百七十四箱

谨将访询粤海关近来数年收纳洋药正饷数目列后：
自咸丰十年十一月初八日开征起至十一年八月二十六日止：
大关共征银一万六千六百二十三两；
潮州新关共征银五万九千零四十一两零；
二共收银七万五千六百六十四两零。

十一年八月二十七日起至同治元年闰八月初七日止：
大关共征银一十一万二千零六十六两零；
潮州新关共征银九万五千零二十八两零；
二关共收银二十万七千零九十四两零。

同治元年闰八月初八日起至二年八月十八日止：
大关共征银一十四万一千六百两零；
潮州新关共征银一十一万四千八百三十九两零；
二关共收银二十五万六千四百三十九两零。

二年八月十九日起至三年八月三十日止：
大关共征银六万七千九百八十九两零；
潮州新关共征银一十三万一千六百零三两零；
二关共收银一十九万九千五百九十二两零。

重浚城河记

【原文】

城河为县脉攸关，犹人身血脉然，宜宣毋塞，宜潴毋泄，宜深毋涸，此一定之理也。余于己未秋，备员斯邑，入境之始，凭眺舟牖，自甘竹以达江门，见夫闳深秀衍，山水有情，宜乎笃生伟人，号称海滨邹鲁也。由江门而入，是为内河，曲折纡徐，蔚然有吾乡衡湘九曲之盛焉。顾河面稍隘，河身亦不甚深，沙砾湮淤，几如平地。盖自道光二十年，言公宝侯浚修而后，迄今垂数十年，中间胡公云帆，亦尝略为疏瀹，而因陋就简，草草毕工，且其所起污泥，就近堆积岸侧，一经雨潦，仍然崩注河中，以故淤塞如前，虽修与未修等。顾此地为东西要津，近而恩、开、春、江，远而高、廉、雷、琼，商贩所经过，货物所转注，文报所传递，行李所往来，络绎如云，无间瞬息。近岁客匪猖獗，道路鲜通，举凡文武员弁，以及军装器械粮饷之属，莫不取道于兹，以占利济。而顾以连樯接楫之众，不能随其所之，唯得于二六时中，听命于朝潮夕汐，否则维舟以待，不能为陆地之行，其可乎？

余于下车时，即与邑之二三君子，思所以疏通之。时以文庙议修，势难兼顾，且必冬晴水涸，方可施工。若遇西涨一生，即若前功尽弃，是不能待时而动，以致迟迟至今。去年秋，复与陈君纬南暨公局诸君亟谋曰："是不可以更待矣。目今文庙工将就绪，力可兼营，所可虑者，费无所出耳。兹为筹备万金，尽可经营伊始，设有不足，再为另筹。但宜趁此定谋，以便刻期举事。"诸君曰善。爰即传谕各绅董，公同酌议，分段督修，一面揭示通衢，并为之陈于大府，准于将来，择尤请奖。奉批均如所请，并蒙褒答有加，而众议亦翕然乐从。行将设局开办，乃余忽膺宪檄，移篆梅关，邑人闻之咸怅怅然、若有所失，且深惧余之去，而浚河之议遂尔中止也，因为联名赴省，吁申借寇之忱①。余闻而阻之曰："是非绅民之所得干也，况今期已定，赀已集，余去河亦必修，决不以久暂易志，诸君又何患焉？"于是众志始慰，于某月某日祭告河神，先为筑坝遏流，以次第厥工焉。

先是上台委许公来，原饬腊月初旬到任，乃于是月之朔，忽奉委员赍札前来，饬勿交卸，缘值高州需饷孔亟，尚差三万余金，特留余为代筹，着于初十日解省，以便运至高营，切勿稍为迟误。宪词温霁，重蒙奖饰优颁，而无米之炊，猝何能办？何况为数甚巨，又已呼应不灵，倘非点石成金，势必不能如命。如有差错，大局攸关，贻误事几，罪将谁赎？惟有禀求许令迅速前来，庶几新发于硎，或尚易于为力。奈上台不许推诿，劝谕益殷，并以十日之期，转瞬即届，若再往还推宕，诚恐贻误匪轻。展诵之余，罔知所措。岂意数日之内，竟得二万七千余金，如期解省，虽未如额，然已十得其九。是岂余真有点石成金之术哉？此皆合邑诸绅，前此禀留，格于成例，闻得余仍留任之信，唯恐事或变更，因为竭力图维，勉成此数。以为此数一缴，余即可以不去矣，而不知余之去，余之所自求也。盖以自顾驽骀，谬膺艰巨，

冈州公牍·再牍（注译）

滥竽三载，内省多怨，并无丝毫裨于国计民生，何可久安尸位？且以赋性愚直，嫉恶如仇，既不能隐忍含容，又不能锄奸除暴，而唯是痛心疾首，负负自呼，尚复何颜苟禄于此？此余所为去志已决，而非可以强留者也。迨新岁展庆晋省，许君亦已禀辞，诹吉于十八日接印任事。会广海失守，密迩冈州，上游复以熟手为言，必欲余仍留本任，并将许君另为位置，不容稍为推延。余已矢志弗渝，力辞不就，几致重干宪怒。余为辗转乞恩，复求本府婉陈，始邀允准。维时吴少村廉访，督兵剿贼，道出冈州，犹复专札饬余，仍令留办军务。余未及奉到，辄已起程，比抵穗垣，适廉访舟师解缆，披衣晋谒，奖藉多端，重念余已言旋，未便强之复往，而拳拳然以不得余与共事为念。祇聆之下，感愧交骈，自念菲微，谬承眷注，感恩知己，欲报无由。原拟部署妻孥，即赴大营效力，只以梅关奉调，已历多时，遵奉新章，刻期赴任。

兹将就道，爰志其起讫如左。此一役也，肇始于同治元年十一月上浣，次年正月底大功告集。计自大悦滘至骑虎关，共长一千一百余丈，分段疏浚，较前为加美焉。其自骑虎关以西，至鸭沥渡头，亦一千一百余丈，河尚深阔，本可无须再修，既经筹备有赀，原期一律修浚，只以东工甫毕，军务突兴，吴廉访督率重兵，适由此河经过，未便筑坝修浚，致碍军行，且其河尚湛深，非若东河之涸，因据诸绅之请，暂可无庸并修，拟将存余之银，留俟秋冬再浚。爰择正月二十四日开坝放行，故事河务告成，必先奉关帝天后乘坐宝舟，游河锡福，守土者亦驾座船随从经过，而后民舟什伯，始敢畅行，俗例如斯，由来旧矣。余十八日交卸后，即于二十登舟，斯时工务告成，本可越日就道。乃诸绅佥云工犹未毕，暂尚未可开坝，庸讵知其雅意攀留，纷纷遮饯，珍肴绮错，画舫纷陈，鳞比尾啣，争先把盏，谦谈未半，催束纷来，胜友如云，应接不暇，邑中舟轿，募用一空。并闻各乡诸绅，由省买舟，备筵相候，或制锦缎，或张彩棚，沿路钦迟②，舣舟信宿。余益深愧赧，力请放行，而诸绅则故以此坝迟开，藉得多留数日耳。迨至届期开坝，天日晴和，祭告江神，礼仪既备，鸣金伐鼓，击楫扬舲，神舰先行，群舟蚁附，细乐间奏，香烟缤纷，夹岸旁观，欢声融洽，飘飘乎船如天上，人在镜中，宾主两忘，几不知有别离之苦矣。余舟甫下，则各乡绅董鼓棹而来，酒醴笙簧，情意周挚，直至天河一带，犹劳跂候多时。自顾何能，乃竟致此？感与惭并，离绪纷萦，此又余重欷于中，而益觉难安者也。顾念此河之修屡矣，而总无以为久远计者，其故有二。一则地近村乡，河流淤积，居民筑田为业，河面日狭日湮。余与诸绅寻得旧碑，复河故址，爰为绘图存卷，而河之故道，庶不致日久而益狭也。一则经费不敷，浚瀹匪易，且于挂榜庙一带，尤易湮淤，必须年年小修，方免阻滞。溯查乾隆间前任王公，有河工善后田铺银一百余两，虽亦藉资子息，而为数更属甚微。道光时言公以大滘之水入口，河水反跳，宜筑坝堵塞，使河势环城；沿滘之水出口，河水直泻，宜开湾环，使河水回绕。两处河底，后日得成田租，足为经久之费。迄今二十余年矣，河之底洼者日以增高，有可筑田之势。余复抽斯水，因为拨作官荒，并请填照给发，大滘旧河底该官荒升税田一十二亩六分余，沿滘现升税田四十亩，其余五十余亩，亦子母相生，成田在迩，需以时日，尽成膏腴，则经费日充，岁修有具，又何至愈积而愈湮耶？夫为其事而罔图善后者，非计也。今浚斯河，询之耆旧之说，搜之碑石之传，求其利而除其害，则数里之河，无或失其故址。十年之积，庶几渐有盈余也。昔人有云："莫为之前，虽善弗彰；莫为之后，虽盛弗继。"其是之谓乎？余喜其事之有成，而乐为赘书也。时总理则何朝昌、陈焯之、陈殿桂、谭盛祁、何定章、何嘉源、陈如坡、何如炯、莫杰元、李炳堃、何朝璟、莫黎焰、何应骥、黄肇修、莫毓桂诸君子；襄理其事者，李如柏、莫善元皆与有力焉，例得备书。同治二年癸亥季春月吉旦。

【注释】

①借寇之忱：即借用寇恂，乃为地方上挽留官吏的典故。《后汉书·寇恂传》载：恂曾为颍川太守，颇著政绩，后离任。建武七年光武帝南征隗嚣，恂从行至颍川，百姓遮道谓光武曰："愿从陛下复借寇君一年。"

②钦迟：恭敬地等待。

【译文】

护城河关系到县脉，就像人身的血脉一样，适宜宣导不得淤塞，适宜储水不得排泄，适宜深藏不得干涸，这是有一定的道理的。我在己未年秋季，来到此县任官，入境之初，从所乘身船中眺望，经过甘竹到达江门，只见气象恢宏，秀气无限，山水有情，适宜生养伟人的地方，号称海滨的山东。由江门而入，这是内河，曲折缓慢，蔚然有我家乡湖南衡阳的九曲之盛。只见河面稍为狭隘，河身亦不甚深，沙石沉淤，几乎如同平地。自从道光二十年，言宝侯公兴修疏通之后，至今已经有数十年了。中间有胡云帆公，也曾略为疏导，但因陋就简，草草收工，并且当时挖起的污泥，就近堆积在岸边，一经大雨洪水，仍然崩散注入河中，因此淤塞如前，虽然经过兴修等于没有兴修一样。此地是东、西的要津，靠近恩平、开平、阳春、阳江，远些地方有高州、廉州、雷州、琼州，商贩经过货物转注文报所递行李往来，络绎如云，没有一刻停止。近年来客家人的贼匪猖狂，很少道路可以通行，举凡文武员弁，以及军装器械粮饷等类，莫不从这里取道，从而利用水道的好处。然而，众多船只连接不断，不能听随它们想去哪里就去哪里，唯得在二、六时当中，听命于早上和晚上的潮汐，否则只得停舟等待，不能像陆地一样随时起行，这怎么能行呢？

余在到任之时，立即与县中二三个君子，讨论如何疏通河道。其时正在议修文庙，势难兼顾，并且必须等到冬季晴天水涸的时候，才可以施工。如果遇到西江水涨，则前功尽弃，因而不能不待时而动工，以致迟迟至今。去年秋天，再次与陈纬南君暨公局诸君紧急商量："不可以再等待了。现在文庙的工程即将完成，劳力可以兼营，需要考虑的是费用没有地方可出。因此我筹备了万金，可以开始动工，如果还有不足，再另行筹集。但最好趁这个机会做决定，以便克期施行。"诸君都说好。立即传谕各个绅董，共同斟酌商议，对河道分段督修，一面在街道张贴告示，并向上级大府报告，批准在将来选择有贡献的人员进行申请奖励。接到上级的批示同意全部请求，并承蒙上级大加褒答，大家也决议乐意遵从。即将要设立公局开始施工，突然之间我接到上级的檄文，转移到梅关任职，县民听闻之后都感到怅怅若失，并且深惧我离开之后，而疏通河道的决议立刻中止，因为此事他们联名赴省，呼吁申请将我留任。我听闻之后，阻止他们说："这不是绅士和乡民可以作主的，况且现在工程日期已经确定，款项已经齐集，我离开河道也必然兴修，决不以我的长久或短暂任职而改变主意，诸君又害怕什么呢？"于是众人的心意才得到安慰，在某月某日祭告河神，首先是筑坝遏止水流，接着才动工。

先是上级委派许公到任，原本饬令我于腊月初旬去上任，而在该月初一，忽然接到委员手持信札前来，饬令不要卸任交接，因为恰逢高州急需军饷，还差三万余金，特此留我代为筹集，着令在初十日运解到省，以便运去高州军营，千万不得稍为迟误。上级的词语温暖人心，再次承蒙他奖饰优颁，但是无米之炊，猝然之间怎么能够办成？何况数目很大，又因卸任已经呼应不灵，倘若不是能够点石成金，势必不能如命。如有差错，关系到大局，贻误

冈州再牍

了大事,谁来承担罪责?唯有禀求许县令迅速前来新会任职,这样新任县官如刚磨好的刀刃,或者尚可以容易完成。奈何上级不许推诿,更加好好地劝谕,并且限定了十日的期限,转瞬间就到期,如果再是来回之间进行推迟延宕,恐怕贻误真得不轻。展诵上级信札之余,不知所措。怎么也料想不到数日之内竟然得到二万七千余金,如期运解上省,虽然没有达到指定的数额,然而已经是十得其九。难道我真是有点石成金之术吗?这些有赖全县的乡绅,他们之前禀请将我留任,但格于成例,听闻我仍然留任的信息,唯恐事情或者还有变更,因此竭力帮忙筹集,勉强凑成这个数额。以为一旦缴交此数目,我就可以不离任了,但是他们不知道我的离任,是我自己所求的。因为我自顾像一匹劣马,错误地承担艰巨的任务,滥竽充数了三年,内省自己有很多错误,并且对国计民生没有丝毫的补益,怎么能安心长久地居其位呢?并且我生性愚直,疾恶如仇,既不能隐忍包容,又不能锄奸除暴,而只是痛心疾首,负负自呼,还有什么颜面在此苟且任职?我去意已决,并不是可以强留的。等到新年展庆去省晋见,许君也已经禀辞,定在十八日吉日接印任事。刚好遇到广海失守,与冈州十分接近,上级再以熟手作为讨论,必欲由我仍然留在本任,并且将许君另行安排其他位置,不许稍为推延。我已经矢志不渝,极力推辞不就,差不多要冒犯上级发怒了。我辗转乞恩,再请求本府代为婉转陈述,才得到允准。那时吴少村廉访,督兵剿贼,经过新会,还专门写信饬令我,仍然留任办理军务。我还来不及收到信札,已经起程前往梅关,刚抵达省城广州,恰好吴廉访从水上班师抵达广州,我乃披衣拜见,受到他多方的奖励,只是考虑到我已经说出的话没有回旋余地,不便强行要求我再回新会,以不得与我共事而拳拳顾念。我静聆之下,感愧交并,自念微小,承蒙错爱眷注,感恩知己,欲报无门。原本打算安置好妻子儿女,即刻前赴大营效力,只因为奉调梅关,时间已经过了很久,因此遵奉新的任职,克期赴任。

我将要就任道台,遂记录事情的起始如下。这一项工程,肇始于同治元年十一月上旬,第二年正月底大功告成。从大悦滘到骑虎关,共计长一千一百余丈,分段疏通,比之前更加美观。从骑虎关以西,到鸭浐渡头,亦计长一千一百余丈,河道还算深阔,本来可以无须再行修理,既然已经筹备到钱款,本来打算一律修通,只因为东边工程刚完成,军务突然发生,吴廉访督率重兵,刚好从此河经过,不方便筑坝修通,以致阻碍军队通行,并且河道尚算深厚,不像东边河道那样干涸,因此根据诸位乡绅的请求,暂时可以不用一并修治，打算将剩余的钱银，等到秋冬季节再行疏通。遂选择正月二十四日开坝放行，根据过去的习俗，河务告成，必须先奉关帝天后乘坐宝舟，游河赐福，守土的人也要驾双座船随从经过，之后，民众的船只才敢畅行，俗例如斯，由来已久了。我在十八日交卸之后，即在二十日登舟，那时工务告成，本可以越日就上任道台。因为诸位乡绅都说工程还未完毕，暂时还不能够开坝，怎么知道他们是雅意攀留，纷纷摆酒席，珍肴交错，画舫纷陈，鳞比尾啣，争先把盏，宴谈未到一半，其他的催束又纷纷到来，胜友如云，应接不暇，邑中舟轿，雇用一空。听闻各乡诸绅，前往省城购买船只，用来准备宴席来接待，有的制锦旗，有的张彩棚，沿路恭敬地等待，停船靠岸等待我的到来。我更加深感惭愧，力请大家放行，而诸位乡绅则故意将此坝迟开，借口可以多留我数日。等到开坝当天，天日晴和，祭告江神，礼仪既备，鸣金伐鼓，击楫扬舲，神舰先行，群舟蚁附，音乐间奏，香烟缤纷，夹岸旁观，欢声融洽，犹如船只在天上行、人在镜中走，宾主两忘，几乎忘记有别离的痛苦。我的船只刚下河，则各乡的绅董打着鼓而来，美酒笙簧，情意周挚，直到天河一带，还有劳他们等候多时。我自问何能，竟然能够如此？感激与惭愧一起涌上心头，离绪纷纷上来，这又让我心中感到十分抱歉，而更加觉得难安了。想到这条河经过多次的兴修，总是没有让它长久运行的措施，原因有二。一是地近村乡，河流淤积，居民以耕田为业，河面日渐狭窄湮没。我与诸位乡绅寻找到旧碑石，恢复河道的旧址，将它绘图存卷，那么河的旧道，如此才不会导致日久而更加狭窄。另一原因是经费不足，疏通不容易，并且在挂榜庙一带，尤其容易湮没淤塞，必须年年小修，才可以免除阻滞。查得乾隆年间前任的王公，有河工捐献田铺银一百余两，虽然也可以借资生息，但是数目仅属微小。道光时言公将大滘的水作为河道入口，河水反跳，应当筑坝来堵塞，使河势环城；而沿滘之水的出口，河水直泻，应当开挖环形河湾，使河水回绕。两处河底，将来可以成为田地收租，足以作为长久维护的费费。至今已经二十余年，河的底洼日渐增高，有可以筑田的形势。我再抽收这些河水，将它拨作官府的荒地，并请填照给发，大滘旧河底该官荒升税田一十二亩六分余，沿滘现在升税田四十亩，其余五十余亩，亦是子母相生，成田的时间还远，需以时日，尽成膏腴之田，则经费日渐充盈，每年兴修的费用就有了，河道又怎么会愈冲积愈湮没呢？做事不考虑善后的，不是谋划。现在疏通这条河，查找到耆旧的说法，搜索到碑石的传记，寻求其利而去除其害，那么数里的河道，就不会失去它的旧址。经过十年的积累，这样一来就渐渐有盈余了。古人说："不要做在前头，虽是好事却无人知晓；不要做在后头，虽然盛大却不能流传下去。"这不正是这样吗？我为事之有成而感到欢喜，而乐意为此记录。其时总理工程的则有何朝昌、陈焯之、陈殿桂、谭盛祁、何定章、何嘉源、陈如坡、何如炯、莫杰元、李炳堃、何朝璟、莫蓺焰、何应骧、黄肇修、莫毓桂诸位君子；助理这件事的人，李如柏、莫善元都有力参与，按照成例应当备书。同治二年癸亥季春月吉旦。

陈其俊控黄阿让等开设赌馆庇匪强抢呈批

【原文】

　　江门赌馆，前因陈元功滋酿事端，业已查封示禁，何得复有开设？且赌馆亦只志在赢钱，何敢肆抢招祸？且别人未见被抢，何以独汝远出才回，即便适遭其抢耶？且汝会试乡旋，恰值离家不远，急应归家省视，何又逗留江门？即谓时已上灯，又或另有别事，既有戚友铺内可寄行李，则即于该铺借宿一宵可耳，何以独将行李寄铺，而又着仆肩负包袱又将何往耶？且查单开包袱内仅包皮袍一件，余另衫裤数件，试问昏暮之中，携此皮袍何用？且查是时天气并不甚冷，阛埠均尚未着皮袍，岂汝以年富力强之武举，一若冬烘先生未冷而袭耶？即谓体气或弱，实系畏寒，则应着身以行，又何用仆人负之，竟若因人而热耶？抑或谓夜间即以作被，将携之以为投宿之具？则你有行李，何不袱被以行，将此皮袍寄存戚友铺内耶？且戚友之铺，既可以寄行李，何不将就一宵，而又舍而他求耶？此固事之显而易明，无庸深辩者也。且街坊吵闹，亦属常情，暮夜偶经，谁识谁何肇衅？乃汝甫自京旋，甫经抵岸，甫从大王庙前经过，何以即知所吵闹者，即为摊馆，并知其为均利摊馆耶？且汝身在外，又在后行，前面拥挤多人，群然喧闹，汝又何以知其不为别，而为争注吵闹耶？且馆内既经吵闹，馆前人又拥挤，则此馆内之人，何以即知汝适经过，适有仆携包袱，内中即系皮袍，可以值得一抢，遂与数人相约，顿息分争，径行拥出，以抢此包袱者？且汝既系武举，年甫二十余，自必臂力方刚，可冀宣猷效命，何以主仆二人，不能护一包袱，竟尔被其故意拦阻，即便莫敢谁何，尚安望其荷戈勤王，为国杀贼耶？此等武举，又将何所用之者？且汝之包袱，既云抢去逃窜，则已逃往别处，何以又云奔回赌馆耶？岂抢者数人，而拦者又数人耶？如系抢者数人，拦者又数人，则汝何以不追抢者之数人，而转欲搜拦者之数人耶？究竟所谓搜者，其搜人耶，其搜贼耶？语语含糊，不可得而知矣。且汝以甫自京旋之人，猝遭此辈，何以即知其为场主，又何以知其为黄阿让？汝若素非博徒，不吃赌饭，又从何而认识此辈耶？此又败露之不觉自呈，而无可置喙者也。且查是日晚刻，本县正在江门，与厘局委员催趱厘解者，距该庙不过数步，其间骂欸胥通，何以不闻有人抢夺之事，亦不闻有吵闹之声耶？且江门为商贾辐辏之区，人烟稠密，惟恐良莠不一，或致宵小潜滋。本县会同武营，加意逻察，每年十月以后，即为添设卡房，责成东北局绅，皆同武营管，且于每街闸口，酌立丁勇把巡，又复邻派邑绅，督带壮丁四十名，彻夜巡查，随时缉捕。即其六庙首事，亦皆禁约严明，凡遇剪绺偷摸，无不从严罚究，第恐无从问讯，即为莫可如何。岂有赌馆明开，胆敢公然抢夺，官中既不为追捕，乡约亦听其窝藏？就以情理论之，亦恐万无此事。且开馆乃犯法之事，岂真憨不畏人，但求日保平安，方得有人来赌，又何肯无端肆抢，致启指控之端耶？且若辈既开赌馆，即时靠赌为生，又何肯于其馆前，偶然一抢，以致坏其声名，使人不敢来赌耶？且赌馆开张门面养活多人，日费当必不赀，应亦自知爱护，又何苦于从不惯抢之人，突然抢一皮袍，以致断其生路耶？即谓赌输之人，肆抢庸或有之，而开赌之黄阿让等，又何苦故意拦阻，不许搜查，纵容抢匪得财，甘为别人受累耶？且查向来武举，多以食赌为生，凡设赌馆之人，谁不畏之如虎。黄阿让等既系积惯赌徒，岂真不知利害？汝能识彼为黄阿让，则彼亦自识汝为陈其俊，岂有明知汝为武举，惟恐无罅可乘，故为此举，以为汝等呈控之具耶？且汝堂堂武举，甫自京旋，使果公正无私，自必人皆敬畏，即或偶然被抢，应亦众所不平，黄阿让等又何苦故为拦阻，必欲与汝为仇耶？且汝既被抢，又明知黄阿让等所为，何以不径报官，而仅投诉更保街邻，转称畏势莫奈，迫得奔赴投诉东北局绅举人伍元亭、陈逵等知证耶？且公局有攻匪之责，汝既奔投报抢，该局绅等便应实力查拿，何以仅称知证而已耶？且东北局绅甚多，如尹莘、吕遇鸿、唐金华、黄辅廷诸绅，彼时皆在局中，本县亦于是日傍晚时，犹至该局催粮，诸绅均皆接见，汝何以不并投知，仅投陈、伍两绅知证耶？且查举人伍元亭精于风鉴，本县现当义修文阁，伊适有信来商，本县即于是日正欲往询，以定行止，讵伊早已回乡，至今尚未来局，汝又从何

冈州再牍

而奔投,彼又从何而知证耶?且查该庙正在营泛之前,离戎厅亦不甚远,而本县座船,亦即湾泊于此,汝何以不赴文武衙门登时禀报,又不赴本县舟前喊禀,而独迟至十八始行粘列失单赴呈具控耶?且汝甫自京旋,何以即知有奉大宪札行严捉赌棍黄亚就之事?若非念兹在兹,何由深知底细?且汝既被抢,即便告抢,汝被摊馆黄阿让等所抢,即报摊馆黄阿让等所抢,又何必提及黄阿让为黄阿就之赌党,而均利摊馆又何以知其系经封七寮改名耶?岂以现奉大宪严捉,即不准私设摊馆庇匪强抢,若非现奉大宪严捉,即可听其私设摊馆庇匪强抢耶?即其种种瑕疵,真觉不胜指摘。总之不过为陈元功等推波助澜,以肆其拖累之计耳。此等下愚伎俩,究将谁欺?而彼之所恃以为讼棍者,方且自命不凡,以为出奇制胜,殊不知多一波澜,即多一番孽障,亦既自投罗网,又复奚尤?意者汝与陈元功同姓周亲,谊关休戚,必欲偕之远出,以均其行李之劳,藉分其灼艾之痛耳。长途远戍,已有九人,得汝即为成数,此行颇不寂寥,外海多才,于兹可见。唯据称奔投伍元亭知证一节,应候传谕声复核夺。至陈逵公正无私,素所深许,饬令查复,岂或有他,第因与汝同宗,例应回避。究竟该处有无黄阿让开设摊馆庇匪强抢之处,并即谕饬东北局绪绅,秉公查明禀复,分别虚实究坐可也。

【译文】

江门赌馆此前因为陈元功滋事弄出事端,业已被查,为什么又得以重新开设?赌馆亦只是志在赢钱,为何胆敢肆意抢劫惹祸?况且未见别人被抢,为什么唯独你刚刚从远方回来,便恰好遭到他们的抢劫呢?而你参加会试回家乡,恰好离家里不远,应当赶紧回家探视,为什么又在江门逗留?你说当时正是上灯的时候,或者说还有别的事情要做,既然可以将行李寄放在亲戚朋友的店铺内,那么在该店铺借宿一晚即可,为什么单独将行李寄放在店铺,而又叫仆人肩负包袱,将去什么地方呢?且查得此包袱内仅有一件皮袍,另外有几件衫裤,试问黄昏暮色之中,携带这件皮袍有什么用途?且查当时天气并不十分寒冷,全江门埠人均尚未穿着皮袍,以你这样一个年富力强的武举,怎么像一个冬烘先生未冷而穿皮袄呢?即便体气虚弱,真的怕冷,那么应该将皮袍穿在身上,又为什么叫仆人背着它,竟然好像因人而热呢?抑或说夜间可以用作被子使用,携带皮袍作为投宿的用具?那么你有行李,为何不随身带上袱被,而将这件皮袍寄存戚友的店铺内呢?戚友的店铺,既然可以寄放行李，为什么不将就住一晚，而又舍此店铺而做他求呢？这些事情非常明显，无须深究。并且街坊吵闹，亦属常情，夜晚偶然间经过，谁又能知道会发生什么争端？你刚从京城回来，刚刚抵达岸边，刚刚从大王庙面前经过，怎么立即知道吵闹的人，即是摊馆，并且知道它是骗钱的摊馆呢？且你人在外面，又在后面行走，前面拥挤多人，群体喧闹，你又怎么知道他们不是在做其他事情，而知道正在为赌博争注吵闹呢？并且，馆内既然已经吵闹，馆前又人群拥挤，那么这些馆内的人，为什么即刻知道你恰好经过，恰好有仆人携带包袱，里面即系皮袍，可以值得一抢，遂与几个人相约，顿时平息纷争后，径行冲出来，来抢夺这个包袱？且你既然是武举，年龄刚二十岁出头，自然必定膂力刚劲，冀望于施展谋略为国效命，为什么主仆二人，不能保护一个包袱，竟然被他们故意拦阻？即便不敢奈何随从，又怎么能希望你能手执武器勤王，为国杀贼呢？这样的武举，将来又有什么用处？既然你说你的包袱已经被抢夺逃窜而去，那么他们已经逃往别处，为什么你又说他们跑回赌馆呢？岂不是抢夺者有数人，而拦夺者又有数人吗？如果真的是抢夺者数人，拦夺者又有数人，那么你为什么不去追抢夺者那几个人，而转想搜寻拦夺者那几个人呢？究竟你所谓的搜寻，是搜寻人呢，还是搜寻贼徒呢？你每句话都含糊不清，不可得而知之。且你作为刚从京城回来之人，猝然遭遇到这些人，为什么立即知道他们是场主，又怎么知道其中一人叫黄阿让？你如果向来不是博徒，不吃赌博这碗饭，又从何处认识这些人呢？这又可见你因为败露而不觉自己呈报，是不可争辩的事实。且查当日晚刻，本县正在江门，与厘局委员商量如何快点解送厘金，距该庙不过几步远，其间所发生的争闹互相听得到，为什么我没有听到有人抢夺的事情，亦没有听到有吵闹的声音呢？江门是商贾幅辏的地区，人烟稠密，恐怕良莠不一，或导致坏人潜滋。本县会同武营，加意巡逻检查，每年十月以后，立即在此设立哨所，责成东北局的乡绅，全部会同武营进行管理，并且在每个街闸口，酌量设立丁勇把巡，又叫邻乡派遣邑绅，督促带领四十名壮丁，彻夜巡查，随时缉捕。即使是六庙的首事，亦全部确立严明的禁约，凡是遇到剪发、偷偷摸摸等小事，都无不从严处罚追究，唯恐无从问讯，对此事情无可奈何。岂有明开的赌馆，胆敢公然抢夺，官府既不去追捕，乡约亦听从他们窝藏罪犯的？就是从情理上来说，亦恐怕万万不会发生这些事。且开赌馆乃是犯法的事情，岂能真的愚勇到不畏惧民众？他们但求每日平安，才有人前来赌博，又怎么肯无端肆意抢夺，导致做出被指控的事端呢？且他们这些人既然开赌馆，即时时靠赌博为生，又怎么肯在自己的馆前，偶然做出一个抢劫，致使自己的名声败坏，使人不敢来赌博呢？且开张赌馆的门面需要养活许多人员，每日花费钱财必然不可少，自己应当知道爱护，从不惯抢的人又何必来突抢劫一件皮袍，从而导致断绝自己的生路呢？然而，对赌输的人，肆意抢夺间或会发生，而开设赌馆的黄阿让等人，又何苦故意拦阻，不许搜查，纵容抢劫匪徒得财，甘心为别人受到牵累呢？查明许多武举人，都是以食赌为生，凡是开设赌馆的人，哪个不像害怕老虎一样害怕他们？黄阿让等人既然是积习的赌徒，岂能真的不知道利害？你能识得他是黄阿让，则他亦自当识得你是陈其俊，岂有明知你是武举人，只恐无罅可乘，还敢故意做出这些行为，使你等作为向官府呈控的把柄吗？且你堂堂一个武举人，刚从京城回来，如果真的是公正无私，自然人人必然敬畏，即或偶然被抢劫，众人也应当有所不平，黄阿让等人又何苦故意拦阻，必欲与你为仇呢？且你既受害被抢，又明知是黄阿让等人所为，为什么不直接向官府报案，而仅仅是向更保街邻投诉，转而称是无奈畏势，被迫奔赴东北局向绅举人伍元亭、陈逵等投诉并知证呢？且公局有缉拿匪徒的责任，你既奔投公局报告抢劫，该公局乡绅等人便应当实力查拿，为什么仅仅说只是知证呢？并且东北局绅有很多，如尹莘、吕遇鸿、唐金华、黄辅廷诸位乡绅，那时他们全部在公局中，本县亦在当日傍晚时，还至该公局催粮，诸位乡绅全部出来接见，你为什么不一并向他们投知，仅仅向陈、伍两位乡绅报告让其知证呢？且查举人伍元亭精通风水，本县现在正在修文阁，他刚刚有信来商量，本县于当日即刻想去见他并向他咨询，正在安排行程的时候，怎料他早已回乡，至今尚未来公局，你又从什么地方而奔投，他又从什么地方而知证呢？且查明该庙正处在营房之前，离保卫厅亦不甚远，而本县的座船，亦即在此处停泊，你为什么不赴文武衙门立即票报，又不前来本县的舟前喊禀，而独独迟至十八日才粘列失单，向官府赴呈具控呢？且你刚从京城回来，为什么立即知道官府遵守上级札令行严捉赌棍黄亚就的事情？如果不是念兹在兹，哪里能够详细知道底细？且你既然被抢，只要禀告被抢，你被摊馆的黄阿让等人所抢，只要禀报摊馆黄阿让等人所抢，又为什么提及黄阿让是黄阿就的赌博同党，而又为什么知道均利摊馆是从被查封的七寮改名而来的呢？怎么强调现在奉上级之命严捉，即不准私设摊馆庇护匪徒强抢，如果现在不是奉上级之命严捉，即可以听其私设摊馆庇护匪徒强抢吗？你所说的种种瑕疵，真是令人觉得不胜指摘。总之，不过是为陈元功等人推波助澜，以加强他们的拖累之计罢了。这样低下愚昧的伎俩，能够欺骗得了谁？而他们所依恃的讼棍，方且自命不凡，以为出奇制胜，殊不知多一重波澜，即多一番窒障，亦既自投罗网，又为何多此一举？考虑到你与陈元功是同姓宗亲，情谊休戚相关，想必是与其一同出远门，以此分担他的行李费用，借此承担兄弟情的同甘共苦。长途远戍，已经有九个人人，只得你一个取得成功，这一趟远行颇不寂寥。外海多人才，由此可见。唯据你述称奔投伍元亭让他知证一事，应等候传谕由他回复后核查定夺。至陈遽公正无私，向来深受期许，饬令进行查复，岂能说谎话？或许因为与你是同宗，按法律应当回避。究竟该处有无黄阿让开设摊馆庇护匪徒强抢的事实，立即发文饬令东北局绪位乡绅，秉公查明禀复，分明情况的虚实后追究责任即可。

香山县举人刘祥徽呈保陈亚心一案批

【原文】

查滨海围田，多有贼匪打单之事，以故该田工佃，亦多惯于作贼之人，盖非贼不能和贼，亦非贼不能御贼也。该田主利其御贼，藉资捍卫者有之；利其作贼，坐地分肥者亦有之。该贼恃有田主以为护符，遂于田主之前，倍加勤奋，乘便即行作贼，无事仍旧耕田。该园藏垢纳污，田主复为包庇，虽有线人兵役，不敢妄为指拿，若非确切不移，谁肯误拿工佃？且闻该贼等承耕之顷，即皆议定章程，若在别处被拿，田主可以不管，若由该园捉获，田主必要出头飞速具呈，亲身乞保。倘不为之乞保，该贼即便攀供，无论曾否分赃，以及是否窝主，而贼咬一口，入骨三分。迨至剖别真诬，早已身家不保。而且贼之家属，皆来哭泣恳求，田主若不救援，即便拼命图赖。此历来田主所以必保贼佃也。然保而不准，则非田主之所得为，可已则已耳。今该民于陈亚心到案后，奔来作保，亦系围田豢贼之常，原无足怪，独怪其一种义愤，百折不回，又非寻常泛泛一保塞责之比。本县念其异籍，系由贼例使然，不肯遽然加刑，又复再三开导，乃竟一口咬定陈亚心实是好人，向不作贼，务要交其保出，以便回家种田。迨将陈亚心屡次供词与之细看，则云伊畏刑法，信口妄供。殊不知陈亚心于武营获案时，并未尝一假刑求，即经供认明晰，所有伙党贼数，以及地名日期，无不侃侃而谈，历历如绘。及至移解过县，尽将供口全翻，迭经熬审两堂，总谓武营误捉；以武营供开各案，则称全不知情，而且极口呼冤，一若万分委曲；并称田东可保，不日即可到来。本县明知围田保贼各情，然亦不嫌详慎，特向武营询问，实系正贼无疑。适当放告之期，知必有人来保，预饬代书留意，将其保人扣留，复提该犯研求，不准闲人出入，一直熬至四鼓，始据供认如初，所有时、地、人、赃，悉皆丝毫不爽。所谓畏刑混供者，顾能如此吻合耶？盖以恃有田东，必来力保，故为坚忍以待其来。及至十八不来，以为绝望，始肯照前供认，然犹口恨田东，而不知田东实于是日已来，业为本县所押耳。向便稍为松懈，缓至次日研求，则闻知田东已来，岂复尚肯供认？倘或始终不认，必须交保领回，一为漏网之鱼，便是归山之虎，不特肆行报复，且将益恣披猖，贻害地方，诚非浅鲜。今幸研磨得实，正当尽法严诛，不为根究田东，已是曲为原宥，而田东竟敢挺身来保，并敢拼命苦争，虽极掌责之加，竟然抵死不悔，斯即律以庇贼之罪，尚复奚词？惟据供称该犯今年始来佣工，实未见有作贼形迹。既系今年始来工佃，何以相信如此之深，是否畏贼仇攀，抑或有无窝庇情事？收候移查、分别从严究治不贷。

【译文】

  查得沿海围田的地方，多有贼匪打单的事情，因此该田的用工佃农，许多是习惯于作贼的人，因为不是贼就不能和贼，同时不是贼亦不能御贼。有些田主利用他们进行御贼，给他们钱资进行捍卫；有些田主则利用他们作贼，与他们分配田地的收成。该贼依恃有田主作为护身符，遂在田主面前，加倍勤奋，乘着方便即行作贼，无事仍旧回来耕田。这些田园藏垢纳污，田主再为他们包庇，虽有线人和兵役，不敢妄加指出和捉拿，若不是确切不移，谁肯误拿工佃？并且听闻该贼等承耕的时候，都与田主商议好章程，如果他们在别处被捉拿，田主可以不管；如果在该田园被捉获，田主必定要出头飞速向官府具呈，亲自乞求保释。倘若不为之乞保，该贼便胡乱供述，无论田主是否分赃，以及是否是窝藏贼匪的田主，而这些贼匪反咬一口，入骨三分。等到官府剖析分清真证，田主早已身家不保。而贼的家属，全都来哭泣恳求，田主若不救援，即刻拼命图赖。这是田主历来必然保释贼佃的原因。然而申请保释而不批准，那不是田主可以做到的，可以保释的则就保释罢了。目前该民在陈亚心到案后，奔来官府申请作保，亦系围田地方养贼的正常情况，原本无足为怪，唯独奇怪的是他有一种义愤，百折不回，又非平常泛泛的一种保释承担责任可比。本县念在他是异籍，系由贼匪惯例使然，不肯遽然向他加刑，又再三开导他，他竟一口咬定陈亚心实是好人，一向不作贼，务必要将陈亚心保释出去，以便他回家种田。等到将陈亚心多次的供词给他仔细阅看，则说陈亚心是惧怕刑法，信口胡乱供述。殊不知陈亚心在被武营查获时，并不曾想作假摆脱刑求，立即供认明晰事实，所有同党贼数，以及地名日期，无不详细交代，历历如绘图。但等到移送解押来县府，将全部口供推翻，经过再次开庭审理，总是说被武营误捉；至于在武营中所供述的一切案情，则称全不知情，而且一口喊冤，好像万分委曲；并声称田主可以保释，不出几日即可到来。本县明知围田地方保释贼匪的各种情况，然而亦不嫌详细谨慎，特意向武营询问，他实系正贼无疑。适逢在放告期间，知道必定有人来保释，预先饬令代书的人留意，将他的保人扣留，再提审该犯进行审讯，不准闲人出入，一直熬到四鼓时分，才开始据实供认如初，所有的时、地、人、赃，全部都丝毫没有出入。所谓惧怕刑求而胡乱供述的说法，怎么可能如此吻合呢？都以为依恃有田东一定来力保，故为坚忍等待其来。等至十分有八的机会都不来，以为绝望，才肯照前供认，然而还口中恨骂田东，而不知道田东实在当日已经来到，但被本县扣押罢了。假设稍为松懈，延缓至第二日进行研求，则他知道田东已经到来，怎么再肯供认？倘若始终不认，必须交由保人领回，他就成了漏网之鱼，便是归山的老虎，不只是肆行报复，而且将更加恣意披猖，危害地方，这实在不是小事。现今有幸经过研究得到实情，应当依法严诛，不追究田东的责任，已是曲意将他原谅了，而田东竟然胆敢挺身再来保释，并胆敢拼命苦争，虽然经过官府掌打责骂，竟然抵死不悔，这就是法律规定的庇贼的罪名，还有什么话好说的呢？据供称，该犯今年才来佣工，实在未看见他有作贼的形迹。既系今年才来工佃，何以如此深深相信，是否惧怕贼匪来寻仇，抑或有无窝藏庇护的事情？将该民收审，等候移查，查清事实后从严究治不贷。

冈州再牍

香山县举人刘祥徽等谳语

【原文】

围田原以养民，转致因而养贼，是养民适以害民也。然不养贼，即不敢管围田。岂管围田者，必皆养贼？而种围田者，必皆作贼耶？想亦万无是理，不过因弯处海滨，人烟稀少，贼匪乘机诈索，势所必然。该围等哑忍相从，亦实非其得已。盖畏贼而始行养贼，是为养虎自卫之谋。噫，亦愚矣。本县于此中情弊，亦曾细意访询。大凡种围之人，非必尽皆不肖，围田不必皆养贼，而养贼者实多；养贼不必皆分赃，而分赃者亦实不少。案查陈亚心于武营拿获时，诱以留作线人，即经供认明确；迨至移解过县，恃有田东来保，遂将供口全翻；经本县再四研求，始据照前供认，其为正贼，尚复奚疑？李念兴因其眷属苦求，挺身前来乞保，亦系围田养贼之常。然亦何必如此之百折不回，拼命以救耶？是否有心窝庇，亟应彻讯严惩，以绝盗源，而除民害。兹据该举人等联名具禀，声称李念兴委系安分良民，向无养贼情事，且以陈亚心于今年正月，始行投入佣工，有无不法别情，实亦无从知觉，只以亚心老母，率其妻女多人，同至李念兴家，哭求不已，并云若不保回伊子，即将老命相拼。因恐意外滋虞，所以苦求保释，实系乡愚无识，并非别有私心。今闻李念兴已被押收，陈亚心之家属亦不敢向其吵闹，李念兴亦已自知悔悟，不敢再保亚心，唯求格外施恩，将其省释，发交该举人等当堂领回，安守本分。如日后查有李念兴丝毫过犯，该举人等情甘坐罪等因。此案陈亚心以供认行劫三次之犯，李念兴竟敢坚求保释，无论有无窝庇重情，即其冒昧妄保，亦应从严究治，以儆效尤。本县嫉恶如仇，正欲搜除务尽，岂容滥行乞保，贻害地方？姑念该举人等跋涉远来，情词真切，且查李念兴于求保亚心之时，言辞憨拙，神气坚凝，察其愚直之忱，一若迫不得已。若使有心窝庇，必且畏避不遑，又何敢苦苦坚求，不顾己身利害？该举人等称其乡愚无识，迫于亚心老母拼命之言，唯恐牵连命祸，所以如此苦求等语，似尚可信。并据提出陈亚心复加研讯，亦称李念兴另居一处，相距该围甚远，所有私行作贼等事，李念兴实不知情，亦无分赃窝庇等事，再三研诘，矢口不移，应予法外施仁。准将李念兴发交该举人等保同约束，不许再有养贼等情，倘日后查有不法各端，即着该举人将其缴案从重治罪不贷。保状附。

【译文】

围造沙田原本是用来养护民众，转致因而养护贼匪，本来是养民恰好变成害民。然而不养贼匪，即不敢管理围田。那么管理围田必然全部都要养贼匪吗？而耕种围田的佃工，必然皆作贼吗？想来也没有这样的道理，不过因为地方远处海滨，人烟稀少，贼匪乘机诈索，这是由形势造成的。该围等人哑忍相从，亦实是不得已而为之。惧怕贼才开始实行养贼，这是养虎自卫的谋划。噫，多么愚蠢呵。本县对此中的情弊，亦曾留意仔细访询。大凡耕种围田的人，并非都是不肖的，围田不一定都要养贼，而养贼的人确实很多；养贼不一定全部分赃，而分赃的人也确实不少。案查陈亚心被武营拿获时，引诱将他留作线人，他立即明确供认；等到移解到县府，他依恃有田东来保释，遂将口供全部推翻；经过本县再四审讯查证，根据之前的供认，指出他是正贼，还有什么可以怀疑的呢？李念兴因为他的眷属苦苦哀求，挺身前来乞求保释，亦系围田养贼的正常做法。然而，又何必如此百折不回，拼命相救呢？是否有心进行窝庇？应当彻底审讯严惩，以杜绝盗源，去除民害。现在据该举人等联名具状禀报，声称李念兴实是安分的良民，向来没有养贼的情况，并且陈亚心在今年正月才进来做佣工，李念兴实在无从知觉陈亚心有无不法的别情，只是陈亚心的老母带着他的妻儿子女多人，一同到李念兴家中哭求不停，并说如果保不回儿子，即将老命相拼。李念兴因怕发生意外，所以向官府苦求保释，实在是乡愚无识，并非别有私心。现在听闻李念兴已经被收押，陈亚心的家属亦不敢向其吵闹，李念兴也已经自知悔悟，不敢再保陈亚心，只是请求格外施恩，将他开省释放，发交该举人等当堂领回，安守本分。如果日后查有李念兴丝毫过错犯罪，该举人等情愿甘心坐罪等情况。此案的陈亚心是供认行劫三次的罪犯，李念兴竟然胆敢坚决请求保释，无论他有没有窝庇的重情，就是他这种冒昧妄保，亦应当从严究治，以儆效尤。本县疾恶如仇，正想搜除务尽，岂容许滥行乞保，贻害地方？姑且念在该举人等从远处跋涉而来，情词真切，并且查明李念兴在求保陈亚心之时，言辞憨拙、神气坚凝，察觉他愚直的热忱好像是出于迫不得已。如果他有心窝庇罪犯，必定畏避不敢来，又何敢苦苦坚求，不顾自己本身的利害？该举人等称他是乡愚无识，迫于陈亚心老母的拼命说法，唯恐牵连命祸，所以才这样苦苦请求等语，似乎可以相信。并且根据再次提审陈亚心的讯问，也称李念兴居住在另外一个地方，与该围相距甚远，所有私下做贼匪等事情，李念兴实在不知情，

冈州再牍

亦没有分赃窝庇等事实，再三研究诘问，他矢口不移，因此应当对李念兴在法外施仁。准许将李念兴发交该举人等保人共同约束，不许再有养贼等情况，倘若日后查到他有不法事情，即着令该举人将他缴案，从重治罪不贷。保状附在判决书后面。

邓带胜呈明行规酌取入行银两批

【原文】

手艺工作，应听各自营生。乃设立入行名目，无非意存科派，且藉此把持行市，挟制店东。陋习相沿，恬不为怪，殊属不合。查行规内开每名入行银六元，迨本人身故，仍给回棺本银四两，所议尚觉可行。其每工限切四条绳为额，及各店所沽烟碎收取出店两款，则是志在需索。姑念东西两家，相安日久，从宽免其深求。至于别江入行，额取花银一十二元，现既因此争讼，足见原议实欠公平，自当改弦更张，不能胶柱鼓瑟。况祥云等店所雇旧工，各果安分工作，何致尽被辞退，即汝等若非朋比要挟，各店亦何必舍近求远，另雇别江领工？汝等尚不知悔悟改过，犹敢藉收入行银两为词，牵控店东，大属荒谬。总之汝等嗷嗷众口，既不能停工坐食，即当各顾生涯，毋恃立有专行，任意刁难垄断。经此次批饬之后，倘汝等因事被遣，其店主新雇别江工人，即毋庸加取入行银两，以杜纠结挟持。惟邓亚照等允交在前，汝等自行和衷理处，不得藉端滋事，至干拘究。粘件发还。

【译文】

手艺工作，应当任由各自营生。而设立进入行业的名目，无非意图设立项目派费，并且借此把持行市，挟制店东。陋习相沿，还全然不感到奇怪，实在觉得不合理。查明行规之内每名入行的人交银六元，等到本人身故，仍给回棺本银四两，这个规定尚觉可行。至于每个工人限切四条绳为限额以及各店所卖烟碎收取出店费两个条款，则是出于索取的目的。姑且念东、西两家店铺，相安日久，从宽免除追究责任。至于其他别江的人进入行业，额外收取花银一十二元，现在既然因此争讼，足见原来的条款实在欠缺公平，自当改弦更张，不能固执拘泥，不知变通。况且祥云等店所雇用的旧工，各人如果安分工作，何致全部被辞退？假使你们这些人若不是朋比要挟，各个店亦何必舍近求远，另外雇用别江的领工？你们这些人尚不知悔悟改过，还胆敢以收取入行银两为借口，牵连控告店东，完全是荒谬至极。总之你们等人嗷嗷众口，既不能停工坐食，即当各顾生涯，不得依恃设立有专门行业，任意习难垄断。经过此此次批饬之后，倘若你们因这件事被谴责之后，店主新雇别江的工人，不得加收入行银两，以杜绝纠结挟持。而邓亚照等人答应交费在前，你们自行和衷理处，不得借端生事，导致冒犯法律被追究责任。粘件发还。

李承俸呈剖曾良杰尚无实在劣迹批

【原文】

曾良杰恶迹昭著，早干众怒而动群攻。遍访乡评，广采舆论，绝无称其善者。不料汝等独为袒护，公具诉词，无论是否买控，即系非冒，亦属荒谬。况此方指彼为冒，彼又指此为冒，忽以冒为不冒，忽以不冒为冒，究竟是冒非冒，莫知此冒彼冒。其实冒固不足凭，不冒亦讵可信。良杰之恶，固未必以冒掩，汝等所言，亦未必不以冒重。固难保以冒为不冒者之未必非冒，又安知以冒为冒者之非仍出于冒耶？论理攻其恶非冒，称其善者似冒，善冒莫过良杰，多冒亦莫过此案。恐前呈之实出于冒，此呈之辨为非冒，仍系惯冒之良杰为之诡冒也。总之空词易冒，到讯难冒，汝等如果非冒，均着赴案投质，而冒与不冒方明。毋徒以空言冒渎。特饬。

【译文】

曾良杰劣迹昭著，早就冒犯众怒而导致大家对他的攻击。遍访乡民的评论，广采大众的舆论，绝对没有人称赞他是善良的。不料你们这些人独独袒护他，一起具写诉词，无论你们是否被收买而进行控告，即使并不是假冒，亦属荒谬。况且这一方指责那一方假冒，那一方又指责这一方假冒，忽然之间以假冒为没有假冒，忽然之间以没有假冒为假冒，究竟是假冒还是没有假冒，不知道这一方假冒还是那一方假冒。其实假冒固然没有十足证据，没有假冒亦怎能令人相信？曾良杰的恶行，固然未必能够通过假冒来掩饰，你们这些人所说的,亦未必不是假冒的重现。固然难保以假冒为没有假冒的人,未必是没有假冒,又怎么能够知道,以假冒为假冒的人,仍然没有出于假冒呢?论道理,攻击他的恶行并没有假冒,称赞他的善良的人似乎是假冒,善于假冒的莫过于曾良杰,很多假冒亦莫过于这个案件。恐怕之前的呈控实在是出于假冒,将这个呈报辨别为没有假冒,仍然系习惯于假冒的曾良杰为此做出的诡计假冒。总之,没有证据的状词容易假冒,到讯后则难以假冒,你们这个人如果没有假冒,均着令向官府赴案对质,而假冒与没有假冒才可以辨明。不要徒然以无证据状词来冒渎。特此饬令。

徐世裕控徐阿唆母欺兄霸产肥己批

【原文】

查徐祖恩于咸丰十年与母弟分灶,迄今自已五年,每月给谷三箩,固已久无异议。即汝等族老,亦向无不平之论。现因祖恩子女日繁,问母加谷,以致争吵涉讼,则是衅起于祖恩,非关谋唆于阿雨也。阿雨未娶之前,业已不肯多给,已娶之后,安肯反为加增?可知阿雨不唆,其母亦必不肯,则又安能归咎于其弟耶?况父能置业以遗祖恩,祖恩不能立业以育子女,但知占父之业而与母相争,已非令子。且弱弟惟兄是赖,祖恩又不能立业以养母弟,但知取母之谷以与弟相争,更非贤兄。该族老等不知伦理之重轻,但争产业之多寡,而谓冯氏之祖子,阿雨之唆母。不思天下无无是之父母,弟而为母所爱,则又不能非弟以逆母。汝等处人骨肉之间,当以孝友为劝,重伦纪而轻财利,务排解以泯纷争,委曲求全方为正理,岂可因母评弟,反以助子逆亲?况本与弟无关,乃以唆母帮控,非期息事,反助生端矣。昨已集案讯明,业为分产公断,余尚稍有辗轕,汝等仍当遵照批示,妥为劝息,毋许袒饰扛帮,复滋讯累。余批徐冯氏词内,保状附。

【译文】

查明徐祖恩在咸丰十年与同母胞弟分家,迄今已有五年,每月分得三箩筐稻谷,长久以来都没有异议。你们这些族老,也一向没有不平的议论。现在因为徐祖恩的子女逐渐增多,要求母亲增加谷物,从而导致争吵涉讼,那么纷争是起于徐祖恩,并不是阿雨的教唆阴谋而发生。阿雨未娶妻之前,已经不肯多给谷物,已经娶妻之后,怎么反而愿意增加?可知阿雨没有唆使,他的母亲亦必然不肯,则怎么能够将责任归咎在他弟弟身上呢?况且父亲能够购置遗产分给徐祖恩,祖恩不能建立家业用来抚育子女,只知道为了侵占父亲的产业而与母亲互相争执,已经不配做她的儿子了。况且,孱弱的弟弟只能依靠兄长,徐祖恩又不能够建立家业用来赡养母亲和弟弟,只知道拿取母亲的谷物而与弟弟互相争执,更加不是贤良的兄长。该族老等人不知伦理的轻重,更是执着于产业的多寡,而谓冯氏袒护小儿子,阿雨唆使母亲。不想想天下无不是之父母,弟弟被母亲所爱,则又不能指责弟弟从而忤逆母亲。你们这些人处在亲人骨肉之间,应当以孝友作为劝导,重视伦纪而轻视财利,务必通过排解来消除纷争,委曲求全方是正理,怎么能够因为母亲而攻讦弟弟,反而帮助儿子忤逆母亲?况且本来就与弟弟无关,却以唆使母亲作为帮助控告的借口,不但不希望息事,反而帮助生发事端。昨日已经召集当事人到案审讯查明,已经为他们分产公断,其余尚稍有一些财产,你们这些人仍应当遵照批示,妥善劝解平息纷争,不许袒护掩饰扛帮,复生讯累。其他的批文在徐冯氏的状词内,保状附在后面。

徐祖承控嗣母护弟霸产批

【原文】

汝果并未逞殴,昨验冯氏额颅刀伤从何而来?父遗产业既无立下分单,口说何足为凭?且汝父之所以择汝入继,抚养长大,为汝婚娶者,原期汝创业兴家,藉以仰事俯畜,岂徒靠汝分产踞业,俾汝自家度活?汝既与母分居,上无以养母,下无以顾弟,乃因弟之娶亲,辄思瓜分家产。无论有无逞殴,已属违忤不孝,反敢控母霸产,绝汝口食。要知母即霸产,亦霸夫之产,并非霸汝之产,况夫产即己产,何得谓霸?论理子无私产,汝即有产,亦当奉以归母,是汝产即系母产,何得谓霸?况产自父遗,冯氏既生有子,守夫遗业,亦属名分,何以定必瓜分?兄弟尚不当分,何况母子?且汝身充营兵,月既分谷三萝,亦可过活,设使汝父毫无所遗,汝母与弟无所依赖,在汝尚应养母育弟,安望田之瓜分,又安论分之多寡?现反恃母给谷,乃犹嫌其不足,竟敢与母相争,一若分所应分,争所应争,无怪其敢殴母,亦如殴所应殴矣。似此行同枭獍,诚不可以人理论。独怪族中耆老,亦肯同为出结,岂汝一族皆系重利忘亲,绝不知有伦理者耶?风俗恶薄至此,实为牧民者之所深愧。候即催差集讯,一面移营提解质究。结姑附。

【译文】

　　你如果并未实施殴打,昨日查验的冯氏额头上的刀伤从何而来?父亲遗留下来的产业既然没有立下分产遗嘱,口说何足为凭?且你父亲之所以选择你入继,抚养你长大,为你娶妻完婚,原本期望你能够创业兴家,借以可以仰事俯畜,岂能白白依靠你来分产占业,俾你自家过生活?你既然与母亲分开居住,上无以养母,下无以顾弟,就因为弟弟娶亲,你就想瓜分家产。无论你有没有实施殴打行为,已经属于违忤不孝,反而胆敢控告母亲霸占财产,断绝你的口食。要知道母亲即使霸占财产,亦只是霸占丈夫的财产,并非霸占你的财产,况且丈夫财产即是自己财产,何以说得上霸占?论道理,儿子没有私产,你即使有财产,亦当用来孝敬母亲,是你的财产即系母亲财产,何以说得上霸占?况且财产是父亲遗产,冯氏既然生育有儿子,守护丈夫的遗产,亦属于名分,何以一定要瓜分?兄弟尚不应当瓜分,何况是母子?且你充任营兵,每月既分得三箩稻谷,亦可以过活。假设你父亲毫无遗产,你母亲与弟弟无所依赖,在你方面尚应当养母育弟,怎么冀望有田地瓜分,又怎么讨论分配的多寡?现在反依恃母亲给予谷物,仍然嫌此不足,竟胆敢与母亲相争,好像要瓜分应当要分配的,争取应当要争取的,无怪乎你胆敢殴打母亲,亦如殴打应当殴打的。像这样的禽兽行为,实在不可以当作人理来看。唯独奇怪的是族中耆老,亦肯一同为他出具保结,怎么你们一族全部都是重利忘亲,绝然不知有伦理的人呢?风俗恶薄到如此地步,实在让县官深感惭愧。等候即派催差人集讯,一面移营提解质问追究。结具姑且附后。

赵佐清控侄媳流荡无耻、借契霸地批

【原文】

　　叶氏果如所言,流荡宿外,玷辱已甚,亲房近族,何以默无一言?且经本县批明在先，汝又何不集祠投明族长，明正其罪，即依家法出之，乃必养痈贻患，频受其毒耶？然汝所欲为而卒不能为者，可知族众未必甚如汝心，即知叶氏未必尽如汝说。此案衅起亩余之地，又系大翁公业，在叶氏妇人小见，藉契在手，不肯愍置，原不足以深责。汝身为贡生，分居堂伯，亦与此青孀弱妇争此区区之地，且别人俱不与争，而汝独争，致使叶氏以一年少孀妇，抛头露面，匍匐公庭，绝不一顾廉耻，其谁之咎耶？前批虽责叶氏，亦愧该生，而曾不知悟，犹复缠讼不休，实属有愧须眉，不知是何肺腑？现据赵叶氏亦控汝凌逼孤寡，究竟孰实孰虚，姑候谕饬该族绅耆秉公处复，分别核断。粘抄附。

【译文】
　　叶氏果然如你所说，流荡宿外，玷辱已经非常严重，亲房近族，为什么都保持沉默不发一言？且经本县先前已经批明，你又为什么不齐集宗祠向族长投诉说明，明确和处理她的罪责，按照家法赶她出去，为什么还养着这个毒痈遗留祸患，频频受其毒害呢？这其实是你想做的而最终不能做到的，可知族众未必如你的心愿，由此可知叶氏未必全部如你所说的那样。此案是因为亩余的田地而产生的，又系祖父的公共产业，在叶氏方面则是妇人见识小，凭借着手中田契，不肯处置，原不足以深深责怪她。你身为贡生，又属于堂伯的辈分，也与这个青孀弱妇争夺这区区之地，且别人全部不与她相争，而唯独你来争，致使叶氏以一个年纪轻轻的寡妇，抛头露面，匍匐公庭，绝然顾不上廉耻，到底是谁的责任呢？此前的批文虽然责怪叶氏，但是该生实在应感到惭愧，依然不知悔悟，还缠讼不休，实属是愧为男子汉，不知你是何种肺腑？现在据赵叶氏亦控告你凌逼孤寡，究竟谁实谁虚，姑且等候谕文饬令该族乡绅耆老秉公调处后回复，分别核断。批文粘抄附后。

吕谦光诱赌管押呈求宽办批

【原文】
　　局诱赌博，勒写虚数，最为本邑刁风，地方巨患，皆由历任不为惩办，以致刁徒视为故常。后生稍不谨醇，即被诱入圈套，沦为败类，追以倾家，父母难容,因而呈送不肖,妻孥莫顾,甚致因迫自戕。人为破产丧身,彼以得赀营利。夫拐骗固仅诳其货,未陷其身;劫抢亦只夺其财,未坏其品。此则先诱以赌,某人必弄作匪人,继诲以偷,令子务使为荡子,既身名之两败,更财命之俱亡,毒较骗而尤深,害比抢而更甚。按之律例,虽无正条,论厥罪名,实同光棍。汝等名登仕类,身入成均,乃竟相与效尤,已为刁恶,迨至被其控告,仍不悔悛。虽案经前县断销,仍敢赴本县翻控,当为提伺质实,犹复抗不具遵。迨至押候详革功名,乃始禀乞原情完案,并夹吕遇鸿之名片,欲恃该局绅为护符。且不问局绅与汝何亲,亦无论名片是否假冒,要知王子犯法,与民同科,即在局绅违条,亦当论罪。何况汝等行同无赖,当亦该族所不容,该绅亦安肯袒徇为之具保?果欲代为吁免,何以默不具呈,乃仅以名片附陈,而隐以寓情求释,竟若不言而喻,即可不办自销?则此间公局甚多,绅士不少,若遇案皆以一片请免,而民间何须赴县控申?虽律例有自首之条,而亲属亦有代首之法,然须首于事之未发,不得首于狱之已成。若待罪已及身,始行呈明自首,则杀人抵罪,谁不认差?强盗临刑,亦有知悔。岂能因其省悟,概为原免从宽?本案已于月摺报明,复又具详褫革,案经上达,权非下操,亦不由本县苟情,尚须候各宪批示。事关重大,岂容看得若是之轻?脱恐艰难,且勿说得如斯之易。静候各大宪批回分别遵照办理,毋得玩视混呈。懔之。特饬。

【译文】

设局引诱他人赌博,再强迫写下虚假钱数,最为本邑的刁风、地方巨大祸患,皆因历任县官不作惩罚处理,从而导致刁徒对此习以为常。年轻人稍有不谨慎,即被他们诱入圈套,沦为败类,被人追债导致倾家荡产,父母难容,因而将不肖子呈送官府,照顾不了妻儿子女,甚至被迫自杀。人因为破产而丧失性命,他们则以此财产而获得好处。拐骗只是诈诳货物,未陷害生命;劫抢亦只是夺取财物,未损坏受害人的品质。这个则首先引诱他人参赌,某人必然被弄得去作匪徒,继而诱使去偷盗,令这人务必沦落为荡子,即使身和名两败,更使财和命全亡,它的流毒比诈骗更深,它的危害比抢夺更大。根据律例的规定,虽然无正式条文,论此行为的罪名如光棍一样不存在。你们这些人名登仕类,身为读书人,却竟相效尤,已是刁恶,等到被人控告,仍不知悔改。虽然案经前任县判决销案,仍敢赴本县进行翻控,当即将他提案伺候质问查实,还抗命不遵。等到扣押等候详革功名,才开始禀告乞求原谅结案,并且夹带吕遇鸿的名片,欲依恃该公局乡绅作为护身符。且不问该公局乡绅与你是什么亲戚,亦无论名片是否为假冒,要知道王子犯法,与民同罪,即使是公局乡绅违反法条,亦应当论罪。何况你们这些人的行为等同于无赖,应同样被该族人所不容,该乡绅怎么肯袒护并为你出具保释呢?如果想代你呼吁免除,为什么保持沉默不出面具书呈报,仅以名片附在陈词中,而隐含寓情求释的意思,竟然好像是不言而喻,即可以不办理就自行销案?这里有许多公局,绅士也不少,若遇到案情全部以一张名片请求免除,那么民间何须赴县府控告申请?虽然律例规定有自首的条文,而亲属亦有代为自首的方法,然而必须事情未被发现之前进行,不得在案狱已经成立时进行。如果等到罪责已经加在身上,才开始进行呈明自首,那么杀人抵罪,谁人不来认差?强盗临刑时候,亦有知道悔改的。岂能因为他们省悟,一概从宽原谅免除他们?本案已经在月折中报明,又经具详褫革,案件已经上送,处理权已经不是下面所能掌握,亦不由本县更改案情,必须等候各个上级批示。事关重大,岂容你们看得如此之轻?脱罪恐怕很难,且不要说得如此容易。静候各位上级批回,再分别遵照办理,不得视为儿戏进行混呈。懔之。特饬。

莫昌畴控莫志谦等殴叔殴兄等情一案谳语

【原文】

本邑自白沙衍泽,原为理学名区,彬彬然孝弟可风,所山称为海滨邹鲁也。迨后世风日下,风俗日偷,人心日沦,伦常日薄。叔侄操戈同室,兄弟对簿公庭,处骨肉俨若仇雠,蔑尊卑不知名分,或以锱铢而递成嫌隙,或因口角而致启争端,毫不顾及亲情,乃竟视同陌路。本县前兹任内,即知此等颓风,每于两造到官,凡属有关风化,无不分别惩劝,以冀或可挽回。用是数载以来,尚少逆伦之案。讵意此番回任,检查各案卷宗,或父禀殴亲,为人伦之大变;或子认杀母,直天理之俱亡。此等忤逆重情,亦竟层见叠出。其余侄殴其叔、弟控其兄,为争产而结讼经年,因小故而大伤同气,更不知其凡几,皆为世所罕闻。即如莫昌畴等与嫂莫李氏并其子莫志谦互控一案,据莫昌畴、莫金安联禀,以伊等祖父遗下尝业,被故兄彬燕管理兜吞,屡催彬子志谦核算，反被殴叔伤兄，实系吞尝匿产等情赴控。查莫昌畴为莫志谦等之嫡叔，莫金安亦莫志谦之服兄，均属一本之亲，应识同支之谊，胆敢殴叔，并以伤兄，既已吞尝，更加匿产，只知为利，遂致灭伦，不但无亲，抑且蔑祖。揆之理法，俱所不容，是否虚诬，亟应彻究；况属有关风化，尤宜痛惩凶顽。因即飞签勒拘，旋据投案提讯。缘莫昌畴兄弟七人，所有祖尝，系其胞兄彬燕存日管理，如果稍有侵吞情弊，自必群起而攻，何以各房之人，竟尔均甘缄默？又何以彬燕存日，莫昌畴亦无一言？迄至死后年余，始行出头算数。即使清算尝数，自当邀齐各房，聚集祖祠，公同核算，有无侵蚀，簿据可稽，何致仅止向催，即行殴兄殴叔？如果实有其事，应即明正典刑。乃据莫志谦之母莫李氏携子投到，禀称莫昌畴系其故夫胞弟，欺凌孤寡，已不胜言。兹复恃其分尊，以叔压侄，又复凭空诬控，作恶多端，平日自犯殴尊，控案累累在卷，今又妄捏氏子，诬为殴兄殴叔，所有一切下情，气塞不能尽述，求传八叔芹燕，一问便知其详。比即传到莫芹燕，诘以谁是谁非，无妨直说，此中罪名出入，不可稍有偏私。莫芹燕不发一言，唯有叩头流涕。又复再三晓谕，令其供出实情。始据莫芹燕供称，一是胞兄，一是胞嫂，同为至亲骨肉，何忍稍有偏私？然不说则陷侄于极刑，直说则又于兄有碍，今既事已至此，即亦不敢隐瞒。只缘莫昌畴天性多乖，素行悍戾，伊子莫朝盛前曾兜吞尝项，恃强逞凶。伊既陷弟欺兄，子亦忤伯殴叔，业经呈控到案，有卷可凭。至所控莫志谦一切各情，俱系诬捏，求为详察等语。比即饬令当堂质证，莫昌畴亦自认莫志谦等并无殴叔殴兄之事，只以贫极无聊，一时诬控，望乞开恩。至所称吞赏匿产各情，亦经莫芹燕当众算明，莫志谦之父管理尝产时，只存银三十七两零，未经交出，其应交莫昌畴名下之尝银六十五两，均经族众面交莫昌畴手收，并无短欠。此外并无吞匿等事。复据莫李氏泣诉莫昌畴与莫以桐等屡次欺凌，均皆哑忍，又复将伊夫私产土名第二段等处田亩，盗典盗批。而莫昌畴则云祖棺未葬，典此以为葬费等语。噫！莫昌畴于兄弟叔侄之间，业已有亏名义，反躬自问，应亦难堪，乃复敢以毫无凭据之词，陷人以灭伦重罪，更复以自己所行悖逆之事，转以加之于人。固不特恃尊以压卑，亦以见无兄而欺嫂。本应按律究坐，以儆刁风，惟念名分所存，姑从宽宥。所有莫昌畴捏控吞尝匿产，既已认诬，应无庸议。其所存之三十余两，询系无人接受，并非延捱不交，为数不多，谅非虚语。至莫昌畴应收之尝银六十五两，虽经族众交与莫昌畴手收清，念其家道贫寒，仍着莫志谦如数补出，与所存之三十七两零,一并交收,无稍延缓。至祖棺不葬,例禁攸干,为人子孙,于心何忍。本县前兹任内,会买义地一区,代葬一千余棺,并经出示催葬。汝等近居城内,何竟若罔闻知?亦着莫志谦出银一百两,即将乃祖安埋,倘再淹停,严行究治。莫以桐既谈孝友,应即一力独肩,乃竟背地教唆,使莫昌畴霸典霸批,诬吞诬逆,亟应究坐,亦予从宽罚令出银五十两,以助葬祖之费。莫昌畴与莫以桐私典莫李氏私产,土名第二段田二十四亩,其银既未动用,着即将田赎回,交还莫李氏管业,毋得玩延。如敢故违,定行严究。其有该族之銮鼎、祖尝薄等件,既皆不愿交与莫昌畴,即着莫芹燕接受管理。汝等务当各管各业,毋许相陷相倾,嗣后亦不得再将莫李氏母子名下田产,混行私典私按,希图强占强收。如敢再蹈前非,许莫李氏母子随时禀控,以凭拘拿到案,将田归还原主,田债追缴充公,并治以串同私典之罪。汝等房族人等,亦当体本县委曲保全之心,毋得妄听莫昌畴等摇惑纷争,致干一并究罚。并着令莫志谦兄弟,当堂与莫昌畴、莫金安叩头请罪,以全叔侄兄弟之情。两造均感激涕零,可见天良未泯,彼此既皆输服,应即具结遵依,从兹永断葛藤,尽释嫌疑之迹,毋滋讼蔓,长敦雍睦之风,是则本县之所厚望者耳。遵结俱附,供照录存。此判。

【译文】

　　本县自从陈白沙的流泽衍生,原本是理学有名的地方,彬彬然的孝悌成为风气,所在的地方被称为海滨的山东。后来,世风日下,风俗日渐变坏,人心日渐沦落,伦常日渐薄弱。叔侄同室操戈,兄弟对簿公庭,本是骨肉却好像是仇人,蔑视尊卑等级而不知名分,有的以小小钱财而渐成嫌隙,有的因口角而导致争端,毫不顾及亲情,竟然相视如同路人。本县在此前的任内,即知道此等颓风,每当双方当事人起诉到官,凡是属于有关风化的案件,无不分别惩处劝导,冀期可以挽回颓势。运用这种方法几年以来,逆伦的案件确实有所减少。怎料这次回任,检查各个案件的卷宗,有的是父亲禀告殴亲,属于人伦大变的案件;有的是儿子承认杀母,简直是天理俱亡的案件。这样的忤逆重情,也竟然层见叠出。其余的如侄子殴打其叔、弟弟控告其兄长,为争财产而结讼数年,因小小缘故而大伤同门和气,更是不知有多少,全部是世间少闻的案件。譬如,莫昌畴等人与嫂莫李氏并其子莫志谦互相控告一案,据莫昌畴、莫金安联名禀告,他们祖父遗留下来的公共财产,被已经身故的兄长莫彬燕管理时侵吞，多次催促莫彬燕的儿子莫志谦进行核算，反而导致殴叔伤兄的结果，实是为了侵吞隐匿公共财产等情况来官府赴控。查明莫昌畴是莫志谦等人的嫡叔，莫金安是莫志谦的服兄，均属同一宗族的亲属，莫志谦应当识得同宗的情谊，胆敢殴叔，并打伤堂兄，既然已经侵吞公尝，更加隐匿公产，只知为了利益，遂致灭绝伦理，不但无亲，抑且蔑视祖宗。根据道理和法度，全是两者不容许的事情，至于是否属虚假诬告，必须彻底查究。况且属于有关风化的案件，特别要痛惩凶顽。因此即刻签发拘押令，很快当事人均投案被提讯。起因是莫昌畴兄弟七人，所有祖宗公共财产由其胞兄莫彬燕生前管理，如果稍有侵吞的情弊，自然一定群起攻之，为什么各房的人，竟然全部甘心保持缄默？又为什么莫彬燕生前，莫昌畴也没有提出一言？等到莫彬燕死后一年多，才开始出头核算数目。即便清算公尝的数目，也应当邀齐各房人员，聚集在祖宗祠堂，共同进行核算，有无侵蚀，可以稽查簿据，怎么会仅因催数而即行殴兄殴叔？如果实有其事，应当查明法律依法处刑。而根据莫志谦的母亲莫李氏携带儿子投到官府，禀称莫昌畴是她死去丈夫的胞弟，欺凌孤寡，已不能用言话来说明。又再依恃他的辈分地位，以叔压侄，然后又凭空诬蔑控告，作恶多端，平日他自己犯尊的作为，控案累累记录在卷，现在又妄图捏告事实，诬告她的儿子殴兄殴叔，所有一切详细情况，因为激气不能尽述，请求传唤八叔莫芹燕，一问便知详情。立即传召莫芹燕到庭，诘问他谁是谁非，无妨直说，此中罪名出入，不可稍有偏私。莫芹燕不发一言，唯有叩头流涕。又复再三谕令告知，令他供出实情。根据莫芹燕的供称，一个是胞兄，一个是胞嫂，同为至亲的骨肉，怎么忍心稍有偏私呢？然而不说实情则陷侄子于极刑，直说则又于兄长有出入，现今既然事已至此，亦不敢隐瞒。起因是莫昌畴天性多乖，素行悍戾，他的儿子莫朝盛此前曾经侵吞公尝款项，恃强逞凶。他不仅陷弟欺兄，儿子也忤逆伯父殴打叔叔，已经呈控到案，有案卷可以查证。至于他们所控莫志谦的一切事实，均是诬告捏造，请求官府详察等。立即饬令当事人当堂来对质，莫昌畴亦自认莫志谦等并没有殴叔殴兄的事实，只是贫极无聊，一时诬控，乞求官府开恩。至于所称侵吞、隐匿公共财产的各种情况，亦经莫芹燕当众算明，莫志谦的父亲管理公共财时，只存下三十七两零银，还未交出。至于应该交给莫昌畴名下的尝银六十五两，全部当着族众的面交给了莫昌畴手收，并没有短欠。此外，并没侵吞隐匿财产等事实。又据莫李氏泣诉，莫昌畴与莫以桐等人屡次欺凌,均全部哑忍,他们又将她丈夫的私产,即土名第二段等处的田亩,盗典盗批。而莫昌畤则说,祖宗的棺柩未埋葬,典当这些田亩作为葬费等语。噫!莫昌畤于兄弟叔侄之间,已经有亏名义,反躬自问,也应当难堪,又胆敢用毫无凭据的言辞,以灭伦重罪来陷害他人,更加将自己所行悖逆的事实,转而嫁祸于人。已经不仅仅是恃尊压卑,亦可见他无兄而欺嫂。本应按照律法追究责任,以儆刁风,但念及名分所存,姑且从宽轻宥。所有莫昌畤捏造控告的吞尝匿产事实,既然他已经承认诬告,应不再讨论。至于所存下来的三十余两银,经查询是无人接受,并不是拖延不交,并且数额不多,谅非虚语。至莫昌畤应收的尝银六十五两,虽然经族众当面交给莫昌畤亲手收清,念及他家道贫寒,仍着令莫志谦如数补出,与所存下来的三十七两零,一并交由莫昌畤收取,不要稍作延缓。至于祖宗棺柩没有埋葬,与律法禁令有关,为人子孙,于心何忍?本县此前任期之内,已经购买一块义地,代为安葬一千余棺材,并且出告示催促安葬。你们居住的地方离城内很近,为什么竟然置若罔闻?亦着令莫志谦出银一百两,立即将祖宗棺材安埋,如果再次停留不葬,严行究治。莫以桐既然谈到孝友,应即一力独自承担,竟然背地里教唆,使莫昌畤强行典当强行批租,诬告侵吞诬告忤逆,本来应当究坐,亦从宽罚处理,命令他出银五十两,用作帮助安葬祖坟的经费。莫昌畤与莫以桐私下典当莫李氏的私产,即土名第二段田二十四亩地,典银既未动用,着令即行将田赎回,交还给莫李氏管理受业,不得玩忽拖延。如果胆敢故意违反,定行严究。另外有该族的銮鼎、祖尝簿等物件,既然大家都不愿交给莫昌畤,即着令莫芹燕接受管理。你们务当各自管理各自物业,不许互相陷害互相倾轧,之后也不得再将莫李氏母子名下田产,混行私下典当私下租典,希图强占强收。如敢再次重复此前的非法行为,准许莫李氏母子随时禀报控告,以此为凭据拘拿到案,将田亩归还给原主,田债追缴充公,并以串同私典来治罪。你们各房族人等,亦当体谅本县委曲保全的心意,不得乱听莫昌畤等人摇惑纷争,导致冒犯法律一并被追究处罚。着令莫志谦兄弟,当堂向莫昌畤、莫金安叩头请罪,以保全叔侄兄弟的情分。双方当事人均感激涕零,可见天良未泯,彼此既然全部服判,应即具结遵依,从此永断纠纷,尽释嫌疑,不要发生讼蔓,长敦雍睦的风气,这是本县所厚望的事情。遵结俱附,供照录存。此判。

邓允攸等谳语

【原文】

　　此案控骗、控抢、控殴、控偷，已觉头绪纷繁，令人目迷五色，乃未几而变本加厉，愈出愈奇。此控彼为盗魁，彼控此为红逆，迹其呼吁之惨，似真不共戴天，察其意旨所存，必欲置之死地矣。尤可异者，此造先有许多父老，既立处约于前；彼造又有无数父兄，复具公呈于后。更或以彼造之公呈为冒递，又或以此造之处约为徇私；旋又以徇私者非尽徇私，亦有谓冒递者不皆冒递。微特众人所说，冠忽李而忽张，即其一已之言，袒时左而时右。似此诪张为幻，不知公道奚存？无怪乎构讼经年，未由断结也。兹为细加研鞫，用能揭出隐微。盖此两造之人，本属一家之好。先是邓允攸有失鸡之事，误疑邓亚满为攘鸡之徒，因偕其弟允仲诸人，径往亚满之家寻觅，互相斗口，竟至挥拳。只因亚满用力过强，遂致允仲受伤较重，业于新正二十四日投知族老诸人，罚赔汤药一十三金，给与允仲了事。旋因亚满背众，以至允攸告官。后来辗转支离，率皆由此而起。今以反复研诘，亦皆俯首无辞。噫嘻！始因鸡口之嫌，遂启鼠牙之衅；本其细之已甚，竟久假而不归，坐令谲海澜翻，潮自惊夫白马，奇峰云变，劫竟等于红羊①。当此农忙收获之时，岂容差役追呼之扰，而乃龙钟老叟，自甘匍匐而来，鹤发村婆，亦肯蹒跚而至。因省一十余金之费，拖累数十余人之多。若非廉得实情，究竟害贻胡底？既据众皆感服，着即各具遵依，全案立予批销，无干概行省释。邓亚满与邓允仲，虽无服制②，究属宗亲，乃敢恃强逞凶，复敢违众畔约，实属刁顽已极。本应笞责示惩，恐其更结讼仇，特为曲从宽典，仍着亚满罚银三两，俾为允仲医药微资，缘悯其家道之艰，故着减其族处之数，慎毋谓官断少于私断，遂以为私和不若官和，行将健讼为能，卒蹈终凶之祸。邓允攸偶因细故，辄肇讼端，并为牵引别情，亦应治依本律，故念弟伤属实，尚非控尽无因，且皆悔罪输诚，并予加恩免究。该族老等讯无不合情事，更可毋庸深求。此系本县一片苦心，曲全汝等两家宗谊，务各雄心自励，常共守夫雄廉③，长舌勿听，免群趋于鸡斗。切勿狐疑莫释，再操同室之戈，鹜性难训，自贻异日之戚也。各宜懔遵毋违。此判。

【注释】

①劫竟等于红羊：红羊少见，喻为浩劫之灾。

②服制：服制指为亲人身故时披戴的衣服，五服之内为至亲。

③雉廉：雉，鸡也。此案源于偷鸡，故雉廉指不要再发生偷鸡的事情。

【译文】

　　这个案件涉及控骗、控抢、控殴、控偷，已觉头绪纷繁，令人目迷五色，不久又变本加厉，愈出愈奇。这个控告那个为盗贼头目，那个控告这个为红逆，按照双方呼吁的惨状来看，似乎真的不共戴天，观察他们的意图，必欲置对方于死地。更加奇怪的是，这方当事人先有许多父老，既立处约在前，那方当事人又有无数父兄，复具公呈在后；更或认为那方当事人的公呈是假冒递交的，又或认为这方当事人的处约是在徇私；过不多久又认为徇私的人并非全部是徇私，也有的人认为假冒递交的人不全部是假冒递交。按照众人的说法，忽然说帽子戴在李的头上，忽然又戴在张的头上。即使是一个人的说法，一时袒护左而一时又袒护右。像如此变幻不定的说法，真不知道还存在什么公道？无怪乎多年来形成的诉讼不能断结。通过仔细审讯研究，尽力揭出隐瞒的细小事实。本案双方当事人原本属于和睦的一家。先是邓允攸有丢失鸡的事情，错误地怀疑邓亚满是偷鸡的人，因此偕同他的弟弟邓允仲等人，径往邓亚满的家门寻找，导致双方互相斗口，竟然导致动手打架。只因邓亚满用力过强，遂致使邓允仲受伤较重，已经在新年正月二十四日向族老诸人投诉告知，罚赔汤药费一十三金，给予邓允仲了结此事。过不多久，又因邓亚满违背众意，以至邓允攸向官府起诉他。后来辗转支离，全部由此而起。现在经过反复研讯诘问，全部低头无辞。噫嘻！开始只因为鸡的小嫌隙，导致发生鼠牙的纷争；本来就十分细小的纠纷，竟然很长时间没有解决，坐等它变成汹涌澎湃、惊吓白马的海潮，奇峰云变，酿成少有的灾祸。当此农忙收获的时候，怎么能够容许差役去追呼骚扰，而让龙钟的老人自甘匍匐而来，鹤发的村婆，亦肯蹒跚而至官府？因此免除一十余金的费用，免至拖累数十余人之多。如果不是廉政查得实情，不知危害有多重？既然众人全部感服，着即各人具结遵守裁判，全案立即予以批销，无关人等概行省释。邓亚满与邓允仲虽然不是服制的亲戚，总究属于宗亲，竟然胆敢恃强逞凶，又胆敢违众叛约，实在是刁顽之极。本应当实施笞刑来惩罚，恐怕他更因此结下讼仇，特另给他曲从宽典，仍着令邓亚满罚银三两，给邓允仲作为些许医药费，原为可怜他家道艰难，故酌情将族人处断的数额减少，切勿以为官断少于私断，遂以为私下和解不如官府主持和解，将来以健讼为能，卒之重复终凶的祸果。邓允攸偶然因为细故，就提起诉讼，并为此牵引其他事情，亦应当按照法律追究责任，故且念在他弟弟的伤势属实，并不是没有原因提起诉讼，并且全部悔罪认服，因此给予加恩免除追究。该族老等人经审讯没有不合的行为，可不必深究。此系本县一片苦心，曲全你们两家的宗谊，务使各自雄心自励，常共守生活细则，长舌话不要乱听，免得大家像鸡一样相斗。切勿不要发生怀疑，再操同室之戈，鸷性难训，他日自是危害亲属。各宜切实遵守不得违反。此判。

断结赵莫二姓案谳语

【原文】

本邑田土案件，大抵情节虚诬，总无此案之出奇，尤为人情所莫测。余玉成既以无作有，指虚混承；李燮元复弄假为真，捏典被窃，因而失照补照，阴具移山倒海之谋，遂至控抢、控争，播成蔽日瞒天之计。历任亦颇知其弊，摘发究莫穷其奸，追后更能通神，益复串同弄鬼，沽直既在雍子，鬻狱更有叔鱼①，宜释反收，有罪翻成无罪，转得为失，无田竟致有田，比蹊田之夺牛②，论情更甚。直为业而驱爵，于义何存。亦惟有捐产以充公，断不甘奉仇以资敌。故陈任之准拨归于义学，固洞悉其刁争，而帖任之移护割于营船，亦深知其惯抢，不料因抢酿命，致教因命居奇，竟诬曾参之杀人，妄陷公冶于非罪，牵连五命，罗竟伤夫雉罹，拖累十年，光未邀夫犀照。本县前履此任，早烛其诬，揽尺许之卷宗，极旬余之心力，屡勘七日之久，徒步百里而遥，并将三十余载之诡谋，摘出六十四条之弊窦，尽翻前案，效不疑之平反，迭禀上台，得陈蕃之却狱③。若依定律，固有名条，岂但田应充公，抑且命当反坐。唯思居翰更字，务以拯救为怀④；田叔烧词，俾泯罗织之苦⑤；于公喜行阴德，张尉务在平情⑥，每多法外施仁，宏启漏鱼之网，何必周内巧诋，故张乳虎之威。既众绅妥为调停，而两造亦愿休息。故念田本买从余姓，案亦断自邱公，契却是真，争由于误。命原非假，控出于疑。虽息啄之已迟，犹回头之未晚。喜义学之谦逊，克先让畔而耕；嘉莫姓之忍亏，不复争地以战。捐出既不愿收入，岂能任无主抛荒。有价亦不能无偿，当仍归赵姓管业。惟查该坦固接连莫姓老围，据称老围又全赖旁涌水道，前因被塞，致兴讼端。嗣后当疏通以资灌溉，毋许仍为堵截，重启构争。至于五命之伤，乃由一炮所致。炮系开自营弁，营又准自县移，县奉上行，原以护割，护仍强抢，自当炮轰。按与格杀无殊，本可照例勿论。况有冯、梁二人交出，业已讯认在押病亡，固尤足以相偿，更无庸以另议。应将控案断结，即为据情禀销。本县于此案费尽苦心，毫无成见，始悯莫姓之受屈，力为剖白以求伸；继伤赵姓之执迷，复为宽容而使悔，婉赴上游请命，冀为两姓保全，免究虚诬。已原情之逾格，断归尝业，复曲意以从权，本无讼以为怀，冀化民而成俗。汝等当体此意，共懔于心，毋得再事控争，以致重贻咎累。要知事不可以再误，恩更难以屡邀，现经永断葛藤，幸赖如天之福，倘再另生枝节，恐无余地之存矣。各宜懔遵，毋负劝诫。口供节录，模结并存。此判。

【注释】

①沽直既在雍子，鬻狱更有叔鱼：雍子花钱来买打赢官司，受贿者叔鱼则判他胜诉。此事发生在春秋时期，邢侯与雍子争田，雍子纳其女于叔鱼以求直，及断狱之日，叔鱼抑邢侯，邢侯杀叔鱼及雍子于朝。邢侯和雍子是晋国两个地位显赫的人物，而羊舌鲋（一名叔鲋，字叔鱼），当时担任代理司寇。

②蹊田之夺牛：典出"蹊田夺牛"，指因牛践踏了田，抢走人家的牛，比喻罪轻罚重。《左传·宣公十一年》："'牵牛以蹊人之田，而夺之牛。'牵牛以蹊者，信有罪矣；而夺之牛，罚已重矣。"

③尽翻前案，效不疑之平反，迭禀上台，得陈蕃之却狱：《汉书·隽不疑传》载，隽不疑每次到县里审查记录犯人的罪状回来，他的母亲总是问："有可以平反的人吗？能让多少人活下来？"陈蕃（？—168年），字仲举。汝南平舆（今河南平舆北）人。东汉时期名臣，为政严峻，使吏民敬畏。

④唯思居翰更字，务以拯救为怀：居翰，指张居翰，唐末至五代初年的宦官。蜀被魏王攻破时，王衍入朝京师，途中，庄宗诏令魏王"诛衍一行"，张居翰发现后，把"行"字改为"家"字，随王衍同行的一千多人得以免死。

⑤田叔烧词，俾泯罗织之苦：田叔，汉朝人，曾要求汉景帝依法律办事，不要罗织罪名。

⑥于公喜行阴德，张蔚务在平情：于公是东汉东海郯人，系汉相于定国之父，曾任县狱吏、郡决曹。他精通法律，治狱勤谨，以善于决狱而成名，无论大小案件，他都详细查访，认真审理，因之"每决而无恨"。张蔚，指西汉的张释之，字季，西汉南阳堵阳（今河南方城东）人。曾任廷尉，故称张尉。曾事汉文帝、汉景帝二朝，以执法公正不阿闻名。

【译文】

本县的田土案件，大抵情节虚构诬告，总没有这个案件出奇，尤其是人情莫测。余玉成既然以无作有，将虚假的坦田混淆报承；李燮元再弄假为真，捏造证照被盗窃，因而从失照到补照，暗中行使移山倒海的阴谋，遂至控告抢割、控告争田，形成蔽日瞒天的计谋。历任县令亦颇知其弊，指出其中的弊端却不能穷究其奸计，之后他们更能通神，再次串同弄鬼。雍子想以贿赂赢得官司，受贿者叔鱼则判他胜诉。应当释放的反而收监，有罪的反而成为无罪的，转得为失，无田的竟致有田，与因牛践踏了田而抢走人家的牛相比，情节更加严重。径直为了田产而驱赶鸟雀，还存在什么道义。莫姓亦唯有捐产以充公，断然不甘心将田产奉给仇敌。因此陈县令准许拨归义学，固然洞悉他们的刁争，而发文任员移营兵驾驶营船进行护割，亦深知他们的惯抢，不料因抢割而酿成命案，导致赵姓因为命案而居为奇货，竟然诬告像曾参一样的好人杀人，妄意陷害像公冶长一样的好人坐罪，牵连五条人命，像野鸡进入捕网一样罗织牵连，拖累十年，光明无法照亮黑暗。本县前履此任，早已洞烛其诬，揽阅尺许厚的卷宗，用尽一个多月的时间，屡次勘验达七日之久，徒步走了百里的远途，并将三十余年的诡计阴谋，摘出六十四条的弊窦，尽翻前案，仿效隽不疑治狱给予平反，迭次禀报上级，像陈蕃一样断狱。如果依照法律规定，固有详细规定，不但坦田应该充公，并且各人还要诬告反坐。唯有想到张居翰更改一字，救出一族人，务必以拯救为怀；像田叔一样烧掉状词，使众人免除被罗织的苦累；像于公一样喜行阴德，像张释之一样务在平定民情，每每多在法外施仁，开启漏鱼之网，何必要周密地诋毁，故意声张乳虎的威力。既然众绅妥善调停，而双方当事人亦愿意休止平息。因此，念在田本是从余姓购买，案亦断自邱县令，契证却是真的，纷争是出于错误。人命原来不假，控告出于疑点。虽然平息啄争已经迟了，但回头还不晚。可喜的是义学的廉逊，愿意让出田地让人耕种；莫姓的忍亏诚为可嘉，不再为争地相战。捐出后既不愿收回，岂能任田地无主抛荒？有价亦不能没有补偿，应当将田地仍归赵姓管业。查得该坦原来接连莫姓的老围，据称老围又全赖旁涌的水道，之前因为被堵塞，导致发生讼端。嗣后应当疏通用来灌溉，不许仍旧进行堵截，重新发生纷争。至于五命的伤害结果，是由一炮所致。炮系开自营兵，营又准自县移，县奉上行，原本用以护割，进行保护后仍然强抢，自当进行炮轰。按法律与格杀没有区别，本可照例不用追究。况且有冯、梁二人交出，业已审讯承认在押病亡，固然足以相偿，更不需要另议。应将控案断结，即为据情禀销。本县对于此案费尽苦心，毫无成见，开始怜悯莫姓的受屈，力为剖白以求伸张；继而为赵姓的执迷感到难过，再次宽容从而使其悔改，婉转赴上级请命，希望保全两姓，免除追究虚假诬告。已经是逾格的原情，判给尝业，再次根据实际情况而曲意，以无讼作为本心，希望教化人民而养成好风俗。你们应当体察此意，共懔于心，不得再行控争，以致重新发生罪祸而受累。要知事情不可以再误，恩情更难以多次受邀，现经永断纠纷，幸赖如天之福，如果再另生枝节，恐怕没有回旋的余地。各自应当切实遵守，不要辜负劝诫。口供节录，模结并存。此判。

图书在版编目(CIP)数据

冈州公牍·再牍：注译/江门市中级人民法院《江门法院侨乡法律文化丛书》编委会编著.—南昌：江西人民出版社，2016.11
ISBN 978-7-210-08843-1

Ⅰ.①冈… Ⅱ.①江… Ⅲ.①法院—工作—新会区—文集 Ⅳ.①D926.22-53

中国版本图书馆CIP数据核字（2016）第252437号

冈州公牍·再牍（注译）

江门市中级人民法院《江门法院侨乡法律文化丛书》编委会◎编著

责任编辑：	蒲　浩
装帧设计：	同异文化传媒
出版发行：	江西人民出版社
社　　址：	南昌市三经路47号附1号（邮编：330006）
承　　印：	南昌市红星印刷有限公司
版　　次：	2016年11月第1版第1次印刷
开　　本：	720毫米×1000毫米 1/16　印张：19.5
字　　数：	300千字
书　　号：	ISBN 978-7-210-08843-1
定　　价：	58.00元

赣版权登字—01—2016—744

发 行 部：0791-86898815

编 辑 部：0791-86899010　E-mail：taxue888@foxmail.com

赣人版图书凡属印刷、装订错误，请随时向承印厂调换